Friedrich Schiller hat seine Gedichte mehrfach in Sammelpublikationen veröffentlicht. Dabei rückten, je nach Anlaß und Zweck der Sammlungen, je nach biographisch-historischer Situation des Dichters, unterschiedliche Prinzipien der Anordnung in den Vordergrund. Bei der Aufgabe, *sämtliche* Gedichte Schillers in einer dem Werk innerlich adäquaten Weise zu ordnen und darzubieten, können sie deshalb nicht als Orientierung dienen. Die vorliegende Ausgabe ordnet daher die Gedichte *chronologisch*. Sie bietet Schillers Gedichte in der zeitlichen Folge ihrer Entstehung. Sofern eine exakte Datierung nach der Entstehung nicht möglich war, gilt das Datum des Erstdrucks. Gedichte, die nur über ihre Sammelveröffentlichung zu datieren sind, werden in deren Anordnung übernommen. Gedichte aus Theaterstücken sind dann aufgenommen, wenn sie Eingang in Schillers ›Musenalmanach‹ gefunden haben. Die Textgestalt folgt grundsätzlich dem jeweiligen Erstdruck.

FRIEDRICH SCHILLER
SÄMTLICHE GEDICHTE

INSEL

Herausgegeben von Jochen Golz

Erste Auflage 1991

Druck: Welsermühl, Wels
Printed in Austria
ISBN 3-458-16143-0

INHALT

1769–1781

HERZGELIEBTE ELTERN!

Eltern, die ich zärtlich ehre,
Mein Herz ist heut voll Dankbarkeit!
Der treue Gott dies Jahr vermehre,
Was Sie erquickt zu jeder Zeit!

Der Herr, die Quelle aller Freude,
Verbleibe stets Ihr Trost und Teil;
Sein Wort sei Ihres Herzens Weide
Und Jesus Ihr erwünschtes Heil.

Ich dank vor alle Liebesproben:
Vor alle Sorgfalt und Geduld,
Mein Herz soll alle Güte loben
Und trösten sich stets Ihrer Huld.

Gehorsam, Fleiß und zarte Liebe
Verspreche ich auf dieses Jahr.
Der Herr schenk mir nur gute Triebe,
Und mache all mein Wünschen wahr.

Amen

Johann Christoph Friederich Schiller,
den 1. Januarii Anno 1769

LATINE

I

Parentes, quos diligo ex corde toto, cor meum abundat hodie gratitudine. Deus clemens multiplicet hunc annum, quae vos recreant omni tempore.

II

Dominus, fons omnium gaudiorum, maneat perpetim solatium vestrum, verbum suum sit pascuum vestri [cordis] et Jesus vestra optata salus.

III

Gratias maximas ago pro omnibus specimentis amoris, pro omni solicitudine et patientia. Cor meum omnem bonitatem laudet, et soletur se favoris vestri perpetim.

IV

Obedientiam, diligentiam et amorem tenerum promitto hoc anno novo. Deus donet mihi modo instinctus bonos, et omnia a me optata ad veritatem ducere velit. Amen.

Johann Christoph Friederich Schiller

CARMEN

quo
Viro plurimum reverendo atque doctissimo
M. Zillingio,
Coetus sanctioris, qui Ludovicopoli Christo colligitur,
Decano dignissimo atque meritissimo,
Patrono suo longe omnium suspiciendo;
Pro
Venia feriarum autumnalium benignissime concessa,
gratias agere
Et benevolentiae ejus commendare sese voluit

Ludovicopoli
d. 28. Septembris
MDCCLXXI

Tanti viri
observantissimus cultor
Joannes Christophorus Fridericus
Schiller

O mihi post ullos nunquam venerande Decane,
  Audi hilari grates nunc quoque fronte meas,
Quod libertatem nobis requiescere paulum
  A studiis nostris atque labore dabas.

Nam non sunt semper tractanda negotia curis,
  Alternoque juvat mixta labore quies.
Aequor inaequales cessant vexare procellae
  Paxque catenato Marte quieta redit.
Ille decus Grajum curru prius actus ovanti,
  Doctor arundineo currere gaudet equo.
Saepe solent Musae plectro citharaque relictis
  Pactilibus violas implicuisse rosis.
Et quibus annosae crescunt sacra robora sylvae,
  His quoque Numinibus grata Myrica viret.
Parva subinde Tibi labor improbus otia suadet,
  Quem semper tensum rumpitur arcus habes.
Biga boum (armantur dura cervice) recusat,
  Pressa diu incurvo subdere colla jugo.
Juga, si fas est, dederint ubi foenera cessant;
  Est, cum victor eques fraena remittat equis.
Et rude donatur lassus gladiator in armis,
  Figens ad postes Herculis arma sua.
Hoc est, cur nobis permisisti otia quaedam,
  Nam scis, quod semper discere nemo queat.
Accipe nunc grates deductas pectore grato,
  Quas ego pro venia debeo jure Tibi.
Opto, ut sis semper salvus cum conjuge salva
  Et liceat fato candidiore frui.
Detur inoffensae metam Tibi tangere vitae,
  Te jubet ex terra donec abire Deus.
Summe Decane! precor, mea carmina spernere parce!
  Me Tibi commendo de meliore nota.

DUX SERENISSIME!

Obsequium verum Tua jussa paterna per omnem
  Vitam patrandi pergrave poscit opus.
Prodere consocii mores, est ponderis hercle,
  Dicere queis vitiis deditus ille siet.

Sed Tu jussisti; Tua circumspecta voluntas
Fert, cujus cura est nil nisi nostra salus.

Sicut ego credo Carl K... est pessimus omnis
Ordinis et vitiis deditus usque malis.
Defraudans socios, rudis, ignarusque, magistros
Et quanquam indoctus spernit et odit idem.
Praedita tota quidem vitiis divisio, vincit
Ille tamen socios continuando suos.
O utinam possem nullum Tibi dicere, Princeps!
Indignum tanto Patris amore boni.
Sed mihi spes superest, mutabit tempore mores
Et tandem admonitus desinet esse malus.
Quaerumus, o Princeps, tanto dignere favore
Nos, quantum immeritis antea sponte dabas.

His precibus
ad pedes Tuos

Serenissime Dux
sese submittit
Schiller.

DER ABEND

Die Sonne zeigt, vollendend gleich dem Helden,
Dem tiefen Tal ihr Abendangesicht
(Für andre, ach! glücksel'gre Welten
Ist das ein Morgenangesicht),
Sie sinkt herab vom blauen Himmel,
Ruft die Geschäftigkeit zur Ruh,
Ihr Abschied stillt das Weltgetümmel,
Und winkt dem Tag sein Ende zu.

Jetzt schwillt des Dichters Geist zu göttlichen Gesängen,
Laß strömen sie, o Herr, aus höherem Gefühl,
Laß die Begeisterung die kühnen Flügel schwingen,
Zu dir, zu dir, des hohen Fluges Ziel,
Mich über Sphären, himmelan, gehoben,

Getragen sein vom herrlichen Gefühl,
Den Abend und des Abends Schöpfer loben,
Durchströmt vom paradiesischen Gefühl.
Für Könige, für Große ist's geringe,
Die Niederen besucht es nur –
O Gott, du gabest mir Natur,
Teil Welten unter sie – nur, Vater, mir Gesänge.

Ha! wie die müden Abschiedsstrahlen
Das wallende Gewölk bemalen,
Wie dort die Abendwolken sich
Im Schoß der Silberwellen baden;
O Anblick, wie entzückst du mich!
Gold, wie das Gelb gereifter Saaten,
Gold liegt um alle Hügel her,
Vergöldet sind der Eichen Wipfel,
Vergöldet sind der Berge Gipfel,
Das Tal beschwimmt ein Feuermeer,
Der hohe Stern des Abends strahlet
Aus Wolken, welche um ihn glühn,
Wie der Rubin am falben Haar, das wallet
Ums Angesicht der Königin.

Schau, wie der Sonnenglanz die Königsstadt beschimmert,
Und fern die grüne Heide lacht;
Wie hier in jugendlicher Pracht
Der ganze Himmel niederdämmert;
Wie jetzt des Abends Purpurstrom,
Gleich einem Beet von Frühlingsrosen,
Gepflücket im Elysium,
Auf goldne Wolken hingegossen,
Ihn überschwemmet um und um.

Vom Felsen rieselt spiegelhelle
Ins Gras die reinste Silberquelle,
Und tränkt die Herd und tränkt den Hirt;
Am Weidenbusche liegt der Schäfer,

Des Lied das ganze Tal durchirrt,
Und wiederholt im Tale wird.
Die stille Luft durchsumst der Käfer;
Vom Zweige schlägt die Nachtigall,
Ihr Meisterlied macht alle Ohren lauschen,
Bezaubert von dem Götterschall
Wagt itzt kein Blatt vom Baum zu rauschen;
Stürzt langsamer der Wasserfall.
Der kühle West beweht die Rose,
Die eben itzt den Busen schloße,
Entatmet ihr den Götterduft,
Und füllt damit die Abendluft.

Ha, wie es schwärmt und lebt von tausend Leben,
Die alle dich, Unendlicher, erheben,
Zerflossen in melodischem Gesang,
Wie tönt des Jubels himmlischer Gesang!
Wie tönt der Freude hoch erhabner Klang!
Und ich allein bin stumm – nein, tön es aus, o Harfe,
Schall, Lob des Herrn, in seines Staubes Harfe.

Verstumm, Natur, umher, und horch der hohen Harfe,
Dann Gott entzittert ihr,
Hör auf, du Wind, durchs Laub zu sausen,
Hör auf, du Strom, durchs Feld zu brausen,
Und horcht und betet an mit mir:
Gott tut's, wenn in den weiten Himmeln
Planeten und Kometen wimmeln,
Wenn Sonnen sich um Achsen drehn,
Und an der Erd vorüberwehn.

Gott – wenn der Adler Wolken teilet,
Von Höhen stolz zu Tiefen eilet,
Und wieder auf zur Sonne strebt.
Gott – wenn der West ein Blatt beweget,
Wenn auf dem Blatt ein Wurm sich reget,
Ein Leben in dem Wurme lebt,

Und hundert Fluten in ihm strömen,
Wo wieder junge Würmchen schwimmen,
Wo wieder eine Seele webt.

Und willst du, Herr, so steht des Blutes Lauf,
So sinkt dem Adler sein Gefieder,
So weht kein West mehr Blätter nieder,
So hört des Stromes Eilen auf,
Schweigt das Gebraus empörter Meere,
Krümmt sich kein Wurm, und wirbelt keine Sphäre –
O Dichter, schweig: zum Lob der kleinen Myriaden,
Die sich in diesen Meeren baden,
Und deren Sein noch keines Aug durchdrang,
Ist totes Nichts dein feurigster Gesang.

Doch bald wirst du zum Thron die Purpurflügel schwingen,
Dein kühner Blick noch tiefer, tiefer dringen,
Und heller noch die Engelharfe klingen;
Dort ist nicht Abend mehr, nicht Dunkelheit,
Der Herr ist dort und Ewigkeit!

DER EROBERER

Dir, Eroberer, dir schwellet mein Busen auf,
Dir zu fluchen den Fluch glühenden Rachedursts,
  Vor dem Auge der Schöpfung,
  Vor des Ewigen Angesicht!

Wenn den horchenden Gang über mir Luna geht,
Wenn die Sterne der Nacht lauschend heruntersehn,
  Träume flattern – umflattern
  Deine Bilder, o Sieger, mich

Und Entsetzen um sie – Fahr ich da wütend auf,
Stampfe gegen die Erd, schalle mit Sturmgeheul
  Deinen Namen, Verworfner,
  In die Ohren der Mitternacht.

Und mit offenem Schlund, welcher Gebirge schluckt,
Ihn das Weltmeer mir nach – ihn mir der Orkus nach
Durch die Hallen des Todes –
Deinen Namen, Eroberer!

Ha! dort schreitet er hin – dort, der Abscheuliche,
Durch die Schwerter, er ruft (und du, Erhabner, hörst's),
Ruft, ruft: Tötet und schont nicht,
Und sie töten und schonen nicht.

Steigt hoch auf das Geheul – röcheln die Sterbenden
Unterm Blutgang des Siegs – Väter, aus Wolken her
Schaut zur Schlachtbank der Kinder,
Väter, Väter, und fluchet ihm.

Stolz auf türmt er sich nun, dampfendes Heldenblut
Trieft am Schwert hin, herab schimmert's, wie Meteor,
Das zum Weltgericht winket –
Erde, fleuch! der Erobrer kommt.

Ha! Eroberer, sprich: Was ist dein heißester,
Dein gesehntester Wunsch? – Hoch an des Himmels Saum
Einen Felsen zu bäumen,
Dessen Stirne der Adler scheut,

Dann hernieder vom Berg, trunken von Siegeslust,
Auf die Trümmer der Welt, auf die Erobrungen
Hinzuschwindeln, im Taumel
Dieses Anblicks hinweggeschaut.

O ihr wißt es noch nicht, welch ein Gefühl es ist,
Welch Elysium schon in dem Gedanken blüht,
Bleicher Feinde Entsetzen,
Schrecken zitternder Welt zu sein,

Mit allmächtigem Stoß hoch aus dem Pole, dann
Auszustoßen die Welt, fliegenden Schiffen gleich

Sternenan sie zu rudern,
Auch der Sterne Monarch zu sein.

Dann vom obersten Thron, dort wo Jehova stand,
Auf der Himmel Ruin, auf die zertrümmerte
Sphären niederzutaumeln –
O das fühlt der Erobrer nur!

Wenn die blühendste Flur, jugendlich Eden gleich,
Überschüttet vom Fall stürzender Felsen traurt,
Wenn am Himmel die Sterne
Blassen, Flammen der Königsstadt

Aufgegeißelt vom Sturm gegen die Wolken wehn,
Tanzt dein trunkener Blick über die Flammen hin.
Ruhm nur hast du gedürstet,
Kauf ihn, Welt – und Unsterblichkeit.

Ja, Eroberer, ja – du wirst unsterblich sein.
Röchelnd hofft es der Greis, du wirst unsterblich sein,
Und der Wais und die Witwe
Hoffen, du wirst unsterblich sein.

Schau gen Himmel, Tyrann – wo du der Sämann warst,
Dort vom Blutgefild stieg Todeshauch himmelan,
Hinzuheulen in tausend
Wettern über dein schauendes

Haupt! wie bebt es in dir! schauert dein Busen! – Ha!
Wär mein Fluch ein Orkan, könnt durch die Nacht einher
Rauschen, geißeln die tausend
Wetterwolken zusammen; den

Furchtbar brausenden Sturm auf dich herunter fliehn,
Stürmen machen, im Drang tobender Wolken dich
Dem Olympus itzt zeigen,
Itzt begraben zum Erebus.

Schauer, schauer zurück, Würger, bei jedem Staub,
Den dein fliegender Gang wirbelnd gen Himmel weht,
  Es ist Staub deines Bruders,
  Staub, der wider dich Rache ruft.

Wenn die Donnerposaune Gottes vom Thron itzt her
Auferstehung geböt – aufführ im Morgenglanz
  Seiner Feuer der Tote,
  Dich dem Richter entgegenriss',

Ha! in wolkichter Nacht, wenn er herunterfährt,
Wenn des Weltgerichts Waag durch den Olympus schallt,
  Dich, Verruchter, zu wägen
  Zwischen Himmel und Erebus,

An der furchtbaren Waag aller geopferten
Seelen, Rache hineinnickend, vorübergehn
  Und die schauende Sonne
  Und der Mond, und die horchende

Sphären und der Olymp, Seraphim, Cherubim,
Erd und Himmel hineinstürzen sich, reißen sie
  In die Tiefe der Tiefen,
  Wo dein Thron steigt, Eroberer!

Und du da stehst vor Gott, vor dem Olympus da,
Nimmer weinen, und nun nimmer Erbarmen flehn,
  Reuen nimmer, und nimmer
  Gnade finden, Erobrer, kannst,

O dann stürze der Fluch, der aus der glühenden
Brust mir schwoll, in die Waag, donnernd wie fallende
  Himmel – reiße die Waage
  Tiefer, tiefer zur Höll hinab,

Dann, dann ist auch mein Wunsch, ist mein gefluchtester,
Wärmster, heißester Fluch ganz dann gesättiget,

O dann will ich mit voller
Wonn, mit allen Entzückungen

Am Altare vor dir, Richter, im Staube mich
Wälzen, jauchzend den Tag, wo er gerichtet ward,
Durch die Ewigkeit feiren,
Will ich nennen den schönen Tag!

[AN GEORG FRIEDRICH SCHARFFENSTEIN]

Sangir liebte seinen Selim zärtlich
Wie du mich, mein Scharffenstein;
Selim liebte seinen Sangir zärtlich
Wie ich dich, mein lieber Scharffenstein!

EMPFINDUNGEN DER DANKBARKEIT

beim Namensfeste Ihro Exzellenz
der Frau Reichsgräfin von Hohenheim

I. Von der Akademie

Ein großes Fest! – Laßt, Freunde, laßt erschallen! –
Ein schönes Fest weckt uns zu edler Lust!
Laßt himmelan den stolzen Jubel hallen,
Und Dankgefühl durchwalle jede Brust.

Einst wollte die Natur ein Fest erschaffen,
Ein Fest, wo Tugenden mit Grazien
Harmonisch ineinandertrafen
Und in dem schönsten Bunde sollten stehn,

Und dieses Fest aufs reizendste zu zieren,
Sah die Natur nach einem Namen um –
Franziskens Namen sollt es führen,
So war das Fest ein Heiligtum!

Und dieses Fest, ihr Freunde, ist erschienen,
Euch jauchz ich's mit Entzücken zu!
Jauchzt, Freunde, jauchzt mir nach: Es ist erschienen,
Und hüpft empor aus tatenloser Ruh!

Heut wird kein Ach gehört – heut fließet keine Träne;
Nur froher Dank steigt himmelwärts!
Die Luft erschallt von jubelndem Getöne,
Franziskens Name lebt durch jedes Herz.

Sie ist der Dürft'gen Trost – sie gibt der Blöße Kleider,
Dem Durste gibt sie Trank, dem Hunger Brot!
Die Traurigen macht schon ihr Anblick heiter,
Und scheucht vom Krankenlager weg den Tod.

Ihr Anblick segenvoll – wie Sonnenblick den Fluren,
Wie wenn vom Himmel Frühling niederströmt,
Belebend Feuer füllt die jauchzende Naturen,
Und alles wird mit Strahlen überschwemmt,

So lächelt alle Welt – So schimmern die Gefilde,
Wenn sie, wie Göttin, unter Menschen geht,
Von ihr fließt Segen aus, und himmelvolle Milde
Auf jeden, den ihr sanfter Blick erspäht,

Ihr holder Name fliegt hoch auf des Ruhmes Flügeln,
Unsterblichkeit verheißt ihr jeder Blick,
Im Herzen thronet sie – und Freudentränen spiegeln
Franziskens holdes Himmelbild zurück,

So wandelt sie dahin auf Rosenpfaden,
Ihr Leben ist die schönste Harmonie,
Umglänzt von tausend tugendsamen Taten,
Seht die belohnte Tugend! – Sie!

O Freunde, laßt uns nie von unsrer Ehrfurcht wanken,
Laßt unser Herz Franziskens Denkmal sein!
So werden wir mit niedrigen Gedanken
Niemalen unser Herz entweihn!

II. Von der Ecole des Demoiselles

Elysische Gefühle drängen
Des Herzens Saiten zu Gesängen,
Ein teurer Name weckte sie. –
Schlägt nicht der Kinder Herz mit kühnern Schlägen
Der sanften Mutter Freudenfest entgegen,
Und schmilzt dahin in Wonnemelodie?
Wie sollten wir jetzt fühllos schweigen,
Da tausend Taten uns bezeugen,
Da jeder Mund – da jedes Auge spricht: –
Ist uns Franziska Mutter nicht?

Erlauben Sie dem kindlichen Entzücken,
Sich Ihnen heute scheu zu nahn,
O sehen Sie mit mütterlichen Blicken,
Was, unsre innige Verehrung auszudrücken,
Wir Ihnen darzubringen wagen, an!
Erlauben Sie der schüchternen Empfindung,
Für Sie, der Mütter würdigste, zu glühn,
Erlauben Sie die kühne, stolze Wendung –
Denn heute, heut dem Dank sich zu entziehn,
Wär Frevel, wär die sträflichste Verblendung!

Wenn Dankbarkeit, die aus dem Herzen fließet,
Wenn der Verspruch, stets auf der Tugend Pfad zu gehn,
Wenn Tränen, die die sanfte Rührung gießet,
Wenn Wünsche, die empor zum Himmel flehn,
O wenn der Seelen feurigstes Empfinden
Die Huld der besten Mutter lohnen könnten,
Wie ganz sollt unser Wesen nur Empfindung sein,
Nie sollten unsre Tränen, nie versiegen,
Zum Himmel sollten ewig unsre Wünsche fliegen,
Franzisken wollten wir ein ganzes Leben weihn!

Doch wenn auch das Gefühl, das unser Herz durchflossen,
Bei aller Liebe reichlichem Genuß,
Womit Sie, Edelste! uns übergossen,

Erröten und erlahmen muß –
So hebt uns doch das selige Vertrauen:
Franziska wird mit gnadevollem Blick
Auf ihrer Töchter schwaches Opfer schauen –
Franziska stößt die Herzen nie zurück!
Und feuervoller wird der Vorsatz uns beleben,
Dem Meisterbild der Tugend nachzustreben!

[FÜR JOHANN CHRISTIAN WECKHERLIN]

Auf ewig bleibt mit dir vereint
Der Arzt, der Dichter, und dein Freund.
Stuttgart, d. 3. Aug. [1778] J. C. F. Schiller

[FÜR CHRIST. FERDINAND MOSER]

Selig ist der Freundschaft himmlisch Band,
Sympathie, die Seelen Seelen trauet,
Eine Träne macht den Freund dem Freund bekannt
Und ein Auge, das ins Auge schauet;
Selig ist es, jauchzen, wenn der Freund
Jauchzet, weinen mit ihm, wenn er weint –
Mit diesem empfiehlt sich in Ihre
Freundschaft und Liebe
Joh. Christ. Frid. Schiller
m. c.

[FÜR HEINRICH FRIEDRICH LUDWIG ORTH]

O Knechtschaft,
Donnerton dem Ohre,
Nacht dem Verstand und Schneckengang im Denken,
Dem Herzen quälendes Gefühl!
Zum Andenken von Ihrem Freund
J. C. F. Schiller

[EINEM AUSGEZEICHNETEN ESSER]

Wenn du gegessen und getrunken hast, und NB satt bist, so sollst du den Herrn deinen Gott loben.

DER VENUSWAGEN

Klingklang! Klingklang! kommt von allen Winden,
Kommt und wimmelt scharenweis.
Klingklang! Klingklang! was ich will verkünden,
Höret, Kinder Prometheus'!

Welkes Alter – rosenfrische Jugend,
Warme Jungen mit dem muntern Blut,
Spröde Damen mit der kalten Tugend,
Blonde Schönen mit dem leichten Mut!

Philosophen – Könige – Matronen,
Deren Ernst Cupidos Pfeile stumpft,
Deren Tugend wankt auf schwanken Thronen,
Die ihr (nur nicht über *euch*) triumpht.

Kommt auch ihr, ihr sehr verdächt'gen Weisen,
Deren Seufzer durch die Tempel schwärmt,
Stolz prunkieret, und vielleicht den leisen
Donner des Gewissens überlärmt,

Die ihr in das Eis der Bonzenträne
Eures Herzens geile Flammen mummt,
Pharisäer mit der Janusmiene!
Tretet näher – und verstummt.

Die ihr an des Lebens Blumenschwelle
In der Unschuld weißem Kleide spielt,
Noch nicht wilder Leidenschaften Bälle,
Unbefleckten Herzens feiner fühlt,

Die ihr schon gereift zu ihren Giften
Im herkul'schen Scheidweg stutzend steht,
Hier die Göttin in den Ambradüften,
Dort die ernste Tugend seht,

Die ihr schon vom Taumelkelch berauschet
In die Arme des Verderbens springt,
Kommt zurücke, Jünglinge, und lauschet,
Was der Weisheit ernste Leier singt.

Euch zuletzt noch, Opfer des Gelustes,
Ewig nimmer eingeholt vom Lied,
Haltet still, ihr Söhne des Verlustes!
Zeuget wider die Verklagte mit.

———

Klingklang! Klingklang! schimpflich hergetragen
Von des Pöbels lärmendem Hussah!
Angejochet an den Hurenwagen
Bring ich sie, die Metze Zypria.

Manch Histörchen hat sie aufgespulet,
Seit die Welt um ihre Spindel treibt,
Hat sie nicht der Jahrzahl nachgebuhlet,
Die sich vom verbotnen Baume schreibt?

Hum! Bis hieher dachtest du's zu sparen?
Mamsell! Gott genade dich!
Wiß! so sauber wirst du hier nicht fahren
Als im Arm von deinem Ludewig.

Noch so schelmisch mag dein Auge blinzen,
Noch so lächeln dein verhexter Mund,
Diesen Richter kannst du nicht scharwenzen
Mit gestohlner Mienen Gaukelbund.

Ja so heule – Metze, kein Erbarmen!
  Streift ihr keck das seidne Hemdchen auf.
Auf den Rücken mit den runden Armen!
  Frisch! und patschpatsch! mit der Geißel drauf.

Höret an das Protokoll voll Schanden,
  Wie's die Garst'ge beim Verhöre glatt
Weggelogen oder gleich gestanden
  Auf den Zuspruch dieser Geißel hat.

Volkbeherrscher! Götter unterm Monde,
  Machtumpanzert zu der Menschen Heil,
Hielt die Buhlin mit dem Honigmunde
  Eingemauert im Serail.

O da lernen Götter – menschlich fühlen,
  Lassen sich fast sehr herab zum – Vieh,
Mögt ihr nur in Nasos Chronik wühlen,
  Schnakisch steht's zu lesen hie.

Wollt ihr Herren nicht skandalisieren,
  Werft getrost den Purpur in den Kot,
Wandelt wie Fürst Jupiter auf vieren,
  So erspart ihr ein verschämtes Rot.

Nebenbei hat diese Viehmaskierung
  Manchem Zeus zum Wunder angepaßt,
Heil dabei der weisen Volkregierung,
  Wenn der Herrscher auf der Weide grast!

Dem Erbarmen dorren ihre Herzen
  (O auf Erden das Elysium),
Durch die Nerven bohren Höllenschmerzen,
  Kehren sie zu wilden Tigern um.

Lose Buben mäkeln mit dem Fürstensiegel,
  Kreaturen vom gekrönten Tier,

Leihen dienstbar seiner Wollust Flügel,
Und ermauscheln Kron und Reich dafür.

Ja die Hure (laßt's ins Ohr euch flistern)
Bleibt auch selbst im Kabinett nicht stumm.
In dem Uhrwerk der Regierung nistern
Öfters Venusfinger um.

Blinden Fürsten dienet sie zum Stocke,
Blöden Fürsten ist sie Bibelbuch.
Kam nicht auch aus einem Weiberrocke
Einst zu Delphos Götterspruch?

Mordet! Raubet! Lästert, ja verübet,
Was nur greulich sich verüben läßt –
Wenn ihr Lady Pythia betrübet,
O so haltet eure Köpfe fest!

Ha! wie manchen warf sie von der Höhe!
Von dem Rumpf wie manchen Biederkopf!
Und wie manchen hub die geile Fee,
Fragt warum? – Um einen dicken Zopf.

Dessen Siegesgeiz die Erde schrumpfte,
Dessen tolle Diademenwut
Gegen Mond und Sirius triumphte,
Hoch gehoben von der Sklaven Blut,

Dem am Markstein dieser Welt entsunken
Jene seltne Träne war,
Vom Saturnus noch nicht aufgetrunken,
Nie vergossen, seit die Nacht gebar,

Jenen Jüngling, der mit Riesenspanne
Die bekannte Welt umgriff,
Hielte sie zu Babylon im Banne,
Und das – Weltpopanz entschlief.

Manchen hat ins Elend sie gestrudelt,
  Eingetrillert mit Sirenensang,
Dem im Herzen warme Kraft gesprudelt
  Und des Ruhms Posaune göttlich klang.

An des Lebens Vesten leckt die Schlange,
  Geifert Gift ins hüpfende Geblüt,
Knochen dräuen aus der gelben Wange,
  Die nun aller Purpur flieht.

Hohl und hager, wandelnde Gerippe,
  Keuchen sie in des Cocytus Boot.
Gebt den Armen Stundenglas und Hippe,
  Huh! – und vor euch steht der Tod.

Jünglinge, o schwöret ein Gelübde,
  Grabet es mit goldnen Ziffern ein:
Fliehet vor der rosichten Charybde,
  Und ihr werdet Helden sein.

Tugend stirbet in der Phrynen Schoße,
  Mit der Keuschheit fliegt der Geist davon,
Wie der Balsam aus zerknickter Rose,
  Wie aus rißnen Saiten Silberton.

Venus' Finger bricht des Geistes Stärke,
  Spielet gottlos, rückt und rückt
An des Herzens feinem Räderwerke,
  Bis der Seiger des Gewissens – lügt.

Eitel ringt, und wenn es Schöpfung sprühte,
  Eitel ringt das göttlichste Genie,
Martert sich an schlappen Saiten müde,
  Wohlklang fließt aus toten Trümmern nie. –

Manchen Greisen, an der Krücke wankend,
  Schon hinunter mit erstarrtem Fuß

In den Abgrund des Avernus schwankend,
  Neckte sie mit tödlich süßem Gruß.

Quälte noch die abgestumpften Nerven
  Zum erstorbnen Schwung der Wollust auf,
Drängte ihn, die träge Kraft zu schärfen,
  Frisch zu spornen zäher Säfte Lauf.

Seine Augen sprühn erborgte Strahlen,
  Tödlich munter springt das schwere Blut,
Und die aufgejagten Muskeln prahlen
  Mit des Herzens letzlichem Tribut.

Neuverjüngt beginnt er aufzuwarmen,
  All sein Wesen zuckt in *einem* Sinn,
Aber husch! entspringt sie seinen Armen,
  Spottet ob dem matten Kämpfer hin.

Was für Unfug in geweihten Zellen
  Hat die Hexe nicht schon angericht'?
Laßt des Doms Gewölbe Rede stellen,
  Das den leisen Seufzer lauter spricht.

Manche Träne – aus Pandoras Büchse –
  Sieht man dort am Rosenkranze glühn,
Manchen Seufzer vor dem Kruzifixe
  Wie die Taube vor dem Stößer fliehn.

Durch des Schleiers vorgeschobne Riegel
  Malt die Welt sich schöner, wie ihr wißt,
Phantasie leiht ihren Taschenspiegel,
  Wenn das Kind das Paternoster küßt.

Siebenmal des Tages muß der gute
  Michael dem starken Moloch stehn,
Beide prahlen mit gleich edlem Blute,
  Jeder, wißt ihr, heißt den andern gehn.

Puh! da splittert Molochs schwächres Eisen!
(Armes Kind! wie bleich wirst du!)
In der Angst (wer kann es Vorsatz heißen?)
Wirft sie ihm die Zitternadel zu.

Junge Witwen – vierzigjähr'ge Zofen
Feuriger Komplexion,
Die schon lange auf – Erlösung hoffen,
Allzufrüh der schönen Welt entflohn,

Braune Damen – rabenschwarzen Haares,
Schwergeplagt mit einem siechen Mann,
Fassen oft – die Hörner des Altares,
Weil der Mensch nicht helfen kann.

Fromme Wut begünstigt heiße Triebe,
Gibt dem Blute freien Schwung und Lauf –
Ach zu oft nur drückt der Gottesliebe
Aphrodite ihren Stempel auf.

Nymphomanisch schwärmet ihr Gebete
(Fragt Herrn Doktor Zimmermann),
Ihren Himmel – sagt! was gilt die Wette? –
Malt zum Küssen euch ein Tizian! –

Selbst im Rathaus hat sie's angesponnen,
Blauen Dunst Asträen vorgemacht,
Die geschwornen Richter halb gewonnen,
Ihres Ernstes Falten weggelacht.

Inquisitin ließ das Halstuch fallen,
Jeder meinte, sei von ohngefähr!
Potz! da liegt's wie Alpen schwer auf allen,
Närrisch spukt's um unsern Amtmann her.

Sprechet selbst – was war dem Mann zu raten?
Dies verändert doch den Statum sehr. –

»Inquisitin muß man morgen laden,
  Heute geb ich *gütliches* Verhör.«

Und – wär nicht Frau Amtmännin gekommen
  (Unserm Amtmann kracht's im sechsten Sinn),
Wär der Balg ins Trockne fortgeschwommen,
  Dank sei's der Frau Amtmännin!

Auch den Klerus (denkt doch nur, die Lose),
  Selbst den Klerus hat sie kalumniert.
Aber gelt! – mit einem derben Stoße
  Hat man dir dein Lügenmaul pitschiert.

Damen, die den Bettelsack nun tragen,
  Ungeschickt zu weiterem Gewinst,
Matte Ritter, die Schamade schlagen,
  Invaliden in dem langen Dienst,

Setzt sie (wie's auch große Herren wissen)
  Mit beschnittner Pension zur Ruh,
Oder schickt wohl gar die Leckerbissen
  Ihrer Feindin – Weisheit zu.

(Weine, Weisheit, über die Rekruten,
  Die dir Venus Aphrodite schickt,
Sie verhüllen unter frommen Kutten
  Nur den Mangel, der sie heimlich drückt.

Würde Amors Talisman sie rühren,
  Nur ein Hauch von Zypern um sie wehn? –
O sie würden hurtig desertieren
  Und zur alten Fahne übergehn.) –

Sehet, und der Lüstlingin genüget
  Auch nicht an des Torus geiler Brunst,
Selbst die Schranken des Geschlechts besieget
  Unnatürlich ihre Schlangenkunst.

Denket – doch ob dieser Schandenliste
Reißt die Saite, und die Zunge stockt;
Fort mit ihr aufs schimpfliche Gerüste,
Wo das Aas den fernen Adler lockt.

Dorten soll mit Feuergriffel schreiben
Auf ihr Buhlinangesicht das Wort:
Tod: der Henker – so gebrandmarkt treiben
Durch die Welt die Erzbetrügrin fort.

So gebot der weise Venusrichter.
Wie der weise Venusrichter hieß?
Wo er wohnte? Wünscht ihr von dem Dichter
Zu vernehmen – so vernehmet dies:

Wo noch kein Europersegel brauste,
Kein Kolumb noch steuerte, noch kein
Cortez siegte, kein Pizarro hauste,
Wohnt auf einem Eiland – Er allein.

Dichter forschten lange nach dem Namen –
Vorgebürg des Wunsches nannten sie's,
Die Gedanken, die bis dahin schwammen,
Nannten's – das verlorne Paradies.

Als vom ersten Weibe sich betrügen
Ließ der Männer erster, kam ein Wasserstoß,
Riß, wenn Sagen Helikons nicht lügen,
Von vier Welten diese Insel los.

Einsam schwimmt sie im Atlant'schen Meere,
Manches Schiff begrüßte schon das Land,
Aber ach – die scheiternde Galeere
Ließ den Schiffer tot am Strand.

TRAUERODE AUF DEN TOD DES HAUPTMANNS WILTMAISTER

Grimmig wirgt der Tod durch unsre Glieder! –
Dumpfig heult die Leichendrummel wieder,
Schon ein neuer ist hinweggerafft;
Mit gesenktem Schießgewehre wanken
Graue Krieger nach des Kirchhofs Schranken,
Wo der tapfre, brave Müller schlaft.

Brüder, kommt! – erblasset! – schauert! zittert!
Bebe jetzt, den niemals nichts erschüttert,
Grabgefühle schauern durch sein Mark.
Sehet! alles, was wir Leben hießen,
Was wir liebten, was wir selig priesen,
Liegt vereitelt in dem schmalen Sarg.

Von dem Antlitz alles Rot gesunken,
Aus den Augen alle Lebensfunken
Weggelöschet in chaot'sche Nacht –
Seine Mienen, sein holdselig Lächeln
Weggeblasen mit dem Sterberöcheln,
Ewig, ewig nimmer angefacht! –

Nie vom Sturm der Leidenschaft durchwühlet,
Wie ein Bach durch Blumenbette spielet,
Floß sein Leben hin in Melodie –
Ha! was ist nun, was am schönsten schmeichelt?
Nichts als Larve, die der Tod uns heuchelt –
Und dann auf dem Sarg zerreißt er sie.

Auf des Menschen kaltem, starrem Rumpfe
Sterben seine wirblende Triumphe,
Röchlen all in ein Gewimmer aus –
Glück und Ruhm zerflattern auf dem Sarge,
Könige und Bettler, Feige, Starke
Ziehn hinunter in das Totenhaus.

Aber frei erhoben über Grüfte
Fliegt der Geist in des Olympus Lüfte,
Triumphierend, wie ein Adler steigt,
Wann sein Wohnsitz, die erhabne Tanne,
Niederkracht im tobenden Orkane
Und der Nordsturm Wälder niederbeugt.

Zieh auch du, geliebter teurer Streiter,
Auf den Flügeln unsrer Donner weiter,
Keine Tränen schicken wir dir mit –
Mit Geheule und mit Weiberklagen
Mag man andre zu dem Grabe tragen,
Pulverdonner ist der Krieger Wiegenlied –

Weinend geht man deinen Sarg vorüber,
Selbst des Mannes Auge wird jetzt trüber,
Und die Helden Karls betrauren dich –
Geh dahin mit dieser stolzen Ehre,
Prahle dort in der Verklärten Heere:
Sie, die Helden Karls, betrauren mich!

Sie, die Helden, eilen dir entgegen
Unter Donner und der Kugeln Regen,
Krieger zittern vor dem Tode nicht –
Ihm entgegen gehen wir mit Hohne
Unterm Dampf der brüllenden Kanone,
Wann er reißend durch die Glieder bricht –

Und dann droben finden wir dich wieder,
Legen dort das müde Eisen nieder,
Drücken dich an unsre warme Brust,
Dann wird alles, wie von Morgenwinden
Weggeweht ein leichter Traum, verschwinden
Und nichts bleiben als die Lust.

ELEGIE AUF DEN FRÜHZEITIGEN TOD JOHANN CHRISTIAN WECKHERLINS

Von seinen Freunden

Stuttgart, den 16. Januar 1781

»Ihn aber hält am ernsten Orte,
Der nichts zurücke läßt,
Die Ewigkeit mit starken Armen fest« –

Banges Stöhnen, wie vorm nahen Sturme,
Hallet her vom öden Trauerhaus,
Totentöne fallen von des Stiftes Turme –
Einen Jüngling trägt man hier heraus.
Einen Jüngling – noch nicht reif zur Bahre –
Einen Jüngling – in dem Mai der Jahre –
Weggepflückt in früher Morgenblüt!
Einen Sohn – das Prahlen seiner Mutter,
Unsern teuren, vielgeliebten Bruder –
Auf! was Mensch heißt, folge mit!

Prahlt ihr Fichten, die ihr hoch veraltet
Stürmen stehet und den Donner neckt?
Und ihr Berge, die ihr Himmel haltet,
Und ihr Himmel, die ihr Sonnen hegt?
Prahlt der Greis noch, der auf stolzen Werken
Wie auf Wogen zur Vollendung steigt?
Prahlt der Held noch, der auf aufgewälzten Tatenbergen
In des Nachruhms Sonnentempel fleugt?
Wenn der Wurm schon naget in den Blüten:
Wer ist Tor zu wähnen, daß er nie verdirbt?
Wer dort oben hofft noch und hienieden
Auszudauren – wenn der Jüngling stirbt?

War er nicht so mutig, kraftgerüstet,
War er nicht wie Lebens Konterfei?
Frisch wie Roß im Eisenklang sich brüstet,
Wie der Vogel in den Lüften frei?

Da er noch in unsern Reihen hüpfte,
  Da er noch in unsern Armen sprung,
Und sein Herz an unsre Herzen knüpfte –
  O der schneidenden Erinnerung! –
Da er uns – (o ahndende Gefühle
  Hier auf eben dieser Leichenflur)
Nur zu sicher vor dem nahen Ziele
  Das Gelübd der ew'gen Treue schwur –

O ein Mißklang auf der großen Laute!
  Weltregierer, ich begreif es nicht!
Hier – auf den er seinen Himmel baute –
  Hier im Sarg – barbarisches Gericht!
So viel Sehnen, die im Grab erschlaffen,
  So viel Keime, die der Tod verweht,
Kräfte, für die Ewigkeit erschaffen,
  Gaben, für die Menschheit ausgesät –
O in dieses Meeres wildem Wetter,
  Wo Verzweiflung Steur und Ruder ist,
Bitte nur, geschlagenster der Vätter,
  Daß dir alles, alles, nur nicht Gott entwischt!

Lieblich hüpften, voll der Jugendfreude,
  Seine Tage hin im Rosenkleide,
Und die Welt, die Welt war ihm so süß –
  Und so freundlich, so bezaubernd winkte
Ihm die Zukunft, und so golden blinkte
  Ihm des Lebens Paradies;
Noch, als schon das Mutterauge tränte,
  Unter ihm das Totenreich schon gähnte,
Über ihm der Parzen Faden riß,
  Erd und Himmel seinem Blick entsanken,
Floh er ängstlich vor dem Grabgedanken –
  Ach die Welt ist Sterbenden so süß.

Stumm und taub ist's in dem engen Hause,
  Tief der Schlummer der Begrabenen;

Bruder! Ach in ewig tiefer Pause
  Feiern alle deine Hoffnungen;
Oft erwärmt die Sonne deinen Hügel,
  Ihre Glut empfindest du nicht mehr;
Seine Blumen wiegt des Westwinds Flügel,
  Sein Gelispel hörest du nicht mehr;
Liebe wird dein Auge nie vergolden,
  Nie umhalsen deine Braut wirst du,
Nie, wenn unsre Tränen stromweis rollten –
  Ewig, ewig, ewig sinkt dein Auge zu.

Aber wohl dir! – köstlich ist dein Schlummer,
  Ruhig schläft sich's in dem engen Haus;
Mit der Freude stirbt hier auch der Kummer,
  Röcheln auch der Menschen Qualen aus.
Über dir mag die Verleumdung geifern,
  Die Verführung ihre Gifte spein,
Über dich der Pharisäer eifern,
  Pfaffen brüllend dich der Hölle weihn,
Gauner durch Apostelmasken schielen,
  Und die Metze, die Gerechtigkeit,
Wie mit Würfeln, so mit Menschen spielen,
  Und so fort bis hin zur Ewigkeit.

Über dir mag auch Fortuna gaukeln,
  Blind herum nach ihren Buhlen spähn,
Menschen bald auf schwanken Thronen schaukeln,
  Bald herum in wüsten Pfützen drehn;
Wohl dir, wohl in deiner schmalen Zelle;
  Diesem komischtragischem Gewühl,
Dieser ungestümen Glückeswelle,
  Diesem possenhaften Lottospiel,
Diesem faulen fleißigen Gewimmel,
  Dieser arbeitsvollen Ruh,
Bruder! – diesem teufelvollen Himmel
  Schloß dein Auge sich auf ewig zu.

O so klatschet! klatscht doch in die Hände,
Rufet doch ein frohes Plaudite! –
Sterben ist der langen Narrheit Ende,
In dem Grab verscharrt man manches Weh;
Was sind denn die Bürger unterm Monde?
Gaukler, theatralisch ausstaffiert
Mit dem Tod in ungewissem Bunde,
Bis der Falsche sie vom Schauplatz führt:
Wohl dem, der nach kurzgespielter Rolle
Seine Larve tauschet mit Natur,
Und der Sprung vom König bis zur Erdenscholle
Ist ein leichter Kleiderwechsel nur.

Fahr dann wohl, du Trauter unsrer Seele,
Eingewiegt von unsern Segnungen,
Schlummre ruhig in der Grabeshöhle,
Schlummre ruhig bis auf Wiedersehn!
Bis auf diesen leichenvollen Hügeln
Die allmächtige Posaune klingt
Und nach aufgerißnen Todesriegeln
Gottes Sturmwind diese Leichen in Bewegung schwingt –
Bis, befruchtet von Jehovas Hauche,
Gräber kreißen – auf sein mächtig Dräun
In zerschmelzender Planeten Rauche
Ihren Staub die Grüfte wiederkäun –

Nicht in Welten, wie die Weisen träumen,
Auch nicht in des Pöbels Paradies,
Nicht in Himmeln, wie die Dichter reimen –
Aber wir ereilen dich gewiß.
Ob es wahr sei, was den Pilger freute?
Ob noch jenseits ein Gedanke sei?
Ob die Tugend übers Grab geleite?
Ob es alles eitle Phantasei? – –
Schon enthüllt sind dir die Rätsel alle!
Wahrheit schlirft dein hochentzückter Geist,

Wahrheit, die in tausendfachem Strahle
  Von des großen Vaters Kelche fleußt –

Zieht dann hin, ihr schwarzen stummen Träger!
  Tischt auch den dem großen Würger auf!
Höret auf, geheulergoßne Kläger!
  Türmet auf ihm Staub auf Staub zuhauf.
Wo der Mensch, der Gottes Ratschluß prüfte?
  Wo das Aug, den Abgrund durchzuschaun?
Heilig! Heilig! bist du, Gott der Grüfte,
  Wir verehren dich mit Graun!
Erde mag zurück in Erde stäuben,
  Fliegt der Geist doch aus dem morschen Haus!
Seine Asche mag der Sturmwind treiben,
  Seine Liebe dauert ewig aus!

DIE ENTZÜCKUNG

An Laura

Laura! Welt und Himmel weggeronnen
Wähn ich – mich in Himmelmaienlicht zu sonnen,
  Wenn dein Blick in meine Blicke flimmt.
Ätherlüfte träum ich einzusaugen,
Wenn mein Bild in deiner sanften Augen
  Himmelblauem Spiegel schwimmt.

Leierklang aus Paradieses Fernen,
Harfenschwung aus angenehmern Sternen,
  Ras ich, in mein trunken Ohr zu ziehn.
Meine Muse fühlt die Schäferstunde,
Wenn von deinem wollustvollem Munde
  Silbertöne ungern fliehn.

Amoretten seh ich Flügel schwingen,
Hinter dir die trunknen Fichten springen,

Wie von Orpheus' Saitenruf belebt.
Rascher rollen um mich her die Pole,
Wenn im Wirbeltanze deine Sohle
Flüchtig wie die Welle schwebt.

Deine Blicke – wenn sie Liebe lächeln,
Könnten Leben durch den Marmor fächeln,
Felsenadern Pulse leihn.
Träume werden um mich her zu Wesen,
Kann ich nur in deinen Augen lesen:
Laura! Laura! Mein!

Wann nun, wie, gehoben aus den Achsen
Zwei Gestirn, in Körper Körper wachsen,
Mund an Mund gewurzelt brennt,
Wollustfunken aus den Augen regnen,
Seelen wie entbunden sich begegnen
In des Atems Flammenwind.

Eine Pause drohet hier den Sinnen,
Schwarzes Dunkel jagt den Tag von hinnen,
Lagert sich um den gefangnen Blick.
Leises Murmeln – dumpfer hin verloren –
Stirbt allmählich in den trunknen Ohren,
Und die Welt tritt in ihr Nichts zurück.

Ha! daß itzt der Flügel Chronos harrte,
Hingebannt ob dieser Gruppe starrte,
Wie ein Marmorbild – die Zeit! –
Aber ach! – ins Meer des Todes jagen
Wellen Wellen – über dieser Wonne schlagen
Schon die Strudel der Vergessenheit.

[FÜR FRIEDRICH NICOLAI]

Ein edles Herz und die Musen verbrüdern die entlegensten Geister.

Stuttgart, d. 20. Jul. 1781

Dieses erlaubt mir, mich Ihrer wertesten Freundschaft zu empfehlen.

AUS DER »ANTHOLOGIE AUF DAS JAHR 1782«

ANTHOLOGIE AUF DAS JAHR 1782

Gedruckt in der Buchdruckerei zu Tobolsko

Meinem Prinzipal
dem Tod
zugeschrieben

Großmächtigster Zar alles Fleisches,
Allezeit Vermindrer des Reichs,
Unergründlicher Nimmersatt in der ganzen Natur!

Mit untertänigstem Hautschauern unterfange ich mich, deiner gefräßigen Majestät klappernde Phalanges zu küssen und dieses Büchlein vor deinem dürren Calcaneus in Demut niederzulegen. Meine Vorgänger haben immer die Weise gehabt, ihre Sächlein und Päcklein, dir gleichsam recht vorsätzlich zum Ärger, hart an deiner Nase vorbei, ins Archiv der Ewigkeit transportieren zu lassen, und nicht gedacht, daß sie dir eben dadurch um so mehr das Maul darnach wässern machten; denn auch an dir wird das Sprüchwort nicht zum Lügner: »Gestohlen Brot schmeckt gut.« Nein! dedizieren will ich dir's lieber, so bin ich doch gewiß, daß du's – weit weglegen werdest.

Doch Spaß beiseite! – Ich denke, wir zween kennen uns genauer denn nur vom Hörensagen. Einverleibt dem äskulapischen Orden, dem Erstgebornen aus der Büchse der Pandora, der so alt ist als der Sündenfall, bin ich gestanden an deinem Altare, habe, wie der Sohn Hamilkars den sieben Hügeln, geschworen unsterbliche Fehde deiner Erbfeindin Natur, sie zu belagern mit Medikamenten Heereskraft, eine Wagenburg zu schlagen um die Stahlische Seele, aus dem Feld zu schlagen mit Sturm die trotzige, die deine Sporteln schmälert und deine Finanzen schwächt, und auf dem Walplatz des Archäus hoch zu bäumen deine mitternächtliche Kreuzstandarte. – Dafür nun (denn eine Ehre ist wert der andern) wirst du mir auswürken den köstlichen *Talisman*, der mich mit heiler Haut und ganzer Wolle an Galgen und Rade vorübergeleitet –

Jusque datum sceleri –

Ei ja doch! Tue das, goldiger Maecenas; denn, siehst du, ich möchte doch nicht gern, daß mir's ginge wie meinen tollkühnen Kollegen und Vettern, die mit Stilett und Sackpuffer bewaffnet in finstern Hohlwegen Hof halten oder im unterirdischen Laboratorium das Wunderpolychrest mischen, das, wenn's hübsch fleißig genommen wird, unsere politische Nasen, über kurz oder lang, mit Thronvakaturen und Staatsfiebern kitzelt. – Damiens und Ravaillac! – Hu! hu! hu! – Es ist ein gut Ding um gerade Glieder!

Ob du auch deinen Zahn auf Ostern und Michaelis gewetzt hast? – Die große Bücherepidemie in Leipzig und Frankfurt! – juchheisa, Dürrer! – wird ein königlich Fressen geben. Deine fertigen Mäkler, Völlerei und Brunst, liefern dir ganze Frachten aus dem Jahrmarkt des Lebens. – Selbst der Ehrgeiz, dein Großpapa, Krieg, Hunger, Feuer und Pest, deine gewaltigen Jäger, haben dir schon so manche fette Menschenklopfjagd gehalten – Geiz und Golddurst, deine mächtigen Kellermeister, trinken dir ganze schwimmende Städte im sprudelnden Kelch des Weltmeers zu. – Ich weiß in Europa eine Küche, wo man dir die raresten Gerichte mit Festtagsgepränge auf die Tafel gesetzt hat – Und doch – wer hat dich je satt gesehen oder über Indigestionen klagen gehört? – Eisern ist deine Verdauung; grundlos deine Gedärme!

Puh – ich hätte dir noch so manches zu sagen, aber ich tummle mich, daß ich wegkomme – Du bist ein garstiger Schwager – Geh – Du machst dir Rechnung, höre ich, eine Generalkollation zu erleben, wo dir groß und klein, Weltkugeln und Lexika, Philosophien und Putzwerk in Rachen fliegen sollen – Guten Appetit, wenn's soweit kommt! – Doch, Hungerwolf, der du bist! siehe zu, daß du dich da nicht überessest und deinen ganzen Fraß haarklein wiedergeben müssest, wie dir's ein gewisser Athenienser, der dir gar nicht wohl will, prophezeit hat.

Tobolsko, den 2. Februar

– Tum primum radiis gelidi incaluere Triones. –

Blumen in Sibirien? – Dahinter steckt eine Schelmerei, oder die Sonne muß Front gegen Mitternacht machen. – Und doch – wenn ihr euch auf den Kopf stelltet! Es ist nicht anders; – wir haben lange genug Zobel gefangen, laßt's uns einmal auch mit Blumen versuchen. Sind nicht schon Europäer genug zu uns Stiefsöhnen der Sonne gekommen und durch unsern hundertjährigen Schnee gewatet, irgendein bescheidenes Blümchen zu pflücken? Schande unsern Ahnen – wir wollen sie selbst sammeln und einen ganzen Korb voll nach Europa frankieren. – Zertretet sie nicht, ihr Söhne des milderen Himmels!

Aber im Ernst zu reden – Das eiserne Gewicht des widrigen Vorurteils, das schwer über dem Norden brütet, von der Stelle zu räumen, foderte einen stärkeren Hebel als den Enthusiasmus einiger wenigen, und auch ein festeres Hypomochlion als die Schultern von zween oder drei Patrioten. Doch wenn schon auch diese Anthologie euch leckerhafte Europäer so wenig als – wenn ich den Fall setze – unser Musenalmanach, den wir – wenn ich ja den Fall setzen wollte – hätten können geschrieben haben, mit uns Schneemännern versöhnen wird, so bleibt ihr doch mindestens das Verdienst, Hand in Hand mit ihren Kamerädinnen im *weitentlegenen Teutschland* dem ausröchelnden Geschmack den Gnickfang geben zu helfen, wie wir Tobolskianer zu sprechen belieben.

Wenn eure Homere im Schlaf reden und eure Herkules' Mücken mit ihren Keulen erschlagen – wenn jeder, der seinen bezahlten Schmerz in Leichen-Alexandriner auszutropfen versteht, das für eine Vokation auf den Helikon auslegt – wird man uns Nordländern verdenken, mitunter auch in den Leierklang der Musen zu klimpern? – Eure Matadore wollen Silbergeld gemünzt haben, wenn sie ihr Brustbild auf elendes Messing prägten; – und zu Tobolsko werden die Falschmünzer aufgehangen. Zwar möcht[et] ihr oft auch bei uns Papiergeld statt russischen Rubels finden, aber Krieg und teure Zeit entschuldigen alles.

So geh dann hin, Sibirische Anthologie – Geh – du wirst manchen Süßling beseligen, wirst von ihm auf den Nachttisch seiner Herzeinzigen gelegt werden und zum Dank ihre *alabasterne Lilienschneehand* seinem zärtlichen Kuß verraten. – Geh – du wirst in den Assembleen und Stadtvisiten manchen gähnenden Schlund der Langenweile ausfüllen und vielleicht eine Circassienne ablösen, die sich im Platzregen der Lästerung müde gestanden hat. – Geh – du wirst die Küche mancher Kritiker beraten; sie werden dein Licht fliehen und sich gleich den Käuzlein in deinen Schatten zurückziehen. – Hu, hu, hu! – Schon hör ich das ohrzerfetzende Geheule im unwirtbaren Forst und hülle mich angstvoll in meinen Zobel.

DIE JOURNALISTEN UND MINOS

1781

Mir kam vor wenig Tagen,
  Wie? fragt mich eben nicht,
Vom Reich der ew'gen Plagen
  Die Zeitung zu Gesicht.

Sonst frag ich diesem Essen,
  Wo noch kein Kopf zerbrach,
Dem Freikorps unsrer Pressen,
  Wie billig, wenig nach.

Doch eine Randgloss' lockte
  Itzt meinen Fürwitz an,
Denkt! wie das Blut mir stockte,
  Als ich das Blatt begann:

»Seit zwanzig herben Jahren«
  (Die Post, versteht sich, muß
Ihr saures Stündchen fahren
  Hieher vom Erebus)

»Verschmachteten wir Arme
  In bittrer Wassersnot,
Die Höll kam in Alarme
  Und foderte den Tod.

Den Styx kann man durchwaten,
  Im Lethe krebset man,
Freund Charon mag sich raten,
  Im Schlamme liegt sein Kahn.

Keck springen schon die Tote
  Hinüber, jung und alt,
Der Schiffer kommt vom Brote
  Und flucht die Hölle kalt.

Fürst Minos schickt Spionen
Nach allen Grenzen hin,
Die Teufel müssen fronen,
Ihm Kundschaft einzuziehn.

Juhe! Nun ist's am Tage!
Erwischt das Räubernest!
Heraus zum Freudgelage!
Komm, Hölle, komm zum Fest!

Ein Schwarm Autoren spükte
Um des Cocytus Rand,
Ein Dintenfäßchen schmückte
Die ritterliche Hand,

Hier schöpften sie, zum Wunder,
Wie Buben süßen Wein
In Röhren von Holunder,
Den Strom in Tonnen ein.

Husch! Eh sie sich's versahen!
Die Schlingen über sie! –
Man wird euch schön empfahen,
Kommt nur nach Sanssouci.

Schon wittert' sie der König,
Und wetzte seinen Zahn,
Und schnauzte drauf nicht wenig
Die Delinquenten an.

Aha! sieht man die Räuber?
Wes Handwerks? Welches Lands?
›*Sind teutsche Zeitungsschreiber!*‹
Da haben wir den Tanz!

Schon hätt ich Lust, gleichbalden
Euch, wie ihr geht und steht,

Beim Essen zu behalten,
  Eh euch mein Schwager mäht.

Doch schwör ich's hier beim Styxe,
  Den eure Brut bestahl!
Euch Marder und euch Füchse
  Erwartet Schand und Qual!

Solange, bis er splittert,
  Spaziert zum Born der Krug!
Was nur nach Dinten wittert,
  Entgelte den Betrug!

Herab mit ihren Daumen!
  Laßt meinen Hund heraus!
Schon wässert ihm der Gaumen
  Nach einem solchen Schmaus.

Wie zuckten ihre Waden
  Vor dieses Bullen Zahn!
Es schnalzen Seine Gnaden,
  Und Joli packte an.

Man schwört, daß noch der Stumpen
  Sich krampficht eingedruckt,
Den Lethe auszupumpen
  Noch gichterisch gezuckt.«

Und nun, ihr guten Christen,
  Beherziget den Traum!
Fragt ihr nach Journalisten,
  So sucht nur ihren Daum'!

Sie bergen oft die Lücken,
  Wie Jauner ohne Ohr
Sich helfen mit Perücken –
  Probatum! Gut davor!

PHANTASIE

An Laura

Meine Laura! Nenne mir den Wirbel,
Der an Körper Körper mächtig reißt,
Nenne, meine Laura, mir den Zauber,
Der zum Geist monarchisch zwingt den Geist.

Sieh! er lehrt die schwebenden Planeten
Ew'gen Ringgangs um die Sonne fliehn,
Und, gleich Kindern um die Mutter hüpfend,
Bunte Zirkel um die Fürstin ziehn;

Durstig trinkt den goldnen Strahlenregen
Jedes rollende Gestirn,
Trinkt aus ihrem Feuerkelch Erquickung
Wie die Glieder Geister vom Gehirn.

Sonnenstäubchen paart mit Sonnenstäubchen
Sich in trauter Harmonie,
Sphären ineinander lenkt die Liebe,
Weltsysteme dauren nur durch sie.

Tilge sie vom Uhrwerk der Naturen –
Trümmernd auseinander springt das All,
In das Chaos donnern eure Welten,
Weint, Newtone, ihren Riesenfall!

Tilg die Göttin aus der Geister Orden,
Sie erstarren in der Körper Tod,
Ohne Liebe kehrt kein Frühling wieder,
Ohne Liebe preist kein Wesen Gott!

Und was ist's, das, wenn mich Laura küsset,
Purpurflammen auf die Wangen geußt,
Meinem Herzen raschern Schwung gebietet,
Fiebrisch wild mein Blut von hinnen reißt?

Aus den Schranken schwellen alle Sennen,
   Seine Ufer überwallt das Blut,
Körper will in Körper überstürzen,
   Lodern Seelen in vereinter Glut;

Gleich allmächtig wie dort in der toten
   Schöpfung ew'gen Federtrieb,
Herrscht im arachneischen Gewebe
   Der empfindenden Natur die Lieb.

Siehe, Laura, Fröhlichkeit umarmet
   Wilder Schmerzen Überschwung,
An der Hoffnung Liebesbrust erwarmet
   Starrende Verzweifelung.

Schwesterliche Wollust mildert
   Düstrer Schwermut Schauernacht,
Und entbunden von den goldnen Kindern,
   Strahlt das Auge Sonnenpracht.

Waltet nicht auch durch des Übels Reiche
   Fürchterliche Sympathie?
Mit der Hölle buhlen unsre Laster,
   Mit dem Himmel grollen sie.

Um die Sünde flechten Schlangenwirbel
   Scham und Reu, das Eumenidenpaar,
Um der Größe Adlerflügel windet
   Sich verräterisch die Gefahr.

Mit dem Stolze pflegt der Sturz zu tändeln,
   Um das Glück zu klammern sich der Neid,
Ihrem Bruder Tode zuzuspringen
   Öffnen Armes Schwester Lüsternheit.

Mit der Liebe Flügel eilt die Zukunft
   In die Arme der Vergangenheit,
Lange sucht der fliehende Saturnus
   Seine Braut – die Ewigkeit.

Einst – so hör ich das Orakel sprechen –,
Einsten hascht Saturn die Braut,
Weltenbrand wird Hochzeitfackel werden,
Wenn mit Ewigkeit die Zeit sich traut.

Eine schönere Aurora rötet,
Laura, dann auch unsrer Liebe sich,
Die so lang als jener Brautnacht dauert,
Laura! Laura! freue dich!

BACCHUS IM TRILLER

Trille! Trille! blind und dumm,
Taub und dumm,
Trillt den saubern Kerl herum!
Manches Stück von altem Adel,
Vetter, hast du auf der Nadel.
Vetter, übel kommst du weg,
Manchen Kopf mit Dampf gefüllet,
Manchen hast du umgetrillet,
Manchen klugen Kopf berülpet,
Manchen Magen umgestilpet,
Umgewälzt in seinem Speck,
Manchen Hut krumm aufgesetzet,
Manches Lamm in Wut gehetzet,
Bäume, Hecken, Häuser, Gassen,
Um uns Narren tanzen lassen.
Darum kommst du übel weg,
Darum wirst auch du getrillet,
Wirst auch du mit Dampf gefüllet,
Darum wirst auch du berülpet,
Wird dein Magen umgestilpet,
Umgewälzt in seinem Speck,
Darum kommst du übel weg.

Trille! Trille! blind und dumm,
Taub und dumm,
Trillt den saubern Kerl herum!
Siehst, wie du mit unsern Zungen,
Unserm Witz bist umgesprungen,
Siehst du jetzt, du lockrer Specht?
Wie du uns am Seil gezwirbelt,
Uns im Ring herumgewirbelt,
Daß uns Nacht ums Auge grauste,
Daß's uns in den Ohren sauste.
Lern's in deinem Käficht recht;
Daß wir vor dem Ohrgebrümmel
Nimmer Gottes blauen Himmel,
Nimmer sahen Stock und Steine,
Knackten auf die lieben Beine.
Siehst du itzt, du lockrer Specht?
Daß wir Gottes gelbe Sonne
Für die Heidelberger Tonne,
Berge, Bäume, Türme, Schlösser
Angesehn für Schoppengläser,
Lernst du's itzt, du lockrer Specht?
Lern's in deinem Käficht recht.

Trille! Trille! blind und dumm,
Taub und dumm,
Trill den saubern Kerl herum!
Schwager, warst doch sonst voll Ränke,
Schwager, wo nun deine Schwänke,
Deine Pfiffe, schlauer Kopf?
Ausgepumpt sind deine Pfiffe,
Und zum Teufel sind die Kniffe!
Albern wie ein Stutzer plaudern,
Wie ein Waschweib wirst du kaudern,
Junker ist ein seichter Tropf.
Nun so weißt du's – magst dich schämen,
Magst meintwegen Reißaus nehmen,
Dem Hollunken Amor rühmen,

Dran er soll Exempel nehmen.
  Fort, Bärnhäuter! tummle dich!
Unser Witz, aus Glas gekerbet,
Wie der Blitz ist er zerscherbet;
Soll dich nicht der Triller treiben,
Laß die Narrenspossen bleiben!
  Hast's verstanden? Denk an mich!
  Wüster Vogel! packe dich.

AN DIE SONNE

Preis dir, die du dorten heraufstrahlst, Tochter des Himmels!
  Preis dem lieblichen Glanz
Deines Lächelns, der alles begrüßet und alles erfreuet!
  Trüb in Schauern und Nacht
Stand begraben die prächtige Schöpfung: tot war die Schönheit
  Lang dem lechzenden Blick;
Aber liebevoll stiegst du früh aus dem rosigen Schoße
  Deiner Wolken empor,
Wecktest uns auf die Morgenröte; und freundlich
  Schimmert' diese herfür
Über die Berg' und verkündete deine süße Hervorkunft.
  Schnell begann nun das Graun
Sich zu wälzen dahin in ungeheuern Gebürgen.
  Dann erschienest du selbst,
Herrliche du, und verschwunden waren die neblichte Riesen!
  Ach! wie Liebende nun,
Lange getrennt, liebäugelt der Himmel zur Erden, und diese
  Lächelt zum Liebling empor;
Und es küssen die Wolken am Saume der Höhe die Hügel;
  Süßer atmet die Luft;
Alle Fluren baden in deines Angesichts Abglanz
  Sich; und es wirbelt der Chor
Des Gevögels aus der vergoldeten Grüne der Wälder
  Freudenlieder hinauf;

Alle Wesen taumeln wie am Busen der Wonne:
Selig die ganze Natur!
Und dies alles, o Sonn! entquoll deiner himmlischen
Liebe.
Vater der Heil'gen, vergib,
O vergib mir, daß ich auf mein Angesicht falle
Und anbete dein Werk! –
Aber nun schwebet sie fort im Zug der Purpurgewölke
Über der Könige Reich,
Über die unabsehbarn Wasser, über das Weltall:
Unter ihr werden zu Staub
Alle Thronen, Moder die himmelaufschimmernden Städte;
Ach! die Erde ist selbst
Grabeshügel geworden. Sie aber bleibt in der Höhe,
Lächelt der Mörderin Zeit
Und erfüllet ihr großes Geschäft, erleuchtet die Sphären.
O besuche noch lang,
Herrlichstes Fürbild der Edeln! mit mildem, freundlichem
Blicke
Unsre Wohnung, bis einst
Vor dem Schelten des Ewigen sinken die Sterne
Und du selbsten erbleichst.

LAURA AM KLAVIER

Wenn dein Finger durch die Saiten meistert –
Laura, itzt zur Statue entgeistert,
Itzt entkörpert steh ich da.
Du gebietest über Tod und Leben,
Mächtig wie von tausend Nervgeweben
Seelen fordert Philadelphia; –

Ehrerbietig leiser rauschen
Dann die Lüfte, dir zu lauschen;
Hingeschmiedet zum Gesang,
Stehn im ew'gen Wirbelgang,

Einzuziehn die Wonnefülle,
Lauschende Naturen stille,
  Zauberin! mit Tönen, wie
  Mich mit Blicken, zwingst du sie.

Seelenvolle Harmonieen wimmeln,
  Ein wollüstig Ungestüm,
Aus den Saiten, wie aus ihren Himmeln
  Neugeborne Seraphim;
Wie, des Chaos Riesenarm entronnen,
Aufgejagt vom Schöpfungssturm die Sonnen
  Funkend fuhren aus der Finsternus,
  Strömt der goldne Saitenguß.

Lieblich itzt wie über bunten Kieseln
Silberhelle Fluten rieseln –
  Majestätisch prächtig nun
  Wie des Donners Orgelton,
Stürmend von hinnen itzt wie sich von Felsen
Rauschende, schäumende Gießbäche wälzen,
  Holdes Gesäusel bald,
    Schmeichlerisch linde,
  Wie durch den Espenwald
    Buhlende Winde,
Schwerer nun und melancholisch düster,
Wie durch toter Wüsten Schauernachtgeflüster,
  Wo verlornes Heulen schweift,
  Tränenwellen der Cocytus schleift.

Mädchen, sprich! Ich frage, gib mir Kunde:
Stehst mit höhern Geistern du im Bunde?
  Ist's die Sprache, lüg mir nicht,
  Die man in Elysen spricht?

Von dem Auge weg der Schleier!
  Starre Riegel von dem Ohr!
Mädchen! Ha! schon atm ich freier,

Läutert mich ätherisch Feuer?
Tragen Wirbel mich empor? – –

Neuer Geister Sonnensitze
Winken durch zerrißner Himmel Ritze –
Überm Grabe Morgenrot!
Weg, ihr Spötter, mit Insektenwitze!
Weg! Es ist ein Gott – – – –

DIE HERRLICHKEIT DER SCHÖPFUNG

Eine Phantasie

Vorüber war der Sturm, der Donner Rollen
Das hallende Gebirg hinein verschollen,
Geflohn die Dunkelheit;
In junger Schöne lächelten die Himmel wieder
Auf ihre Schwester, Gottes Erde, nieder
Voll Zärtlichkeit.
Es lagen lustig da die Auen und die Tale,
Aus Maigewölken von der Sonnen Strahle
Holdselig angelacht:
Die Ströme schimmerten, die Büsch und Wäldchen alle
Bewegten freudig sich im tauigen Kristalle
In funkelndlichter Pracht.
Und sieh! da hebt von Berg zu Berg sich prächtig ausgespannt
Ein Regenbogen übers Land. –

In dieser Ansicht schwamm vom Brocken oben
Mein Auge trunken, als ich aufgehoben
Mich plötzlich fühlte ... Heilig heil'ge Lüfte kamen,
Umwebten zärtlich mich, indessen über mir,
Stolztragend übers All den Ewigen daher,
Die innre Himmel majestätisch schwammen.

Und itzt trieb ein Wind
Fort die Wolken, mich auf ihrem Zuge,
Unter mir wichen im Fluge
Schimmernde Königesstädte zurück,
Schnell wie ein Blick
Länderbeschattende Berge zurück,
Und das schönste Gemisch von blühenden Feldern,
Goldenen Saaten und grünenden Wäldern,
Himmel und Erde im lachenden Glanz
Wiegten sich um mich im sanftesten Tanz.

Da schweb ich nun in den saphirnen Höhen
Bald überm unabsehlich weiten Meer;
Bald seh ich unter mir ein langes Klippenheer,
Itzt grausenvolle Felsenwüsten stehen,
Und dort den Frühling mir entgegenwehen;
Und hier die Lichteskönigin,
Auf rosichtgoldnen Wolken hingetragen,
Zu ihrer Himmelsruhe ziehn.

O welch Gesicht! Mein Lied! wie könntest du es sagen,
Was dieses Auge trank vom weltumwandelnden Wagen?
Der Schöpfung ganze Pracht, die Herrlichkeit,
Die in dem Einsamen der dunkeln Ewigkeit
Der Allerhöchste ausgedacht,
Und sich zur Augenlust, und euch, o Menschen!
Zur Wohnung hat gemacht,
Lag vor mir da! ... Und welche Melodien
Dringen herauf? welch unaussprechlicher Klang
Schlägt mein entzücktes Ohr? ... Der große Lobgesang
Tönt auf der Laute der Natur! ... In Harmonien
Wie einen süßen Tod verloren, preist
Den Herrn des Alls mein Geist!

ELEGIE
AUF DEN TOD EINES JÜNGLINGS

Banges Stöhnen, wie vorm nahen Sturme,
Hallet her vom öden Trauerhaus,
Totentöne fallen von des Münsters Turme,
Einen Jüngling trägt man hier heraus:
Einen Jüngling – noch nicht reif zum Sarge,
In des Lebens Mai gepflückt,
Pochend mit der Jugend Nervenmarke,
Mit der Flamme, die im Auge zückt;
Einen Sohn, die Wonne seiner Mutter
(O das lehrt ihr jammernd Ach),
Meinen Busenfreund, ach! meinen Bruder –
Auf! was Mensch heißt, folge nach!

Prahlt ihr Fichten, die ihr hoch veraltet
Stürmen stehet und den Donner neckt?
Und ihr Berge, die ihr Himmel haltet,
Und ihr Himmel, die ihr Sonnen hegt?
Prahlt der Greis noch, der auf stolzen Werken
Wie auf Wogen zur Vollendung steigt?
Prahlt der Held noch, der auf aufgewälzten Tatenbergen
In des Nachruhms Sonnentempel fleugt?
Wenn der Wurm schon naget in den Blüten:
Wer ist Tor zu wähnen, daß er nie verdirbt?
Wer dort oben hofft noch und hienieden
Auszudauren – wenn der Jüngling stirbt?

Lieblich hüpften, voll der Jugendfreude,
Seine Tage hin im Rosenkleide,
Und die Welt, die Welt war ihm so süß –
Und so freundlich, so bezaubernd winkte
Ihm die Zukunft, und so golden blinkte
Ihm des Lebens Paradies;
Noch, als schon das Mutterauge tränte,
Unter ihm das Totenreich schon gähnte,

Über ihm der Parzen Faden riß,
Erd und Himmel seinem Blick entsanken,
Floh er ängstlich vor dem Grabgedanken –
Ach die Welt ist Sterbenden so süß.

Stumm und taub ist's in dem engen Hause,
Tief der Schlummer der Begrabenen;
Bruder! Ach in ewig tiefer Pause
Feiern alle deine Hoffnungen;
Oft erwärmt die Sonne deinen Hügel,
Ihre Glut empfindest du nicht mehr;
Seine Blumen wiegt des Westwinds Flügel,
Sein Gelispel hörest du nicht mehr;
Liebe wird dein Auge nie vergolden,
Nie umhalsen deine Braut wirst du,
Nie, wenn unsre Tränen stromweis rollten –
Ewig, ewig sinkt dein Auge zu.

Aber wohl dir! – köstlich ist dein Schlummer,
Ruhig schläft sich's in dem engen Haus;
Mit der Freude stirbt hier auch der Kummer,
Röcheln auch der Menschen Qualen aus.
Über dir mag die Verleumdung geifern,
Die Verführung ihre Gifte spein,
Über dich der Pharisäer eifern,
Fromme Mordsucht dich der Hölle weihn,
Gauner durch Apostelmasken schielen
Und die Bastardtochter der Gerechtigkeit,
Wie mit Würfeln, so mit Menschen spielen,
Und so fort bis hin zur Ewigkeit.

Über dir mag auch Fortuna gaukeln,
Blind herum nach ihren Buhlen spähn,
Menschen bald auf schwanken Thronen schaukeln,
Bald herum in wüsten Pfützen drehn;
Wohl dir, wohl in deiner schmalen Zelle;
Diesem komischtragischem Gewühl,

Dieser ungestümen Glückeswelle,
  Diesem possenhaften Lottospiel,
Diesem faulen fleißigen Gewimmel,
  Dieser arbeitsvollen Ruh,
Bruder! – diesem teufelvollen Himmel
  Schloß dein Auge sich auf ewig zu.

Fahr dann wohl, du Trauter unsrer Seele,
  Eingewiegt von unsern Segnungen,
Schlummre ruhig in der Grabeshöhle,
  Schlummre ruhig bis auf Wiedersehn!
Bis auf diesen leichenvollen Hügeln
  Die allmächtige Posaune klingt,
Und nach aufgerißnen Todesriegeln
  Gottes Sturmwind diese Leichen in Bewegung schwingt –
Bis, befruchtet von Jehovas Hauche,
  Gräber kreißen – auf sein mächtig Dräun
In zerschmelzender Planeten Rauche
  Ihren Raub die Grüfte wiederkäun –

Nicht in Welten, wie die Weisen träumen,
  Auch nicht in des Pöbels Paradies,
Nicht in Himmeln, wie die Dichter reimen –
  Aber wir ereilen dich gewiß.
Daß es wahr sei, was den Pilger freute?
  Daß noch jenseits ein Gedanke sei?
Daß die Tugend übers Grab geleite?
  Daß es mehr denn eitle Phantasei? – –
Schon enthüllt sind dir die Rätsel alle!
  Wahrheit schlirft dein hochentzückter Geist,
Wahrheit, die in tausendfachem Strahle
  Von des großen Vaters Kelche fleußt –

Zieht dann hin, ihr schwarzen stummen Träger!
  Tischt auch den dem großen Würger auf!
Hört auf, geheulergoßne Kläger!
  Türemet auf ihm Staub auf Staub zuhauf.

Wo der Mensch, der Gottes Ratschluß prüfte?
Wo das Aug, den Abgrund durchzuschaun?
Heilig! Heilig! Heilig! Bist du Gott der Grüfte,
Wir verehren dich mit Graun!
Erde mag zurück in Erde stäuben,
Fliegt der Geist doch aus dem morschen Haus!
Seine Asche mag der Sturmwind treiben,
Seine Liebe dauert ewig aus!

ROUSSEAU

Monument von unsrer Zeiten Schande!
Ew'ge Schandschrift deiner Mutterlande!
Rousseaus Grab! Gegrüßet seist du mir.
Fried und Ruh den Trümmern deines Lebens!
Fried und Ruhe suchtest du vergebens,
Fried und Ruhe fandst du hier.

Kaum ein Grabmal ist ihm überblieben,
Den von Reich zu Reich der Neid getrieben,
Frommer Eifer umgestrudelt hat.
Ha! Um den einst Ströme Bluts zerfließen,
Wem's gebühr, ihn prahlend Sohn zu grüßen,
Fand im Leben keine Vaterstadt.

Und wer sind sie, die den Weisen richten?
Geisterschlacken, die zur Tiefe flüchten
Vor dem Silberblicke des Genies;
Abgesplittert von dem Schöpfungswerke
Gegen Riesen Rousseau kind'sche Zwerge,
Denen nie Prometheus Feuer blies.

Brücken vom Instinkte zum Gedanken,
Angeflicket an der Menschheit Schranken,
Wo schon gröbre Lüfte wehn.
In die Kluft der Wesen eingekeilet,

Wo der Affe aus dem Tierreich geilet,
  Und die Menschheit anhebt abzustehn.

Neu und einzig – eine Irresonne
Standest du am Ufer der Garonne
  Meteorisch für Franzosenhirn.
Schwelgerei und Hunger brüten Seuchen,
Tollheit rast mavortisch in den Reichen,
  Wer ist schuld – das arme Irrgestirn.

Deine Parze – hat sie gar geträumet?
Hat in Fieberhitze sie gereimet,
  Die dich an der Seine Strand gesäugt?
Ha! schon seh ich unsre Enkel staunen,
Wann beim Klang belebender Posaunen
  Aus Franzosengräbern – Rousseau steigt!

Wann wird doch die alte Wunde narben?
Einst war's finster – und die Weisen starben,
  Nun ist's lichter – und der Weise stirbt.
Sokrates ging unter durch Sophisten,
Rousseau leidet – Rousseau fällt durch Christen,
  Rousseau – der aus Christen Menschen wirbt.

Ha! mit Jubel, die sich feurig gießen,
Sei, Religion, von mir gepriesen,
  Himmelstochter, sei geküßt!
Welten werden durch dich zu Geschwistern,
Und der Liebe sanfte Odem flistern
  Um die Fluren, die dein Flug begrüßt.

Aber wehe – Basiliskenpfeile
Deine Blicke – Krokodilgeheule
  Deiner Stimme sanfte Melodien,
Menschen bluten unter deinem Zahne,
Wenn verderbengeifernde Imane
  Zur Erinnys dich verziehn.

Ja! im acht und zehnten Jubeljahre,
Seit das Weib den Himmelsohn gebare
(Chroniker, vergeßt es nie),
Hier erfanden schlauere Perille
Ein noch musikalischer Gebrülle,
Als dort aus dem ehrnen Ochsen schrie.

Mag es, Rousseau! mag das Ungeheuer
Vorurteil ein türmendes Gemäuer
Gegen kühne Reformanten stehn,
Nacht und Dummheit boshaft sich versammeln,
Deinem Licht die Pfade zu verrammeln,
Himmelstürmend dir entgegengehn.

Mag die hundertrachichte Hyäne
Eigennutz die gelben Zackenzähne
Hungerglühend in die Armut haun,
Erzumpanzert gegen Waisenträne,
Turmumrammelt gegen Jammertöne,
Goldne Schlösser auf Ruinen baun.

Geh, du Opfer dieses Trillingsdrachen,
Hüpfe freudig in den Todesnachen,
Großer Dulder! frank und frei.
Geh, erzähl dort in der Geister Kreise
Diesen Traum vom Krieg der Frösch und Mäuse,
Dieses Lebens Jahrmarktsdudelei.

Nicht für diese Welt warst du – zu bieder
Warst du ihr, zu hoch – vielleicht zu nieder –
Rousseau, doch du warst ein Christ.
Mag der Wahnwitz diese Erde gängeln!
Geh du heim zu deinen Brüdern Engeln,
Denen du entlaufen bist.

DIE SELIGEN AUGENBLICKE

An Laura

Laura, über diese Welt zu flüchten,
Wähn ich – mich in Himmelmaienglanz zu lichten,
  Wenn dein Blick in meine Blicke flimmt,
Ätherlüfte träum ich einzusaugen,
Wenn mein Bild in deiner sanften Augen
  Himmelblauem Spiegel schwimmt; –

Leierklang aus Paradieses Fernen,
Harfenschwung aus angenehmern Sternen
  Ras ich, in mein trunken Ohr zu ziehn,
Meine Muse fühlt die Schäferstunde,
Wenn von deinem wollustheißem Munde
  Silbertöne ungern fliehn; –

Amoretten seh ich Flügel schwingen,
Hinter dir die trunknen Fichten springen
  Wie von Orpheus' Saitenruf belebt,
Rascher rollen um mich her die Pole,
Wenn im Wirbeltanze deine Sohle
  Flüchtig wie die Welle schwebt; –

Deine Blicke – wenn sie Liebe lächeln,
Könnten Leben durch den Marmor fächeln,
  Felsenadern Pulse leihn,
Träume werden um mich her zu Wesen,
Kann ich nur in deinen Augen lesen:
  Laura, Laura mein! –

Wenn dann, wie gehoben aus den Achsen
Zwei Gestirn, in Körper Körper wachsen,
  Mund an Mund gewurzelt brennt,
Wollustfunken aus den Augen regnen,
Seelen wie entbunden sich begegnen
  In des Atems Flammenwind – – –

Qualentzücken – – Paradiesesschmerzen! – –
Wilder flutet zum beklommnen Herzen,
  Wie Gewappnete zur Schlacht, das Blut,
Die Natur, der Endlichkeit vergessen,
Wagt's, mit höhern Wesen sich zu messen,
  Schwindelt ob der acheront'schen Flut.

Eine Pause drohet hier den Sinnen,
Schwarzes Dunkel jagt den Tag von hinnen,
  Nacht verschlingt den Quell des Lichts –
Leises .. Murmeln ... dumpfer .. hin .. verloren..
Stirbt ... allmählich .. in den trunknen ... Ohren...
  Und die Welt ist .... Nichts....

Ach vielleicht verpraßte tausend Monde,
Laura, die Elysiumssekunde,
  All begraben in dem schmalen Raum;
Weggewirbelt von der Todeswonne,
Landen wir an einer andern Sonne,
  Laura! und es war ein Traum.

O daß doch der Flügel Chronos harrte,
Hingebannt ob dieser Gruppe starrte
  Wie ein Marmorbild – – die Zeit!
Aber ach! ins Meer des Todes jagen
Wellen Wellen – über dieser Wonne schlagen
  Schon die Strudel der Vergessenheit.

SPINOZA

Hier liegt ein Eichbaum umgerissen,
Sein Wipfel tät die Wolken küssen,
  Er liegt am Grund – warum?
Die Bauren hatten, hör ich reden,
Sein schönes Holz zum Baun vonnöten,
  Und rissen ihn deswegen um.

DIE KINDSMÖRDERIN

Horch – die Glocken weinen dumpf zusammen,
Und der Zeiger hat vollbracht den Lauf,
Nun, so sei's denn! – Nun, in Gottes Namen!
Grabgefährten, brecht zum Richtplatz auf.
Nimm, o Welt, die letzten Abschiedsküsse,
Diese Tränen nimm, o Welt, noch hin.
Deine Gifte – o sie schmeckten süße! –
Wir sind quitt, du Herzvergifterin.

Fahret wohl, ihr Freuden dieser Sonne,
Gegen schwarzen Moder umgetauscht!
Fahre wohl, du Rosenzeit voll Wonne,
Die so oft das Mädchen lustberauscht;
Fahret wohl, ihr goldgewebten Träume,
Paradieseskinder-Phantasien! –
Weh! sie starben schon im Morgenkeime,
Ewig nimmer an das Licht zu blühn.

Schön geschmückt mit rosenroten Schleifen
Deckte mich der Unschuld Schwanenkleid,
In der blonden Locken loses Schweifen
Waren junge Rosen eingestreut: –
Wehe! – Die Geopferte der Hölle
Schmückt noch itzt das weißlichte Gewand,
Aber ach! – der Rosenschleifen Stelle
Nahm ein schwarzes Totenband.

Weinet um mich, die ihr nie gefallen,
Denen noch der Unschuld Lilien blühn,
Denen zu dem weichen Busenwallen
Heldenstärke die Natur verliehn!
Wehe! menschlich hat dies Herz empfunden! –
Und Empfindung soll mein Richtschwert sein! –
Weh! vom Arm des falschen Manns umwunden,
Schlief Louisens Tugend ein.

Ach vielleicht umflattert eine andre,
  Mein vergessen, dieses Schlangenherz,
Überfließt, wenn ich zum Grabe wandre,
  An dem Putztisch in verliebten Scherz?
Spielt vielleicht mit seines Mädchens Locke?
  Schlingt den Kuß, den sie entgegenbringt?
Wenn, verspritzt auf diesem Todesblocke,
  Hoch mein Blut vom Rumpfe springt.

Joseph! Joseph! auf entfernte Meilen
  Folge dir Louisens Totenchor,
Und des Glockenturmes dumpfes Heulen
  Schlage schröcklichmahnend an dein Ohr –
Wenn von eines Mädchens weichem Munde
  Dir der Liebe sanft Gelispel quillt,
Bohr es plötzlich eine Höllenwunde
  In der Wollust Rosenbild!

Ha Verräter! Nicht Louisens Schmerzen?
  Nicht des Weibes Schande, harter Mann?
Nicht das Knäblein unter meinem Herzen?
  Nicht was Löw und Tiger milden kann?
Seine Segel fliegen stolz vom Lande,
  Meine Augen zittern dunkel nach,
Um die Mädchen an der *Seine* Strande
  Winselt er sein falsches Ach! – –

Und das Kindlein – in der Mutter Schoße
  Lag es da in süßer, goldner Ruh,
In dem Reiz der jungen Morgenrose
  Lachte mir der holde Kleine zu,
Tödlichlieblich sprang aus allen Zügen
  Des geliebten Schelmen Konterfei;
Den beklommnen Mutterbusen wiegen
  Liebe und – Verräterei.

»Weib, wo ist mein Vater?« lallte
  Seiner Unschuld stumme Donnersprach,
»Weib, wo ist dein Gatte?« hallte
  Jeder Winkel meines Herzens nach –
Weh, umsonst wirst, Waise, du ihn suchen,
  Der vielleicht schon andre Kinder herzt,
Wirst der Stunde unsrer Wollust fluchen,
  Wenn dich einst der Name Bastard schwärzt.

Deine Mutter – o im Busen Hölle! –
  Einsam sitzt sie in dem All der Welt,
Durstet ewig an der Freudenquelle,
  Die dein Anblick fürchterlich vergällt.
Ach, in jedem Laut von dir erwachet
  Toter Wonne Qualerinnerung,
Jeder deiner holden Blicke fachet
  Die unsterbliche Verzweifelung.

Hölle, Hölle, wo ich dich vermisse,
  Hölle, wo mein Auge dich erblickt,
Eumenidenruten deine Küsse,
  Die von *seinen* Lippen mich entzückt,
Seine Eide donnern aus dem Grabe wieder,
  Ewig, ewig würgt sein Meineid fort,
Ewig – hier umstrickte mich die Hyder; –
  Und vollendet war der Mord –

Joseph! Joseph! auf entfernte Meilen
  Jage dir der grimme Schatten nach,
Mög mit kalten Armen dich ereilen,
  Donnre dich aus Wonneträumen wach,
Im Geflimmer sanfter Sterne zucke
  Dir des Kindes grasser Sterbeblick,
Es begegne dir im blut'gen Schmucke,
  Geißle dich vom Paradies zurück.

Seht! da lag es – lag im warmen Blute,
  Das noch kurz im Mutterherzen sprang,
Hingemetzelt mit Erinnysmute,
  Wie ein Veilchen unter Sensenklang; – –
Schröcklich pocht schon des Gerichtes Bote,
  Schröcklicher mein Herz!
Freudig eilt ich, in dem kalten Tode
  Auszulöschen meinen Flammenschmerz.

Joseph! Gott im Himmel kann verzeihen,
  Dir verzeiht die Sünderin.
Meinen Groll will ich der Erde weihen,
  Schlage, Flamme, durch den Holzstoß hin –
Glücklich! Glücklich! Seine Briefe lodern,
  Seine Eide frißt ein siegend Feur,
Seine Küsse! – wie sie hochan flodern! –
  Was auf Erden war mir einst so teur?

Trauet nicht den Rosen eurer Jugend,
  Trauet, Schwestern, Männerschwüren nie!
Schönheit war die Falle meiner Tugend,
  Auf der Richtstatt hier verfluch ich sie! –
Zähren? Zähren in des Würgers Blicken?
  Schnell die Binde um mein Angesicht!
Henker, kannst du keine Lilie knicken?
  Bleicher Henker, zittre nicht! – – –

IN EINER BATAILLE

Von einem Offizier

  Schwer und dumpfig,
  Eine Wetterwolke,
Durch die grüne Ebne schwankt der Marsch.
  Zum wilden eisernen Würfelspiel
Streckt sich unabsehlich das Gefilde,
  Blicke kriechen niederwärts,

An die Rippen pocht das Männerherz,
  Vorüber an hohlen Totengesichtern
Niederjagt die Front der Major,
    »Halt!«
Und Regimenter fesselt das starre Kommando.
    Lautlos steht die Front.

Prächtig im glühenden Morgenrot
Was blitzt dorther vom Gebürge?
Seht ihr des Feindes Fahnen wehn?
Wir sehn des Feindes Fahnen wehn,
Gott mit euch, Weib und Kinder.
Lustig! hört ihr den Gesang?
Trommelwirbel, Pfeifenklang
Schmettert durch die Glieder,
Wie braust es fort im schönen wilden Takt!
Und braust durch Mark und Bein.
    Gott befohlen, Brüder!
    In einer andern Welt wieder.

Schon fleugt es fort wie Wetterleucht,
Dumpf brüllt der Donner schon dort.
Die Wimper zuckt, hier kracht er laut,
Die Losung braust von Heer zu Heer,
Laß brausen in Gottes Namen fort,
Freier schon atmet die Brust.
    Der Tod ist los – schon wogt sich der Kampf
    Eisern im wolkichten Pulverdampf,
    Eisern fallen die Würfel.

Nah umarmen die Heere sich,
»Fertig!« heult's von P'loton zu P'loton,
Auf die Kniee geworfen
Feurn die vordern, viele stehen nicht mehr auf,
Lücken reißt die streifende Kartätsche,
Auf Vormanns Rumpfe springt der Hintermann,
Verwüstung rechts und links und um und um,
Bataillone niederwälzt der Tod.

Die Sonn löscht aus – heiß brennt die Schlacht,
Schwarz brütet auf dem Heer die Nacht.
Gott befohlen, Brüder!
In einer andern Welt wieder.

Hoch spritzt an den Nacken das Blut,
Lebende wechseln mit Toten, der Fuß
Strauchelt über den Leichnamen –
»Und auch du, Franz?« – »Grüße mein Lottchen, Freund«;
Wilder immer wütet der Streit.
»Grüßen will ich« – Gott! Kameraden! seht
Hinter uns wie die Kartätsche springt!
»Grüßen will ich dein Lottchen, Freund!
Schlummre sanft, wo die Kanone sich
Heischer speit, stürz ich Verlaßner hinein.«

Hieher, dorthin schwankt die Schlacht,
Finstrer brütet auf dem Heer die Nacht,
Gott befohlen, Brüder!
In einer andern Welt wieder!

Horch! was strampft im Galopp vorbei?
Die Adjutanten fliegen:
Dragoner rasseln in den Feind,
Und seine Donner ruhen.
Viktoria, Brüder,
Schrecken reißt die feigen Glieder!
Und seine Fahne sinkt.

Entschieden ist die scharfe Schlacht,
Der Tag blickt siegend durch die Nacht!
Horch! Trommelwirbel, Pfeifenklang
Stimmen schon Triumphgesang!
Lebt wohl, ihr gebliebenen Brüder!
In einer andern Welt wieder.

AN DIE PARZEN

Nicht ins Gewühl der rauschenden Redouten,
  Wo Stutzerwitz sich wunderherrlich spreißt,
Und leichter als das Netz der fliegenden Bajouten
  Die Tugend junger Schönen reißt; –

Nicht vor die schmeichlerische Toilette,
  Wovor die Eitelkeit, als ihrem Götzen, kniet,
Und oft in wärmere Gebete
  Als zu dem Himmel selbst entglüht;

Nicht hinter der Gardinen list'gen Schleier,
  Wo heuchlerische Nacht das Aug der Welt betrügt,
Und Herzen, kalt im Sonnenfeuer,
  In glühende Begierden wiegt,

Wo wir die Weisheit *schamrot* überraschen,
  Die kühnlich Phöbus' Strahlen trinkt,
Wo Männer gleich den Knaben diebisch naschen,
  Und Plato von den Sphären sinkt –

Zu dir – zu dir, du einsames Geschwister,
  Euch Töchtern des Geschickes, flieht
Bei meiner Laute leiserem Geflister
  Schwermütig süß mein Minnelied.

Ihr einzigen, für die noch kein Sonett gegirret,
  Um deren Geld kein Wucherer noch warb,
Kein Stutzer noch Klag-Arien geschwirret,
  Kein Schäfer noch arkadisch starb.

Die ihr den Nervenfaden unsers Lebens
  Durch weiche Finger sorgsam treibt,
Bis unterm Klang der Schere sich vergebens
  Die zarte Spinnewebe sträubt.

Daß du auch mir den Lebensfaden spinntest,
  Küß ich, o Klotho, deine Hand; –

Daß du noch nicht den jungen Faden trenntest,
Nimm, Lachesis, dies Blumenband.

Oft hast du Dornen an den Faden,
Noch öfter Rosen drangereiht,
Für Dorn' und Rosen an dem Faden
Sei, Klotho, dir dies Lied geweiht;

Oft haben stürmende Affekte
Den weichen Zwirn herumgezerrt,
Oft riesenmäßige Projekte
Des Fadens freien Schwung gesperrt;

Oft in wollüstig süßer Stunde
War mir der Faden fast zu fein,
Noch öfter an der Schwermut Schauerschlunde
Mußt er zu fest gesponnen sein:

Dies, Klotho, und noch andre Lügen
Bitt ich dir itzt mit Tränen ab,
Nun soll mir auch fortan genügen,
Was mir die weise Klotho gab.

Nur laß an Rosen nie die Schere klirren,
An Dornen nur – doch wie du willst.
Laß, wenn du willst, die Totenschere klirren,
Wenn du dies *eine* nur erfüllst.

Wenn, Göttin, itzt an Laurens Mund beschworen
Mein Geist aus seiner Hülse springt,
Verraten, ob des Totenreiches Toren
Mein junges Leben schwindelnd hängt,

Laß ins Unendliche den Faden wallen,
Er wallet durch ein Paradies,
Dann, Göttin, laß die böse Schere fallen!
O laß sie fallen, Lachesis!

DER TRIUMPH DER LIEBE

Eine Hymne

Selig durch die Liebe
Götter – durch die Liebe
Menschen Göttern gleich!
Liebe macht den Himmel
Himmlischer – die Erde
Zu dem Himmelreich.

Einstens hinter Pyrrhas Rücken,
Stimmen Dichter ein,
Sprang die Welt aus Felsenstücken,
Menschen aus dem Stein.

Stein und Felsen ihre Herzen,
Ihre Seelen Nacht,
Von des Himmels Flammenkerzen
Nie in Glut gefacht.

Noch mit sanften Rosenketten
Banden junge Amoretten
Ihre Seelen nie –
Noch mit Liedern ihren Busen
Huben nicht die weichen Musen,
Nie mit Saitenharmonie.

Ach! noch wanden keine Kränze
Liebende sich um!
Traurig flüchteten die Lenze
Nach Elysium.

Ungegrüßet stieg Aurora
Aus dem Schoß Oceanus',
Ungeküsset sank die Sonne
In die Arme Hesperus'.

Wild umirrten sie die Haine,
Unter Lunas Nebelscheine,
  Trugen eisern Joch.
Sehnend an der Sternenbühne
Suchte die geheime Träne
  Keine Götter noch.

Und sieh! der blauen Flut entquillt
Die Himmelstochter sanft und mild,
  Getragen von Najaden
  Zu trunkenen Gestaden.

Ein jugendlicher Maienschwung
Durchwebt wie Morgendämmerung
  Auf das allmächt'ge *Werde*
  Luft, Himmel, Meer, und Erde.

Schon schmilzt der wütende Orkan
(Einst züchtigt' er den Ozean
  Mit rasselndem Gegeißel),
  In lispelndes Gesäusel.

Des holden Tages Auge lacht
In düstrer Wälder Winternacht,
  Balsamische Narzissen
  Blühn unter ihren Füßen.

Schon flötete die Nachtigall
  Den ersten Sang der Liebe.
Schon murmelte der Quellen Fall
  In weiche Busen Liebe.

  Glückseliger Pygmalion!
  Es schmilzt! es glüht dein Marmor schon!
Gott Amor Überwinder!

Glückseliger Deukalion,
Wie hüpfen deine Felsen schon!
Und äugeln schon gelinder!
Glückseliger Deukalion,
Umarme deine Kinder!

Selig durch die Liebe
Götter – durch die Liebe
Menschen Göttern gleich.
Liebe macht den Himmel
Himmlischer – die Erde
Zu dem Himmelreich.

Unter goldnem Nektarschaum
Ein wollüst'ger Morgentraum,
Ewig Lustgelage,
Fliehn der Götter Tage.

Prächtig spricht Kronions Donnerhorn,
Der Olympus schwankt erschrocken,
Wallen zürnend seine Locken,
Sphärenwirbeln gibt sein Atem Sporn,
Göttern läßt er seine Throne,
Niedert sich zum Erdensohne,
Seufzt arkadisch durch den Hain,
Zahme Donner untern Füßen,
Schläft, gewiegt von Ledas Küssen,
Schläft der Riesentöter ein.

Majestät'sche Sonnenrosse
Durch des Lichtes weiten Raum
Leitet Phöbus' goldner Zaum,
Völker stürzt sein rasselndes Geschosse;

Seine weißen Sonnenrosse,
Seine rasselnden Geschosse
Unter Lieb und Harmonie
Ha! wie gern vergaß er sie!

Zitternd vor der Götterfürstin
Krümmen sich die Götter, dürsten
Nach der Gnade goldnem Tau.
Sonnenglanz ist ihre Schminke,
Myriaden jagen ihrem Winke,
Stolz vor ihrem Wagen prahlt der Pfau.

Schöne Fürstin! ach die Liebe
Zittert, mit dem süßen Triebe
Deiner Majestät zu nahn.
Seht ihr Kronos' Tochter weinen?
Geister kann ihr Wink verneinen,
Herzen weißt sie nicht zu fahn.

Selig durch die Liebe
Götter – durch die Liebe
Menschen Göttern gleich.
Liebe macht den Himmel
Himmlischer – die Erde
Zu dem Himmelreich.

Liebe sonnt das Reich der Nacht,
Amors süßer Zaubermacht
Ist der Orkus untertänig,
Freundlich schmollt der schwarze König,
Wenn ihm Ceres' Tochter lacht;
Liebe sonnt das Reich der Nacht.

Himmlisch in die Hölle klangen
Und den wilden Beller zwangen
  Deine Lieder, Thrazier –
Minos, Tränen im Gesichte,
Mildete die Qualgerichte,
Zärtlich um Megärens Wangen
Küßten sich die wilden Schlangen,
  Keine Geißel klatschte mehr,
Aufgejagt von Orpheus' Leier
Flog von Tityon der Geier,
Leiser hin am Ufer rauschten
Lethe und Cocytus, lauschten
  Deinen Liedern, Thrazier,
  Liebe sangst du, Thrazier.

———

Selig durch die Liebe
Götter – durch die Liebe
  Menschen Göttern gleich.
Liebe macht den Himmel
Himmlischer – die Erde
  Zu dem Himmelreich.

———

Durch die ewige Natur
Düftet ihre Blumenspur,
Weht ihr goldner Flügel.
  Winkte mir vom Mondenlicht
  Aphroditens Auge nicht,
Nicht vom Sonnenhügel?
  Lächelte vom Sternenmeer
  Nicht die Göttin zu mir her,
Wehte nicht ihr Flügel
  In des Frühlings Balsamhauch,
  Liebe nicht im Rosenstrauch,

Nicht im Kuß der Weste,
  Stern, und Sonn und Mondenlicht,
  Frühling, Rosen, Weste nicht
Lüden mich zum Feste.
  Liebe, Liebe lächelt nur
  Aus dem Auge der Natur
Wie aus ihrem Spiegel!

  Liebe rauscht der Silberbach,
Liebe lehrt ihn sanfter wallen;
  Seele haucht sie in das Ach
Klagenreicher Nachtigallen,
  Unnachahmliches Gefühl
  In der Saiten Wonnespiel,
Wenn sie *Laura*! hallen.
  Liebe, Liebe lispelt nur
  Auf der Laute der Natur.

Weisheit mit dem Sonnenblick,
Große Göttin, tritt zurück,
  Weiche vor der Liebe.
Nie Erobrern, Fürsten nie
Beugtest du ein Sklavenknie,
  Beug es itzt der Liebe.
Wer die steile Sternenbahn
Ging dir heldenkühn voran
  Zu der Gottheit Sitze?
Wer zerriß das Heiligtum,
Zeigte dir Elysium
  Durch des Grabes Ritze?
Lockte *sie* uns nicht hinein,
Möchten wir *unsterblich* sein?
Suchten auch die Geister
Ohne sie den Meister?
  Liebe, Liebe leitet nur
  Zu dem Vater der Natur,
    Liebe nur die Geister.

Selig durch die Liebe
Götter – durch die Liebe
  Menschen Göttern gleich.
Liebe macht den Himmel
Himmlischer – die Erde
  Zu dem Himmelreich.

DER TRIUMPH DER LIEBE

Eine Hymne

Selig durch die Liebe
Götter – durch die Liebe
  Menschen Göttern gleich!
Liebe macht den Himmel
Himmlischer – die Erde
  Zu dem Himmelreich.

Einstens hinter Pyrrhas Rücken,
  Stimmen Dichter ein,
Sprang die Welt aus Felsenstücken,
  Menschen aus dem Stein.

Stein und Felsen ihre Herzen,
  Ihre Seelen Nacht,
Von des Himmels Flammenkerzen
  Nie in Glut gefacht.

Noch mit sanften Rosenketten
Banden junge Amoretten
  Ihre Seelen nie –
Noch mit Liedern ihren Busen
Hoben nicht die weichen Musen
  Nie mit Saitenharmonie.

Ach! noch wanden keine Kränze
  Liebende sich um!
Traurig flüchteten die Lenze
  Nach Elysium.

Ungegrüßet stieg Aurora
  Aus dem Schoß des Meers,
Ungegrüßet sank die Sonne
  In den Schoß des Meers.

Wild umirrten sie die Haine,
Unter Lunas Nebelscheine,
  Trugen eisern Joch.
Sehnend an der Sternenbühne
Suchte die geheime Träne
  Keine Götter noch.

Und sieh! der blauen Flut entquillt
Die Himmelstochter sanft und mild,
  Getragen von Najaden
  Zu trunkenen Gestaden.

Ein jugendlicher Maienschwung
Durchwebt, wie Morgendämmerung,
  Auf das allmächt'ge *Werde*
  Luft, Himmel, Meer und Erde.

Des holden Tages Auge lacht
In düstrer Wälder Mitternacht,
  Balsamische Narzissen
  Blühn unter ihren Füßen.

Schon flötete die Nachtigall
  Den ersten Sang der Liebe,
Schon murmelte der Quellen Fall
  In weiche Busen Liebe.

  Glückseliger Pygmalion!
  Es schmilzt! es glüht dein Marmor schon!
Gott Amor Überwinder!
Umarme deine Kinder!

Selig durch die Liebe
Götter – durch die Liebe
Menschen Göttern gleich.
Liebe macht den Himmel
Himmlischer – die Erde
  Zu dem Himmelreich.

Unter goldnem Nektarschaum
Ein wollüst'ger Morgentraum,
  Ewig Lustgelage,
  Fliehn der Götter Tage.

  Thronend auf erhabnem Sitz
  Schwingt Kronion seinen Blitz,
Der Olympus schwankt erschrocken,
Wallen zürnend seine Locken –

  Göttern läßt er seine Throne,
  Niedert sich zum Erdensohne,
  Seufzt arkadisch durch den Hain,
Zahme Donner untern Füßen,
Schläft, gewiegt von Ledas Küssen,
  Schläft der Riesentöter ein.

Majestät'sche Sonnenrosse
  Durch des Lichtes weiten Raum
  Leitet Phöbos' goldner Zaum,
Völker stürzt sein rasselndes Geschosse;
  Seine weißen Sonnenrosse,
  Seine rasselnden Geschosse
Unter Lieb und Harmonie
Ha! wie gern vergaß er sie!

Vor der Gattin des Kroniden
Beugen sich die Uraniden,

Stolz vor ihrem Wagenthrone
Brüstet sich das Pfauenpaar,
Mit der goldnen Herrscherkrone
Schmückt sie ihr ambrosisch Haar.

Schöne Fürstin! ach die Liebe
Zittert, mit dem süßen Triebe
Deiner Majestät zu nahn.
Und von ihren stolzen Höhen
Muß die Götterkönigin
Um des Reizes Gürtel flehen,
Bei der Herzenfeßlerin.

Selig durch die Liebe
Götter – durch die Liebe
Menschen Göttern gleich.
Liebe macht den Himmel
Himmlischer – die Erde
Zu dem Himmelreich.

Liebe sonnt das Reich der Nacht,
Amors süßer Zaubermacht
Ist der Orkus untertänig,
Freundlich blickt der schwarze König,
Wenn ihm Ceres' Tochter lacht,
Liebe sonnt das Reich der Nacht.

Himmlisch in die Hölle klangen
Und den wilden Hüter zwangen
Deine Lieder, Thrazier –
Minos, Tränen im Gesichte,
Milderte die Qualgerichte,
Zärtlich um Megärens Wangen
Küßten sich die wilden Schlangen,

Keine Geißel klatschte mehr,
Aufgejagt von Orpheus' Leier
Flog von Tityon der Geier,
Leiser hin am Ufer rauschten
Lethe und Cocytus, lauschten
Deinen Liedern, Thrazier,
Liebe sangst du, Thrazier.

Selig durch die Liebe
Götter – durch die Liebe
Menschen Göttern gleich.
Liebe macht den Himmel
Himmlischer – die Erde
Zu dem Himmelreich.

Durch die ewige Natur
Düftet ihre Blumenspur,
Weht ihr goldner Flügel.
Winkte mir vom Mondenlicht
Aphroditens Auge nicht,
Nicht vom Sonnenhügel,
Lächelte vom Sternenmeer
Nicht die Göttin zu mir her,
Stern, und Sonn und Mondenlicht
Regten mir die Seele nicht,
Liebe, Liebe lächelt nur
Aus dem Auge der Natur
Wie aus einem Spiegel!

Liebe rauscht der Silberbach,
Liebe lehrt ihn sanfter wallen,
Seele haucht sie in das Ach
Klagenreicher Nachtigallen –

Liebe, Liebe lispelt nur
Auf der Laute der Natur,
Weisheit mit dem Sonnenblick,
Große Göttin, tritt zurück,
Weiche vor der Liebe.
Nie Erobrern, Fürsten nie
Beugtest du ein Sklavenknie,
Beug es itzt der Liebe.

Wer die steile Sternenbahn
Ging dir heldenkühn voran
Zu der Gottheit Sitze?
Wer zerriß das Heiligtum,
Zeigte dir Elysium
Durch des Grabes Ritze?
Lockte *sie* uns nicht hinein,
Möchten wir *unsterblich* sein?
Suchten auch die Geister
Ohne sie den Meister?
Liebe, Liebe leitet nur
Zu dem Vater der Natur,
Liebe nur die Geister.

Selig durch die Liebe
Götter – durch die Liebe
Menschen Göttern gleich.
Liebe macht den Himmel
Himmlischer – die Erde
Zu dem Himmelreich.

KLOPSTOCK UND WIELAND

(als ihre Silhouette nebeneinander hingen)

Gewiß! bin ich nur überm Strome drüben,
Gewiß will ich den Mann zur *Rechten* lieben,
Dann erst schrieb dieser Mann für mich.

Für Menschen hat der *linke* Mann geschrieben,
Ihn darf auch unsereiner lieben,
Komm, linker Mann! Ich küsse dich.

GESPRÄCH

A. Hört, Nachbar, muß Euch närrisch fragen,
Herr Doktor Sänftel, hör ich sagen,
Ist Euch noch frisch und ganz,
Wenn zu Paris gar herben Tanz
Herr Onkle tat am Pferdeschwanz,
Und hat doch 'n Kurfürsten totg'schlagen?

B. Drum seid auch nicht so bretterdumm,
Das macht, er hat Euch 'n *Diplom*,
Das tät jener nicht haben.

A. Ei! 'n Diplom!
Kauft sich das auch in Schwaben?

VERGLEICHUNG

Frau Ramlerin befiehlt, ich soll sie wem vergleichen,
Ich sinne nach und weiß nicht, wem und wie.
Nichts unterm *Mond* will mir ein Bildnis reichen,
Wohl! mit dem *Mond* vergleich ich sie.

Der Mond schminkt sich und stiehlt der Sonne Strahlen,
Tut auf gestohlen Brot sich wunderviel zugut.
Auch sie gewohnt, ihr Nachtgesicht zu malen,
Und kokettiert mit einer Büchse Blut.

Der Mond – und das mag ihm Herodes danken!
Verspart sein Bestes auf die liebe Nacht.
Frau Ramlerin verzehrt bei Tag die Franken,
Die sie zu Nachtzeit eingebracht.

Der Mond schwillt an und wird dann wieder mager,
Wenn eben halt ein Monat über ist;
Auch dieses hat Frau Ramlerin vom Schwager,
Doch, sagt man, braucht sie längre Frist!

Der Mond prunkiert auf sein Paar Silberhörner,
Und dieses macht er schlecht,
Sie sieht sie an Herrn Ramler gerner,
Und darin hat sie recht.

DIE RACHE DER MUSEN

Eine Anekdote vom Helikon

Weinend kamen einst die Neune
Zu dem Liedergott.
»Hör, Papachen«, rief die Kleine,
»Wie man uns bedroht!

Junge Dintenlecker schwärmen
Um den Helikon.
Raufen sich, hantieren, lärmen
Bis zu deinem Thron.

Galoppieren auf dem Springer,
Reiten ihn zur Tränk,
Nennen sich gar hohe Sänger,
Barden ein'ge, denk!

Wollen uns – wie garstig! – nöten,
Ei! die Grobian'!
Was ich, ohne Schamerröten,
Nicht erzählen kann;

Einer brüllt heraus vor allen,
Schreit: *Ich führ das Heer!*
Schlägt mit beiden Fäust' und Ballen
Um sich wie ein Bär.

Pfeift wohl gar – wie ungeschliffen!
Andre Schläfer wach.
Zweimal hat er schon gepfiffen,
Doch kommt keiner nach.

Droht, er komm noch öfter wieder;
Da sei Zeus dafür!
Vater, liebst du Sang und Lieder,
Weis ihm doch die Tür!«

Vater Phöbus hört mit Lachen
Ihren Klagbericht:
»Wollen's kurz mit ihnen machen,
Kinder, zittert nicht!

Eine muß ins höll'sche Feuer,
Geh, Melpomene!
Leihe Kleider, Noten, Leier
Einer *Furie*.

Sie begegn' in dem Gewande,
Als wär sie verirrt,
Einem dieser Jaunerbande,
Wenn es dunkel wird.

Mögen dann in finstern Küssen
An dem art'gen Kind
Ihre wilden Lüste büßen,
Wie sie würdig sind.«

Red' und Tat! – Die Höllengöttin
War schon aufgeschmückt,
Man erzählt, die Herren hätten
Kaum den Raub erblickt,

Wären wie die Geir auf Tauben
Losgestürzt auf sie –

Etwas will ich daran glauben,
  Alles glaub ich nie.

Waren hübsche Jungens drunter,
  Wie gerieten sie,
Dieses, Brüder, nimmt mich wunder,
  In die Kompagnie?

Die Göttin abortiert hernach:
Kam raus ein neuer – Almanach.

DAS GLÜCK UND DIE WEISHEIT

Entzweit mit einem Favoriten,
  Flog einst Fortun' der Weisheit zu.
»Ich will dir meine Schätze bieten,
  Sei meine Freundin du!

Mein Füllhorn goß ich dem Verschwender
  In seinen Schoß, so mütterlich!
Und sieh! Er fodert drum nicht minder,
  Und nennt noch geizig mich.

Komm, Schwester, laß uns Freundschaft schließen,
  Du keuchst so schwer an deinem Pflug.
In deinen Schoß will ich sie gießen,
  Auf, folge mir! – Du hast genug.«

Die Weisheit läßt die Schaufel sinken
  Und wischt den Schweiß vom Angesicht.
»Dort eilt dein Freund – sich zu erhenken,
  Versöhnet euch – ich brauch dich nicht.«

DAS GLÜCK UND DIE WEISHEIT

Entzweit mit einem Favoriten,
Flog einst *Fortun'* der Weisheit zu:
»Ich will dir meine Schätze bieten,
Sei meine Freundin du!

Mit meinen reichsten, schönsten Gaben
Beschenkt ich ihn so mütterlich,
Und sieh, er will noch immer haben,
Und nennt noch geizig mich.

Komm, Schwester, laß uns Freundschaft schließen,
Du marterst dich an deinem Pflug,
In deinen Schoß will ich sie gießen,
Hier ist für dich und mich genug.«

Sophia lächelt diesen Worten,
Und wischt den Schweiß vom Angesicht;
»Dort eilt dein Freund, sich zu ermorden,
Versöhnet euch, ich brauch dich nicht.«

AN EINEN MORALISTEN

Fragment

Betagter Renegat der lächelnden Dione!
Du lehrst, daß *Lieben Tändeln* sei,
Blickst von des Alters Winterwolkenthrone
Und schmälest auf den goldnen Mai.

Erkennt Natur auch Schreibepultgesetze?
Für eine warme Welt – taugt ein erfrorner Sinn?
Die Armut ist, nach dem Äsop, der Schätze
Verdächtige Verächterin.

Einst, als du noch das Nymphenvolk bekriegtest,
Ein Fürst des Karnevals, den teutschen Wirbel flogst,
Ein Himmelreich in beiden Armen wiegtest,
Und Nektarduft von Mädchenlippen zogst?

Ha Seladon! wenn damals aus den Achsen
Gewichen wär so Erd- als Sonnenball,
In Wirbelschwung mit Julien verwachsen,
Du hättest überhört den Fall.

Und wenn nach manchen fehlgesprengten Minen
Ihr eignes Blut, von wilder Lust geglüht,
Die stolze Tugend deiner Schönen
Zuletzt an deine Brust verriet?

Wie? oder wenn romantisch im Gehölze
Ein leiser Laut zu deinen Ohren drang,
Und in der Wellen silbernem Gewälze
Ein Mädchen Sammetglieder schwang?

Wie schlug dein Herz! wie stürmete! wie kochte
Aufrührerisch das scharfgejagte Blut!
Zuckt jede Senn – und jeder Muskel pochte
Wollüstig in die Flut!

Wenn dann, gewahr des Diebs, der sie belauschte,
Purpurisch angehaucht von jüngferlicher Scham,
Ins blaue Bett die Schöne niederrauschte,
Und hintennach mein strenger Zeno – schwamm.

Ja hintennach – und sei's auch nur zu baden!
Mit Rock und Kamisol und Strumpf –
– – – – – – – – – –
– – – – – – – – – –
Leis flöteten die lüsternen Najaden
Der Grazien Triumph!

O denk zurück nach *deinen* Rosentagen,
Und lerne, die Philosophie
Schlägt um, wie unsre Pulse anders schlagen,
Zu Göttern schaffst du Menschen nie.

Wohl! wenn ins Eis des klügelnden Verstandes
Das warme Blut ein bißchen muntrer springt!
Laß den Bewohnern eines *bessern Landes*,
Was ewig nie dem *Erdensohn* gelingt.

Zwingt doch der tierische Gefährte
Den gottgebornen Geist in Sklavenmauren ein –
Er wehrt mir, daß ich *Engel* werde;
Ich will ihm folgen, *Mensch* zu sein.

AN EINEN MORALISTEN

Was zürnst du unsrer frohen Jugendweise,
Und lehrst, daß Lieben Tändeln sei?
Du starrest in des Winters Eise,
Und schmälest auf den goldnen Mai.

Einst, als du noch das Nymphenvolk bekriegtest,
Ein Held des Karnevals, den teutschen Wirbel flogst,
Ein Himmelreich in beiden Armen wiegtest,
Und Nektarduft von Mädchenlippen sogst!

Ha Seladon! Wenn damals aus den Achsen
Gewichen wär der Erde schwerer Ball,
Im Liebesknäul mit Julien verwachsen,
Du hättest überhört den Fall!

O denk zurück nach deinen Rosentagen,
Und lerne, die Philosophie
Schlägt um, wie unsre Pulse anders schlagen,
Zu Göttern schaffst du Menschen nie.

Wohl, wenn ins Eis des klügelnden Verstandes
   Das warme Blut ein bißchen muntrer springt,
Laß den Bewohnern eines bessern Landes,
   Was nie dem Sterblichen gelingt.

Zwingt doch der irdische Gefährte
   Den gottgebornen Geist in Kerkermauren ein,
Er wehrt mir, daß ich Engel werde,
   Ich will ihm folgen, Mensch zu sein.

GRABSCHRIFT
EINES GEWISSEN – PHYSIOGNOMEN

Wes Geistes Kind im Kopf gesessen,
Konnt er auf jeder Nase lesen:
Und doch – daß *er* es nicht gewesen,
Den Gott zu diesem Werk erlesen,
Konnt er nicht auf der *seinen* lesen.

EINE LEICHENPHANTASIE
1780

(in Musik zu haben beim Herausgeber)

Mit erstorbnem Scheinen
Steht der Mond auf totenstillen Hainen,
   Seufzend streicht der Nachtgeist durch die Luft –
      Nebelwolken schauern,
      Sterne trauern
   Bleich herab, wie Lampen in der Gruft.
Gleich Gespenstern, stumm und hohl und hager,
   Zieht in schwarzem Totenpompe dort
Ein Gewimmel nach dem Leichenlager
   Unterm Schauerflor der Grabnacht fort.

Zitternd an der Krücke,
Wer mit düstern, rückgesunknem Blicke,
Ausgegossen in ein heulend Ach,
Schwer geneckt vom eisernen Geschicke,
Schwankt dem stumm getragnen Sarge nach?
Floß es *Vater* von des Jünglings Lippe?
Nasse Schauer schauern fürchterlich
Durch sein gramgeschmolzenes Gerippe,
Seine Silberhaare bäumen sich. –

Aufgerissen seine Feuerwunde!
Durch die Seele Höllenschmerz!
Vater floß es von des Jünglings Munde,
Sohn gelispelt hat das Vaterherz.
Eiskalt, eiskalt liegt er hier im Tuche,
Und dein Traum, so golden einst, so süß!
Süß und golden, Vater, dir zum Fluche!
Eiskalt, eiskalt liegt er hier im Tuche!
Deine Wonne und dein Paradies. –

Mild, wie umweht von Elysiumslüften,
Wie aus Auroras Umarmung geschlüpft,
Himmlisch umgürtet mit rosichten Düften,
Florens Sohn über das Blumenfeld hüpft,
Flog er einher auf den lachenden Wiesen,
Nachgespiegelt von silberner Flut,
Wollustflammen entsprühten den Küssen,
Jagten die Mädchen in liebende Glut.
Mutig sprang er im Gewühle der Menschen,
Wie auf Gebirgen ein jugendlich Reh,
Himmelum flog er in schweifenden Wünschen,
Hoch wie die Adler in wolkichter Höh,
Stolz wie die Rosse sich sträuben und schäumen,
Werfen im Sturme die Mähnen umher,
Königlich wider den Zügel sich bäumen,
Trat er vor Sklaven und Fürsten daher.

Heiter wie Frühlingstag schwand ihm das Leben,
  Floh ihm vorüber in Hesperus' Glanz,
Klagen ertränkt' er im Golde der Reben,
  Schmerzen verhüpft' er im wirbelnden Tanz.
Welten schliefen im herrlichen Jungen,
  Ha! wenn er einsten zum Manne gereift –
Freue dich, Vater! – im herrlichen Jungen
  Wenn einst die schlafenden Keime gereift.

Nein doch, Vater – Horch! die Kirchhoftüre brauset,
  Und die ehrnen Angel klirren auf –
Wie's hinein ins Grabgewölbe grauset! –
  Nein doch, laß den Tränen ihren Lauf. –
Geh, du Holder, geh im Pfad der Sonne
  Freudig weiter der Vollendung zu,
Lösche nun den edeln Durst nach Wonne,
  Gramentbundner, in Walhallas Ruh –

Wiedersehen – himmlischer Gedanke! –
  Wiedersehen dort an Edens Tor!
Horch! der Sarg versinkt mit dumpfigem Geschwanke,
  Wimmernd schnurrt das Totenseil empor!
Da wir trunken umeinander rollten,
  Lippen schwiegen, und das Auge sprach –
Haltet! haltet! da wir boshaft grollten –
  Aber Tränen stürzten wärmer nach – –

Mit erstorbnem Scheinen
Steht der Mond auf totenstillen Hainen,
  Seufzend streicht der Nachtgeist durch die Luft.
    Nebelwolken schauern,
    Sterne trauern
  Bleich herab wie Lampen in der Gruft.
Dumpfig schollert's überm Sarg zum Hügel,
  O um Erdballs Schätze nur noch *einen* Blick!
Starr und ewig schließt des Grabes Riegel,
Dumpfer – dumpfer schollert's überm Sarg zum Hügel,
  Nimmer gibt das Grab zurück.

AKTÄON

Wart! Deine Frau soll dich betrügen,
Ein andrer soll in ihren Armen liegen,
  Und Hörner dir hervor zum Kopfe blühn!
Entsetzlich! mich im Bad zu überraschen
(Die Schande kann kein Ätherbad verwaschen),
  Und mir nichts, dir nichts – fortzufliehn.

ZUVERSICHT DER UNSTERBLICHKEIT

Zum neuen Leben ist der Tote hier erstanden,
  Das weiß und glaub ich festiglich.
Mich lehren's schon die *Weisen ahnden*,
  Und *Schurken überzeugen* mich.

VORWURF

An Laura

Mädchen, halt – wohin mit mir, du Lose?
Bin ich noch der stolze Mann? der große?
  Mädchen, war das schön?
Sieh! Der Riese schrumpft durch dich zum Zwerge,
Weggehaucht die aufgewälzten Berge
  Zu des Ruhmes Sonnenhöhn.

Abgepflücket hast du meine Blume,
Hast verblasen all die Glanzphantome,
  Narrenteidigst in des Helden Raub.
Meiner Plane stolze Pyramiden
Trippelst du mit leichten Zephyrtritten
  Schäkernd in den Staub.

Zu der Gottheit flog ich Adlerpfade,
Lächelte Fortunens Gaukelrade,

Unbesorgt, wie ihre Kugel fiel.
Jenseits dem Cocytus wollt ich schweben,
Und empfange sklavisch Tod und Leben,
Leben, Tod von einem Augenspiel.

Siegern gleich, die wach von Donnerlanzen
In des Ruhmes Eisenfluren tanzen,
Losgerissen von der Phrynen Brust,
Wallet aus Aurorens Rosenbette
Gottes Sonne über Fürstenstädte,
Lacht die junge Welt in Lust!

Hüpft der Heldin noch dies Herz entgegen?
Trink ich, Adler, noch den Flammenregen
Ihres Auges, das vernichtend brennt?
In den Blicken, die vernichtend blinken,
Seh ich meine Laura *Liebe* winken,
Seh's, und weine wie ein Kind.

Meine Ruhe, gleich dem Sonnenbilde
In der Welle, wolkenlos und milde,
Mädchen, hast du hingemordt.
Schwindelnd schwank ich auf der gähen Höhe,
Laura? – wenn mich – wenn mich Laura flöhe?
Und hinunter strudelt mich das Wort.

Hell ertönt das Evoë der Zecher,
Freuden winken vom bekränzten Becher,
Scherze springen aus dem goldnen Wein.
Seit das Mädchen meinen Sinn beschworen,
Haben mich die Jünglinge verloren,
Freundlos irr ich und allein.

Lausch ich noch des Ruhmes Donnerglocken?
Reizt mich noch der Lorbeer in den Locken?
Deine Leir, Apollo Cynthius?
Nimmer, nimmer widerhallt mein Busen,

Traurig fliehen die beschämten Musen,
  Flieht Apollo Cynthius?

Will ich gar zum Weibe noch erlahmen?
Hüpfen noch bei Vaterlandes Namen
  Meine Pulse lebend aus der Gruft?
Will ich noch nach Varus' Adler ringen?
Wünsch ich noch in Römerblut zu springen,
  Wenn mein Hermann ruft? –

Köstlich ist's – der Schwindel starrer Augen,
Seiner Tempel Weihrauchduft zu saugen,
  Stolzer, kühner schwillt die Brust. –
Kaum erbettelt itzt ein halbes Lächeln,
Was in Flammen jeden Sinn zu fächeln,
  Zu empören jede Kraft gewußt. –

Daß mein Ruhm sich zum Orion schmiegte,
Hoch erhoben sich mein Name wiegte
  In des Zeitstroms wogendem Gewühl.
Daß dereinst an meinem Monumente,
Stolzer türmend nach dem Firmamente,
  Chronos' Sense splitternd niederfiel' –

Lächelst du? – Nein! nichts hab ich verloren!
Stern und Lorbeer neid ich nicht den Toren,
  Leichen ihre Marmor nie –
Alles hat die Liebe mir errungen,
Über Menschen hätt ich mich geschwungen,
  Itzo *lieb* ich sie!

EIN VATER AN SEINEN SOHN

Wie die Himmelslüfte mit den Rosen
An den Frühlingsmorgen zärtlich kosen,
  Kind, so schmeichelt dir

Itzt das äußre Glück in deinen Jugendtagen,
Tränen sahst du nur; noch rangen keine Klagen
Sich aus deiner Brust herfür.

Aber sieh! der Hain, der kaum entzücket,
Neigt sich, plötzlich rast der Sturm, zerknicket
Liegt die Rosenblum!
O so ist es, Sohn, mit unsern Sinnesfreuden,
Unserm Golde, unsern lichten Herrlichkeiten,
So mit unserm Flitterruhm.

Nur des Höchsten Abglanz, der Gerechte,
Welcher in dem schröcklichen Gefechte
Zwischen Lust und Pflicht
Jener sich entringt, der höhern Weisheit Stimme
Folget, trotz der Selbstsucht heißem Grimme,
Die sein Herz mit Schwertern sticht.

Dessen Wollust trägt von hier die Bahre
Nicht, es löscht sie nicht der Strom der Jahre,
Nicht die Ewigkeit:
Angeleuchtet könnt er in den letzten Blitzen,
Und vom Weltenumsturz angeschwungen, sitzen
Ohne Menschenbangigkeit.

DIE MESSIADE

Religion beschenkte dies Gedicht,
Auch umgekehrt? – Das fragt mich nicht.

KASTRATEN UND MÄNNER

Ich bin ein Mann! – wer ist es mehr?
Wer's sagen kann, der springe
Frei unter Gottes Sonn einher
Und hüpfe hoch und singe!

Zu Gottes schönem Ebenbild
  Kann ich den *Stempel* zeigen,
Zum Born, woraus der Himmel quillt,
  Darf ich hinuntersteigen.

Und wohl mir, daß ich's darf und kann!
  Geht 's Mädchen mir vorüber,
Ruft's laut in mir: Du bist ein Mann!
  Und küsse sie so lieber.

Und röter wird das Mädchen dann,
  Und 's Mieder wird ihr enge –
Das Mädchen weißt, ich bin ein Mann,
  Drum wird ihr 's Mieder enge.

Wie wird sie erst um Gnade schrein,
  Ertapp ich sie im Bade?
Ich bin ein Mann, das fällt ihr ein,
  Wie schrie sie sonst um Gnade?

Ich bin ein Mann, mit diesem Wort,
  Begegn ich ihr alleine,
Jag ich des Kaisers Tochter fort,
  So lumpicht ich erscheine.

Und dieses goldne Wörtchen macht
  Mir manche Fürstin holde,
Mich ruft sie – habt indessen Wacht,
  Ihr Buben dort im Golde!

Ich bin ein Mann, das könnt ihr schon
  An meiner Leier riechen,
Sie donnert wie im Sturm davon,
  Sonst würde sie ja kriechen.

Zum Feuergeist im Rückenmark
  Sagt meine Mannheit: Bruder;

Und herrschen beide löwenstark
  Umarmend an dem Ruder.

Aus eben diesem Schöpferfluß,
  Woraus wir Menschen sprudeln,
Quillt Götterkraft und Genius,
  Nur leere Pfeifen dudeln.

Tyrannen haßt mein *Talisman*
  Und schmettert sie zu Boden,
Und kann er's nicht, führt er die Bahn
  Freiwillig zu den Toten.

Pompejen hat mein Talisman
  Bei Pharsalus bezwungen,
Roms Wollüstlinge Mann für Mann
  Auf *teutschen* Sand gerungen.

Saht ihr den Römer stolz und kraus
  In Afrika dort sitzen?
Sein Aug speit Feuerflammen aus,
  Als säht ihr Hekla blitzen.

Da kommt ein Bube wohlgemut,
  Gibt manches zu verstehen –
»Sprich, du hättst auf Karthagos Schutt
  Den Marius gesehen!« –

So spricht der stolze Römersmann,
  Der Bub tät fürbaß eilen;
Das dankt der stolze Römersmann,
  Das dankt er seinen *Pfeilen*!

Drauf täten seine Enkel sich
  Ihr Erbteil gar abdrehen,
Und huben jedermänniglich
  Anmutig an zu krähen. –

O Pfui, und Pfui und wieder Pfui
Den Elenden! – sie haben
Verlüderlicht in *einem* Hui
Des Himmels beste Gaben.

Dem lieben Herrgott sündiglich
Sein Konterfei verhunzet,
Und in die Menschheit schweiniglich
Von diesem Nu gegrunzet.

Und schlendern elend durch die Welt,
Wie Kürbisse von Buben
Zu Menschenköpfen ausgehöhlt,
Die Schädel leere Stuben!

Wie Wein, von einem Chemikus
Durch die Retort getrieben,
Zum Teufel ist der Spiritus,
Das Phlegma ist geblieben.

Und fliehen jedes Weibsgesicht,
Und zittern, es zu sehen –
Und dörften sie – und können nicht!
Da möchten sie vergehen! –

Und wenn das blonde Seidenhaar,
Und wenn die Kugelwaden,
Wenn lüstern Mund und Augenpaar
Zum Lustgenusse laden,

Und zehenmal das Halstuch fällt,
Und aus den losen Schlingen,
Halbkugeln einer bessern Welt,
Die vollen Brüste springen –

Führt gar der höll'sche Schadenfroh
Sie hin, wo Nymphen baden,

Daß ihre Herzen lichterloh
Von dieb'schen Flammen braten,

Wo ihrem Blick der Spiegelfluß
Elysium entziffert,
Arkana, die kein Genius
Dem Aug je bloß geliefert,

Und *Ja*! die tollen Wünsche schrein,
Und *Nein*! die Sinne brummen –
O Tantal! stell dein Murren ein!
Du bist noch gut durchkommen! –

Kein kühler Tropfen in den Brand!
Das heiß ich auch beteufeln!
Gefühl ist ihnen Kontreband,
Sonst müssen sie verzweifeln!

Drum fliehn sie jeden Ehrenmann,
Sein Glück wird sie betrüben –
Wer keinen Menschen machen kann,
Der kann auch keinen lieben.

Drum tret ich frei und stolz einher,
Und brüste mich und singe:
Ich bin ein Mann! – Wer ist es mehr?
Der hüpfe hoch und springe.

AN DEN FRÜHLING

Willkommen, schöner Jüngling!
Du Wonne der Natur!
Mit deinem Blumenkörbchen
Willkommen auf der Flur!

Ei! Ei! da bist ja wieder!
  Und bist so lieb und schön!
Und freun wir uns so herzlich,
  Entgegen dir zu gehn.

Denkst auch noch an mein Mädchen?
  Ei, Lieber, denke doch!
Dort liebte mich das Mädchen,
  Und 's Mädchen liebt mich noch!

Fürs Mädchen manches Blümchen
  Erbettelt ich von dir –
Ich komm und bettle wieder,
  Und du? – du gibst es mir?

Willkommen, schöner Jüngling!
  Du Wonne der Natur!
Mit deinem Blumenkörbchen
  Willkommen auf der Flur.

HYMNE AN DEN UNENDLICHEN

Zwischen Himmel und Erd, hoch in der Lüfte Meer,
In der Wiege des Sturms trägt mich ein Zackenfels,
    Wolken türmen
    Unter mir sich zu Stürmen,
Schwindelnd gaukelt der Blick umher,
  Und ich denke dich, Ewiger.

Deinen schauernden Pomp borge dem Endlichen,
Ungeheure Natur! Du, der Unendlichkeit
    Riesentochter!
    Sei mir Spiegel Jehovas!
Seinen Gott dem vernünft'gen Wurm
  Orgle prächtig, Gewittersturm!

Horch! er orgelt – Den Fels, wie er herunterdröhnt!
Brüllend spricht der Orkan Zebaoths Namen aus.
Hingeschrieben
Mit dem Griffel des Blitzes:
Kreaturen, erkennt ihr mich?
Schone, Herr! wir erkennen dich.

DIE GRÖSSE DER WELT

Die der schaffende Geist einst aus dem Chaos schlug,
Durch die schwebende Welt flieg ich des Windes Flug,
Bis am Strande
Ihrer Wogen ich lande.
Anker werf, wo kein Hauch mehr weht
Und der Markstein der Schöpfung steht.

Sterne sah ich bereits jugendlich auferstehn,
Tausendjährigen Gangs durchs Firmament zu gehn,
Sah sie spielen
Nach den lockenden Zielen,
Irrend suchte mein Blick umher,
Sah die Räume schon – sternenleer.

Anzufeuren den Flug weiter zum Reich des Nichts,
Steur ich mutiger fort, nehme den Flug des Lichts,
Neblicht trüber
Himmel an mir vorüber,
Weltsysteme, Fluten im Bach
Strudeln dem Sonnenwandrer nach.

Sieh, den einsamen Pfad wandelt ein Pilger mir
Rasch entgegen – »Halt an! Waller, was suchst du hier?«
»Zum Gestade
Seiner Welt meine Pfade!
Segle hin, wo kein Hauch mehr weht,
Und der Markstein der Schöpfung steht!«

»Steh! du segelst umsonst – vor dir Unendlichkeit!«
»Steh! du segelst umsonst – Pilger, auch hinter mir! –
Senke nieder,
Adlergedank, dein Gefieder,
Kühne Seglerin, Phantasie,
Wirf ein mutloses Anker hie.«

MEINE BLUMEN

Schöne Frühlingskinder, lächelt,
Jauchzet, Veilchen auf der Au!
Süßer Balsamatem fächelt
Aus des Kelches Himmelblau.
Schön das Kleid mit Licht gesticket,
Schön hat Flora euch geschmücket
Mit des Busens Perlentau!
Holde Frühlingskinder, weinet!
Seelen hat sie euch verneinet,
Trauert, Blümchen auf der Au!

Nachtigall und Lerche flöten
Minnelieder über euch,
Und in euren Balsambeeten
Gattet sich das Fliegenreich.
Schuf nicht für die süßen Triebe
Euren Kelch zum Thron der Liebe
So wollüstig die Natur?
Sanfte Frühlingskinder, weinet,
Liebe hat sie *euch* verneinet,
Trauert, Blümchen auf der Flur!

Aber wenn, vom Dom umzingelt,
Meine Laura euch zerknickt,
Und, in einen Kranz geringelt,
Tränend ihrem Dichter schickt –
Leben, Sprache, Seelen, Herzen,

Flügelboten süßer Schmerzen!
  Goß euch dies Berühren ein.
Von Dionen angefächelt,
Schöne Frühlingskinder, lächelt,
  Jauchzet, Blumen in dem Hain!

DIE BLUMEN

Kinder der verjüngten Sonne,
  Blumen der geschmückten Flur,
Euch erzog zur Lust und Wonne,
  Ja euch liebte die Natur.
Schön das Kleid mit Licht gesticket,
Schön hat Flora euch geschmücket
  Mit der Farben Götterpracht,
Holde Frühlingskinder, klaget,
Seele hat sie euch versaget,
  Und ihr selber wohnt in Nacht.

Nachtigall und Lerche singen
  Euch der Liebe selig Los,
Gaukelnde Sylphiden schwingen
  Buhlend sich auf eurem Schoß.
Wölbte eures Kelches Krone
Nicht die Tochter der Dione
  Schwellend zu der Liebe Pfühl?
Zarte Frühlingskinder, weinet,
Liebe hat sie euch verneinet,
  Euch das selige Gefühl.

Aber hat aus Nannys Blicken
  Mich der Mutter Spruch verbannt,
Wenn euch meine Hände pflücken
  Ihr zum zarten Liebespfand,
Leben, Sprache, Seelen, Herzen,
Stumme Boten süßer Schmerzen,

Goß euch dies Berühren ein,
Und der mächtigste der Götter
Schließt in eure stillen Blätter
Seine hohe Gottheit ein.

DAS GEHEIMNIS DER REMINISZENZ

An Laura

Ewig starr an deinem Mund zu hangen,
Wer enträtselt dieses Wutverlangen?
Wer die Wollust, deinen Hauch zu trinken,
In dein Wesen, wenn sich Blicke winken,
Sterbend zu versinken?

Fliehen nicht verräterisch – wie Sklaven,
Weggeworfen feigen Muts die Waffen –
Meine Geister, hin im Augenblicke!
Stürmend über meines Lebens Brücke,
Wenn ich dich erblicke?

Sprich, warum entlaufen sie dem Meister?
Suchen dort die Heimat meine Geister?
Oder küssen die getrennten Brüder,
Losgerafft vom Kettenband der Glieder,
Dort bei *dir* sich wieder? –

Laura? träum ich? ras ich? – die Gedanken
Überwirbeln des Verstandes Schranken –
Sieh! der Wahnsinn ist des Rätsels kunder,
Staune Weisheit auf des Wahnsinns Wunder
Neidischbleich herunter.

Waren unsre Wesen schon verflochten?
War es darum, daß die Herzen pochten?
Waren wir im Strahl *erloschner Sonnen*,
In den Tagen lang begrabner Wonnen,
Schon in *eins* zerronnen?

Ja wir waren's – Eins mit deinem Dichter
Warst du, Laura – warst ein Weltzernichter! –
Meine Muse sah es auf der trüben
Tafel der Vergangenheit geschrieben:
Eins mit deinem Lieben!

Aber ach! – die sel'gen Augenblicke
Weinen leiser in mein Ohr zurücke –
Könnten Grolls die Gottheit Sünder schelten,
Laura – den Monarchen aller Welten
Würd ich *Neides* schelten.

Aus den Angeln drehten wir Planeten,
Badeten in lichten Morgenröten,
In den Locken spielten Edens Düfte,
Und den Silbergürtel unsrer Hüfte
Wiegten Maienlüfte.

Uns entgegen gossen Nektarquellen
Tausendröhricht ihre Wollustwellen,
Unserm Winke sprangen Chaosriegel,
Zu der Wahrheit lichtem Sonnenhügel
Schwang sich unser Flügel.

Unsern Augen riß der Dinge Schleier,
Unsre Blicke, flammender und freier,
Sahen in der Schöpfung Labyrinthen,
Wo die Augen Lyonnets verblinden,
Sich noch Räder winden –

Tief, o Laura, unter *jener* Wonne
Wälzte sich des *Glückes* Nietentonne,
Schweifend durch der Wollust weite Lande
Warfen wir der Sätt'gung Ankerbande
Ewig nie am Strande –

Weine, Laura – dieser *Gott* ist nimmer,
Du und *ich* des Gottes schöne Trümmer,
Und in uns ein unersättlich Drängen
Das verlorne Wesen einzuschlingen,
    Gottheit zu erschwingen.

Darum, Laura, dieses Wutverlangen,
Ewig starr an deinem Mund zu hangen,
Und die Wollust, deinen Hauch zu trinken,
In dein Wesen, wenn sich Blicke winken,
    Sterbend zu versinken.

Darum fliehn, verräterisch, wie Sklaven,
Weggeworfen feigen Muts die Waffen,
Meine Geister, hin im Augenblicke!
Stürmend über meines Lebens Brücke,
    Wenn ich dich erblicke!

Darum nur entlaufen sie dem Meister,
Ihre Heimat suchen meine Geister,
Losgerafft vom Kettenband der Glieder,
Küssen sich die langgetrennten Brüder
    Wiederkennend wieder.

Töne! Flammen! zitterndes Entzücken!
Wesen lechzt, an Wesen anzurücken –
Wie, beim Anblick einer Freundsgaleere,
Friedensflaggen im Ostindermeere
    Wehen lassen Heere;

Aufgejagt von froher Pulverwecke,
Springt das Schiffsvolk freudig aufs Verdecke,
Hoch im Winde schwingen sie die Hüte,
Posidaons wogendes Gebiete
    Dröhnt von ihrem Liede. –

War es nicht dies freudige Entsetzen,
Als mir's ward, an Lauren mich zu letzen?
Ha! das Blut, voll wütendem Verlangen,
Drängte sich mutwillig zu den Wangen,
    Lauren zu empfangen –

Und auch *du* – da mich dein Auge spähte,
Was verriet der Wangen Morgenröte? – –
Flohn wir nicht, als wären wir verwandter,
Freudig, wie zur Heimat ein Verbannter,
    Brennend aneinander? –

Sieh, o Laura, deinen Dichter weinen! –
Wie verlorne Sterne wieder scheinen,
Flimmen öfters, flüchtig, gleich dem Blitze,
Traurigmahnend an die Göttersitze,
    Strahlen durch die Ritze –

Oftmals lispeln der Empfindung Saiten
Leise Ahndung jener goldnen Zeiten –
Wenn sich schüchtern unsre Augen grüßen,
Seh ich träumend in den Paradiesen
    Nektarströme fließen. –

Ach zu oft nur waffn ich meine Mächte,
Zu erobern die verlornen Rechte –
Klimme kühner bis zur Nektarquelle,
Poche siegend an des Himmels Schwelle –
    Taumle rück zur Hölle!

Wenn dein Dichter sich an deine süßen
Lippen klammert mit berauschten Küssen,
Fremde Töne um die Ohren schwirren,
Unsre Wesen aus den Fugen irren,
    Strudelnd sich verwirren,

Und, verkauft vom Meineid der Vasallen,
Unsre Seelen ihrer Welt entfallen,
Mit des Staubs Tyrannensteuer prahlen,
Tod und Leben zu wollüst'gen Qualen
Gaukeln in den Schalen.

Und wir beide – näher schon den Göttern –
Auf der Wonne gähe Spitze klettern,
Mit den Leibern sich die Geister zanken,
Und der Endlichkeit despot'sche Schranken –
Sterbend – überschwanken –

Waren, Laura, diese Lustsekunden
Nicht ein Diebstahl jener Götterstunden?
Nicht Entzücken, die uns *einst* durchfuhren?
Ineinanderzuckender Naturen,
Ach! nur matte Spuren?

Hat dir nicht ein Strahl zurückgeglostet?
Hast du nicht den Göttertrank gekostet? –
Ach! ich sah den Purpur deiner Wangen! –
War es doch der Wesen, die sich schlangen,
Eitles Unterfangen! – –

Laura – majestätisch anzuschauen,
Stand ein Baum in Edens Blumenauen;
»Seine Frucht vernein ich eurem Gaume,
Wißt! der Apfel an dem Wunderbaume
Labt – mit *Göttertraume.*«

Laura – weine unsers Glückes Wunde! –
Saftig war der Apfel ihrem Munde – – –
Bald – als sie sich *unschuldsvoll* umrollten –
Sieh! – wie Flammen ihr Gesicht vergold'ten! –
– Und die Teufel schmollten.

DAS GEHEIMNIS DER REMINISZENZ

An Laura

Ewig starr an deinem Mund zu hangen,
Wer enthüllt mir dieses Glutverlangen?
Wer die Wollust, deinen Hauch zu trinken,
In dein Wesen, wenn sich Blicke winken,
Sterbend zu versinken?

Fliehen nicht, wie ohne Widerstreben
Sklaven an den Sieger sich ergeben,
Meine Geister hin im Augenblicke,
Stürmend über meines Lebens Brücke,
Wenn ich dich erblicke?

Sprich! Warum entlaufen sie dem Meister?
Suchen dort die Heimat meine Geister,
Oder finden sich getrennte Brüder,
Losgerissen von dem Band der Glieder,
Dort bei dir sich wieder?

Waren unsre Wesen schon verflochten?
War es darum, daß die Herzen pochten?
Waren wir im Strahl erloschner Sonnen,
In den Tagen lang verrauschter Wonnen,
Schon in eins zerronnen?

Ja wir waren's! – Innig mir verbunden
Warst du in Äonen, die verschwunden,
Meine Muse sah es auf der trüben
Tafel der Vergangenheit geschrieben,
Eins mit deinem Lieben!

Und in innig festverbundnem Wesen,
Also hab ich's staunend dort gelesen,
Waren wir ein *Gott*, ein schaffend Leben,
Und uns ward, sie herrschend zu durchweben,
Frei die Welt gegeben.

Uns entgegen gossen Nektarquellen
Ewig strömend ihre Wollustwellen,
Mächtig lösten wir der Dinge Siegel,
Zu der Wahrheit lichtem Sonnenhügel
Schwang sich unser Flügel.

Weine, Laura! Dieser Gott ist nimmer,
Du und ich des Gottes schöne Trümmer,
Und in uns ein unersättlich Dringen,
Das verlorne Wesen einzuschlingen,
Gottheit zu erschwingen.

Darum, Laura, dieses Glutverlangen,
Ewig starr an deinem Mund zu hangen,
Und die Wollust, deinen Hauch zu trinken,
In dein Wesen, wenn sich Blicke winken,
Sterbend zu versinken.

Darum fliehn, wie ohne Widerstreben
Sklaven an den Sieger sich ergeben,
Meine Geister hin im Augenblicke,
Stürmend über meines Lebens Brücke,
Wenn ich dich erblicke.

Darum nur entlaufen sie dem Meister,
Ihre Heimat suchen meine Geister,
Losgerafft vom Kettenband der Glieder,
Küssen sich die langgetrennten Brüder
Wiederkennend wieder.

Und auch du – da mich dein Auge spähte,
Was verriet der Wangen Purpurröte?
Flohn wir nicht, als wären wir verwandter,
Freudig, wie zur Heimat ein Verbannter,
Glühend aneinander?

GRUPPE AUS DEM TARTARUS

Horch – wie Murmeln des empörten Meeres,
Wie durch hohler Felsen Becken weint ein Bach,
Stöhnt dort dumpfigtief ein schweres – leeres
Qualerpreßtes Ach!

Schmerz verzerret
Ihr Gesicht – Verzweiflung sperret
Ihren Rachen fluchend auf.
Hohl sind ihre Augen – ihre Blicke
Spähen bang nach des Cocytus Brücke,
Folgen tränend seinem Trauerlauf. –

Fragen sich einander ängstlich leise:
Ob noch nicht Vollendung sei? –
Ewigkeit schwingt über ihnen Kreise,
Bricht die Sense des Saturns entzwei.

DIE FREUNDSCHAFT

(aus den Briefen Julius' an Raphael; einem noch ungedruckten Roman)

Freund! genügsam ist der Wesenlenker –
Schämen sich kleinmeisterische Denker,
Die so ängstlich nach Gesetzen spähn –
Geisterreich und Körperweltgewühle
Wälzet *eines* Rades Schwung zum Ziele,
Hier sah es mein Newton gehn.

Sphären lehrt es, Sklaven *eines* Zaumes,
Um das Herz des großen Weltenraumes
Labyrinthenbahnen ziehn –
Geister in umarmenden Systemen
Nach der *großen Geistersonne* strömen,
Wie zum Meere Bäche fliehn.

War's nicht dies allmächtige Getriebe,
Das zum ew'gen Jubelbund der Liebe
Unsre Herzen aneinander zwang?
Raphael, an *deinem* Arm – o Wonne!
Wag auch ich zur großen Geistersonne
Freudigmutig den Vollendungsgang.

Glücklich! glücklich! *Dich* hab ich gefunden,
Hab aus Millionen *dich* umwunden,
Und aus Millionen *mein* bist *du* –
Laß das Chaos diese Welt umrütteln,
Durcheinander die Atomen schütteln;
Ewig fliehn sich unsre Herzen zu.

Muß ich nicht aus *deinen* Flammenaugen
Meiner Wollust Widerstrahlen saugen?
Nur in *dir* bestaun ich mich –
Schöner malt sich mir die schöne Erde,
Heller spiegelt in des Freunds Gebärde,
Reizender der Himmel sich.

Schwermut wirft die bange Tränenlasten,
Süßer von des Leidens Sturm zu rasten,
In der Liebe Busen ab; –
Sucht nicht selbst das folternde Entzücken
In des Freunds beredten Strahlenblicken
Ungeduldig ein wollüst'ges Grab? –

Stünd im All der Schöpfung ich alleine,
Seelen träumt ich in die Felsensteine,
Und umarmend küßt ich sie –
Meine Klagen stöhnt ich in die Lüfte,
Freute mich, antworteten die Klüfte,
Tor genug! der süßen Sympathie.

Tote Gruppen sind wir – wenn wir hassen,
Götter – wenn wir liebend uns umfassen!

Lechzen nach dem süßen Fesselzwang –
Aufwärts durch die tausendfache Stufen
Zahlenloser Geister, die nicht schufen,
Waltet göttlich dieser Drang.

Arm in Arme, höher stets und höher,
Vom Mongolen bis zum griech'schen Seher,
Der sich an den letzten Seraph reiht,
Wallen wir, einmüt'gen Ringeltanzes,
Bis sich dort im Meer des ew'gen Glanzes
Sterbend untertauchen Maß und Zeit –

Freundlos war der große Weltenmeister,
Fühlte *Mangel* – darum schuf er Geister,
Sel'ge Spiegel *seiner* Seligkeit! –
Fand das höchste Wesen schon kein gleiches,
Aus dem Kelch des ganzen Seelenreiches
Schäumt *ihm* – die Unendlichkeit.

DER WIRTEMBERGER

Der Name Wirtemberg
Schreibt sich von Wirt am Berg –
Ein Wirtemberger *ohne Wein*,
Kann der ein Wirtemberger sein?

MELANCHOLIE

An Laura

Laura – Sonnenaufgangsglut
Brennt in deinen goldnen Blicken,
In den Wangen springt purpurisch Blut,
Deiner Tränen Perlenflut
Nennt noch Mutter das Entzücken –
Dem der schöne Tropfe taut,

Der darin Vergöttrung schaut,
Ach dem Jüngling, der belohnet wimmert,
Sonnen sind ihm aufgedämmert!

Deine Seele, gleich der Spiegelwelle
Silberklar und sonnenhelle,
Maiet noch den trüben Herbst um dich;
Wüsten, öd und schauerlich,
Lichten sich in deiner Strahlenquelle,
Düstrer Zukunft Nebelferne
Goldet sich in deinem Sterne;
Lächelst du der Reizeharmonie?
Und ich weine über sie. –

Untergrub denn nicht der Erde Veste
Lange schon das Reich der Nacht?
Unsre stolz auftürmenden Paläste,
Unsrer Städte majestät'sche Pracht
Ruhen all auf modernden Gebeinen,
Deine Nelken saugen süßen Duft
Aus Verwesung, deine Quellen weinen
Aus dem Becken einer – Menschengruft.

Blick empor – die schwimmenden Planeten,
Laß dir, Laura, seine Welten reden!
Unter ihrem Zirkel flohn
Tausend bunte Lenze schon,
Türmten tausend Throne sich,
Heulten tausend Schlachten fürchterlich,
In den eisernen Fluren
Suche ihre Spuren.
Früher, später reif zum Grab,
Laufen, ach, die Räder ab
An Planetenuhren.

Blinze dreimal – und der Sonnen Pracht
Löscht im Meer der Totennacht!

Frage mich, von wannen *deine* Strahlen lodern!
  Prahlst du mit des Auges Glut?
  Mit der Wangen frischem Purpurblut?
Abgeborgt von mürben Modern?
  Wuchernd fürs geliehne Rot,
  Wuchernd, Mädchen, wird der Tod
Schwere Zinsen fodern!

Rede, Mädchen, nicht dem Starken hohn!
  Eine schönre Wangenröte
Ist doch nur des Todes schönrer Thron,
  Hinter dieser blumichten Tapete
Spannt den Bogen der Verderber schon –
Glaub es – glaub es, Laura, deinem Schwärmer,
  Nur der Tod ist's, dem dein schmachtend Auge winkt,
  Jeder deiner Strahlenblicke trinkt
Deines Lebens karges Lämpchen ärmer;
  Meine Pulse, prahlest du,
Hüpfen noch so jugendlich von dannen –
Ach! die Kreaturen des Tyrannen
  Schlagen tückisch der Verwesung zu.

  Auseinander bläst der Tod geschwind
  Dieses Lächeln, wie der Wind
Regenbogenfarbichtes Geschäume,
  Ewig fruchtlos suchst du seine Spur,
  Aus dem Frühling der Natur,
Aus dem Leben, wie aus seinem Keime,
  Wächst der ew'ge Würger nur.

Weh! entblättert seh ich deine Rosen liegen,
  Bleich erstorben deinen süßen Mund,
  Deiner Wangen wallendes Rund
Werden rauhe Winterstürme pflügen,
  Düstrer Jahre Nebelschein
Wird der Jugend Silberquelle trüben,

Dann wird Laura – Laura nicht mehr lieben,
  Laura nicht mehr liebenswürdig sein.

Mädchen – stark wie Eiche stehet noch dein Dichter,
  Stumpf an meiner Jugend Felsenkraft
  Niederfällt des Totenspeeres Schaft,
Meine Blicke brennend wie die Lichter
  Seines Himmels – feuriger mein Geist,
Denn die Lichter seines ew'gen Himmels,
Der im Meere eignen Weltgewimmels
  Felsen türmt und niederreißt.
Kühn durchs Weltall steuern die Gedanken,
Fürchten nichts – als seine Schranken.

Glühst du, Laura? Schwillt die stolze Brust?
Lern es, Mädchen, dieser Trank der Lust,
  Dieser Kelch, woraus mir Gottheit düftet –
  Laura – ist vergiftet!
Unglückselig! Unglückselig! die es wagen,
Götterfunken aus dem *Staub* zu schlagen.
  Ach die kühnste Harmonie
Wirft das Saitenspiel zu Trümmer,
  Und der lohe Ätherstrahl *Genie*
Nährt sich nur vom Lebenslampenschimmer –
  Wegbetrogen von des Lebens Thron
  Front ihm jeder Wächter schon!
Ach! schon schwören sich, mißbraucht zu frechen Flammen,
Meine Geister wider mich zusammen!
Laß – ich fühl's – laß, Laura, noch zween kurze
  Lenze fliegen – und dies Moderhaus
Wiegt sich schwankend über mir zum Sturze,
  Und in eignem Strahle lösch ich aus. – –

Weinst du, Laura? – Träne, sei verneinet,
Die des Alters Straflos mir erweinet,
  Weg! Versiege, Träne, Sünderin!

Laura will, daß meine Kraft entweiche,
Daß ich zitternd unter dieser Sonne schleiche,
Die des Jünglings Adlergang gesehn? –
Daß des Busens lichte Himmelsflamme
Mit erfrornem Herzen ich verdamme,
Daß die Augen meines Geists verblinden,
Daß ich fluche meinen schönsten Sünden?
Nein! versiege, Träne, Sünderin! –
Brich die Blume in der schönsten Schöne,
Lösch, o Jüngling mit der Trauermiene!
Meine Fackel weinend aus,
Wie der Vorhang an der Trauerbühne
Niederrauschet bei der schönsten Szene,
Fliehn die Schatten – und noch schweigend horcht das Haus. –

DIE PEST

Eine Phantasie

Gräßlich preisen Gottes Kraft
Pestilenzen, würgende Seuchen,
Die mit der grausen Brüderschaft
Durchs öde Tal der Grabnacht schleichen.

Bang ergreift's das klopfende Herz,
Gichtrisch zuckt die starre Sehne,
Gräßlich lacht der Wahnsinn in das Angstgestöhne,
In heulende Triller ergeußt sich der Schmerz.

Raserei wälzt tobend sich im Bette –
Gift'ger Nebel wallt um ausgestorbne Städte,
Menschen – hager – hohl und bleich –
Wimmeln in das finstre Reich.

Brütend liegt der Tod auf dumpfen Lüften,
Häuft sich Schätze in gestopften Grüften –
Pestilenz sein Jubelfest.

Leichenschweigen – Kirchhofstille
Wechseln mit dem Lustgebrülle,
Schröcklich preiset Gott die Pest.

DAS MUTTERMAL

MANN

Sieh, Schätzchen, wie der Bub mir gleicht,
Selbst meine Narbe von den Pocken!

FRAU

Mein Engel, das begreif ich leicht,
Bin auch 'nmal recht an dir erschrocken.

MONUMENT MOORS DES RÄUBERS

Vollendet!
Heil dir! Vollendet!
Majestätischer Sünder!
Deine furchtbare Rolle vollbracht.

Hoher Gefallener!
Deines Geschlechts Beginner und Ender!
Seltner Sohn ihrer schröcklichsten Laune,
Erhabner *Verstoß* der Mutter Natur!

Durch wolkichte Nacht ein prächtiger Blitz!
Hui! hinter ihm schlagen die Pforten zusammen!
Geizig schlingt ihn der Rachen der Nacht!
Zucken die Völker
Unter seiner verderbenden Pracht!
Aber Heil dir! vollendet!
Majestätischer Sünder!
Deine furchtbare Rolle vollbracht!

Modre – verstieb
In der Wiege des offnen Himmels!
Fürchterlich jedem Sünder zur Schau,
Wo dem *Thron gegenüber*
Heißer Ruhmsucht *furchtbare Schranke* steigt!
Siehe! der Ewigkeit übergibt dich die Schande!
Zu den Sternen des Ruhms
Klimmst du auf den Schultern der Schande!
Einst wird unter dir auch die Schande zerstieben,
Und dich reicht – die Bewunderung.

Nassen Auges an deinem schauernden Grabe
Männer vorüber –
Freue dich der Träne der Männer,
Des Gerichteten Geist!
Nassen Auges an deinem schauernden Grabe
Jüngst ein Mädchen vorüber,
Hörte die furchtbare Kunde
Deiner Taten vom steinernen Herold,
Und das Mädchen – freue dich! freue dich!
Wischte die Träne nicht ab.
Ferne stand ich – sah die Perle fallen,
Und ich rief ihr: Amalia!

Jünglinge! Jünglinge!
Mit des *Genies* gefährlichem Ätherstrahl
Lernt behutsamer spielen.
Störrig knirscht in den Zügel das Sonnenroß,
Wie's am Seile des Meisters
Erd und Himmel in sanfterem Schwunge wiegt,
Flammt's am kindischen Zaume
Erd und Himmel in lodernden Brand!
Unterging in den Trümmern
Der mutwillige Phaethon.

Kind des himmlischen Genius,
Glühendes, tatenlechzendes Herz!

Reizet dich das Mal meines Räubers?
War wie du glühenden, tatenlechzenden Herzens,
War wie du des himmlischen Genius Kind.
Aber du lächelst und gehst –
Dein Blick durchfliegt den Raum der Weltgeschichte,
Moorn den Räuber findest du nicht –
Steh und lächle nicht, Jüngling!
Seine Sünde lebt – lebt seine Schande,
Räuber Moor nur – ihr Name nicht.

MORGENPHANTASIE

Frisch atmet des Morgens lebendiger Hauch,
Purpurisch zuckt durch düstre Tannenritzen
Das junge Licht, und äugelt aus dem Strauch,
In goldnen Flammen blitzen
Der Berge Wolkenspitzen,
Mit freudig melodisch gewirbeltem Lied
Begrüßen erwachende Lerchen die Sonne,
Die schon in lachender Wonne
Jugendlich schön in Auroras Umarmungen glüht.

Sei, Licht, mir gesegnet!
Dein Strahlenguß regnet
Erwärmend hernieder auf Anger und Au.
Wie silberfarb flittern
Die Wiesen, wie zittern
Tausend Sonnen in perlendem Tau!
In säuselnder Kühle
Beginnen die Spiele
Der jungen Natur,
Die Zephyre kosen
Und schmeicheln um Rosen,
Und Düfte beströmen die lachende Flur.

Wie hoch aus den Städten die Rauchwolken dampfen,
Laut wiehern, und schnauben und knirschen und strampfen
Die Rosse, die Farren,
Die Wagen erknarren
Ins ächzende Tal.
Die Waldungen leben
Und Adler, und Falken und Habichte schweben,
Und wiegen die Flügel im blendenden Strahl.

Den Frieden zu finden,
Wohin soll ich wenden
Am elenden Stab?
Die lachende Erde
Mit Jünglingsgebärde
Für mich nur ein Grab!

Steig empor, o Morgenrot, und röte
Mit purpurnem Kusse Hain und Feld,
Säusle nieder, Abendrot, und flöte
Sanft in Schlummer die erstorbne Welt.
Morgen – ach! du rötest
Eine Totenflur,
Ach! und du, o Abendrot, umflötest
Meinen langen Schlummer nur.

AN MINNA

Träum ich? Ist mein Auge trüber?
Nebelt's mir ums Angesicht?
Meine Minna geht vorüber?
Meine Minna kennt mich nicht?
Die am Arme seichter Laffen
Blähend mit dem Fächer ficht,
Nimmer satt sich zu begaffen? –
Meine Minna ist es nicht.

Von dem Sonnenhute nicken
  Stolze Federn, mein Geschenk,
Schleifen, die den Busen schmücken,
  Rufen: Minna, sei gedenk!
Blumen, die ich selbst erzogen,
  Zieren Brust und Locken noch –
Ach die Brust, die mir gelogen! –
  Und die Blumen blühen doch!

Geh! umhüpft von leeren Schmeichlern!
  Geh! vergiß auf ewig mich.
Überliefert feilen Heuchlern,
  Eitles Weib, veracht ich dich.
Geh! dir hat ein Herz geschlagen,
  Dir ein Herz, das edel schlug,
Groß genug, den Schmerz zu tragen,
  Daß es einer Hure schlug.

Schönheit hat dein Herz verdorben,
  Dein Gesichtchen! schäme dich.
Morgen ist sein Glanz erstorben,
  Seine Rose blättert sich.
Schwalben, die im Lenze minnen,
  Fliehen, wenn der Nordwind weht;
Buhler scheucht dein Herbst von hinnen,
  Einen Freund hast du verschmäht.

In den Trümmern deiner Schöne
  Seh ich dich verlassen gehn,
Weinend in die Blumenszene
  Deines Mais zurücke sehn.
Die mit heißem Liebesgeize
  Deinem Kuß entgegenflohn,
Zischen dem erloschnen Reize,
  Lachen deinem Winter hohn.

Schönheit hat dein Herz verdorben,
Dein Gesichtchen! – schäme dich.
Morgen ist sein Glanz erstorben,
Seine Rose blättert sich –
Ha! wie will ich dann dich höhnen!
Höhnen? Gott bewahre mich!
Weinen will ich bittre Tränen,
Weinen, Minna, über dich.

ELYSIUM

Eine Kantate

CHOR

Vorüber die stöhnende Klage,
Elysiums Freudengelage
Ersäufen jedwedes Ach –
Elysiums Leben
Ewige Wonne, ewiges Schweben,
Durch lachende Fluren ein flötender Bach.

ERSTE STIMME

Jugendlich milde
Beschwebt die Gefilde
Ewiger Mai,
Die Stunden entfliehen in goldenen Träumen,
Die Seele schwillt aus in unendlichen Räumen,
Wahrheit reißt hier den Schleier entzwei.

ZWEITE STIMME

Unendliche Freude
Durchwallet das Herz.
Hier mangelt der Name dem trauernden Leide,
Sanfter Entzücken nur heißet hier Schmerz.

DRITTE STIMME

Hier strecket der wallende Pilger die matten
Brennenden Glieder im säuselnden Schatten,

Leget die Bürde auf ewig dahin –
Seine Sichel entfällt hier dem Schnitter,
Eingesungen von Harfengezitter,
Träumt er, geschnittene Halmen zu sehn.

VIERTE STIMME

Dessen Fahne Donnerstürme wallte,
Dessen Ohren Mordgebrüll umhallte,
Berge bebten unter dessen Donnergang,
Schläft hier linde bei des Baches Rieseln,
Der wie Silber spielet über Kieseln,
Ihm verhallet wilder Speere Klang.

FÜNFTE STIMME

Hier umarmen sich getreue Gatten,
Küssen sich auf grünen samtnen Matten,
Liebgekost vom Balsamwest,
Ihre Krone findet hier die Liebe,
Sicher vor des Todes strengem Hiebe,
Feiert sie ein ewig Hochzeitfest.

QUIRL

Euch wundert, daß Quirls Wochenblatt
Heut um ein Heft gewonnen hat,
Und hörtet doch den Stadtausrufer sagen,
Daß Brot und Rindfleisch aufgeschlagen.

DIE SCHLIMMEN MONARCHEN

Euren Preis erklimme meine Leier –
Erdengötter – die der süßen Feier
Anadyomenens sanft nur klang;
Leiser um das pompende Getöse,
Schüchtern um die Purpurflammen eurer Größe
Zittert der Gesang.

Redet! soll ich goldne Saiten schlagen,
Wenn, vom Jubelruf emporgetragen,
  Euer Wagen durch den Walplatz rauscht?
Wenn ihr, schlapp vom eisernen Umarmen,
Schwere Panzer mit den weichen Rosenarmen
  Eurer Phrynen tauscht? –

Soll vielleicht im Schimmer goldner Reifen,
Götter, euch die kühne Hymne greifen,
  Wo, in mystisch Dunkel eingemummt,
Euer Spleen mit Donnerkeilen tändelt,
Mit *Verbrechen* eine *Menschlichkeit* bemäntelt,
  Bis – das Grab verstummt?

Sing ich *Ruhe* unter Diademen?
Soll ich, Fürsten, eure *Träume* rühmen? –
  Wenn der Wurm am Königsherzen zehrt,
Weht der goldne Schlummer um den Mohren,
Der den Schatz bewacht an des Palastes Toren,
  Und – ihn nicht begehrt.

Zeig, o Muse, wie mit Rudersklaven
Könige auf *einem* Polster schlafen,
  Die *gelöschten* Blitze freundlich tun,
Wo nun nimmer ihre Launen foltern,
Nimmer die Theaterminotaure poltern,
  Und – die Löwen ruhn.

Auf! Betaste mit dem Zaubersiegel,
Hekate, des Gruftgewölbes Riegel!
  Horch! die Flügel donnern jach zurück!
Wo des Todes Odem dumpfig säuselt,
Schauerluft die starren Locken aufwärts kräuselt,
  Sing ich – *Fürstenglück*. – –

Hier das Ufer? – Hier in diesen Grotten
Stranden eurer Wünsche stolze Flotten?

Hier – wo eurer Größe Flut sich stößt?
Ewig nie dem Ruhme zu erwarmen,
Schmiedet hier die Nacht mit schwarzen Schauerarmen
Potentaten fest.

Traurig funkelt auf dem Totenkasten
Eurer Kronen, der umperlten Lasten,
Eurer Zepter undankbare Pracht.
Wie so schön man Moder übergoldet!
Doch nur Würmer werden mit dem Leib besoldet,
Dem – die Welt gewacht.

Stolze Pflanzen in so niedern Beeten!
Seht doch! – wie mit welken Majestäten
Garstig spaßt der unverschämte Tod!
Die durch Nord und Ost und West geboten –
Dulden sie des Unholds ekelhafte Zoten,
Und – kein Sultan droht?

Springt doch auf, ihr störrige Verstummer,
Schüttelt ab den tausendpfund'gen Schlummer,
Siegespauken trommeln aus der Schlacht,
Höret doch, wie hell die Zinken schmettern!
Wie des Volkes wilde *Vivat* euch vergöttern!
Könige, erwacht!

Siebenschläfer! – o so hört die hellen
Hörner klingen und die Doggen bellen!
Tausendröhricht knallt das Jagdenfeur;
Muntre Rosse wiehern nach dem Forste,
Blutig wälzt der Eber seine Stachelborste,
Und – der Sieg ist eur!

Was ist das? – Auch Fürsten schweigen selber?
Neunfach durch die heulenden Gewölber
Spottet mir ein schleifend Echo nach –
Hört doch nur den Kammerjunker düsseln:

»Euch beehrt Madonna mit geheimen Schlüsseln
In – ihr Schlafgemach.«

Keine Antwort – Ernstlich ist die Stille –
Fällt denn auch auf Könige die Hülle,
Die die Augen des Trabanten deckt? –
Und ihr fodert Anbetung in Asche,
Daß die blinde Metze *Glück* in eure Tasche
Eine – Welt gesteckt?

Und ihr rasselt, Gottes Riesenpuppen,
Hoch daher in kindischstolzen Gruppen,
Gleich dem Gaukler in dem Opernhaus? –
Pöbelteufel klatschen dem Geklimper,
Aber weinend zischen den erhabnen Stümper
Seine Engel aus.

Ins Gebiet der leiseren Gedanken
Würden – überwänden sie die Schranken –
Schlangenwirbel eure Mäkler drehn;
Lernt doch, daß, die euren zu entfalten,
Blicke, die auch Pharisäerlarven spalten,
Von dem Himmel sehn.

Prägt ihr zwar – Hohn ihrem falschen Schalle! –
Euer Bild auf lügende Metalle,
Schnödes Kupfer adelt ihr zu Gold –
Eure Juden schachern mit der Münze –
Doch wie anders klingt sie über jener Grenze,
Wo die Waage rollt!

Decken euch Seraile dann und Schlösser,
Wann des Himmels fürchterlicher Presser
An des großen Pfundes Zinsen mahnt?
Ihr bezahlt den Bankerott der Jugend
Mit Gelübden, und mit *lächerlicher Tugend,*
Die – Hanswurst erfand.

Berget immer die erhabne Schande
Mit des *Majestätsrechts* Nachtgewande!
  Bübelt aus des Thrones Hinterhalt.
Aber zittert für des Liedes Sprache,
Kühnlich durch den Purpur bohrt der Pfeil der Rache
  Fürstenherzen kalt.

GRAF EBERHARD DER GREINER VON WIRTEMBERG

Kriegslied

Ihr – ihr dort außen in der Welt,
  Die Nasen eingespannt!
Auch manchen Mann, auch manchen Held,
Im Frieden gut, und stark im Feld,
  Gebar das Schwabenland.

Prahlt nur mit Karl und Eduard,
  Mit Friedrich, Ludewig.
Karl, Friedrich, Ludwig, Eduard
Ist uns der Graf, der Eberhard,
  Ein Wettersturm im Krieg.

Und auch sein Bub, der Ulerich,
  War gern, wo's eisern klang;
Des Grafen Bub, der Ulerich,
Kein Fußbreit rückwärts zog er sich,
  Wenn's drauf und drunter sprang.

Die Reutlinger, auf unsern Glanz
  Erbittert, kochten Gift,
Und buhlten um den Siegeskranz,
Und wagten manchen Schwertertanz,
  Und gürteten die Hüft –

Er griff sie an – und siegte nicht,
  Und kam gepantscht nach Haus,
Der Vater schnitt ein falsch Gesicht,
Der junge Kriegsmann floh das Licht,
  Und Tränen drangen raus.

Das wurmt ihm – Ha! Ihr Schurken, wart'!
  Und trug's in seinem Kopf.
Auswetzen, bei des Vaters Bart!
Auswetzen wollt er diese Schart
  Mit manchem Städtlerschopf.

Und Fehd entbrannte bald darauf,
  Und zogen Roß und Mann
Bei Döffingen mit hellem Hauf,
Und heller ging's dem Junker auf,
  Und hurra! heiß ging's an.

Und unsers Heeres Losungswort
  War die verlorne Schlacht:
Das riß uns wie die Windsbraut fort,
Und schmiß uns tief in Blut und Mord
  Und in die Lanzennacht.

Der junge Graf voll Löwengrimm
  Schwung seinen Heldenstab,
Wild vor ihm ging das Ungestüm,
Geheul und Winseln hinter ihm,
  Und um ihn her das Grab.

Doch weh! ach weh! ein Säbelhieb
  Sunk schwer auf sein Genick,
Schnell um ihn her der Helden Trieb,
Umsonst! Umsonst! erstarret blieb
  Und sterbend brach sein Blick.

Bestürzung hemmt des Sieges Bahn,
Laut weinte Feind und Freund –
Hoch führt der Graf die Reuter an:
Mein Sohn ist wie ein andrer Mann!
Marsch! Kinder! In den Feind!

Und Lanzen sausen feuriger,
Die Rache spornt sie all,
Rasch über Leichen ging's daher,
Die Städtler laufen kreuz und quer
Durch Wald und Berg und Tal.

Und zogen wir mit Hörnerklang
Ins Lager froh zurück,
Und Weib und Kind im Rundgesang
Beim Walzer und beim Becherklang
Lustfeiren unser Glück.

Doch unser Graf – was tät er itzt? –
Vor ihm der tote Sohn.
Allein in seinem Zelte sitzt
Der Graf, und eine Träne blitzt
Im Aug auf seinen Sohn.

Drum hangen wir so treu und warm
Am Grafen, unserm Herrn.
Allein ist er ein Heldenschwarm,
Der Donner rast in seinem Arm,
Er ist des Landes Stern.

Drum ihr dort außen in der Welt,
Die Nasen eingespannt,
Auch manchen Mann, auch manchen Held,
Im Frieden gut und stark im Feld,
Gebar das Schwabenland.

BAURENSTÄNDCHEN

Mensch! Ich bitte, guck heraus!
  Klecken nicht zwo Stunden,
Steh ich so vor deinem Haus,
  Stehe mit den Hunden.
's regnet, was vom Himmel mag,
's gwittert wie zum Jüngsten Tag,
  Pudelnaß die Hosen!
Platschnaß Rock und Mantel, ei!
Rock und Mantel nagelneu,
  Alles dieser Losen.
Draußen, draußen Saus und Braus!
Mensch! ich bitte, guck heraus.

Ei zum Henker, guck heraus!
  Löscht mir die Laterne –
Weit am Himmel Nacht und Graus!
  Weder Mond noch Sterne.
Stoß ich schier an Stein und Stock,
Reiße Wams und Überrock,
  Ach daß Gott erbarme!
Hecken, Stauden ringsumher,
Gräben, Hügel kreuz und quer,
  Breche Bein und Arme.
Draußen, draußen Nacht und Graus!
Ei zum Henker, guck heraus!

Ei zum Teufel! guck heraus!
  Höre mein Gesuche!
Beten, Singen geht mir aus,
  Willst du, daß ich fluche?
Muß ich doch ein Hans Dampf sein,
Frör ich nicht zu Stein und Bein,
  Wenn ich länger bliebe?
Liebe, das verdank ich dir,
Winterbeulen machst du mir,
  Du vertrackte Liebe!

Draußen, draußen Kalt und Graus!
Ei zum Teufel, guck heraus.

Donner alle! Was ist das,
  Das vom Fenster regnet,
Garst'ge Hexe, kotignaß,
  Hast mich eingesegnet.
Regen, Hunger, Frost und Wind
Leid ich für das Teufelskind,
  Werde noch gehudelt!
Wetter auch! Ich packe mich!
Böser Dämon, tummle dich,
  Habe satt gedudelt!
Draußen, draußen Saus und Braus!
Fahre wohl – Ich geh nach Haus.

DIE WINTERNACHT

Ade! Die liebe Herrgottssonne gehet,
  Grad über tritt der Mond!
Ade! Mit schwarzem Rabenflügel wehet
  Die stumme Nacht ums Erdenrund.

Nichts hör ich mehr durchs winternde Gefilde
  Als tief im Felsenloch
Die Murmelquell, und aus dem Wald das wilde
  Geheul des Uhus hör ich noch.

Im Wasserbette ruhen alle Fische,
  Die Schnecke kriecht ins Dach,
Das Hündchen schlummert sicher unterm Tische,
  Mein Weibchen nickt im Schlafgemach.

Euch Brüderchen von meinen Bubentagen,
  Mein herzliches Willkomm!
Ihr sitzt vielleicht mit traulichem Behagen
  Um einen teutschen Krug herum.

Im hochgefüllten Deckelglase malet
  Sich purpurfarb die Welt,
Und aus dem goldnen Traubenschaume strahlet
  Vergnügen, das kein Neid vergällt.

Im Hintergrund vergangner Jahre findet
  Nur Rosen euer Blick,
Leicht, wie die blaue Knasterwolke, schwindet
  Der trübe Gram von euch zurück.

Vom Schaukelgaul bis gar zum Doktorhute
  Stört ihr im Zeitbuch um,
Und zählt nunmehr mit federleichtem Mute
  Schweißtropfen im Gymnasium.

Wie manchen Fluch – noch mögen unterm Boden
  Sich seine Knochen drehn –
Terenz erpreßt, trotz Herrn Minellis Noten,
  Wie manch verzogen Maul gesehn,

Wie ungestüm dem grimmen Landexamen
  Des Buben Herz geklopft;
Wie ihm, sprach itzt der Rektor seinen Namen,
  Der helle Schweiß aufs Buch getropft –

Wohl redt man auch von einer – e – gewissen –
  Die sich als *Frau* nun spreißt,
Und mancher will der Lecker baß nun wissen,
  Was doch ihr *Mann* baß – gar nicht weißt –

Nun liegt dies all im Nebel hinterm Rücken,
  Und Bube heißt nun Mann,
Und Friedrich schweigt der weiseren Perücken,
  Was einst der kleine Fritz getan –

Man ist – Potz gar! – zum Doktor ausgesprochen,
Wohl gar – beim Regiment!
Und hat vielleicht – doch nicht zu früh, gerochen,
Daß Plane – Seifenblasen sind.

Hauch immer zu – und laß die Blasen springen;
Bleibt nur dies Herz noch ganz!
Und bleibt mir nur – errungen mit Gesängen –
Zum Lohn ein teutscher Lorbeerkranz.

1782 – 1794

TOTENFEIER AM GRABE PHILIPP FRIEDERICH VON RIEGERS

Noch zermalmt der Schrecken unsre Glieder –
Rieger tot!
Noch in unsern Ohren heult der Donner wider –
Rieger, Rieger tot!
Wie ein Blitz, im Niedergang entzündet,
Schon im Aufgang schwindet,
Flog der Held zu Gott!
Sollen Klagen um die Leiche hallen,
Klagen um den großen Mann?
Oder dörfen warme Tränen fallen,
Tränen um den guten, lieben Mann?
Dörfen wir mit Riegers Söhnen weinen?
Mit den Patrioten uns vereinen?
O so feire weinender Gesang
Einer Sonne Untergang!

Groß, o Rieger, groß war deine Stufe,
Groß dein Geist zu seinem großen Rufe,
Größer war – dein Herz!
Engelhuld und göttliches Erbarmen
Rief den Freund zu deinen offnen Armen;
Froher unschuldsvoller Scherz
Lachte noch im silbergrauen Weisen,
Jugendfeuer brannte noch im Greisen,
In dem Krieger betete – der Christ.
Höher als das Lächeln deines Fürsten
(Ach! wornach so manche geizig dürsten!),
Höher war dir der, der ewig ist.

Nicht um Erdengötter klein zu kriechen,
Fürstengunst mit Untertanenflüchen
Zu erwuchern, war dein Trachten nie.
Elende beim Fürsten zu vertreten,

Für die Unschuld an dem Thron zu beten,
  War dein Stolz auf Erden hie.
Rang und Macht, die lächerlichen Flitter,
  Fallen ab am Tage des Gerichts,
Fallen ab wie Blätter im Gewitter,
  Und der Pomp – ist nichts! – –

Krieger *Karls*! erlaubt mir, hier zu halten,
Tretet her, ihr lorbeervollen Alten!
  (Das Gewissen brenne flammenrot)
Dumpfig hohl aus eures Riegers Bahre
Spricht zu euch, ihr Söhne vieler Jahre,
  Spricht zu euch – der Tod:

»Erdengötter! – glaubt ihr ungerochen
  Mit der Größe kindischkleinen Stolz
  (Alles faßt der schmale Raum von Holz)
Gegen mich zu pochen?
  Hilft euch des Monarchen Gunst,
Die oft nur am Rittersterne funkelt,
  Hilft des Höflings Schlangenkunst,
Wenn sich brechend euer Aug verdunkelt?
  Erdengötter, redet doch,
Wenn der Götterdunst zerstiebet,
  Redet denn, was wärt ihr noch,
Wenn ihr – schlechte Menschen bliebet?

Trotzt ihr mir mit euren stolzen Ahnen,
  Daß von euch – zwei Tropfen Blut
In den Adern alter Helden rannen?
  Pocht ihr auf geerbtes Gut?
Wird man dort nach Riegers Range fragen?
  Folgt ihm wohl *Karls* Gnade bis dahin?
Wird er höher von dem Ritterkreuz getragen,
  Als vom Jubel seiner Segnenden?
Wann der Richter in dem Schuldbuch blättert,
  Fragt er, ob der große Tote hier

Zu dem Tempel des Triumphs geklettert?
Fragt man dort, wie man ihn hier vergöttert?
Richtet Gott – wie wir?«

Aber Heil dir! Seliger! Verklärter,
Nimm zufrieden deinen Sonnenflug!
Deinem Herzen war die Menschheit werter
Als der Größe prangender Betrug!
Schöne Taten waren deine Schätze,
Aufgehäuft für eine schöne Welt,
Glücklich gingst du durch die goldne Netze,
Wo die Ehrsucht ihre Sklaven fällt.
Wenn die Riesenrüstung stolzer Größe
Manches große Heldenherz zerdrückt,
Flohst du frei, entschwungen dem Getöse
Dieser Welt, und bist – beglückt!

Dort, wo du bei ew'gen Morgenröten
Einen Lorbeer, der nie welket, pflückst,
Und auf diesen traurenden Planeten
Sanften Mitleids niederblickst,
Dort, wo du an reine Seraphinen
Dich in ewigem Umarmen schmiegst,
Und bei jubelvollen Harfentönen
Kühne Flügel durch den Himmel wiegst,
Dort, wo Rieger unter Edens Wonne
Dieses Lebens Folterbank verträumt,
Und die Wahrheit, leuchtend wie die Sonne,
Ihm aus tausend Röhren schäumt,

Dorten sehn wir – jauchzet, Brüder –
Dorten unsern Rieger wieder!!!

HOCHZEITGEDICHT AUF DIE VERBINDUNG HENRIETTEN N. MIT N. N.

Von einem Freunde der Braut

Zum erstenmal – nach langer Muße –
Dir, gutes Kind, zum Hochzeitgruße,
  Ergreif ich meinen Dichterkiel.
Die Schäferstunde schlägt mir wieder –
Vom Herzen strömen warme Lieder
  Ins brachgelegne Saitenspiel.

Darf sich in deinen Jubeltagen
Auch *ernste Weisheit* zu dir wagen? –
  Sie kommt aus deines Freundes Brust.
Die Weisheit ist der Freude Schwester,
Sie trennt sie nicht – sie knüpft sie fester,
  Und lächelt zu erlaubter Lust.

Wenn Tugenden den Kranz gewinnen,
Da will die Freudenträne rinnen,
  Da denk ich an die schönre Welt –
So selten lohnt das Glück den Besten! –
Oft weint die Tugend an den Festen,
  Die das gekrönte Laster hält.

Du Mädchen mit dem besten Herzen,
Du hast Gefühl für fremde Schmerzen,
  Für fremde Wonne Sympathie –
Erröte nicht! – Ich sahe Proben –
Und meine Leier – frag dort oben! –
  Die stolze Leier schmeichelt nie.

Wie mühsam sucht durch Rang und Ahnen
Die leidende Natur sich Bahnen!
  Gefühl erstickt in Ziererei.
Oft drücken ja, gleich Felsenbürden,
Mit Seelenruh bezahlte Würden
  Der *Großen kleines* Herz entzwei!!! –

Dein Herz, das noch kein Neid getadelt,
Dein reines Herz hat dich geadelt,
Und Ehrfurcht zwingt die Tugend ab –
Ich fliege Pracht und Hof vorüber,
Bei einer Seele steh ich lieber,
Der die Empfindung – Ahnen gab.

Wer war der Engel deiner Jugend?
Wer rettete die junge Tugend? –
Hast du auch schon an *sie* gedacht?
Die *Freundin*, die dir Gott gegeben?
Ihr Adelbrief – ein schönes Leben!
(Den haß ich, den sie mitgebracht.)

Sie riß dich weg von Pöbelseelen –
Dein Brautgebet wird's Gott erzählen! –
Du gingst ihr nach, und wurdest gut.
Sie schuf dich zu des Gatten Wonne,
Erwärmte, gleich der Frühlingssonne,
Zur Tugend deinen jungen Mut.

Wie eilte *sie* mit Muttergüte
Zu Hilfe jeder jungen Blüte,
Bis Leben in die Wurzel floß!
Wie pflegte sie mit Flammeneifer
Des zarten Sprößlings, bis er reifer,
Ein stolzer Wuchs, zum Himmel schoß.

So eile denn zum Brautaltare!
Die Liebe zeigt dir goldne Jahre –
Mein warmer Segen eilt voran.
Du kennst der Gattin Schuldigkeiten!
Du hast ein Herz für ihre Freuden,
Und glücklich preis ich deinen Mann.

Wie schön ist doch das Band der Liebe!
Sie knüpft uns, wie das Weltgetriebe,
Auf ewig an den Schöpfer an.

Wenn Augen sich in Augen stehlen,
Mit Tränen Tränen sich vermählen,
Ist schon der süße Bund getan.

Wie göttlich süß ist das Vergnügen,
Ans Herz des Gatten sich zu schmiegen,
Wie süß, sich seines Glücks zu freun!
Wie süßer – sich für ihn zu quälen!
Auch Wehmut kettet schöne Seelen,
Und wollustvoll ist diese Pein!

Du wirst mit liebevollem Eilen
Das Schicksal *deines* Mannes teilen,
Und schnell in seine Seele sehn.
Wie zärtlich wirst *du* jeden Träumen,
Die kaum in seinem Busen keimen,
Wie zärtlich rasch entgegengehn!

Wenn unter drückenden Gewichten
Des Kummers und der Bürgerpflichten
Der müde Gatte niederfiel,
Wirst du mit *einem* holden Lächeln
Erfrischung ihm entgegenfächeln –
Und spielend trägt er sie zum Ziel.

Wenn Schmerz in seinem Busen wütet,
Und über ihm die Schwermut brütet,
In seinem Herzen Stürme wehn,
Wirst du mit heiterem Gesichte
Erquickend, gleich dem Sonnenlichte,
Durch seines Grames Nebel sehn.

Wenn selbst der Wonne süße Bürde
Dem Einsamen zu lästig würde
(Auch Lust gesellt sich Helfer bei),
Wirst du die schönste Hälfte tragen,
Und erst *dein* Auge wird ihm sagen,
Wie groß des Glückes Fülle sei?

Ja – darf ich über Jahre fliehen,
Den Schleier von der Zukunft ziehen? –
Ein *neues* Glück erwartet dein!! –
Das größte, so der Mensch empfindet,
Das nur im Himmel Muster findet –
Die Mutter eines Kinds zu sein!!! –

Die Mutter eines Kinds zu werden! –
Was droben süß ist, und auf Erden,
Das Wonnewort schließt alles ein.
Das kleine Wesen – welch Vergnügen! –
Im mütterlichen Schoß zu wiegen!
Was kann im Himmel schöner sein?

Die Seligkeit – du wirst sie kennen,
Wenn stammelnd dich die Kinder nennen,
Und herzlich dir entgegenfliehn –
Die bange Lust – – die süße Qualen – –
Umsonst! kein Jüngling kann sie malen –
Hier werf ich meinen Pinsel hin –

Was Lieder nicht zu singen wagen,
Laß dir der Mütter beste sagen,
»Was einer Mutterfreude glich?«
Du hörtest *ihre* Seufzer hallen,
Du sahest *ihre* Tränen fallen,
Du liebst sie – darum lieb ich dich.

Laß dir der Mütter beste sagen,
Wie himmlisch alle Pulse schlagen,
Wenn nur des Kindes Name klingt?
Wie selbst das Land sich schöner malet,
Wie heller selbst der Himmel strahlet,
Der über ihren Kindern hängt?

Wie süß der Gram um Kleinigkeiten? –
Wie süß die Angst: es möchte leiden?
Die Träne, die sie still vergießt?
Die Ungeduld, ihm zuzufliegen?

Wie unerträglich das Vergnügen,
  Das nicht das Kind auch mitgenießt?

Die Herrscherin der Welt zu scheinen?
Die Wollust, um ihr Kind zu weinen? –
  Laß ihr die Wahl – Was wird sie tun?
Die Krone wirft sie auf die Erde –
Und fliegt mit jauchzender Gebärde
  Und fliegt dem lieben Kinde zu.

Nun freu dich denn – du wirst's genießen,
Das stille Glück, das viele missen –
  Was wünsch ich dir? – Entweih es nie!
Die Freundin, die *dein* Herz gemildet,
Zur guten Mutter dich gebildet –
  Was wünsch ich dir? – Vergiß sie nie!

Vergiß sie nie – wenn deine Lieben
Im Kinderspiel sich um dich üben,
  So führe sie der Besten zu:
Ihr sollen sie zu Füßen fallen,
Unschuldig *ihr* entgegenlallen:
  »Die gute Mutter gabest du!«

WUNDERSELTSAME HISTORIA DES BERÜHMTEN FELDZUGES

als welchen Hugo Sanherib, König von Assyrien, ins Land Juda unternehmen wollte, aber unverrichteter Ding wieder einstellen mußte

Aus einer alten Chronika gezogen und in schnakische Reimlein bracht von Simeon Krebsauge, Bakkalaur

In Juda – schreibt die Chronika –
  War olim schon ein König,
Dem war von Dan bis Berseba
  Bald alles untertänig.
Und war dabei ein wackrer Fürst,
Desgleichen selten finden wirst.

Der war nun kürzlich, wie bekannt,
  Vom Freien heimgekommen,
Und hatte vom Chaldäerland
  Ein Weibchen mitgenommen.
Im Herzen Himmel – und im Blick;
Ich küßte sie den Augenblick.

Die Trauung war schon angestellt,
  Die Hochzeitkleider fertig,
Der Bräutigam, frisch wie ein Held,
  Des Wonnetags gewärtig –
Als plötzlich – zitternd schreibt's mein Kiel –
Ein Fieber diesen Herrn befiel.

Ein großer Herre, wie man weißt,
  Ist nicht wie unsereiner –
Wenn *unsre* Seele weiterreist,
  Drob kümmert sich wohl keiner –
Ein Schnuppen, den ein Großer klagt,
Wird in der Welt herumgesagt.

Drum nimmt Frau Fama, nimmerfaul,
  Das Hifthorn von dem Nacken
(Man kennt ja schon ihr großes Maul,
  Und ihre dicken Backen),
»Fürst Josaphat liegt todkrank da«,
Posaunt sie durch ganz Asia.

Sogleich vernahm den Trauerton
  Fürst Sanherib, sein Vetter –
Zu Assur hat er seinen Thron
  Und ehret fremde Götter.
Die Balle Lüge kommt so recht
Zustatten meinem Götzenknecht.

»Da fischt sich was – Hol mich der Dachs!« –
  Und hui! spitzt er die Ohren.
»Stirbt Josaphat, so zieh ich stracks
  Hinein zu Hebrons Toren.

Er braucht Arznei – er treibt's nicht lang!
Und Juda ist ein fetter Fang.«

Gleich läuft die Ordre aus dem Schloß
Durch Stadt und Wachparade,
Der Junggesellen faulen Troß
Zu werben ohne Gnade.
Schon springen Bomben aus dem Guß,
Und freun sich auf den nächsten Schuß.

Die Wache vor dem Tor bekommt
Gemessene Befehle,
Daß undurchsucht – unangebrummt
Entwische keine Seele.
Brieftaschen und Patent heraus –
Sonst – Marsch, ihr Herrn, ins Narrenhaus!

»Woher, mein Freund?« brüllt auf und ab
Die Schildwach an die Fremde.
»Wohin die Reis? Wo steigt Ihr ab?
Was führt Ihr unterm Hemde?
Torschreiber raus! – Der Herr bleibt stehn!
Man wird Ihn heißen weitergehn.«

Da war nun mancher *Passagier*
Dem Korporal verdächtig,
Die Fragen gehn zur Folter schier,
Gott aber ist allmächtig:
Man visitiert von Pack zu Pack,
Doch zeigt sich nichts – als Schnupftobak.

Indessen schickt der Werber Fleiß
Rekruten, Sand am Meere,
Sie stehen blau und rot und weiß
Und ordnen sich in Heere.
Das Kriegsgeräte – glaubt mir keck –
Fraß[1] zehen Säckel Silbers weg.

---

1 Nach unserm Geld 2000 Taler.

Fürst Sanherib erzählte schon
  Den Damen seine Siege,
Aufs Wohl des neuen Landes flohn
  Von Tisch zu Tisch die Krüge,
Schon möbelt' man das neue Schloß –
Je glätter der Burgunder floß.

Wie prächtig König Sanherib
  Im reichen Galakleide
Herum den stolzen Schimmel trieb,
  Und durch Judäa reite;
Die Damen in Karossen nach,
Daß bald schon Rad und Deichsel brach.

Wie stolz von seinem Thron herab
  Er Judas Schriftgelehrten
Erlaubnis zu dem Handkuß gab,
  Und sie ihm Treue schwörten –
Und alles Volk im Staube tief
Hosianna dem Gesalbten! rief.

Doch während daß der Vetter schon
  Nach deiner Krone schielte,
Und auf dem *noch besetzten* Thron
  Schon Davids Harfe spielte,
Lagst du – o Fürst – beweint vom Land,
Noch unversehrt – in Gottes Hand.

Gott stand auf Höhen Sinais
  Und schaute nach der Erden,
Und sahe schon ein Paradies
  Durch deinen Zepter werden.
Und sahe mit erhabner Ruh
Dem Unfug deines Vetters zu.

Schnell schickt er einen Cherub fort,
  Und spricht mit sanftem Lächeln:
»Geh, Raphael – dem Fürsten dort
  Erfrischung zuzufächeln.

Er ist mein Sohn – mein treuer Knecht!
Er lebe! – denn ich bin gerecht.«

Dem Willen Gottes untertan,
Steigt Raphael herunter,
Nimmt eines Arztes Bildung an
Und heilt dich durch ein Wunder.
Dein Fürst ersteht – jauchz, Vaterland!
Gerettet durch des Himmels Hand.

Die Post schleicht nach Assyrien,
Wo Sanherib regieret,
Und eben seine Königin
Vom Schlitten heimgeführet. –
»Ihr Durchlaucht! Ein Kurier!« – »Herein!
Es werden Trauerbriefe sein.«

Schnell öffnet er den Brief, und liest,
Liest – ach! der Posten trübste –,
Daß Josaphat am Leben ist –
Und flucht an seine Liebste:
»Der Krieg ist aus! – Pest über dich!
Zweitausend Taler schmerzen mich!!«

PROLOG

Sie – die, gezeugt aus göttlichem Geschlechte,
In hoher königlicher Rechte
Den unbestochnen Spiegel trägt –
Hervorgewälzt aus ihren Finsternissen,
Aus krummen Falten vorgerissen,
Der Menschheit Ungeheuer schlägt,
Die große Kunst, mit Spott und Schrecken zu belehren,
Die in den Strom des Lichts den kühnen Pinsel taucht,
Gleich unbarmherzig Thronen und Galeeren!
Den Firnis von dem Laster haucht,

Die mit Bewunderung und einer warmen Träne
  Die unterdrückte Tugend ehrt,
Dem Faunentanz der Harlekine
  Mit heilsamem Gelächter wehrt,
Die unser Herz mit Zauberschlägen rühret,
  Der Menschlichkeit erloschnen Funken weckt,
An Rosenketten zu dem Himmel führet,
  Mit Donnern von dem Abgrund schröckt,
Die Göttin, die der ernstern Tugend
In das noch weiche Herz der *Jugend*
  Mit Schwesterhand die Pfade gräbt;
Den *Mann*, erdrückt von den Gewichten
Des Kummers und der Bürgerpflichten,
  Durch edle Spiele neubelebt –

Sie – gleich geschickt, zu stürmen und zu fächeln,
Sie läßt sich heut mit sanfterm Lächeln
  Zu *deiner* Kinder Kreis herab.
Sie steht uns bei, *dein* Wiegenfest zu schmücken,
Sie leihet jetzt dem kindlichen Entzücken
  Die Harfe und den Zauberstab!

Wir fühlen sie – und folgen ihrem Winke,
Verschmähe nicht, o Vater, das Geschenke,
  Das Dankbarkeit aus unserm Herzen preßt.
Du führtest uns zum Silberquell der Musen,
Du gossest das Gefühl in unsre zarte Busen –
  Wir bringen hier die Frucht zu deinem Fest.

FREIGEISTEREI DER LEIDENSCHAFT

Als Laura vermählt war im Jahr 1782

Nein – länger, länger werd ich diesen Kampf nicht kämpfen,
  Den Riesenkampf der Pflicht.
Kannst du des Herzens Flammentrieb nicht dämpfen,
  So fodre, Tugend, dieses Opfer nicht.

Geschworen hab ich's, ja, ich hab's geschworen,
  Mich selbst zu bändigen.
Hier ist dein Kranz. Er sei auf ewig mir verloren,
  Nimm ihn zurück, und laß mich sündigen.

Sieh, Göttin, mich zu deines Thrones Stufen,
  Wo ich noch jüngst, ein frecher Beter, lag,
Mein übereilter Eid sei widerrufen,
  Vernichtet sei der schreckliche Vertrag,

Den du im süßen Taumel einer warmen Stunde
  Vom Träumenden erzwangst,
Mit meinem heißen Blut in unerlaubtem Bunde,
  Betrügerisch aus meinem Busen rangst.

Wo sind die Feuer, die elektrisch mich durchwallten,
  Und wo der starke, kühne Talisman?
In jenem Wahnwitz will ich meinen Schwur dir halten,
  Worin ich unbesonnen ihn getan.

Zerrissen sei, was du und ich bedungen haben,
  Sie liebt mich – deine Krone sei verscherzt.
Glückselig, wer, in Wonnetrunkenheit begraben,
  So leicht wie ich, den tiefen Fall verschmerzt.

Sie sieht den Wurm an meiner Jugend Blume nagen,
  Und meinen Lenz entflohn,
Bewundert still mein heldenmütiges Entsagen,
  Und großmutsvoll beschließt sie meinen Lohn.

Mißtraue, schöne Seele, dieser Engelgüte!
  Dein Mitleid waffnet zum Verbrecher mich,
Gibt's in des Lebens unermeßlichem Gebiete,
  Gibt's einen andern schönern Lohn – als dich?

Als das Verbrechen, das ich ewig fliehen wollte?
  Entsetzliches Geschick!

Der einz'ge Lohn, der meine Tugend krönen sollte,
Ist meiner Tugend letzter Augenblick.

Des wollustreichen Giftes voll – vergessen,
Vor wem ich zittern muß,
Wag ich es stumm, an meinen Busen sie zu pressen,
Auf ihren Lippen brennt mein erster Kuß,

Wie schnell auf sein allmächtig glühendes Berühren,
Wie schnell, o Laura, floß
Das dünne Siegel ab von übereilten Schwüren,
Sprang deiner Pflicht Tyrannenkette los,

Jetzt schlug sie laut, die heißerflehte Schäferstunde,
Jetzt dämmerte mein Glück –
Erhörung zitterte auf deinem brennenden Munde,
Erhörung schwamm in deinem feuchten Blick,

Mir schauerte vor dem so nahen Glücke,
Und ich errang es nicht.
Vor deiner Gottheit taumelte mein Mut zurücke,
Ich Rasender! und ich errang es nicht!

Woher dies Zittern, dies unnennbare Entsetzen,
Wenn mich dein liebevoller Arm umschlang? –
Weil dich ein Eid, den auch schon Wallungen verletzen,
In fremde Fesseln zwang?

Weil ein Gebrauch, den die Gesetze heilig prägen,
Des Zufalls schwere Missetat geweiht?
Nein – unerschrocken trotz ich einem Bund entgegen,
Den die errötende Natur bereut.

O zittre nicht – du hast als Sünderin geschworen,
Ein Meineid ist der Reue fromme Pflicht.
Das Herz war *mein*, das du vor dem Altar verloren,
Mit Menschenfreuden spielt der Himmel nicht.

Zum Kampf auf die Vernichtung sei er vorgeladen,
  An den der feierliche Spruch dich band.
Die Vorsicht kann den überflüss'gen Geist entraten,
  Für den sie keine Seligkeit erfand.

Getrennt von dir – warum bin ich geworden?
  Weil *du* bist, schuf mich Gott!
Er widerrufe, oder lerne Geister morden,
  Und flüchte mich vor seines Wurmes Spott.

Sanftmütigster der fühlenden Dämonen,
  Zum Wüterich verzerrt dich Menschenwahn?
Dich sollten meine Qualen nur belohnen,
  Und diesen *Nero* beten Geister an?

Dich hätten sie als den Allguten mir gepriesen,
  Als Vater mir gemalt?
So wucherst du mit deinen Paradiesen?
  Mit meinen Tränen machst du dich bezahlt?

Besticht man dich mit blutendem Entsagen?
  Durch eine Hölle nur
Kannst du zu deinem Himmel eine Brücke schlagen?
  Nur auf der Folter merkt dich die Natur?

O *diesem* Gott laßt unsre Tempel uns verschließen,
  Kein Loblied feire ihn,
Und keine Freudenträne soll ihm weiter fließen,
  Er hat auf immer seinen Lohn dahin!

RESIGNATION

Eine Phantasie

Auch ich war in Arkadien geboren,
  Auch mir hat die Natur
An meiner Wiege Freude zugeschworen,

Auch ich war in Arkadien geboren,
Doch Tränen gab der kurze Lenz mir nur.

Des Lebens Mai blüht einmal und nicht wieder,
Mir hat er abgeblüht.
Der stille Gott – o weinet, meine Brüder –
Der stille Gott taucht meine Fackel nieder,
Und die Erscheinung flieht.

Da steh ich schon auf deiner Schauerbrücke,
Ehrwürd'ge Geistermutter – Ewigkeit.
Empfange meinen Vollmachtbrief zum Glücke,
Ich bring ihn unerbrochen dir zurücke,
Mein Lauf ist aus. Ich weiß von keiner Seligkeit.

Vor deinem Thron erheb ich meine Klage,
Verhüllte Richterin.
Auf jenem Stern ging eine frohe Sage,
Du thronest hier mit des Gerichtes Waage
Und nennest dich Vergelterin.

Hier – spricht man – warten Schrecken auf den Bösen,
Und Freuden auf den Redlichen.
Des Herzens Krümmen werdest du entblößen,
Der Vorsicht Rätsel werdest du mir lösen,
Und Rechnung halten mit dem Leidenden.

Hier öffne sich die Heimat dem Verbannten,
Hier endige des Dulders Dornenbahn.
Ein Götterkind, das sie mir *Wahrheit* nannten,
Die meisten flohen, wenige nur kannten,
Hielt meines Lebens raschen Zügel an.

»Ich zahle dir in einem andern Leben,
Gib deine Jugend mir,
Nichts kann ich dir als diese Weisung geben.«
Ich nahm die Weisung auf das andre Leben,
Und meiner Jugend Freuden gab ich ihr.

»Gib mir das Weib, so teuer deinem Herzen,
Gib deine Laura mir.
Jenseits der Gräber wuchern deine Schmerzen.« –
Ich riß sie blutend aus dem wunden Herzen,
Und weinte laut, und gab sie ihr.

»Du siehst die Zeit nach jenen Ufern fliegen,
Die blühende Natur
Bleibt hinter ihr – ein welker Leichnam – liegen.
Wenn Erd und Himmel trümmernd auseinanderfliegen,
Daran erkenne den erfüllten Schwur.«

»Die Schuldverschreibung lautet an die Toten«,
Hohnlächelte die Welt,
»Die Lügnerin, gedungen von Despoten,
Hat für die Wahrheit Schatten dir geboten,
Du bist nicht mehr, wenn dieser Schein verfällt.«

Frech witzelte das Schlangenheer der Spötter:
»Vor einem Wahn, den nur Verjährung weiht,
Erzitterst du? Was sollen deine Götter,
Des kranken Weltplans schlau erdachte Retter,
Die Menschenwitz des Menschen Notdurft leiht?

Ein Gaukelspiel, ohnmächtigen Gewürmen
Von mächtigen gegönnt,
Schreckfeuer, angesteckt auf hohen Türmen,
Die Phantasie des Träumers zu bestürmen,
Wo des Gesetzes Fackel dunkel brennt.

Was heißt die Zukunft, die uns Gräber decken?
Die Ewigkeit, mit der du eitel prangst?
Ehrwürdig nur, weil schlaue Hüllen sie verstecken,
Der Riesenschatten unsrer eignen Schrecken
Im hohlen Spiegel der Gewissensangst;

Ein Lügenbild lebendiger Gestalten,
Die Mumie der Zeit,
Vom Balsamgeist der Hoffnung in den kalten

Behausungen des Grabes hingehalten,
Das nennt dein Fieberwahn – Unsterblichkeit?

Für Hoffnungen – Verwesung straft sie Lügen –
Gabst du *gewisse* Güter hin?
Sechstausend Jahre hat der Tod geschwiegen,
Kam je ein Leichnam aus der Gruft gestiegen,
Der Meldung tat von der Vergelterin?«

Ich sah die Zeit nach deinen Ufern fliegen,
Die blühende Natur
Blieb hinter ihr, ein welker Leichnam, liegen,
Kein Toter kam aus seiner Gruft gestiegen,
Und fest vertraut ich auf den Götterschwur.

All meine Freuden hab ich dir geschlachtet,
Jetzt werf ich mich vor deinen Richterthron.
Der Menge Spott hab ich beherzt verachtet,
Nur *deine* Güter hab ich groß geachtet,
Vergelterin, ich fodre meinen Lohn.

»Mit gleicher Liebe lieb ich meine Kinder«,
Rief unsichtbar ein Genius.
»Zwei Blumen«, rief er – hört es, Menschenkinder –,
»Zwei Blumen blühen für den weisen Finder,
Sie heißen *Hoffnung* und *Genuß*.

Wer dieser Blumen *eine* brach, begehre
Die andre Schwester nicht.
Genieße, wer nicht glauben kann. Die Lehre
Ist ewig wie die Welt. Wer glauben kann, entbehre.
Die Weltgeschichte ist das Weltgericht.

Du hast *gehofft*, dein Lohn ist abgetragen,
Dein *Glaube* war dein zugewognes Glück.
Du konntest deine Weisen fragen,
Was man von der Minute ausgeschlagen,
Gibt keine Ewigkeit zurück.«

UNSERM TEUREN KÖRNER

Am 2ten des Julius 1785

Sei willkommen an des Morgens goldnen Toren,
Sei willkommen unserm Freudegruß,
Dieses Tages holder Genius,
Der den Vielgeliebten uns geboren! –
In erhabener Pracht –
Schimmernd tritt er aus der Nacht
Wie der Erdensöhne keiner,
Groß und trefflich, wie der Sieben einer,
Die am Throne dienen, schwebt er her.
»Streut mir Blumen – – Seht, da bin ich wieder«
(Ruft er lächelnd von dem Himmel nieder),
»Streut mir Blumen – Ich bin's wieder,
Der den Teuren euch gebar,
Ich bin mehr als meine andern Brüder,
Ihren Liebling nennt mich weit und breit
Unsre Mutter – Ewigkeit.«
(Stolz und Würde sprach aus der Gebärde)
»Einen Edeln gab ich dieser Erde!
Fühlt die Menschheit, wen ich ihr geboren?
Kennt die Erde meinen Liebling schon?
Oder schallen leiser in der Menschen Ohren
Seine Taten als vor Gottes Thron?
Las die Welt in seiner *schönen* Seele?
Beugte sich vor seiner *großen* Seele
Ehrerbietig sein Jahrhundert schon?
Wuchsen zur Vollendung auf die Keime,
Die ich damals in sein Herz gesät?
Ist die Welt so schön, wie seine Träume?
Fand er diesen, der ihn ganz versteht?
O dann laßt mich stolzer durch den Himmel schweben,
Ich hab ihn gegeben!

Jetzt vollend ich meinen Sonnenlauf,
Aber hinter meinem Rücken leuchtet

Schon ein neuer – schönrer Morgen auf.
Einen Engel tragen seine goldnen Flügel,
In des Engels silberklarem Spiegel
Liegt ein Himmel – und die Ewigkeit.
Schamrot stürz ich in das Meer der Zeit,
Nur das Leben
Konnt ich meinem teuren Liebling geben –
Dieser Engel – wie erbleicht mein Ruhm –
Wandelt's in Elysium.«

Der Seraph sprach's – – – Du liegst in unsern Armen –
Wir fühlen, daß du *unser* bist.

[AN KÖRNER

Zu dessen Hochzeit, 7. August 1785]

Heil dir, edler deutscher Mann,
Heil zum ew'gen Bunde!
Heute fängt dein Himmel an,
Sie ist da, die Stunde!
Sprich der blassen Mißgunst hohn
Und dem Kampf der Jahre,
Großer Tugend großer Lohn
Winkt dir zum Altare.

Nichts, was enge Herzen füllt,
Was die Meinung weihet,
Was des Toren Wünsche stillt,
Was der Geck oft freiet;
Reichtum nicht und Ahnenruhm,
Nicht verbotne Triebe –
Nein in dieses Heiligtum
Führte dich nur Liebe.

Nach der Menge Lobgesang
Hast du nie geschmachtet,

Der Gewohnheit Kettenklang
Hast du nie geachtet.
Ehrsucht mag um Ehre frein,
Gold sich Gold vermählen,
Liebe will geliebet sein,
Seelen suchen Seelen.

Deinem großen Schwur getreu
Trotzest du Verächtern;
Männlich stolz gingst du vorbei
An der Mode Töchtern.
Flitterputz und Tändelein
Mag der Stutzer lieber;
Doch, du wolltest glücklich sein
Und du gingst vorüber.

Weiberherzen sind so gern
Kästchen zum Vexieren,
Manchen lockt der goldne Stern,
Perlen, die nur zieren;
Hundert werden aufgetan,
Neunundneunzig trügen,
Aber nur in einem kann
Die Juwele liegen.

Glücklich macht die Gattin nicht,
Die sich selbst nur liebet,
Ewig mit dem Spiegel spricht,
Sich in Blicken übet,
Geizig nach dem Ruhm der Welt,
In der neuen Robe
Stolzer, schöner sich gefällt
Als in deinem Lobe.

Keine witz'ge Spötterin,
Keiner Gauklertruppe
Zugestutzte Schülerin,
Keine Modepuppe,

Keine, die mit Bücherkram
Ihre Liebe pinselt,
Was nicht aus dem Herzen kam,
Aus Romanen winselt.

Glücklich macht die Gattin nicht,
Die nach Siegen trachtet,
Männerherzen Netze flicht,
Deines nur verachtet,
Die bei Spiel und bunten Reihn,
Assembleen und Bällen
Freuden suchet, die allein
Aus dem Herzen quellen.

Glücklich macht die Gattin nur,
Die für dich nur lebet
Und mit herzlicher Natur
Liebend an dir klebet;
Die, um deiner wert zu sein,
Für die Welt erblindet
Und in deinem Arm allein
Ihren Himmel findet,

Jauchzet, wenn du fröhlich bist,
Trauert, wenn du klagest,
Lächelt, wenn du freundlich siehst,
Zittert, wenn du wagest;
Die in schöner Sympathie
Dein Gefühl erreichet
Und in Seelenharmonie
Deiner Minna gleichet.

Sie allein ist dir genug,
Welten kannst du missen;
Wunden, die das Schicksal schlug,
Heilet sie mit Küssen.
Deine Wonne sendet sie
Mit dem Engelblicke

Schwesterlicher Sympathie
Wuchernd dir zurücke.

Wenn die ernste Männerpflicht
Deinen Geist ermüdet,
Wenn der Sorgen Bleigewicht
Finster auf dir brütet,
Falsche Freunde von dir fliehn,
Feinde dich verhöhnen,
Wetter dir entgegenziehn,
Donner um dich dröhnen,

Wenn dein ganzer Himmel fällt,
Wenn dein Engel weichet,
Wenn um dich die ganze Welt
Einer Wüste gleichet: –
Oh, dann wird ihr sanfter Blick
Dir Erquickung fächeln;
Die Verzweiflung tritt zurück,
Weicht vor ihrem Lächeln.

Nie wird dieser Bund vergehn,
Keine Zeit ihn mindern,
Schöner wird er auferstehn
In geliebten Kindern.
Wenn die Freuden untergehn,
Die dir heute scheinen,
Wirst du froh dich wiedersehn
In den lieben Kleinen.

Aussicht voll von Seligkeit! –
Mit prophet'schen Blicken
Seh ich in die künft'ge Zeit,
Sehe mit Entzücken
Töchter, reizend, sanft und gut,
Nach der Mutter Bilde,
Söhne von des Vaters Blut,
Feurig, kühn und milde.

Lieblich, wie ein Rosenflor
An den Gartenwänden,
Herrlich wachsen sie empor
Unter deinen Händen.
Freudentränen im Gesicht,
Sammelst du die Blüten,
Wie der Gärtner Blumen bricht,
Die ihn oft bemühten.

Dich ereilt der Jahre Ziel,
Deine Kräfte schwinden,
Unsres Lebens kurzes Spiel
Muß zuletzt doch enden.
Um dein Bette drängt sich dann
Eine schöne Jugend,
Dein Gedächtnis, edler Mann,
Lebt in ihrer Tugend.

Jede Erdenwonne muß
Sich mit Leiden gatten,
Lüste würgen im Genuß,
Ehre speist mit Schatten; –
Weisheit tötet oft die Glut
Unsrer schönsten Triebe,
Tugend kämpft mit heißem Blut,
Glücklich macht nur Liebe!

Preist den armen Weisen nicht,
Der sie nie empfunden,
Dem des Lebens Traumgesicht
Ohne sie verschwunden,
Dessen rauhe Seele nie
In der Gattin Armen
Schmolz in süßer Sympathie –
Weinet um den Armen;

Der die Wonne nie gekannt,
Nie der Liebe Gaben,

Den man Vater nie genannt,
Kinderlos begraben.
Wer in Amors süßen Bann
Nie sich hingegeben,
Was verspricht der arme Mann
Sich vom andern Leben?

Sei's ein Weiser, sei's ein Held,
Still und schnell vergessen
Schleicht er zu der Unterwelt
Und ist nie gewesen. –
Freund, du hast auf Gott vertraut,
Gott hat dich belohnet!
Frage deine frohe Braut,
Wo dein Himmel wohnet.

Unauslöschlich, wie die Glut
Deiner reinen Triebe,
Unerschüttert, wie dein Mut,
Stark, wie deine Liebe,
Ewig, wie du selber bist,
Daure deine Freude;
Wenn die Sonne nicht mehr ist,
Liebe noch wie heute!

AM 7. AUGUST 1785

Heute vor fünftausend Jahren hatte Zeus die unsterblichen Götter auf dem Olympus bewirtet. Als man sich niedersetzte, entstand ein Rangstreit unter drei Töchtern Jupiters. Die *Tugend* wollte der *Liebe* vorangehen, die Liebe der Tugend nicht weichen, und die *Freundschaft* behauptete ihren Rang vor beiden. Der ganze Himmel kam in Bewegung, und die streitenden Göttinnen zogen sich vor den Thron des Saturnius.

»Es gilt nur *ein* Adel auf dem Olympus«, rief Chronos' Sohn, »und nur *ein* Gesetz, wonach man die Götter richtet. Der ist der erste, der die glücklichsten Menschen macht.«

»Ich habe gewonnen«, rief triumphierend die *Liebe*. »Selbst meine Schwester, die Tugend, kann ihren Lieblingen keine größere Belohnung bieten als *mich* – und ob ich Wonne verbreite, das beantworte Jupiter und alle anwesende unsterbliche Götter.«

»Und wie lange bestehen deine Entzückungen?« unterbrach sie ernsthaft die Tugend. »Wen ich mit der unverwundbaren Ägide beschütze, verlacht selbst das furchtbare Fatum, dem auch sogar die Unsterblichen huldigen. Wenn *du* mit dem Beispiel der Götter prahlst, so kann ich es auch – der Sohn des Saturnus ist sterblich, sobald er nicht tugendhaft ist.«

Die Freundschaft stand von ferne, und schwieg.

»Und du, kein Wort, meine Tochter?« rief Jupiter. – »Was wirst du deinen Lieblingen Großes bieten?«

»Nichts von dem allen«, antwortete die Göttin, und wischte verstohlen eine Träne von der errötenden Wange. »Mich lassen sie stehen, wenn sie glücklich sind, aber sie suchen mich auf, wenn sie leiden.«

»Versöhnet euch, meine Kinder«, sprach jetzt der Göttervater. »Euer Streit ist der schönste, den Zeus je geschlichtet hat, aber keine hat ihn verloren. Meine männliche Tochter, die *Tugend*, wird ihre Schwester *Liebe* Standhaftigkeit lehren, und die Liebe keinen Günstling beglücken, den die Tugend ihr nicht zugeführt hat. Aber zwischen euch beide trete die *Freundschaft* und hafte mir für die Ewigkeit dieses Bundes.«

[AN KÖRNER

In dessen Exemplar der »Anthologie«]

Ihr waret nur für wenige gesungen,
Und wenige verstanden euch.
Heil euch! Ihr habt das schönste Band geschlungen,
Mein schönster Lorbeer ist durch euch errungen –
Die Ewigkeit vergesse euch.

AN DIE FREUDE

Freude, schöner Götterfunken,
Tochter aus Elysium,
Wir betreten feuertrunken,
Himmlische, dein Heiligtum.
Deine Zauber binden wieder,
Was der Mode Schwert geteilt;
Bettler werden Fürstenbrüder,
Wo dein sanfter Flügel weilt.

Chor

Seid umschlungen, Millionen!
Diesen Kuß der ganzen Welt!
Brüder – überm Sternenzelt
Muß ein lieber Vater wohnen.

Wem der große Wurf gelungen,
Eines Freundes Freund zu sein;
Wer ein holdes Weib errungen,
Mische seinen Jubel ein!
Ja – wer auch nur *eine* Seele
Sein nennt auf dem Erdenrund!
Und wer's nie gekonnt, der stehle
Weinend sich aus diesem Bund!

Chor

Was den großen Ring bewohnet,
Huldige der Sympathie!
Zu den Sternen leitet sie,
Wo der *Unbekannte* thronet.

Freude trinken alle Wesen
An den Brüsten der Natur,
Alle Guten, alle Bösen
Folgen ihrer Rosenspur.
Küsse gab sie *uns* und *Reben*,
Einen Freund, geprüft im Tod.

Wollust ward dem Wurm gegeben,
Und der Cherub steht vor Gott.

CHOR

Ihr stürzt nieder, Millionen?
Ahndest du den Schöpfer, Welt?
Such ihn überm Sternenzelt,
Über Sternen muß er wohnen.

Freude heißt die starke Feder
In der ewigen Natur.
Freude, Freude treibt die Räder
In der großen Weltenuhr.
Blumen lockt sie aus den Keimen,
Sonnen aus dem Firmament,
Sphären rollt sie in den Räumen,
Die des Sehers Rohr nicht kennt!

CHOR

Froh, wie seine Sonnen fliegen,
Durch des Himmels prächt'gen Plan,
Laufet, Brüder, eure Bahn,
Freudig wie ein Held zum Siegen.

Aus der Wahrheit Feuerspiegel
Lächelt *sie* den Forscher an.
Zu der Tugend steilem Hügel
Leitet *sie* des Dulders Bahn.
Auf des Glaubens Sonnenberge
Sieht man *ihre* Fahnen wehn,
Durch den Riß gesprengter Särge
Sie im Chor der Engel stehn.

CHOR

Duldet mutig, Millionen!
Duldet für die beßre Welt!
Droben überm Sternenzelt
Wird ein großer Gott belohnen.

Göttern kann man nicht vergelten,
  Schön ist's, ihnen gleich zu sein.
Gram und Armut soll sich melden,
  Mit den Frohen sich erfreun.
Groll und Rache sei vergessen,
  Unserm Todfeind sei verziehn,
Keine Träne soll ihn pressen,
  Keine Reue nage ihn.

CHOR

Unser Schuldbuch sei vernichtet!
  Ausgesöhnt die ganze Welt!
  Brüder – überm Sternenzelt
Richtet Gott, wie wir gerichtet.

Freude sprudelt in Pokalen,
  In der Traube goldnem Blut
Trinken Sanftmut Kannibalen,
  Die Verzweiflung Heldenmut – –
Brüder, fliegt von euren Sitzen,
  Wenn der volle Römer kreist,
Laßt den Schaum zum Himmel sprützen:
  Dieses Glas dem guten Geist.

CHOR

Den der Sterne Wirbel loben,
  Den des Seraphs Hymne preist,
  Dieses Glas dem guten Geist,
Überm Sternenzelt dort oben!

Festen Mut in schwerem Leiden,
  Hülfe, wo die Unschuld weint,
Ewigkeit geschwornen Eiden,
  Wahrheit gegen Freund und Feind,
Männerstolz vor Königsthronen –
  Brüder, gält es Gut und Blut –
Dem Verdienste seine Kronen,
  Untergang der Lügenbrut!

Chor

Schließt den heil'gen Zirkel dichter,
Schwört bei diesem goldnen Wein:
Dem Gelübde treu zu sein,
Schwört es bei dem Sternenrichter!

Rettung von Tyrannenketten,
Großmut auch dem Bösewicht,
Hoffnung auf den Sterbebetten,
Gnade auf dem Hochgericht!
Auch die Toten sollen leben!
Brüder, trinkt und stimmet ein,
Allen Sündern soll vergeben,
Und die Hölle nicht mehr sein.

Chor

Eine heitre Abschiedsstunde!
Süßen Schlaf im Leichentuch!
Brüder – einen sanften Spruch
Aus des Totenrichters Munde!

UNTERTÄNIGSTES PROMEMORIA

an die Konsistorialrat Körnerische weibliche
Waschdeputation in Loschwitz
eingereicht von einem niedergeschlagenen Trauerspieldichter

Bittschrift

Dumm ist mein Kopf und schwer wie Blei,
Die Tobaksdose ledig,
Mein Magen leer – der Himmel sei
Dem Trauerspiele gnädig.

Ich kratze mit dem Federkiel
Auf den gewalkten Lumpen;
Wer kann Empfindung und Gefühl
Aus hohlem Herzen pumpen?

Feur soll ich gießen aufs Papier
Mit *angefrornem* Finger? – –
O Phöbus, hassest du Geschmier,
So wärm auch deine Sänger.

Die Wäsche klatscht vor meiner Tür,
Es scharrt die Küchenzofe –
Und mich – mich ruft das Flügeltier
Nach König Philipps Hofe.

Ich steige mutig auf das Roß;
In wenigen Sekunden
Seh ich Madrid – am Königsschloß
Hab ich es angebunden.

Ich eile durch die Galerie
Und – siehe da! – belausche
Die junge Fürstin Eboli
In süßem Liebesrausche.

Jetzt sinkt sie an des Prinzen Brust,
Mit wonnevollem Schauer,
In *ihren* Augen Götterlust,
Doch in den *seinen* Trauer.

Schon ruft das schöne Weib Triumph,
Schon hör ich – Tod und Hölle!
Was hör ich? – einen nassen Strumpf
Geworfen in die Welle.

Und weg ist Traum und Feerei,
Prinzessin, Gott befohlen!
Der Teufel soll die Dichterei
Beim Hemderwaschen holen.

gegeben
in unserm jammervollem
Lager
ohnweit dem Keller

F. Schiller
Haus- und Wirtschaftsdichter

DIE UNÜBERWINDLICHE FLOTTE

Sie kömmt – sie kömmt, des Mittags stolze Flotte,
Das Weltmeer wimmert unter ihr,
Mit Kettenklang und einem neuen Gotte
Und tausend Donnern, naht sie dir –
Ein schwimmend Heer furchtbarer Zitadellen
(Der Ozean sah ihresgleichen nie),
Unüberwindlich nennt man sie,
Zieht sie einher auf den erschrocknen Wellen;
Den stolzen Namen weiht
Der Schrecken, den sie um sich speit.

Mit majestätisch-stillem Schritte
Trägt seine Last der zitternde Neptun,
Weltuntergang in ihrer Mitte,
Naht sie heran, und alle Stürme ruhn.
Dir gegenüber steht sie da,
Glücksel'ge Insel – Herrscherin der Meere,
Dir drohen diese Galionenheere,
Großherzige Britannia.
Weh deinem freigebornen Volke!
Da steht sie, eine wetterschwangre Wolke.

Wer hat das hohe Kleinod dir errungen,
Das zu der Länder Fürstin dich gemacht?
Hast du nicht selbst, von stolzen Königen gezwungen,
Der Reichsgesetze weisestes erdacht,
Das *große Blatt*, das deine Könige zu Bürgern,
Zu Fürsten deine Bürger macht?
Der Segel stolze Obermacht,
Hast du sie nicht von Millionen Würgern
Erstritten in der Wasserschlacht?
Wem dankst du sie – errötet, Völker dieser Erde –,
Wem sonst als deinem Geist und deinem Schwerte?

Unglückliche – blick hin auf diese feuerwerfenden Kolossen,
Blick hin und ahnde deines Ruhmes Fall,
  Bang schaut auf dich der Erdenball,
Und aller freien Männer Herzen schlagen,
Und alle gute schöne Seelen klagen
  Teilnehmend deines Ruhmes Fall.

  Gott der Allmächt'ge sah herab,
Sah deines Feindes stolze Löwenflaggen wehen,
  Sah drohend offen dein gewisses Grab –
Soll, sprach er, soll mein Albion vergehen,
  Erlöschen meiner Helden Stamm,
Der Unterdrückung letzter Felsendamm
Zusammenstürzen, die *Tyrannenwehre*
Vernichtet sein von dieser Hemisphäre?
  Nie, rief er, soll der Freiheit Paradies,
Der Menschenwürde starker Schirm verschwinden!
  Gott der Allmächt'ge blies,
Und die Armada flog nach allen Winden.

Die zween letztern Verse sind eine Anspielung auf die Medaille, welche Elisabeth zum Andenken ihres Sieges schlagen ließ. Es wird auf derselben eine Flotte vorgestellt, welche im Sturm untergeht, mit der bescheidenen Inschrift: »Afflavit Deus et dissipati sunt.«

EIN WECHSELGESANG

Leontes

Delia – mein dich zu fühlen!
  Mein durch ein ewiges Band.
Göttern auf irdischen Stühlen
  Gönn ich den dürftigen Tand.
Dich in die Arme zu drücken –
  O wie verdien ich mein Glück!
Geb ich auch dir dies Entzücken,
  Dir dieser Seligkeit Fülle zurück?

Delia

Ach nur ein einziges Leben,
Teurer Leontes, ist mein.
Tausende, könnt ich sie geben,
Tausende wollt ich dir weihn.
Einmal nur kann ich mich schenken,
Einmal, durchschauert von Lust,
Einmal auf ewig nur sinken,
Sinken an deine hochschlagende Brust.

Beide

Höre den Dank deiner glücklichen Seelen,
Glücklich durch deinen allmächtigen Wink,
Glühenden Dank *dir*! *Du* lehrtest uns *wählen*,
Glühenden Dank für dein bestes Geschenk.

Leontes

Delia, da wir uns fanden,
Hört ich den himmlischen Ruf:
»Willst du mein Himmelreich ahnden,
Liebe dies Mädchen! Ich schuf.
Menschen, besudelt von Sünden,
Bleibt meine Gottheit verhüllt.
Willst du den Ewigen finden,
Such ihn in diesem bescheidenen Bild.«

Delia

Da mir Leontes erschienen,
Flüsterten Engel mir ein:
»Trockne die heimlichen Tränen,
Mädchen, der Jüngling ist dein.
Aus den erwärmenden Sonnen
Seines beseelenden Blicks
Sind deine Himmel gesponnen,
Fließen dir Strahlen unsterblichen Glücks.«

BEIDE

Höre den Dank deiner glücklichen Seelen,
Glücklich durch deinen allmächtigen Wink,
Glühenden Dank dir: du lehrtest uns wählen,
Glühenden Dank für dein bestes Geschenk.

DELIA

Wenn wir uns liebend umschlingen,
Küsse vor Küssen entfliehn,
Flattern auf eilenden Schwingen
Goldene Stunden dahin.
Mir reicht Leontes die Hände
In den gefürchteten Kahn,
Weil ich Leontes dort finde,
Locken Elysiums Fluren mich an.

LEONTES

Stille Vergnügungen (pflücken
Wird der Verschwender sie nie)
Klimmen empor zum Entzücken,
Teil ich mit Delia sie.
Pfeile, die fern auf mich zielen,
Wehrt deine Liebe zurück.
Schmerzen, die still mich durchwühlen,
Schmelzen an deinem empfindenden Blick.

BEIDE

Höre den Dank deiner glücklichen Seelen,
Glücklich durch deinen allmächtigen Wink,
Glühenden Dank dir: du lehrtest uns wählen,
Glühenden Dank für dein bestes Geschenk.

Es ist so angenehm, so süß,
Um einen lieben Mann zu spielen,
Entzückend, wie ein Paradies,
Des Mannes Feuerkuß zu fühlen.

Jetzt weiß ich, was mein Taubenpaar
Mit seinem sanften Girren sagte,
Und was der Nachtigallen Schar
So zärtlich sich in Liedern klagte;

Jetzt weiß ich, was mein volles Herz
In ewiglangen Nächten engte;
Jetzt weiß ich, welcher süße Schmerz
Oft seufzend meinen Busen drängte;

Warum kein Blümchen mir gefiel,
Warum der Mai mir nimmer lachte,
Warum der Vögel Liederspiel
Mich nimmermehr zur Freude fachte:

Mir trauerte die ganze Welt,
Ich kannte nicht die schönsten Triebe.
Nun hab ich, was mir längst gefehlt,
Beneide mich, Natur – ich liebe!

Es tönen die Hörner von Ferne herüber,
Die Düfte des Abends umwehen mich mild!
Der Himmel verschleiert sich trüber und trüber,
Bald decket nun Dämmrung das ganze Gefild.

Des Tages Verwirrungen, Wünsche und Sorgen
Sie lösen sich leise im wechselnden Raum;
Doch bleibet, was tief in der Seele verborgen,
Die Liebe geheiligt im seligsten Traum.

Verhallen auch jenseits die Töne der Freude,
Uns bleibet der Liebe beglückender Ton,
Sie sei es, woran meine Seele sich weide,
Bis einst mit dem Leben die Liebe entflohn.

[AN MARIE HENRIETTE ELISABETH VON ARNIM]

Ein treffend Bild von diesem Leben,
Ein Maskenball, hat dich zur Freundin mir gegeben.
Mein erster Anblick war – Betrug.
Doch unsern Bund, geschlossen unter Scherzen,
Bestätigte die Sympathie der Herzen,
Ein Blick war uns genug;
Und durch die Larve, die ich trug,
Las dieser Blick in meinem Herzen,
Das warm in meinem Busen schlug!

Der Anfang unsrer Freundschaft war nur – Schein!
Die Fortsetzung soll Wahrheit sein.

In dieses Lebens buntem Lottospiele
Sind es so oft nur Nieten, die wir ziehn.
Der Freundschaft stolzes Siegel tragen viele,
Die in der Prüfungsstunde treulos fliehn.
Oft sehen wir das Bild, das unsre Träume malen,
Aus Menschenaugen uns entgegenstrahlen,
Der, rufen wir, der muß es sein!
Wir haschen es – und es ist Stein.

Den edlen Trieb, der weichgeschaffne Seelen
Magnetisch aneinanderhängt –
Der uns, bei fremden Leiden uns zu quälen,
Bei fremdem Glück zu jauchzen zwingt –
Der uns des Lebens schwere Lasten tragen,
Des Todes Schrecken selbst besiegen lehrt,
Durch den wir uns der Gottheit näher wagen,
Und leichter selbst das Paradies entbehrt –
Den edeln Trieb – du hast ihn ganz empfunden,
Der Freundschaft seltnes, schönes Los ist dein.
Den höchsten Schatz, der Tausenden verschwunden,
Hast du gesucht – hast du gefunden,
Die Freundin eines Freunds zu sein.

Auch mir bewahre diesen stolzen Namen.
Ein Platz in deinem Herzen bleibe mein.
Spät führte das Verhängnis uns zusammen,
Doch ewig soll das Bündnis sein.
Ich kann dir nichts als treue Freundschaft geben,
Mein Herz allein ist mein Verdienst.
Dich zu verdienen, will ich streben –
Dein Herz bleibt mir – wenn du das meine kennst!

[AN CAROLINA CHRISTINE SCHMIDT

In ein Exemplar des »Dom Karlos«]

Kein Lebender und keine Lebende
Saß diesem Bild, der süßen Sympathie
Und Freundschaft aufgestellt. Aus nicht vorhandenen Welten
Entlehnte es – ich kannte dich noch nie –
Ein volles Herz und warme Phantasie.
Wenn das, was ich für Schatten hier empfunden,
In deinem Herzen mächtig widerklingt,
Aus deinem Auge schöne Tränen zwingt,
Wenn es in stillen schwärmerischen Stunden
Zu sanfter Rührung dich erweicht,
So weißt du, was der Dichter dann empfunden,
Hätt er ein lebend Bild gefunden,
Das deinem, Caroline, gleicht.

PROLOG

Der Frühling kam. Wir flohen in die Ferne.
Der großen Freudegeberin Natur
Verließen wir den schönen Schauplatz gerne.
Sie flieht und schmucklos liegt die Flur.
Ein düstrer Flor sinkt auf die Erde nieder,
Sie flieht – und wir erscheinen wieder.
An ihre Freuden wagen wir

Die unsrigen bescheiden anzuschließen,
Das bange Lebewohl von ihr
Vielleicht durch unsre Spiele zu versüßen,
Durch frohen Scherz und ein gefühltes Lied
Des Winters traur'ge Nächte zu betrügen
Und edle Menschen edel zu vergnügen; –
Was Mode, Zwang und Schicksal schied,
Durch süße Angst und wonnevolles Weinen
In Banden schöner Gleichheit zu vereinen,
Auf wen'ge Augenblicke nur
Der Menschheit schönes Jubelfest zu feiern,
Den süßen Stand noch einmal zu erneuern,
Den ersten Stand der heiligen Natur.
Wir, die mit Zittern vor den Pöbel
Der Afterkenner uns gewagt –
Wir nahen *Ihnen* unverzagt,
Wir stehen kühn und dreist vor Ihnen!
Wir fürchten nichts. Nur kleine Geister spotten
Des zagenden Talentes. *Sie* allein
Sind reich durch fremde Armut! Rein
Durch fremde Schuld. Sie brauchen mühsam durch
Verkleinerung der andern, *sich* zu heben!
Der große Mann verachtet nicht!!
Der gnädigste von allen Richtern ist
Der Kenner! – Was der große Mann vermißt,
Ersetzt er gern von *seinem* Überflusse!
Er winkt mit freundlichsanftem Gruße
Dem zagenden Talent hervor,
Mit großmutsvollem Wohlgefallen
Trägt er die junge Kunst empor!
In seine Hände bitten wir zu fallen!
Doch schweige über uns – der Tor!

Dies Haus – und diese glänzende Versammlung
Sah unsern Anfang – und verzieh!
Was wir geworden, wurden wir durch *sie*!
Wir geben *ihr*, was *sie* uns gab, zurücke. – –

Wird sie die Blume, die sie selbst
Mit eigner Hand gezogen, die
Zu ihren Füßen dankbar blüht, zertreten?
Das wird sie nicht! – In Wüsten, wo man sie nicht suchte,
Erfreut uns eine wilde Rose mehr,
Als in Hesperiens verschwenderischen Gärten
Ein ganzes Blumenheer.

Die Muse, noch zu furchtsam, sich zu zeigen,
Schickt mich voran – ein *Sinnbild* ihrer *Schwäche*
Und ihrer *Schüchternheit* – ein *Kind*!!

Was Männer nicht erbitten dürfen, darf
Ein Kind vielleicht erflehen. Seine Unschuld
Besticht, entwaffnet den gerührten Richter.
Die fürchterliche Waage sinkt
Aus seinen Händen. Er vergißt, daß er
Gerecht sein wollte, und verzeiht.

DIE PRIESTERINNEN DER SONNE

Zum 30. Jänner 1788 zu einem Maskenball

Der Tag kam, der der Sonne Dienst
Auf ewig enden sollte;
Wir sangen ihr das letzte Lied,
Und Quitos schöner Tempel glüht'
In ihrem letzten Golde.

Da trat vor unsern starren Blick,
Wie Himmlische gebildet,
Umflossen von ätherischem Licht,
Ein Weib mit ernstem Angesicht,
Durch sanften Gram gemildet.

»Der Sonne Dienst ist aus!« rief sie;
Und ihre Zähren fließen.

»Löscht«, ruft sie, »eure Fackeln aus,
Von nun an wird kein irdisch Haus,
Kein Tempel mich verschließen.

Altar und Tempel stürzen ein,
Ich will mir beßre wählen,
Zerstreuet euch durch Land und Meer,
In keinen Mauern sucht mich mehr,
Sucht mich in schönen Seelen.

Wo künftig meine Gottheit wohnt,
Soll euch dies Zeichen sagen: –
Seht ihr in einer Fürstin Brust
Für fremde Leiden, fremde Lust
Ein Herz empfindend schlagen;

Seht ihr der Seele Widerschein
In schönen Blicken leuchten,
Und Tränen süßer Sympathie,
Entlockt durch süße Harmonie,
Ihr sprechend Aug befeuchten;

Darf sich zu ihrem weichen Ohr
Die kühne Wahrheit wagen,
Und ist sie stolzer, Mensch zu sein,
Mit Menschen menschlich sich zu freun,
Als über sie zu ragen;

Noch groß, wenn statt dem Purpurkleid
Ein Hirtenkleid sie deckte;
Noch liebenswert durch sie allein,
Wenn ihrer Hoheit Zauberschein
Auch Schmeichler nie erweckte;

Durchbebt in ihrer Gegenwart
Euch niegefühlte Wonne:
Da, Priesterinnen! betet an,

Da zündet eure Fackeln an!
Da findet ihr die Sonne!«

Die Göttin spricht's, und schwindet hin,
Der Altar stürzt zusammen;
Schnell löscht das heil'ge Feuer aus;
In Trümmern liegt das Sonnenhaus,
Und Quito steht in Flammen.

Fern, fern von unserm Vaterland,
Durchirrten wir die Meere,
Durchzogen Hügel, Tal und Fluß,
Und endlich setzten wir den Fuß
Auf diese Hemisphäre.

Da sahen wir mit Grazien
Die Musen sich vereinen,
Wir folgten diesem Götterzug,
Sie senkten ihren sanften Flug
Herab zu diesen Hainen.

»Zwei Fürstentöchter wollen wir«,
Sie riefen's mit Entzücken,
»Zwei Fürstentöchter, sanft und gut,
In ihren Busen Götterglut,
Mit diesem Kranze schmücken.«

Fühlt ihr die nahe Gottheit nicht,
Die wir im Tempel feiern? –
Das Zeichen, Schwestern! ist erfüllt!
Hier, vor der Sonne schönem Bild,
Laßt uns den Dienst erneuern.

DIE GÖTTER GRIECHENLANDES

Da ihr noch die schöne Welt regiertet,
An der Freude leichtem Gängelband
Glücklichere Menschenalter führtet,
Schöne Wesen aus dem Fabelland!
Ach! da euer Wonnedienst noch glänzte,
Wie ganz anders, anders war es da!
Da man deine Tempel noch bekränzte,
Venus Amathusia!

Da der Dichtkunst malerische Hülle
Sich noch lieblich um die Wahrheit wand! –
Durch die Schöpfung floß da Lebensfülle,
Und, was nie empfinden wird, empfand.
An der Liebe Busen sie zu drücken,
Gab man höhern Adel der Natur.
Alles wies den eingeweihten Blicken,
Alles eines Gottes Spur.

Wo jetzt nur, wie unsre Weisen sagen,
Seelenlos ein Feuerball sich dreht,
Lenkte damals seinen goldnen Wagen
Helios in stiller Majestät.
Diese Höhen füllten Oreaden,
Eine Dryas starb mit jenem Baum,
Aus den Urnen lieblicher Najaden
Sprang der Ströme Silberschaum.

Jener Lorbeer wand sich einst um Hilfe[1],
Tantals Tochter[2] schweigt in diesem Stein,
Syrinx' Klage tönt' aus jenem Schilfe,
Philomelens Schmerz in diesem Hain.
Jener Bach empfing Demeters Zähre,

1 Daphne vom Apollo verfolgt.
2 Niobe.

Die sie um Persephonen geweint,
Und von diesem Hügel rief Cythere,
Ach vergebens! ihrem schönen Freund.

Zu Deukalions Geschlechte stiegen
Damals noch die Himmlischen herab,
Pyrrhas schöne Töchter zu besiegen,
Nahm Hyperion den Hirtenstab.
Zwischen Menschen, Göttern und Heroen
Knüpfte Amor einen schönen Bund.
Sterbliche mit Göttern und Heroen
Huldigten in Amathunt.

Betend an der Grazien Altären
Kniete da die holde Priesterin,
Sandte stille Wünsche an Cytheren
Und Gelübde an die Charitin.
Hoher Stolz, auch droben zu gebieten,
Lehrte sie den göttergleichen Rang,
Und des Reizes heil'gen Gürtel hüten,
Der den *Donnrer* selbst bezwang.

Himmlisch und unsterblich war das Feuer,
Das in Pindars stolzen Hymnen floß,
Niederströmte in Arions Leier,
In den Stein des Phidias sich goß.
Beßre Wesen, edlere Gestalten
Kündigten die hohe Abkunft an.
Götter, die vom Himmel niederwallten,
Sahen *hier* ihn wieder aufgetan.

Werter war von eines Gottes Güte,
Teurer jede Gabe der Natur.
Unter Iris' schönem Bogen blühte
Reizender die perlenvolle Flur.
Prangender erschien die Morgenröte
In Himerens rosichtem Gewand,

Schmelzender erklang die Flöte
In des Hirtengottes Hand.

Liebenswerter malte sich die Jugend,
Blühender in Ganymedas[1] Bild,
Heldenkühner, göttlicher die Tugend
Mit Tritoniens Medusenschild.
Sanfter war, da Hymen es noch knüpfte,
Heiliger der Herzen ew'ges Band.
Selbst des Lebens zarter Faden schlüpfte
Weicher durch der Parzen Hand.

Das Evoë muntrer Thyrsusschwinger,
Und der Panther prächtiges Gespann
Meldeten den großen Freudebringer.
Faun und Satyr taumeln ihm voran,
Um ihn springen rasende Mänaden,
Ihre Tänze loben seinen Wein,
Und die Wangen des Bewirters laden
Lustig zu dem Becher ein.

Höher war der Gabe Wert gestiegen,
Die der Geber freundlich *mit* genoß,
Näher war der Schöpfer dem Vergnügen,
Das im Busen des Geschöpfes floß.
Nennt der meinige sich dem Verstande?
Birgt ihn etwa der Gewölke Zelt?
Mühsam späh ich im Ideenlande,
Fruchtlos in der Sinnenwelt.

Eure Tempel lachten gleich Palästen,
Euch verherrlichte das Heldenspiel
An des Isthmus kronenreichen Festen,
Und die Wagen donnerten zum Ziel.

---

1 *Hebe*. Ihr älterer Name war *Ganymeda*, sagt *Pausanias*, Corinth. c. 13.

Schön geschlungne seelenvolle Tänze
Kreisten um den prangenden Altar,
Eure Schläfe schmückten Siegeskränze,
Kronen euer duftend Haar.

Seiner Güter schenkte man das beste,
Seiner Lämmer liebstes gab der Hirt,
Und der Freudetaumel seiner Gäste
Lohnte dem erhabnen Wirt.
Wohin tret ich? Diese traur'ge Stille,
Kündigt sie mir meinen Schöpfer an?
Finster, wie er selbst, ist seine Hülle,
Mein Entsagen – was ihn feiern kann.

Damals trat kein gräßliches Gerippe
Vor das Bett des Sterbenden. Ein Kuß
Nahm das letzte Leben von der Lippe,
Still und traurig senkt' ein Genius
Seine Fackel. Schöne lichte Bilder
Scherzten auch um die Notwendigkeit,
Und das ernste Schicksal blickte milder
Durch den Schleier sanfter Menschlichkeit.

Nach der Geister schrecklichen Gesetzen
Richtete kein heiliger Barbar,
Dessen Augen Tränen nie benetzen,
Zarte Wesen, die ein Weib gebar.
Selbst des Orkus strenge Richterwaage
Hielt der Enkel einer Sterblichen,
Und des Thrakers seelenvolle Klage
Rührte die Erinnyen.

Seine Freuden traf der frohe Schatten
In Elysiens Hainen wieder an;
Treue Liebe fand den treuen Gatten
Und der Wagenlenker seine Bahn;
Orpheus' Spiel tönt die gewohnten Lieder,

In Alcestens Arme sinkt Admet,
Seinen Freund erkennt Orestes wieder,
Seine Waffen Philoktet.

Aber ohne Wiederkehr verloren
Bleibt, was *ich* auf dieser Welt verließ,
Jede Wonne hab ich abgeschworen,
Alle Bande, die ich selig pries.
Fremde, nie verstandene Entzücken
Schaudern mich aus jenen Welten an,
Und für Freuden, die mich jetzt beglücken,
Tausch ich neue, die ich missen kann.

Höhre Preise stärkten da den Ringer
Auf der Tugend arbeitvoller Bahn:
Großer Taten herrliche Vollbringer
Klimmten zu den Seligen hinan;
Vor dem Wiederforderer der Toten[1]
Neigte sich der Götter stille Schar.
Durch die Fluten leuchtet dem Piloten
Vom Olymp das Zwillingspaar.

Schöne Welt, wo bist du? – Kehre wieder,
Holdes Blütenalter der Natur!
Ach! nur in dem Feenland der Lieder
Lebt noch deine goldne Spur.
Ausgestorben trauert das Gefilde,
Keine Gottheit zeigt sich meinem Blick,
Ach! von jenem lebenwarmen Bilde
Blieb nur das Gerippe mir zurück.

Alle jene Blüten sind gefallen
Von des Nordes winterlichem Wehn.
Einen zu bereichern, unter allen,
Mußte diese Götterwelt vergehn.

1 Herkules.

Traurig such ich an dem Sternenbogen,
Dich, Selene, find ich dort nicht mehr;
Durch die Wälder ruf ich, durch die Wogen,
Ach! sie widerhallen leer!

Unbewußt der Freuden, die sie schenket,
Nie entzückt von ihrer Trefflichkeit,
Nie gewahr des Armes, der sie lenket,
Reicher nie durch meine Dankbarkeit,
Fühllos selbst für ihres Künstlers Ehre,
Gleich dem toten Schlag der Pendeluhr,
Dient sie knechtisch dem Gesetz der Schwere,
Die entgötterte Natur!

Morgen wieder neu sich zu entbinden,
Wühlt sie heute sich ihr eignes Grab,
Und an ewig gleicher Spindel winden
Sich von selbst die Monde auf und ab.
Müßig kehrten zu dem Dichterlande
Heim die Götter, unnütz einer Welt,
Die, entwachsen ihrem Gängelbande,
Sich durch eignes Schweben hält.

Freundlos, ohne Bruder, ohne Gleichen,
Keiner Göttin, keiner Ird'schen Sohn,
Herrscht ein andrer in des Äthers Reichen
Auf Saturnus' umgestürztem Thron.
Selig, eh sich Wesen um ihn freuten,
Selig im entvölkerten Gefild,
Sieht er in dem langen Strom der Zeiten
Ewig nur – sein eignes Bild.

Bürger des Olymps konnt ich erreichen,
Jenem Gotte, den sein Marmor preist,
Konnte einst der hohe Bildner gleichen;
Was ist neben *dir* der höchste Geist
Derer, welche Sterbliche gebaren?

Nur der Würmer Erster, Edelster.
Da die Götter menschlicher noch waren,
Waren Menschen göttlicher.

Dessen Strahlen mich darnieder schlagen,
Werk und Schöpfer des Verstandes! dir
Nachzuringen, gib mir Flügel, Waagen,
Dich zu wägen – oder nimm von mir,
Nimm die ernste strenge Göttin wieder,
Die den Spiegel blendend vor mir hält;
Ihre sanftre Schwester sende nieder,
Spare jene für die andre Welt.

DIE GÖTTER GRIECHENLANDES

Da ihr noch die schöne Welt regieret,
An der Freude leichtem Gängelband
Selige Geschlechter noch geführet,
Schöne Wesen aus dem Fabelland!
Ach, da euer Wonnedienst noch glänzte,
Wie ganz anders, anders war es da!
Da man deine Tempel noch bekränzte,
Venus Amathusia!

Da der Dichtung zauberische Hülle
Sich noch lieblich um die Wahrheit wand –
Durch die Schöpfung floß da Lebensfülle,
Und was nie empfinden wird, empfand.
An der Liebe Busen sie zu drücken,
Gab man höhern Adel der Natur,
Alles wies den eingeweihten Blicken,
Alles eines Gottes Spur.

Wo jetzt nur, wie unsre Weisen sagen,
Seelenlos ein Feuerball sich dreht,
Lenkte damals seinen goldnen Wagen

Helios in stiller Majestät.
Diese Höhen füllten Oreaden,
Eine Dryas lebt' in jenem Baum,
Aus den Urnen lieblicher Najaden
Sprang der Ströme Silberschaum.

Jener Lorbeer wand sich einst um Hilfe,
Tantals Tochter schweigt in diesem Stein,
Syrinx' Klage tönt' aus jenem Schilfe,
Philomelas Schmerz aus diesem Hain.
Jener Bach empfing Demeters Zähre,
Die sie um Persephonen geweint,
Und von diesem Hügel rief Cythere,
Ach umsonst! dem schönen Freund.

Zu Deukalions Geschlechte stiegen
Damals noch die Himmlischen herab,
Pyrrhas schöne Töchter zu besiegen,
Nahm der Leto Sohn den Hirtenstab.
Zwischen Menschen, Göttern und Heroen
Knüpfte Amor einen schönen Bund,
Sterbliche mit Göttern und Heroen
Huldigten in Amathunt.

Finstrer Ernst und trauriges Entsagen
War aus eurem heitern Dienst verbannt,
Glücklich sollten alle Herzen schlagen,
Denn euch war der Glückliche verwandt.
Damals war nichts heilig als das Schöne,
Keiner Freude schämte sich der Gott,
Wo die keusch errötende Kamöne,
Wo die Grazie gebot.

Eure Tempel lachten gleich Palästen,
Euch verherrlichte das Heldenspiel
An des Isthmus kronenreichen Festen,
Und die Wagen donnerten zum Ziel.

Schön geschlungne seelenvolle Tänze
Kreisten um den prangenden Altar,
Eure Schläfe schmückten Siegeskränze,
Kronen euer duftend Haar.

Das Evoë muntrer Thyrsusschwinger
Und der Panther prächtiges Gespann
Meldeten den großen Freudebringer,
Faun und Satyr taumeln ihm voran,
Um ihn springen rasende Mänaden,
Ihre Tänze loben seinen Wein,
Und des Wirtes braune Wangen laden
Lustig zu dem Becher ein.

Damals trat kein gräßliches Gerippe
Vor das Bett des Sterbenden. Ein Kuß
Nahm das letzte Leben von der Lippe,
Seine Fackel senkt' ein Genius.
Selbst des Orkus strenge Richterwaage
Hielt der Enkel einer Sterblichen,
Und des Thrakers seelenvolle Klage
Rührte die Erinnyen.

Seine Freuden traf der frohe Schatten
In Elysiens Hainen wieder an,
Treue Liebe fand den treuen Gatten
Und der Wagenlenker seine Bahn,
Linus' Spiel tönt die gewohnten Lieder,
In Alcestens Arme sinkt Admet,
Seinen Freund erkennt Orestes wieder,
Seine Pfeile Philoktet.

Höhre Preise stärkten da den Ringer
Auf der Tugend arbeitvoller Bahn,
Großer Taten herrliche Vollbringer
Klimmten zu den Seligen hinan.
Vor dem Wiederfoderer der Toten

Neigte sich der Götter stille Schar,
Durch die Fluten leuchtet dem Piloten
Vom Olymp das Zwillingspaar.

Schöne Welt, wo bist du? Kehre wieder,
Holdes Blütenalter der Natur!
Ach nur in dem Feenland der Lieder
Lebt noch deine fabelhafte Spur.
Ausgestorben trauert das Gefilde,
Keine Gottheit zeigt sich meinem Blick,
Ach von jenem lebenwarmen Bilde
Blieb der Schatten nur zurück.

Alle jene Blüten sind gefallen
Von des Nordes schauerlichem Wehn,
Einen zu bereichern unter allen,
Mußte diese Götterwelt vergehn.
Traurig such ich an dem Sternenbogen,
Dich, Selene, find ich dort nicht mehr,
Durch die Wälder ruf ich, durch die Wogen,
Ach! sie widerhallen leer!

Unbewußt der Freuden, die sie schenket,
Nie entzückt von ihrer Herrlichkeit,
Nie gewahr des Geistes, der sie lenket,
Sel'ger nie durch meine Seligkeit,
Fühllos selbst für ihres Künstlers Ehre,
Gleich dem toten Schlag der Pendeluhr,
Dient sie knechtisch dem Gesetz der Schwere,
Die entgötterte Natur.

Morgen wieder neu sich zu entbinden,
Wühlt sie heute sich ihr eignes Grab,
Und an ewig gleicher Spindel winden
Sich von selbst die Monde auf und ab.
Müßig kehrten zu dem Dichterlande
Heim die Götter, unnütz einer Welt,

Die, entwachsen ihrem Gängelbande,
Sich durch eignes Schweben hält.

Ja sie kehrten heim, und alles Schöne,
Alles Hohe nahmen sie mit fort,
Alle Farben, alle Lebenstöne,
Und uns blieb nur das entseelte Wort.
Aus der Zeitflut weggerissen, schweben
Sie gerettet auf des Pindus Höhn,
Was unsterblich im Gesang soll leben,
Muß im Leben untergehn.

[IN DAS STAMMBUCH CHARLOTTENS VON LENGEFELD]

Ein blühend Kind, von Grazien und Scherzen
Umhüpft – so, Lotte, spielt um dich die Welt,
Doch *so*, wie sie sich malt in *deinem* Herzen,
In *deiner* Seele schönen Spiegel fällt,
So ist sie doch nicht! – Die Eroberungen,
Die jeder deiner Blicke siegreich zählt,
Die deine sanfte Seele dir erzwungen,
Die Statuen, die – *dein* Gefühl beseelt,
Die Herzen, die dein eignes dir errungen,
Die Wunder, die du selbst getan,
Die Reize, die *dein* Dasein ihm gegeben,
Die rechnest du für Schätze diesem Leben,
Für *Tugenden* uns Erdenbürgern an.
Dem holden Zauber nie entweihter Jugend,
Der Engelgüte mächt'gem Talisman,
Der Majestät der Unschuld und der Tugend,
Den will ich sehn – der *diesen* trotzen kann!
Froh taumelst du im süßen Überzählen
Der Glücklichen, die du gemacht, der Seelen,
Die du gewonnen hast, dahin.
Sei glücklich in dem lieblichen Betruge,

Nie stürze von des Traumes stolzem Fluge
Ein trauriges Erwachen dich herab.
Den Blumen gleich, die deine Beete schmücken,
So pflanze sie – nur den entfernten Blicken,
Betrachte sie! – doch *pflücke* sie nicht *ab*!
Geschaffen, nur die Augen zu vergnügen,
Welk werden sie zu deinen Füßen liegen,
Je näher dir – je näher ihrem Grab.

Weimar, d. 3. April 1788 Friedrich Schiller

EINER JUNGEN FREUNDIN INS STAMMBUCH

Ein blühend Kind, von Grazien und Scherzen
Umhüpft, so, Freundin, spielt um dich die Welt.
Doch so, wie sie sich malt in deinem Herzen,
In deiner Seele schönen Spiegel fällt,
So ist sie nicht. Die stillen Huldigungen,
Die deines Herzens Adel dir errungen,
Die Wunder, die du selbst getan,
Die Reize, die dein Dasein ihm gegeben,
Die rechnest du für Reize diesem Leben,
Für schöne Menschlichkeit uns an.
Dem holden Zauber nie entweihter Jugend,
Dem Talisman der Unschuld und der Tugend,
Den will ich sehn, der diesem trotzen kann.

Froh taumelst du im süßen Überzählen
Der Blumen, die um deine Pfade blühn,
Der Glücklichen, die du gemacht, der Seelen,
Die du gewonnen hast, dahin.
Sei glücklich in dem lieblichen Betruge,
Nie stürze von des Traumes stolzem Fluge
Ein trauriges Erwachen dich herab.
Den Blumen gleich, die deine Beete schmücken,

So pflanze sie – nur den entfernten Blicken;
Betrachte sie, doch pflücke sie nicht ab.
Geschaffen, nur die Augen zu vergnügen,
Welk werden sie zu deinen Füßen liegen.
Je näher dir, je näher ihrem Grab!

[IN DIE HOLY BIBLE FÜR FRAU VON LENGEFELD]

Nicht in Welten, wie die Weisen träumen,
Auch nicht in des Pöbels Paradies,
Nicht in Himmeln, wie die Dichter reimen
– Aber wir begegnen uns gewiß.

Volkstädt, d. 2. August 1788,
von Friedrich Schiller zur Erinnerung.

DIE BERÜHMTE FRAU

Epistel eines Ehemanns an einen andern

Beklagen soll ich dich? Mit Tränen bittrer Reue
Wird Hymens Band von dir verflucht?
Warum? Weil deine Ungetreue
In eines andern Armen sucht,
Was ihr die deinigen versagen?
Freund, höre fremde Leiden an,
Und lerne *deine* leichter tragen.

Dich schmerzt, daß sich in deine Rechte
Ein zweiter teilt? – Beneidenswerter Mann!
Mein Weib gehört dem ganzen menschlichen Geschlechte.
Vom Belt bis an der Mosel Strand,
Bis an die Apenninenwand,
Bis in die Vaterstadt der Moden,
Wird sie in allen Buden feilgeboten,
Muß sie auf Diligencen, Paketbooten

Von jedem Schulfuchs, jedem Hasen
Kunstrichterlich sich mustern lassen,
Muß sie der Brille des Philisters stehn,
Und, wie's ein schmutz'ger Aristarch befohlen,
Auf Blumen oder heißen Kohlen
Zum Ehrentempel oder Pranger gehn.
Ein Leipziger – daß Gott ihn strafen wollte!
Nimmt topographisch sie wie eine Festung auf!
Und bietet Gegenden dem Publikum zu Kauf,
Wovon ich billig doch *allein* nur sprechen sollte.

Dein Weib – Dank den kanonischen Gesetzen!
Weiß deiner *Gattin* Titel doch zu schätzen.
Sie weiß *warum*? und tut sehr wohl daran.
Mich kennt man nur als *Ninons* Mann.
Du klagst, daß im Parterr und an den Pharotischen,
Erscheinst du, alle Zungen zischen?
O Mann des Glücks! Wer einmal das von sich
Zu rühmen hätte! – Mich, Herr Bruder, mich,
Beschert mir endlich eine Molkenkur
Das rare Glück – den Platz an ihrer Linken,
Mich merkt kein Aug, und alle Blicke winken
Auf meine stolze Hälfte nur.

Kaum ist der Morgen grau,
So kracht die Treppe schon von blau und gelben Röcken,
Mit Briefen, Ballen, unfrankierten Päcken,
Signiert: An die *berühmte Frau.*
Sie schläft so süß! – Doch *darf* ich sie nicht schonen.
»Die Zeitungen, Madam, aus Jena und Berlin!«
Rasch öffnet sich das Aug der holden Schläferin,
Ihr erster Blick fällt – auf Rezensionen.
Das schöne blaue Auge! – *Mir*
Nicht *einen* Blick! – Durchirrt ein elendes Papier.
(Laut hört man in der Kinderstube weinen.)
Sie legt es endlich weg und frägt nach ihren Kleinen.

Die Toilette wartet schon,
Doch halbe Blicke nur beglücken ihren Spiegel.
Ein mürrisch ungeduldig Drohn
Gibt der erschrocknen Zofe Flügel.
Von ihrem Putztisch sind die Grazien entflohn,
Und an der Stelle holder Amorinen
Sieht man Erinnyen den Lockenbau bedienen.

Karossen rasseln jetzt heran,
Und Mietlakaien springen von den Tritten,
Dem düftenden Abbé, dem Reichsbaron, dem Briten,
Der – nur nichts Deutsches lesen kann,
Großing und Compagnie, dem Z** Wundermann
Gehör bei der *Berühmten* zu erbitten.
Ein Ding, das demutsvoll sich in die Ecke drückt
Und Ehmann heißt, wird vornehm angeblickt.
Hier darf ihr – wird *dein* Hausfreund soviel wagen? –
Der dümmste *Fat*, der ärmste Wicht,
Wie sehr er sie bewundre, sagen;
Und darf's vor meinem Angesicht!
Ich steh dabei, und, will ich artig heißen,
Muß ich ihn bitten mitzuspeisen.

Bei Tafel, Freund, beginnt erst meine Not,
Da geht es über meine Flaschen,
Mit Weinen von Burgund, die *mir* der Arzt verbot,
Muß ich die Kehlen ihrer Lober waschen.
Mein schwer verdienter Bissen Brot
Wird hungriger Schmarotzer Beute;
O diese leidige vermaledeite
Unsterblichkeit ist meines Nierensteiners Tod!
Den Wurm an alle Finger, welche drucken!
Was, meinst du, sei mein Dank? Ein Achselzucken,
Ein Mienenspiel, ein ungeschliffenes Beklagen;
Errätst du's nicht? O ich versteh's genau!
Daß diesen Brillant von einer Frau
Ein solcher Pavian davongetragen.

Der Frühling kommt. Auf Wiesen und auf Feldern
Streut die Natur den bunten Teppich hin,
Die Blumen kleiden sich in angenehmes Grün,
Die Lerche singt, es lebt in allen Wäldern.
– Ihr ist der Frühling wonneleer.
Die Sängerin der süßesten Gefühle,
Der schöne Hain, der Zeuge unsrer Spiele,
Sagt ihrem Herzen jetzt nichts mehr.
Die Nachtigallen haben nicht *gelesen*,
Die Lilien *bewundern* nicht.
Der allgemeine Jubelruf der Wesen
Begeistert *sie* – zu einem Sinngedicht.
Doch nein! Die Jahrszeit ist so schön – zum *Reisen*.
Wie drängend voll mag's jetzt in Pyrmont sein!
Auch hört man überall das Karlsbad preisen.
Husch ist sie dort – in jenem ehrenvollen Reihn,
Wo *Griechen*, untermischt mit Weisen,
Zelebritäten *aller* Art,
Vertraulich wie in Charons Kahn gepaart,
An *einem* Tisch zusammen speisen;
Wo, eingeschickt von fernen Meilen,
Zerrißne *Tugenden* von ihren Wunden heilen,
Noch andre – sie mit Würde zu bestehn! –
Um die *Versuchung* lüstern flehn –
Dort, Freund – o lerne *dein* Verhängnis preisen!
Dort wandelt *meine* Frau, und läßt mir sieben Waisen.

O meiner Liebe erstes Flitterjahr!
Wie schnell – ach wie so schnell bist du entflogen!
Ein Weib, wie keines ist, und keines war,
Mir von des Reizes Göttinnen erzogen,
Mit hellem Geist, mit aufgetanem Sinn
Und weichen, leicht beweglichen Gefühlen,
So sah ich sie, die Herzenfeßlerin,
Gleich einem Maitag, mir zur Seite spielen.
Das süße Wort: Ich liebe dich!
Sprach aus dem holden Augenpaare.

So führt ich sie zum Traualtare,
O wer war glücklicher als ich!
Ein Blütenfeld beneidenswerter Jahre
Sah lachend mich aus diesem Spiegel an.
Mein Himmel war mir aufgetan.
Schon sah ich schöne Kinder um mich scherzen,
In ihrem Kreis die Schönste *sie*,
Die Glücklichste von allen *sie*,
Und *mein*, durch Seelenharmonie,
Durch ewig festen Bund der Herzen.
Und nun erscheint – o mög ihn Gott verdammen!
Ein *großer* Mann – ein *schöner Geist*.
Der große Mann tut eine Tat! – und reißt
Mein Kartenhaus von Himmelreich zusammen.

Wen hab ich *nun?* – Beweinenswerter Tausch!
Erwacht aus diesem Wonnerausch,
Was ist von diesem Engel mir geblieben?
Ein *starker* Geist in einem *zarten* Leib,
Ein Zwitter zwischen Mann und Weib,
Gleich ungeschickt zum Herrschen und zum Lieben.
Ein Kind mit eines Riesen Waffen,
Ein Mittelding von Weisen und von Affen!
Um kümmerlich dem *stärkern* nachzukriechen,
Dem *schöneren* Geschlecht entflohn,
Herabgestürzt von einem Thron,
Des Reizes heiligen Mysterien entwichen,
Aus Cythereas *goldnem Buch*[1] gestrichen
Für – einer Zeitung Gnadenlohn.

---

1 *Goldnes Buch;* so wird in einigen italienischen Republiken das Verzeichnis genannt, in welchem die adeligen Familien eingeschrieben stehen.

DIE KÜNSTLER

Wie schön, o Mensch, mit deinem Palmenzweige
Stehst du an des Jahrhunderts Neige,
In edler stolzer Männlichkeit,
Mit aufgeschloßnem Sinn, mit Geistesfülle,
Voll milden Ernsts, in tatenreicher Stille,
Der reifste Sohn der Zeit,
Frei durch Vernunft, stark durch Gesetze,
Durch Sanftmut groß, und reich durch Schätze,
Die lange Zeit dein Busen dir verschwieg,
Herr der Natur, die deine Fesseln liebet,
Die deine Kraft in tausend Kämpfen übet,
Und prangend unter dir aus der Verwildrung stieg!

Berauscht von dem errungnen Sieg,
Verlerne nicht, die Hand zu preisen,
Die an des Lebens ödem Strand
Den weinenden verlaßnen Waisen,
Des wilden Zufalls Beute fand,
Die frühe schon der künft'gen Geisterwürde
Dein junges Herz im stillen zugekehrt,
Und die befleckende Begierde
Von deinem zarten Busen abgewehrt,
Die Gütige, die deine Jugend
In hohen Pflichten spielend unterwies,
Und das Geheimnis der erhabnen Tugend
In leichten Rätseln dich erraten ließ,
Die, reifer nur ihn wieder zu empfangen,
In fremde Arme ihren Liebling gab,
O falle nicht mit ausgeartetem Verlangen
Zu ihren niedern Dienerinnen ab!
Im Fleiß kann dich die Biene meistern,
In der Geschicklichkeit ein Wurm dein Lehrer sein,
Dein Wissen teilest du mit vorgezognen Geistern,
Die *Kunst*, o Mensch, hast du allein.

Nur durch das Morgentor des Schönen
Drangst du in der Erkenntnis Land.
An höhern Glanz sich zu gewöhnen,
Übt sich am Reize der Verstand.
Was bei dem Saitenklang der Musen
Mit süßem Beben dich durchdrang,
Erzog die Kraft in deinem Busen,
Die sich dereinst zum Weltgeist schwang.

Was erst, nachdem Jahrtausende verflossen,
Die älternde Vernunft erfand,
Lag im Symbol des Schönen und des Großen
Voraus geoffenbart dem kindischen Verstand.
Ihr holdes Bild hieß uns die Tugend lieben,
Ein zarter Sinn hat vor dem Laster sich gesträubt,
Eh noch ein Solon das Gesetz geschrieben,
Das matte Blüten langsam treibt.
Eh vor des Denkers Geist der kühne
Begriff des ew'gen Raumes stand,
Wer sah hinauf zur Sternenbühne,
Der ihn nicht ahndend schon empfand?

Die, eine Glorie von Orionen
Ums Angesicht, in hehrer Majestät,
Nur angeschaut von reineren Dämonen,
Verzehrend über Sternen geht,
Geflohn auf ihrem Sonnenthrone,
Die furchtbar herrliche Urania,
Mit abgelegter Feuerkrone
Steht sie – als *Schönheit* vor uns da.
Der Anmut Gürtel umgewunden,
Wird sie zum Kind, daß Kinder sie verstehn:
Was wir als Schönheit hier empfunden,
Wird einst als *Wahrheit* uns entgegengehn.

Als der Erschaffende von seinem Angesichte
Den Menschen in die Sterblichkeit verwies,

Und eine späte Wiederkehr zum Lichte
Auf schwerem Sinnenpfad ihn finden hieß,
Als alle Himmlischen ihr Antlitz von ihm wandten,
Schloß sie, die Menschliche, allein
Mit dem verlassenen Verbannten
Großmütig in die Sterblichkeit sich ein.
Hier schwebt sie, mit gesenktem Fluge,
Um ihren Liebling, nah am Sinnenland,
Und malt mit lieblichem Betruge
Elysium auf seine Kerkerwand.

Als in den weichen Armen dieser Amme
Die zarte Menschheit noch geruht,
Da schürte heil'ge Mordsucht keine Flamme,
Da rauchte kein unschuldig Blut.
Das Herz, das sie an sanften Banden lenket,
Verschmäht der Pflichten knechtisches Geleit;
Ihr Lichtpfad, schöner nur geschlungen, senket
Sich in die Sonnenbahn der Sittlichkeit.
Die ihrem keuschen Dienste leben,
Versucht kein niedrer Trieb, bleicht kein Geschick;
Wie unter heilige Gewalt gegeben,
Empfangen sie das reine Geisterleben,
Der Freiheit süßes Recht, zurück.

Glückselige, die sie – aus Millionen
Die reinsten – ihrem Dienst geweiht,
In deren Brust sie würdigte zu thronen,
Durch deren Mund die Mächtige gebeut,
Die sie auf ewig flammenden Altären
Erkor, das heil'ge Feuer ihr zu nähren,
Vor deren Aug allein sie hüllenlos erscheint,
Die sie in sanftem Bund um sich vereint!
Freut euch der ehrenvollen Stufe,
Worauf die hohe Ordnung euch gestellt:
In die erhabne Geisterwelt
Wart ihr der Menschheit erste Stufe.

Eh ihr das Gleichmaß in die Welt gebracht,
Dem alle Wesen freudig dienen –
Ein unermeßner Bau, im schwarzen Flor der Nacht
Nächst um ihn her mit mattem Strahle nur beschienen,
Ein streitendes Gestaltenheer,
Die seinen Sinn in Sklavenbanden hielten,
Und ungesellig, rauh wie er,
Mit tausend Kräften auf ihn zielten
– So stand die Schöpfung vor dem Wilden.
Durch der Begierde blinde Fessel nur
An die Erscheinungen gebunden,
Entfloh ihm, ungenossen, unempfunden,
Die schöne Seele der Natur.

Und wie sie fliehend jetzt vorüberfuhr,
Ergriffet ihr die nachbarlichen Schatten
Mit zartem Sinn, mit stiller Hand,
Und lerntet in harmon'schem Band
Gesellig sie zusammengatten.
Leichtschwebend fühlte sich der Blick
Vom schlanken Wuchs der Zeder aufgezogen;
Gefällig strahlte der Kristall der Wogen
Die hüpfende Gestalt zurück.
Wie konntet ihr des schönen Winks verfehlen,
Womit euch die Natur hilfreich entgegenkam?
Die Kunst, den Schatten ihr nachahmend abzustehlen,
Wies euch das Bild, das auf der Woge schwamm.
Von ihrem Wesen abgeschieden,
Ihr eignes liebliches Phantom,
Warf sie sich in den Silberstrom,
Sich ihrem Räuber anzubieten.
Die schöne Bildkraft ward in eurem Busen wach.
Zu edel schon, nicht müßig zu empfangen,
Schuft ihr im Sand – im Ton den holden Schatten nach,
Im Umriß ward sein Dasein aufgefangen.
Lebendig regte sich des Wirkens süße Lust –
Die erste Schöpfung trat aus eurer Brust.

Von der Betrachtung angehalten,
Von eurem Späheraug umstrickt,
Verrieten die vertraulichen Gestalten
Den Talisman, wodurch sie euch entzückt.
Die wunderwirkenden Gesetze,
Des Reizes ausgeforschte Schätze
Verknüpfte der erfindende Verstand
In leichtem Bund in Werken eurer Hand.
Der Obeliske stieg, die Pyramide,
Die Herme stand, die Säule sprang empor,
Des Waldes Melodie floß aus dem Haberrohr,
Und Siegestaten lebten in dem Liede.

Die Auswahl einer Blumenflur
Mit weiser Wahl in einen Strauß gebunden,
So trat die erste Kunst aus der Natur;
Jetzt wurden *Sträuße* schon in einen *Kranz* gewunden,
Und eine zweite höhre Kunst erstand
Aus Schöpfungen der Menschenhand.
Das Kind der Schönheit, sich allein genug,
Vollendet schon aus eurer Hand gegangen,
Verliert die Krone, die es trug,
Sobald es Wirklichkeit empfangen.
Die Säule muß, dem Gleichmaß untertan,
An ihre Schwestern nachbarlich sich schließen,
Der Held im Heldenheer zerfließen,
Des Mäoniden Harfe stimmt voran.

Bald drängten sich die staunenden Barbaren
Zu diesen neuen Schöpfungen heran.
Seht, riefen die erfreuten Scharen,
Seht an, das hat der Mensch getan!
In lustigen geselligeren Paaren
Riß sie des Sängers Zither nach,
Der von Titanen sang und Riesenschlachten,
Und Löwentötern, die, solang der Sänger sprach,
Aus seinen Hörern Helden machten.

Zum erstenmal genießt der *Geist*,
Erquickt von ruhigeren Freuden,
Die aus der Ferne nur ihn weiden,
Die seine Gier nicht in sein Wesen reißt,
Die im Genusse nicht verscheiden.

Jetzt wand sich von dem Sinnenschlafe
Die freie schöne Seele los,
Durch euch entfesselt, sprang der Sklave
Der Sorge in der Freude Schoß.
Jetzt fiel der Tierheit dumpfe Schranke,
Und Menschheit trat auf die entwölkte Stirn,
Und der erhabne Fremdling, der Gedanke,
Sprang aus dem staunenden Gehirn.
Jetzt *stand* der Mensch, und wies den Sternen
Das königliche Angesicht,
Schon dankte in erhabnen Fernen
Sein sprechend Aug dem Sonnenlicht.
Das Lächeln blühte auf der Wange,
Der Stimme seelenvolles Spiel
Entfaltete sich zum Gesange,
Im feuchten Auge schwamm Gefühl,
Und Scherz mit Huld in anmutsvollem Bunde
Entquollen dem beseelten Munde.

Begraben in des Wurmes Triebe,
Umschlungen von des Sinnes Lust,
Erkanntet ihr in seiner Brust
Den edlen Keim der Geisterliebe.
Daß von des Sinnes niederm Triebe
Der Liebe beßrer Keim sich schied,
Dankt er dem ersten Hirtenlied.
Geadelt zur Gedankenwürde,
Floß die verschämtere Begierde
Melodisch aus des Sängers Mund.
Sanft glühten die betauten Wangen,
Das überlebende Verlangen
Verkündigte der Seelen Bund.

Der Weisen Weisestes, der Milden Milde,
Der Starken Kraft, der Edeln Grazie
Vermähltet ihr in *einem* Bilde
Und stelltet es in eine Glorie.
Der Mensch erbebte vor dem Unbekannten,
Er liebte seinen Widerschein;
Und herrliche Heroen brannten,
Dem großen Wesen gleich zu sein.
Den ersten Klang vom Urbild alles Schönen,
Ihr ließet ihn in der Natur ertönen.

Der Leidenschaften wilden Drang,
Des Glückes regellose Spiele,
Der Pflichten und Instinkte Zwang
Stellt ihr mit prüfendem Gefühle,
Mit strengem Richtscheit nach dem Ziele.
Was die Natur auf ihrem großen Gange
In weiten Fernen auseinanderzieht,
Wird auf dem Schauplatz, im Gesange
Der Ordnung leicht gefaßtes Glied.
Vom Eumenidenchor geschrecket,
Zieht sich der Mord, auch nie entdecket,
Das Los des Todes aus dem Lied.
Lang, eh die Weisen ihren Ausspruch wagen,
Löst eine Ilias des Schicksals Rätselfragen
Der jugendlichen Vorwelt auf;
Still wandelte von Thespis' Wagen
Die Vorsicht in den Weltenlauf.

Doch in den großen Weltenlauf
Ward euer Ebenmaß zu früh getragen.
Als des Geschickes dunkle Hand,
Was sie vor eurem Auge schnürte,
Vor eurem Aug nicht auseinanderband,
Das Leben in die Tiefe schwand,
Eh es den schönen Kreis vollführte –
Da führtet ihr aus kühner Eigenmacht

Den Bogen weiter durch der Zukunft Nacht;
Da stürztet ihr euch ohne Beben
In des Avernus schwarzen Ozean,
Und trafet das entflohne Leben
Jenseits der Urne wieder an:
Da zeigte sich mit umgestürztem Lichte,
An Kastor angelehnt, ein blühend Polluxbild:
Der Schatten in des Mondes Angesichte,
Eh sich der schöne Silberkreis erfüllt.

Doch höher stets, zu immer höhern Höhen
Schwang sich der schaffende Genie.
Schon sieht man Schöpfungen aus Schöpfungen erstehen,
Aus Harmonien Harmonie.
Was hier allein das trunkne Aug entzückt,
Dient unterwürfig dort der höhern Schöne;
Der Reiz, der diese Nymphe schmückt,
Schmilzt sanft in eine göttliche Athene:
Die Kraft, die in des Fechters Muskel schwillt,
Muß in des Gottes Schönheit lieblich schweigen;
Das Staunen seiner Zeit, das stolze Jovisbild,
Im Tempel zu Olympia sich neigen.

Die Welt, verwandelt durch den Fleiß,
Das Menschenherz, bewegt von neuen Trieben,
Die sich in heißen Kämpfen üben,
Erweitern euren Schöpfungskreis.
Der fortgeschrittne Mensch trägt auf erhobnen Schwingen
Dankbar die Kunst mit sich empor,
Und neue Schönheitswelten springen
Aus der bereicherten Natur hervor.

Des Wissens Schranken gehen auf,
Der Geist, in euren leichten Siegen
Geübt, mit schnell gezeitigtem Vergnügen
Ein künstlich All von Reizen zu durcheilen,

Stellt der Natur entlegenere Säulen,
Ereilet sie auf ihrem dunkeln Lauf.
Jetzt wägt er sie mit menschlichen Gewichten,
Mißt sie mit *Maßen*, die sie ihm geliehn;
Verständlicher in seiner Schönheit Pflichten,
Muß sie an seinem Aug vorüberziehn.
In selbstgefäll'ger jugendlicher Freude
Leiht er den Sphären seine Harmonie,
Und preiset er das Weltgebäude,
So prangt es durch die Symmetrie.

In allem, was ihn jetzt umlebet,
Spricht ihn das holde Gleichmaß an.
Der Schönheit goldner Gürtel webet
Sich mild in seine Lebensbahn;
Die selige Vollendung schwebet
In euren Werken siegend ihm voran.
Wohin die laute Freude eilet,
Wohin der stille Kummer flieht,
Wo die Betrachtung denkend weilet,
Wo er des Elends Tränen sieht,
Wo tausend Schrecken auf ihn zielen,
Folgt ihm ein Harmonienbach,
Sieht er die Huldgöttinnen spielen,
Und ringt in stillverfeinerten Gefühlen
Der lieblichen Begleitung nach.
Sanft, wie des Reizes Linien sich winden,
Wie die Erscheinungen um ihn
In weichem Umriß ineinander schwinden,
Flieht seines Lebens leichter Hauch dahin.
Sein Geist zerrinnt im Harmonienmeere,
Das seine Sinne wollustreich umfließt,
Und der hinschmelzende Gedanke schließt
Sich still an die allgegenwärtige Cythere.
Mit dem Geschick in hoher Einigkeit,
Gelassen hingestützt auf Grazien und Musen,
Empfängt er das Geschoß, das ihn bedräut,

Mit freundlich dargebotnem Busen,
Vom sanften Bogen der Notwendigkeit.

Vertraute Lieblinge der sel'gen Harmonie,
Erfreuende Begleiter durch das Leben,
Das Edelste, das Teuerste, was sie,
Die Leben gab, zum Leben uns gegeben!
Daß der entjochte Mensch jetzt seine Pflichten *denkt*,
Die Fessel liebet, die ihn lenkt,
Kein Zufall mehr mit ehrnem Zepter ihm gebeut,
Dies dankt euch – eure Ewigkeit,
Und ein erhabner Lohn in eurem Herzen.
Daß um den Kelch, worin uns Freiheit rinnt,
Der Freude Götter lustig scherzen,
Der holde Traum sich lieblich spinnt,
Dafür seid liebevoll umfangen!

Dem prangenden, dem heitern Geist,
Der die Notwendigkeit mit Grazie umzogen,
Der seinen Äther, seinen Sternenbogen
Mit Anmut uns bedienen heißt,
Der, wo er schreckt, noch durch Erhabenheit entzücket,
Und zum Verheeren selbst sich schmücket,
Dem großen Künstler ahmt ihr nach.
Wie auf dem spiegelhellen Bach
Die bunten Ufer tanzend schweben,
Das Abendrot, das Blütenfeld,
So schimmert auf dem dürft'gen Leben
Der Dichtung muntre Schattenwelt.
Ihr führet uns im Brautgewande
Die fürchterliche Unbekannte,
Die unerweichte Parze vor.
Wie eure Urnen die Gebeine,
Deckt ihr mit holdem Zauberscheine
Der Sorgen schauervollen Chor.
Jahrtausende hab ich durcheilet,
Der Vorwelt unabsehlich Reich:

Wie lacht die Menschheit, wo ihr weilet,
Wie traurig liegt sie hinter euch!

Die einst mit flüchtigem Gefieder
Voll Kraft aus euren Schöpferhänden stieg,
In eurem Arm fand sie sich wieder,
Als durch der Zeiten stillen Sieg
Des Lebens Blüte von der Wange,
Die Stärke von den Gliedern wich,
Und traurig, mit entnervtem Gange,
Der Greis an seinem Stabe schlich.
Da reichtet ihr aus frischer Quelle
Dem Lechzenden die Lebenswelle.
Zweimal verjüngte sich die Zeit,
Zweimal von Samen, die ihr ausgestreut.

Vertrieben von Barbarenheeren,
Entrisset ihr den letzten Opferbrand
Des Orients entheiligten Altären,
Und brachtet ihn dem Abendland.
Da stieg der schöne Flüchtling aus dem Osten,
Der junge Tag, im Westen neu empor,
Und auf Hesperiens Gefilden sproßten
Verjüngte Blüten Ioniens hervor.
Die schönere Natur warf in die Seelen
Sanft spiegelnd einen schönen Widerschein,
Und prangend zog in die geschmückten Seelen
Des Lichtes große Göttin ein.
Da sah man Millionen Ketten fallen,
Und über Sklaven sprach jetzt Menschenrecht,
Wie Brüder friedlich miteinander wallen,
So mild erwuchs das jüngere Geschlecht.
Mit innrer hoher Freudenfülle
Genießt ihr das gegebne Glück,
Und tretet in der Demut Hülle
Mit schweigendem Verdienst zurück.

Wenn auf des Denkens freigegebnen Bahnen
Der Forscher jetzt mit kühnem Glücke schweift,
Und, trunken von siegrufenden Päanen,
Mit rascher Hand schon nach der Krone greift;
Wenn er mit niederm Söldnerslohne
Den edeln Führer zu entlassen glaubt,
Und neben dem geträumten Throne
Der Kunst den ersten Sklavenplatz erlaubt:
Verzeiht ihm – der Vollendung Krone
Schwebt glänzend über eurem Haupt.
Mit euch, des Frühlings erster Pflanze,
Begann die seelenbildende Natur,
Mit euch, dem freud'gen Erntekranze,
Schließt die vollendende Natur.

Die von dem Ton, dem Stein bescheiden aufgestiegen,
Die schöpferische Kunst, umschließt mit stillen Siegen
Des Geistes unermeßnes Reich;
Was in des Wissens Land Entdecker nur ersiegen,
Entdecken sie, ersiegen sie für euch.
Der Schätze, die der Denker aufgehäufet,
Wird er in euren Armen erst sich freun,
Wenn seine Wissenschaft, der Schönheit zugereifet,
Zum Kunstwerk wird geadelt sein –
Wenn er auf einen Hügel mit euch steiget,
Und seinem Auge sich, in mildem Abendschein,
Das malerische Tal – auf einmal zeiget.

Je reicher ihr den schnellen Blick vergnüget,
Je höhre schönre Ordnungen der Geist
In *einem* Zauberbund durchflieget,
In *einem* schwelgenden Genuß umkreist;
Je weiter sich Gedanken und Gefühle
Dem üppigeren Harmonienspiele,
Dem reichern Strom der Schönheit aufgetan –
Je schönre Glieder aus dem Weltenplan,
Die jetzt verstümmelt seine Schöpfung schänden,

Sieht er die hohen Formen dann vollenden,
Je schönre Rätsel treten aus der Nacht,
Je reicher wird die Welt, die *er* umschließet,
Je breiter strömt das Meer, mit dem er fließet,
Je schwächer wird des Schicksals blinde Macht,
Je höher streben seine Triebe,
Je kleiner wird er selbst, je größer seine Liebe.

So führt ihn, in verborgnem Lauf,
Durch immer reinre Formen, reinre Töne,
Durch immer höhre Höhn und immer schönre Schöne
Der Dichtung Blumenleiter still hinauf –
Zuletzt, am reifen Ziel der Zeiten,
Noch eine glückliche Begeisterung,
Des jüngsten Menschenalters Dichterschwung,
Und – in der *Wahrheit* Arme wird er gleiten.

Sie selbst, die sanfte Cypria,
Umleuchtet von der Feuerkrone,
Steht dann vor ihrem münd'gen Sohne
Entschleiert – als Urania;
So schneller nur von ihm erhaschet,
Je *schöner* er von ihr geflohn!
So süß, so selig überraschet
Stand einst Ulyssens edler Sohn,
Da seiner Jugend himmlischer Gefährte
Zu Jovis Tochter sich verklärte.

Der Menschheit Würde ist in eure Hand gegeben,
Bewahret sie!
Sie sinkt mit euch! Mit euch wird die gesunkene sich heben!
Der Dichtung heilige Magie
Dient einem weisen Weltenplane,
Still lenke sie zum Ozeane
Der großen Harmonie!

Von ihrer Zeit verstoßen, flüchte
Die ernste Wahrheit zum Gedichte,
Und finde Schutz in der Kamönen Chor.
In ihres Glanzes höchster Fülle,
Furchtbarer in des Reizes Hülle,
Erstehe sie in dem Gesange
Und räche sich mit Siegesklange
An des Verfolgers feigem Ohr.
Der freisten Mutter freie Söhne,
Schwingt euch mit festem Angesicht
Zum Strahlensitz der höchsten Schöne,
Um andre Kronen buhlet nicht.
Die Schwester, die euch hier verschwunden,
Holt ihr im Schoß der Mutter ein;
Was schöne Seelen schön empfunden,
Muß trefflich und vollkommen sein.
Erhebet euch mit kühnem Flügel
Hoch über euren Zeitenlauf;
Fern dämmre schon in euerm Spiegel
Das kommende Jahrhundert auf.
Auf tausendfach verschlungnen Wegen
Der reichen Mannigfaltigkeit
Kommt dann umarmend euch entgegen
Am Thron der hohen Einigkeit.
Wie sich in sieben milden Strahlen
Der weiße Schimmer lieblich bricht,
Wie sieben Regenbogenstrahlen
Zerrinnen in das weiße Licht:
So spielt in tausendfacher Klarheit
Bezaubernd um den trunknen Blick,
So fließt in *einen* Bund der Wahrheit,
In *einen* Strom des Lichts zurück!

[FÜR KARL GOTTHARD GRASS]

Die Kunst lehrt die geadelte Natur
Mit Menschentönen zu uns reden,
In toten seelenlosen Öden
Verbreitet *sie* der Seele Spur.
Bewegung zum Gedanken zu beleben,
Der Elemente totes Spiel
Zum Rang der Geister zu erheben,
Ist ihres Strebens edles Ziel.
Nehmt ihm den Blumenkranz vom Haupte,
Womit der Kunst wohltät'ge Hand
Das bleiche Trauerbild umlaubte,
Nehmt ihm das prangende Gewand,
Das *Kunst* ihm umgetan – was bleibt der Menschen Leben?
Ein ewig Fliehn vor dem nacheilenden Geschick,
Ein langer letzter Augenblick!
O wieviel schöner, als der Schöpfer sie gegeben,
Gibt ihm die Kunst die Welt zurück!

Jena, den 28. März 1790 Friedrich Schiller

[FÜR JENS IMMANUEL BAGGESEN]

In frischem Duft, in ew'gem Lenze,
Wenn Zeiten und Geschlechter fliehn,
Sieht man des Ruhms verdiente Kränze
Im Lied des Sängers unvergänglich blühn.
An Tugenden der Vorgeschlechter
Entzündet er die Folgezeit.
Er sitzt, ein unbestochner Wächter,
Im Vorhof der Unsterblichkeit.
Der Kronen schönste reicht der Richter
Der Taten – durch die Hand der Dichter.

Jena, den 9. August 90 Friedrich Schiller

[FÜR JOHANNES GROSS]

Alles unser Wissen ist ein Darlehn der Welt und der Vorwelt. Der tätige Mensch trägt es an die Mitwelt und Nachwelt ab; der untätige stirbt mit einer unbezahlten Schuld. Jeder, der etwas Gutes wirkt, hat für die Ewigkeit gearbeitet.

Jena, den 22. Sept. 90 F. Schiller

[FÜR AUGUST BEHAGHEL VON ADLERSKRON]

Freund, wandle froh auf den betretnen Pfaden,
Verborgen zwar schlingt sich des Schicksals Faden,
Doch lenkt ihn deines Schöpfers Hand –
Und an der Liebe leichtem Rosenband
Will Freundschaft durch das neue Leben
Ermunternd dir zur Seite schweben –
Vergiß des Belts beeisten Strand,
Vergiß ein Glück, das du mit edelm Stolz verstoßen;
Ein freier Geist, der Wahrheit aufgeschlossen,
Ein Mut, mit Prüfungen bekannt,
Ein edles Herz, in Sympathie ergossen
Und eingeweiht im Schönen und im Großen,
Macht froh bei jedem Los und groß in jedem Stand,
Macht jede Flur – zum Vaterland.

Jena, 16. März 1791 Friedrich Schiller

[FÜR FRANZ PAUL VON HERBERT(?)]

Geh und predige das *neue Evangelium* allen Kreaturen. Wer da glaubt, der wird selig, wer aber nicht glaubt, der – läßt es bleiben.

Jena, den 31. März 1791 Schiller

[FÜR GEORG FRIEDRICH CREUZER]

Die *Natur* gab uns nur *Dasein*; *Leben* gibt uns die *Kunst* und *Vollendung* die *Weisheit*.

Erfurt, den 18. September 1791 Fr. Schiller

[FÜR H. v. T.]

Hier, wo deine Freundschaft guten Menschen
Ihre bessern Schätze aufgehäuft,
Wenn der Geiz mit nimmersatten Wünschen,
Durst'gen Blicken totes Gold durchschweift,
Hier willst du ein Bürgerrecht mir geben,
Haben wir uns denn gekannt?
Knüpft ein flüchtiges Vorüberschweben
Der Empfindung ewig festes Band?
Schnell verfliegt der Morgentraum des Lebens,
Ach und eines Menschen Herz ist klein,
Und wir sammeln für den Traum des Lebens
Geizig wie für ein Jahrtausend ein.
Diese Habsucht, würdig schöner Seelen,
Nie auf dieser Welt wird sie gestillt.
So viel Schätze können wir nicht zählen,
Einen nur hieß uns der Himmel wählen,
Unser Ebenbild.

S.

[FÜR SOPHIE NÖSSELT]

Wenn Scham und Weisheit sich vereinen,
Sieht man die Grazien erscheinen,
Und Sittlichkeit, die fein entscheidet,
Was ehrbar ist und edel kleidet.

Jena, den 31. Jul. 1793 Zum Andenken
von Friedrich Schiller

[FÜR EINEN KUNSTFREUND]

Die Weisheit wohnte sonst auf großen Foliobogen,
Der Freundschaft war ein Taschenbuch bestimmt;
Jetzt, da die Wissenschaft ins kleinre sich gezogen,
Und leicht, wie Kork, in Almanachen schwimmt,
Hast du, ein hochbeherzter Mann,
Dies ungeheure Haus den Freunden aufgetan.
Wie? Fürchtest du denn nicht, ich muß dich ernstlich fragen,
An so viel Freunden allzuschwer zu tragen?

1795–1805

POESIE DES LEBENS

An ***

»Wer möchte sich an Schattenbildern weiden,
Die mit erborgtem Schein das Wesen überkleiden,
Mit trügrischem Besitz die Hoffnung hintergehn?
Entblößt muß ich die Wahrheit sehn.
Soll gleich mit meinem Wahn mein ganzer Himmel schwinden,
Soll gleich den freien Geist, den der erhabne Flug
Ins grenzenlose Reich der Möglichkeiten trug,
Die Gegenwart mit strengen Fesseln binden,
Er lernt sich selber überwinden,
Ihn wird das heilige Gebot
Der Pflicht, das furchtbare der Not
Nur desto unterwürf'ger finden,
Wer schon der Wahrheit milde Herrschaft scheut,
Wie trägt er die Notwendigkeit?«

So rufst du aus und blickst, mein strenger Freund,
Aus der Erfahrung sicherm Porte
Verwerfend hin auf alles, was nur scheint.
Erschreckt von deinem ernsten Worte,
Entflieht der Liebesgötter Schar,
Der Musen Spiel verstummt, es ruhn der Horen Tänze,
Still traurend nehmen ihre Kränze
Die Schwestergöttinnen vom schön gelockten Haar,
Apoll zerbricht die goldne Leier,
Und Hermes seinen Wunderstab,
Des Traumes rosenfarbner Schleier
Fällt von des Lebens bleichem Antlitz ab.
Die Welt scheint, was sie ist, ein Grab.
Von seinen Augen nimmt die zauberische Binde
Cytherens Sohn, die Liebe *sieht*,
Sie sieht in ihrem Götterkinde
Den Sterblichen, erschrickt und flieht,
Der Schönheit Jugendbild veraltet,

Auf deinen Lippen selbst erkaltet
Der Liebe Kuß, und in der Freude Schwung
Ergreift dich die Versteinerung.

[FÜR FRIEDERIKE BRUN]

Keine Gottheit erschiene mehr? Sie erscheint mir in jedem,
Der in der edeln Gestalt mir das Unsterbliche zeigt.

Jena, den 9. Jul. 95 Zum Andenken
von F. Schiller

DIE MACHT DES GESANGES

Ein Regenstrom aus Felsenrissen,
Er kommt mit Donners Ungestüm,
Bergtrümmer folgen seinen Güssen,
Und Eichen stürzen unter ihm.
Erstaunt, mit wollustvollem Grausen,
Hört ihn der Wanderer und lauscht,
Er hört die Flut vom Felsen brausen,
Doch weiß er nicht, woher sie rauscht;
So strömen des Gesanges Wellen
Hervor aus nie entdeckten Quellen.

Verbündet mit den furchtbarn Wesen,
Die still des Lebens Faden drehn,
Wer kann des Sängers Zauber lösen,
Wer seinen Tönen widerstehn?
Wie mit dem Stab des Götterboten
Beherrscht er das bewegte Herz,
Er taucht es in das Reich der Toten,
Er hebt es staunend himmelwärts,
Und wiegt es zwischen Ernst und Spiele
Auf schwanker Leiter der Gefühle.

Wie wenn auf einmal in die Kreise
Der Freude, mit Gigantenschritt,
Geheimnisvoll nach Geisterweise
Ein ungeheures Schicksal tritt.
Da beugt sich jede Erdengröße
Dem Fremdling aus der andern Welt,
Des Jubels nichtiges Getöse
Verstummt, und jede Larve fällt,
Und vor der Wahrheit mächt'gem Siege
Verschwindet jedes Werk der Lüge.

So rafft von jeder eiteln Bürde,
Wenn des Gesanges Ruf erschallt,
Der Mensch sich auf zur Geisterwürde,
Und tritt in heilige Gewalt;
Den hohen Göttern ist er eigen,
Ihm darf nichts Irdisches sich nahn,
Und jede andre Macht muß schweigen,
Und kein Verhängnis fällt ihn an,
Es schwinden jedes Kummers Falten,
Solang des Liedes Zauber walten.

Und wie nach hoffnungslosem Sehnen,
Nach langer Trennung bitterm Schmerz,
Ein Kind mit heißen Reuetränen
Sich stürzt an seiner Mutter Herz,
So führt zu seiner Jugend Hütten,
Zu seiner Unschuld reinem Glück,
Vom fernen Ausland fremder Sitten
Den Flüchtling der Gesang zurück,
In der Natur getreuen Armen
Von kalten Regeln zu erwarmen.

SPRUCH DES KONFUZIUS

Dreifach ist der Schritt der Zeit.
Zögernd kommt die Zukunft hergezogen,
Pfeilschnell ist das Jetzt entflogen,
Ewig still steht die Vergangenheit.

Keine Ungeduld beflügelt
Ihren Schritt, wenn sie verweilt.
Keine Furcht, kein Zweifeln zügelt
Ihren Lauf, wenn sie enteilt.
Keine Reu, kein Zaubersegen
Kann die Stehende bewegen.

Möchtest du beglückt und weise
Endigen des Lebens Reise?
Nimm die Zögernde zum Rat,
Nicht zum Werkzeug deiner Tat.
Wähle nicht die Fliehende zum Freund,
Nicht die Bleibende zum Feind.

PEGASUS IN DER DIENSTBARKEIT

Auf einen Pferdemarkt – vielleicht zu Haymarket,
Wo andre Dinge noch in Ware sich verwandeln,
Bracht einst ein hungriger Poet
Der Musen Roß, es zu verhandeln.

Hell wieherte der Hippogryph,
Und bäumte sich in prächtiger Parade,
Erstaunt blieb jeder stehn, und rief:
»Das edle, königliche Tier! Nur schade,
Daß seinen schlanken Wuchs ein häßlich Flügelpaar
Entstellt! Den schönsten Postzug würd es zieren.
Die Rasse, sagen sie, sei rar,
Doch wer wird durch die Luft kutschieren?
Und keiner will sein Geld verlieren.«

Ein Pachter endlich faßte Mut.
»Die Flügel zwar«, spricht er, »die schaffen keinen Nutzen,
Doch die kann man ja binden oder stutzen,
Dann ist das Pferd zum Ziehen immer gut.
Ein zwanzig Pfund, die will ich wohl dran wagen«;
Der Täuscher, hochvergnügt, die Ware loszuschlagen,
Schlägt hurtig ein. »Ein Mann, ein Wort«,
Und Hans trabt frisch mit seiner Beute fort.

Das edle Tier wird eingespannt.
Doch fühlt es kaum die ungewohnte Bürde,
So rennt es fort mit wilder Flugbegierde,
Und wirft, von edelm Grimm entbrannt,
Den Karren um an eines Abgrunds Rand.
Schon gut, denkt Hans. Allein darf ich dem tollen Tiere
Kein Fuhrwerk mehr vertraun. Erfahrung macht schon klug.
Doch morgen fahr ich Passagiere,
Da stell ich es als Vorspann in den Zug.
Die muntre Krabbe soll zwei Pferde mir ersparen,
Der Koller gibt sich mit den Jahren.

Der Anfang ging ganz gut. Das leichtbeschwingte Pferd
Belebt der Klepper Schritt, und pfeilschnell fliegt der Wagen.
Doch was geschieht? Den Blick den Wolken zugekehrt,
Und ungewohnt, den Grund mit festem Huf zu schlagen,
Verläßt es bald der Räder sichre Spur,
Und treu der stärkeren Natur,
Durchrennt es Sumpf und Moor, geackert Feld und Hecken,
Der gleiche Taumel faßt das ganze Postgespann,
Kein Rufen hilft, kein Zügel hält es an,
Bis endlich, zu der Wandrer Schrecken,
Der Wagen, wohlgerüttelt und zerschellt,
Auf eines Berges steilem Gipfel hält.

»Das geht nicht zu mit rechten Dingen«,
Spricht Hans mit sehr bedenklichem Gesicht.
»So wird es nimmermehr gelingen;
Laß sehn, ob wir den Tollwurm nicht

Durch magre Kost und Arbeit zwingen.«
Die Probe wird gemacht. Bald ist das schöne Tier,
Eh noch drei Tage hingeschwunden,
Zum Schatten abgezehrt. »Ich hab's, ich hab's gefunden«,
Ruft Hans. »Jetzt frisch, und spannt es mir
Gleich vor den Pflug mit meinem stärksten Stier.«

Gesagt, getan. In lächerlichem Zuge
Erblickt man Ochs und Flügelpferd am Pfluge.
Unwillig steigt der Greif, und strengt die letzte Macht
Der Sehnen an, den alten Flug zu nehmen.
Umsonst, der Nachbar schreitet mit Bedacht,
Und Phöbus' stolzes Roß muß sich dem Stier bequemen,
Bis nun, vom langen Widerstand verzehrt,
Die Kraft aus allen Gliedern schwindet,
Von Gram gebeugt das edle Götterpferd
Zu Boden stürzt, und sich im Staube windet.

»Verwünschtes Tier!« bricht endlich Hansens Grimm
Laut scheltend aus, indem die Hiebe flogen.
»So bist du denn zum Ackern selbst zu schlimm,
Mich hat ein Schelm mit dir betrogen.«

Indem er noch in seines Zornes Wut
Die Peitsche schwingt, kommt flink und wohlgemut
Ein lustiger Gesell die Straße hergezogen.
Die Zither klingt in seiner leichten Hand,
Und durch den blonden Schmuck der Haare
Schlingt zierlich sich ein goldnes Band.
»Wohin, Freund, mit dem wunderlichen Paare?«
Ruft er den Baur von weitem an.
»Der Vogel und der Ochs an *einem* Seile,
Ich bitte dich, welch ein Gespann!
Willst du auf eine kleine Weile
Dein Pferd zur Probe mir vertraun,
Gib acht, du sollst dein Wunder schaun!«

Der Hippogryph wird ausgespannt,
Und lächelnd schwingt sich ihm der Jüngling auf den Rücken.
Kaum fühlt das Tier des Meisters sichre Hand,
So knirscht es in des Zügels Band,
Und steigt, und Blitze sprühn aus den beseelten Blicken.
Nicht mehr das vor'ge Wesen, königlich,
Ein Geist, ein Gott, erhebt es sich,
Entrollt mit einemmal in majestät'schen Wogen
Der Schwingen Pracht, schießt brausend himmelan,
Und eh der Blick ihm folgen kann,
Verschwindet es am fernen Ätherbogen.

DER METAPHYSIKER

»Wie tief liegt unter mir die Welt,
Kaum seh ich noch die Menschlein unten wallen!
Wie trägt mich meine Kunst, die *höchste* unter allen,
So nahe an des Himmels Zelt!«
So ruft von seines Turmes Dache
Der Schieferdecker, so der kleine große Mann
Hans Metaphysikus in seinem Schreibgemache.
Sag an, du kleiner großer Mann,
Der Turm, von dem dein Blick so vornehm niederschauet,
Wovon ist er – *worauf* ist er erbauet?
Wie kamst du selbst hinauf – und seine kahlen Höhn,
Wozu sind sie dir nütz, als in das Tal zu sehn?

DAS UNWANDELBARE

»Unaufhaltsam enteilet die Zeit.« – Sie sucht das Bestånd'ge.
Sei getreu, und du legst ewige Fesseln ihr an.

ZEUS ZU HERKULES

Nicht aus meinem Nektar hast du dir Gottheit getrunken.
Deine Götterkraft war's, die dir den Nektar errang.

DER TANZ

Sieh, wie sie durcheinander in kühnen Schlangen sich winden,
Wie mit geflügeltem Schritt schweben auf schlüpfrigem Plan.
Seh ich flüchtige Schatten von ihren Leibern geschieden?
Ist es Elysiums Hain, der den Erstaunten umfängt?
Wie, vom Zephyr gewiegt, der leichte Rauch durch die Luft schwimmt,
Wie sich leise der Kahn schaukelt auf silberner Flut,
Hüpft der gelehrige Fuß auf des Takts melodischen Wellen,
Säuselndes Saitengetön hebt den ätherischen Leib.
Keinen drängend, von keinem gedrängt, mit besonnener Eile,
Schlüpft ein liebliches Paar dort durch des Tanzes Gewühl.
Vor ihm her entsteht seine Bahn, die hinter ihm schwindet,
Leis wie durch magische Hand öffnet und schließt sich der Weg.
Sieh! jetzt verliert es der suchende Blick. Verwirrt durcheinander
Stürzt der zierliche Bau dieser beweglichen Welt.
Nein, dort schwebt es frohlockend herauf. Der Knoten entwirrt sich,
Nur mit verändertem Reiz stellt sich die Ordnung mir dar.
Ewig zerstört und ewig erzeugt sich die drehende Schöpfung,
Und ein stilles Gesetz lenkt der Verwandlungen Spiel.
Sprich, wie geschieht's, daß rastlos bewegt die Bildungen schwanken,
Und die Regel doch bleibt, wenn die Gestalten auch fliehn?
Daß mit Herrscherkühnheit einher der einzelne wandelt,
Keiner ihm sklavisch weicht, keiner entgegen ihm stürmt?
Willst du es wissen? Es ist des Wohllauts mächtige Gottheit,
Die zum geselligen Tanz ordnet den tobenden Sprung,

Die, der Nemesis gleich, an des Rhythmus goldenem Zügel
Lenkt die brausende Lust, und die gesetzlose zähmt.
Und der Wohllaut der großen Natur umrauscht dich vergebens?
Dich ergreift nicht der Strom dieser harmonischen Welt?
Nicht der begeisternde Takt, den alle Wesen dir schlagen?
Nicht der wirbelnde Tanz, der durch den ewigen Raum
Leuchtende Sonnen wälzt in künstlich schlängelnden Bahnen?
Handelnd fliehst du das Maß, das du im Spiele doch ehrst?

DER TANZ

Siehe wie schwebenden Schritts im Wellenschwung sich die Paare
Drehen, den Boden berührt kaum der geflügelte Fuß.
Seh ich flüchtige Schatten, befreit von der Schwere des Leibes?
Schlingen im Mondlicht dort Elfen den luftigen Reihn?
Wie, vom Zephyr gewiegt, der leichte Rauch in die Luft fließt,
Wie sich leise der Kahn schaukelt auf silberner Flut,
Hüpft der gelehrige Fuß auf des Takts melodischer Woge,
Säuselndes Saitengetön hebt den ätherischen Leib.
Jetzt, als wollt es mit Macht durchreißen die Kette des Tanzes,
Schwingt sich ein mutiges Paar dort in den dichtesten Reihn.
Schnell vor ihm her entsteht ihm die Bahn, die hinter ihm schwindet,
Wie durch magische Hand öffnet und schließt sich der Weg.
Sieh! Jetzt schwand es dem Blick, in wildem Gewirr durcheinander
Stürzt der zierliche Bau dieser beweglichen Welt.
Nein, dort schwebt es frohlockend herauf, der Knoten entwirrt sich,
Nur mit verändertem Reiz stellet die Regel sich her.
Ewig zerstört, es erzeugt sich ewig die drehende Schöpfung,
Und ein stilles Gesetz lenkt der Verwandlungen Spiel.

Sprich, wie geschieht's, daß rastlos erneut die Bildungen schwanken,
Und die Ruhe besteht in der bewegten Gestalt?
Jeder ein Herrscher, frei, nur dem eigenen Herzen gehorchet,
Und im eilenden Lauf findet die einzige Bahn?
Willst du es wissen? Es ist des Wohllauts mächtige Gottheit,
Die zum geselligen Tanz ordnet den tobenden Sprung,
Die, der Nemesis gleich, an des Rhythmus goldenem Zügel
Lenkt die brausende Lust und die verwilderte zähmt;
Und dir rauschen umsonst die Harmonieen des Weltalls,
Dich ergreift nicht der Strom dieses erhabnen Gesangs,
Nicht der begeisternde Takt, den alle Wesen dir schlagen,
Nicht der wirbelnde Tanz, der durch den ewigen Raum
Leuchtende Sonnen schwingt in kühn gewundenen Bahnen?
Das du im Spiele doch ehrst, fliehst du im Handeln, das Maß.

WÜRDEN

Wie die Säule des Lichts auf des Baches Welle sich spiegelt,
Hell wie von eigener Glut flammt der vergoldete Saum,
Aber die Welle flieht mit dem Strom, durch die glänzende Straße
Drängt eine andre sich schon, schnell wie die erste zu fliehn,
So beleuchtet der Würden Glanz den sterblichen Menschen,
Nicht der Mensch, nur der Platz, den er durchwandelte, glänzt.

DIE ZWEI TUGENDWEGE

Zwei sind der Pfade, auf welchen der Mensch zur Tugend emporstrebt.
Schließt sich der eine dir zu, tut sich der andre dir auf.
Handelnd erringt der Glückliche sie, der Leidende *duldend.*
Wohl dem, den sein Geschick liebend auf beiden geführt!

DER SÄMANN

Sieh! voll Hoffnung vertraust du der Erde den goldenen Samen,
Und erwartest im Lenz fröhlich die keimende Saat.
Nur in die Furche der Zeit bedenkst du dich Taten zu streuen,
Die, von der Weisheit gesät, still für die Ewigkeit blühn?

DIE ANTIKE AN EINEN WANDERER AUS NORDEN

Über Ströme hast du gesetzt und Meere durchschwommen,
Über der Alpen Gebirg trug dich der schwindliche Steg,
Mich in der Nähe zu schauen und meine Schöne zu preisen,
Die der begeisterte Ruf rühmt durch die staunende Welt;
Und nun stehst du vor mir, du darfst mich Heil'ge berühren,
Aber bist du mir jetzt näher und bin ich es dir?
Hinter dir liegt zwar dein neblichter Pol und dein eiserner Himmel,
Deine arkturische Nacht flieht vor Ausoniens Tag,
Aber hast du die Alpenwand des Jahrhunderts gespalten,
Die zwischen dir und mir finster und traurig sich türmt?
Hast du von deinem Herzen gewälzt die Wolke des Nebels,
Die von dem wundernden Aug wälzte der fröhliche Strahl?
Ewig umsonst umstrahlt dich in mir Ioniens Sonne,
Den verdüsterten Sinn bindet der nordische Fluch.

DIE ANTIKE AN DEN NORDISCHEN WANDRER

Über Ströme hast du gesetzt und Meere durchschwommen,
Über der Alpen Gebirg trug dich der schwindlichte Steg,
Mich in der Nähe zu schaun und meine Schöne zu preisen,
Die der begeisterte Ruf rühmt durch die staunende Welt,
Und nun stehst du vor mir, du darfst mich Heil'ge berühren,
Aber bist du mir jetzt näher und bin ich es dir?

AN EINEN WELTVERBESSERER

»Alles«, sagst du mir, »opfert ich hin, der Menschheit zu helfen,
Eitel war der Erfolg, Haß und Verfolgung der Lohn.«
Soll ich dir sagen, Freund, wie *ich* mit Menschen es halte?
Traue dem Spruche! Noch nie hat mich der Führer getäuscht.
Von der *Menschheit* – du kannst von ihr nie groß genug denken,
Wie du im Busen sie trägst, prägst du in Taten sie aus.
Auch dem *Menschen*, der dir im engen Leben begegnet,
Reich ihm, wenn er sie mag, freundlich die helfende Hand.
Nur für Regen und Tau und fürs Wohl der *Menschengeschlechter*
Laß du das liebe Geschick walten wie gestern so heut.

DAS HÖCHSTE

Suchst du das Höchste, das Größte? Die Pflanze kann es dich lehren.
Was sie willenlos ist, sei du es wollend – das ist's!

DAS REICH DER SCHATTEN

Ewig klar und spiegelrein und eben
Fließt das zephyrleichte Leben
Im Olymp den Seligen dahin.
Monde wechseln und Geschlechter fliehen,
Ihrer Götterjugend Rosen blühen
Wandellos im ewigen Ruin.
Zwischen Sinnenglück und Seelenfrieden
Bleibt dem Menschen nur die bange Wahl.
Auf der Stirn des hohen Uraniden
Leuchtet ihr vermählter Strahl.

Führt kein Weg hinauf zu jenen Höhen?
Muß der Blume Schmuck vergehen,
Wenn des Herbstes Gabe schwellen soll?
Wenn sich Lunens Silberhörner füllen,
Muß die andre Hälfte Nacht umhüllen,
Wird die Strahlenscheibe niemals voll?
Nein, auch aus der Sinne Schranken führen
Pfade aufwärts zur Unendlichkeit.
Die von ihren Gütern nichts berühren,
Fesselt kein Gesetz der Zeit.

Wollt ihr schon auf Erden Göttern gleichen,
Frei sein in des Todes Reichen,
Brechet nicht von seines Gartens Frucht.
An dem Scheine mag der Blick sich weiden,
Des Genusses wandelbare Freuden
Rächet schleunig der Begierde Flucht.
Selbst der Styx, der neunfach sie umwindet,
Wehrt die Rückkehr Ceres' Tochter nicht,
Nach dem Apfel greift sie und es bindet
Ewig sie des Orkus Pflicht.

Nur der Körper eignet jenen Mächten,
Die das dunkle Schicksal flechten,
Aber frei von jeder Zeitgewalt,
Die Gespielin seliger Naturen
Wandelt oben in des Lichtes Fluren,
Göttlich unter Göttern, die Gestalt.
Wollt ihr hoch auf ihren Flügeln schweben,
Werft die Angst des Irdischen von euch,
Fliehet aus dem engen dumpfen Leben
In der Schönheit Schattenreich!

Und vor jenen fürchterlichen Scharen
Euch auf ewig zu bewahren,
Brechet mutig alle Brücken ab.
Zittert nicht, die Heimat zu verlieren,

Alle Pfade, die zum Leben führen,
Alle führen zum gewissen Grab.
Opfert freudig auf, was ihr besessen,
Was ihr einst gewesen, was ihr seid,
Und in einem seligen Vergessen
Schwinde die Vergangenheit.

Keine Schmerzerinnerung entweihe
Diese Freistatt, keine Reue,
Keiner Sorge, keiner Träne Spur.
Losgesprochen sind von allen Pflichten,
Die in dieses Heiligtum sich flüchten,
Allen Schulden sterblicher Natur.
Aufgerichtet wandle hier der Sklave,
Seiner Fesseln glücklich unbewußt,
Selbst die rächende Erinne schlafe
Friedlich in des Sünders Brust.

Jugendlich, von allen Erdenmalen
Frei, in der Vollendung Strahlen
Schwebe hier der Menschheit Götterbild,
Wie des Lebens schweigende Phantome
Glänzend wandeln an dem styg'schen Strome,
Wie sie stand im himmlischen Gefild,
Ehe noch zum traur'gen Sarkophage
Die Unsterbliche herunterstieg.
Wenn im Leben noch des Kampfes Waage
Schwankt, erscheine hier der Sieg.

Nicht vom Kampf die Glieder zu entstricken,
Den Erschöpften zu erquicken,
Wehet hier des Sieges duft'ger Kranz.
Mächtig, selbst wenn eure Sehnen ruhten,
Reißt das Schicksal euch in seine Fluten,
Euch die Zeit in ihren Wirbeltanz.
Aber sinkt des Mutes kühner Flügel
Bei der Schranken peinlichem Gefühl,

Dann erblicket von der Schönheit Hügel
Freudig das erflogne Ziel.

Wenn es gilt, zu herrschen und zu schirmen,
Kämpfer gegen Kämpfer stürmen
Auf des Glückes, auf des Ruhmes Bahn,
Da mag Kühnheit sich an Kraft zerschlagen,
Und mit krachendem Getös die Wagen
Sich vermengen auf bestäubtem Plan.
Mut allein kann hier den Dank erringen,
Der am Ziel des Hippodromes winkt,
Nur der Starke wird das Schicksal zwingen,
Wenn der Schwächling untersinkt.

Aber der, von Klippen eingeschlossen,
Wild und schäumend sich ergossen,
Sanft und eben rinnt des Lebens Fluß
Durch der Schönheit stille Schattenlande,
Und auf seiner Wellen Silberrande
Malt Aurora sich und Hesperus.
Aufgelöst in zarter Wechselliebe,
In der Anmut freiem Bund vereint,
Ruhen hier die ausgesöhnten Triebe,
Und verschwunden ist der Feind.

Wenn, das Tote bildend zu beseelen,
Mit dem Stoff sich zu vermählen,
Tatenvoll der Genius entbrennt,
Da, da spanne sich des Fleißes Nerve,
Und beharrlich ringend unterwerfe
Der Gedanke sich das Element.
Nur dem Ernst, den keine Mühe bleichet,
Rauscht der Wahrheit tief versteckter Born,
Nur des Meißels schwerem Schlag erweichet
Sich des Marmors sprödes Korn.

Aber dringt bis in der Schönheit Sphäre,
Und im Staube bleibt die Schwere

Mit dem Stoff, den sie beherrscht, zurück.
Nicht der Masse qualvoll abgerungen,
Schlank und leicht, wie aus dem Nichts gesprungen,
Steht das Bild vor dem entzückten Blick.
Alle Zweifel, alle Kämpfe schweigen
In des Sieges hoher Sicherheit,
Ausgestoßen hat es jeden Zeugen
Menschlicher Bedürftigkeit.

Wenn ihr in der Menschheit traur'ger Blöße
Steht vor des Gesetzes Größe,
Wenn dem Heiligen die Schuld sich naht,
Da erblasse vor der Wahrheit Strahle
Eure Tugend, vor dem Ideale
Fliehe mutlos die beschämte Tat.
Kein Erschaffner hat dies Ziel erflogen,
Über diesen grauenvollen Schlund
Trägt kein Nachen, keiner Brücke Bogen,
Und kein Anker findet Grund.

Aber flüchtet aus der Sinne Schranken
In die Freiheit der Gedanken,
Und die Furchterscheinung ist entflohn,
Und der ew'ge Abgrund wird sich füllen;
Nehmt die Gottheit auf in euren Willen,
Und sie steigt von ihrem Weltenthron.
Des Gesetzes strenge Fessel bindet
Nur den Sklavensinn, der es verschmäht,
Mit des Menschen Widerstand verschwindet
Auch des Gottes Majestät.

Wenn der Menschheit Leiden euch umfangen,
Wenn Laokoon der Schlangen
Sich erwehrt mit namenlosem Schmerz,
Da empöre sich der Mensch! Es schlage
An des Himmels Wölbung seine Klage,
Und zerreiße euer fühlend Herz!

Der Natur furchtbare Stimme siege,
Und der Freude Wange werde bleich,
Und der heil'gen Sympathie erliege
Das Unsterbliche in euch!

Aber in den heitern Regionen,
Wo die Schatten selig wohnen,
Rauscht des Jammers trüber Sturm nicht mehr.
Hier darf Schmerz die Seele nicht durchschneiden,
Keine Träne fließt hier mehr dem Leiden,
Nur des Geistes tapfrer Gegenwehr.
Lieblich, wie der Iris Farbenfeuer
Auf der Donnerwolke duft'gem Tau,
Schimmert durch der Wehmut düstern Schleier
Hier der Ruhe heitres Blau.

Tief erniedrigt zu des Feigen Knechte,
Ging in ewigem Gefechte
Einst Alcid des Lebens schwere Bahn,
Rang mit Hydern und umarmt' den Leuen,
Stürzte sich, die Freunde zu befreien,
Lebend in den acheront'schen Kahn.
Alle Plagen, alle Erdenlasten
Wälzt der unversöhnten Göttin List
Auf die will'gen Schultern des Verhaßten,
Bis sein Lauf geendigt ist,

Bis der *Gott*, des Irdischen entkleidet,
Flammend sich vom *Menschen* scheidet,
Und des Äthers leichte Lüfte trinkt.
Froh des neuen ungewohnten Schwebens,
Fließt er aufwärts, und des Erdenlebens
Schweres Traumbild sinkt und sinkt und sinkt.
Des Olympus Harmonien empfangen
Den Verklärten in Kronions Saal,
Und die Göttin mit den Rosenwangen
Reicht ihm lächelnd den Pokal.

DEUTSCHLAND UND SEINE FÜRSTEN

Große Monarchen erzeugtest du, und bist ihrer würdig,
Den Gebietenden macht nur der Gehorchende groß.
Aber versuch es, o Deutschland, und mach es deinen Beherrschern
Schwerer, als Könige groß, leichter, nur Menschen zu sein!

DAS KIND IN DER WIEGE

Glücklicher Säugling! Dir ist ein unendlicher Raum noch die Wiege,
Werde Mann, und dir wird eng die unendliche Welt.

DER SPIELENDE KNABE

Spiele, Kind, in der Mutter Schoß! Auf der heiligen Insel
Findet der trübe Gram, findet die Sorge dich nicht,
Liebend halten die Arme der Mutter dich über dem Abgrund,
Und in das flutende Grab lächelst du schuldlos hinab.
Spiele, liebliche Unschuld! Noch ist Arkadien um dich,
Und die freie Natur folgt nur dem fröhlichen Trieb,
Noch erschafft sich die üppige Kraft erdichtete Schranken,
Und dem willigen Mut fehlt noch die Pflicht und der Zweck.
Spiele, bald wird die Arbeit kommen, die hagre, die ernste,
Und der gebietenden Pflicht mangeln die Lust und der Mut.

DIE RITTER DES SPITALS ZU JERUSALEM

Herrlich kleidet sie euch, des Kreuzes furchtbare Rüstung,
Wenn ihr, Löwen der Schlacht, Akkon und Rhodus beschützt,
Durch die syrische Wüste den bangen Pilgrim geleitet,
Und mit der Cherubim Schwert steht vor dem Heiligen Grab.

Aber schöner kleidet euch doch die Schürze des Wärters,
Wenn ihr, Löwen der Schlacht, Söhne des edelsten Stamms,
Dient an des Kranken Bett, dem Lechzenden Labung bereitet,
Und die ruhmlose Pflicht christlicher Milde vollbringt.
Religion des Kreuzes, nur du verknüpftest, in *einem*
Kranze, der Demut und Kraft doppelte Palme zugleich!

EIN WORT AN DIE PROSELYTENMACHER

»Nur etwas Erde außerhalb der Erde«,
Sprach jener weise Mann, »und staunen sollet ihr,
Wie leicht ich sie bewegen werde!«
Da eben liegt's, ihr Herrn. Vergönnet mir,
Nur einen Augenblick aus *mir* herauszutreten,
Gleich will ich euren Gott anbeten!

AN DIE PROSELYTENMACHER

»Nur ein weniges Erde beding ich mir außer der Erde«,
Sprach der göttliche Mann, »und ich bewege sie leicht.«
Einen Augenblick nur vergönnt mir, außer mir selber
Mich zu begeben, und schnell will ich der Eurige sein.

ILIAS

Immer zerreißet den Kranz des Homer, und zählet die Väter
Des vollendeten ewigen Werks!
Hat es doch *eine* Mutter nur und die Züge der Mutter,
Deine unsterblichen Züge, Natur.

DIE IDEALE

So willst du treulos von mir scheiden
Mit deinen holden Phantasien,
Mit deinen Schmerzen, deinen Freuden,
Mit allen unerbittlich fliehn?
Kann nichts dich, Fliehende! verweilen,
Oh! meines Lebens goldne Zeit?
Vergebens, deine Wellen eilen
Hinab ins Meer der Ewigkeit.

Erloschen sind die heitern Sonnen,
Die meiner Jugend Pfad erhellt,
Die Ideale sind zerronnen,
Die einst das trunkne Herz geschwellt,
Die schöne Frucht, die kaum zu keimen
Begann, da liegt sie schon erstarrt!
Mich weckt aus meinen frohen Träumen
Mit rauhem Arm die Gegenwart.

Die Wirklichkeit mit ihren Schranken
Umlagert den gebundnen Geist,
Sie stürzt, die Schöpfung der Gedanken,
Der Dichtung schöner Flor zerreißt.
Er ist dahin, der süße Glaube
An Wesen, die mein Traum gebar,
Der feindlichen Vernunft zum Raube,
Was einst so schön, so göttlich war.

Wie einst mit flehendem Verlangen
Den Stein Pygmalion umschloß,
Bis in des Marmors kalte Wangen
Empfindung glühend sich ergoß,
So schlangen meiner Liebe Knoten
Sich um die Säule der Natur,
Bis durch das starre Herz der Toten
Der Strahl des Lebens zuckend fuhr.

Bis, warm von sympathet'schem Triebe,
Sie freundlich mit dem Freund empfand,
Mir wiedergab den Kuß der Liebe,
Und meines Herzens Klang verstand;
Da lebte mir der Baum, die Rose,
Mir sang der Quellen Silberfall,
Es fühlte selbst das Seelenlose
Von meines Lebens Widerhall.

Es dehnte mit allmächt'gem Streben
Die enge Brust ein kreisend All,
Herauszutreten in das Leben
In Tat und Wort, in Bild und Schall.
Wie groß war diese Welt gestaltet,
Solang die Knospe sie noch barg,
Wie wenig, ach! hat sich entfaltet,
Dies wenige, wie klein und karg.

Wie aus des Berges stillen Quellen
Ein Strom die Urne langsam füllt,
Und jetzt mit königlichen Wellen
Die hohen Ufer überschwillt,
Es werfen Steine, Felsenlasten
Und Wälder sich in seine Bahn,
Er aber stürzt mit stolzen Masten
Sich rauschend in den Ozean.

So sprang, von kühnem Mut beflügelt,
Ein reißend bergab rollend Rad,
Von keiner Sorge noch gezügelt,
Der Jüngling in des Lebens Pfad.
Bis an des Äthers bleichste Sterne
Erhub ihn der Entwürfe Flug,
Nichts war so hoch, und nichts so ferne,
Wohin ihr Flügel ihn nicht trug.

Wie leicht ward er dahingetragen,
Was war dem Glücklichen zu schwer!
Wie tanzte vor des Lebens Wagen
Die luftige Begleitung her!
Die *Liebe* mit dem süßen Lohne,
Das *Glück* mit seinem goldnen Kranz,
Der *Ruhm* mit seiner Sternenkrone,
Die *Wahrheit* in der Sonne Glanz!

Doch ach! schon auf des Weges Mitte
Verloren die Begleiter sich,
Sie wandten treulos ihre Schritte,
Und einer nach dem andern wich.
Leichtfüßig war das Glück entflogen,
Des Wissens Durst blieb ungestillt,
Des Zweifels finstre Wetter zogen
Sich um der Wahrheit Sonnenbild.

Des Ruhmes Dunstgestalt berührte
Die Weisheit, da verschwand der Trug.
Der Liebe süßen Traum entführte
Ach! allzuschnell der Hore Flug.
Und immer stiller ward's, und immer
Verlaßner auf dem rauhen Steg,
Kaum warf noch einen bleichen Schimmer
Die Hoffnung auf den finstern Weg.

Von all dem rauschenden Geleite,
Wer harrte liebend bei mir aus?
Wer steht mir tröstend noch zur Seite,
Und folgt mir bis zum finstern Haus?
Du, die du alle Wunden heilest,
Der *Freundschaft* leise zarte Hand,
Des Lebens Bürden liebend teilest,
Du, die ich frühe sucht und fand,

Und du, die gern sich mit ihr gattet,
Wie sie, der Seele Sturm beschwört,
Beschäftigung, die nie ermattet,
Die langsam schafft, doch nie zerstört,
Die zu dem Bau der Ewigkeiten
Zwar Sandkorn nur für Sandkorn reicht,
Doch von der großen Schuld der Zeiten
Minuten, Tage, Jahre streicht.

DIE IDEALE

So willst du treulos von mir scheiden
Mit deinen holden Phantasien,
Mit deinen Schmerzen, deinen Freuden,
Mit allen unerbittlich fliehn?
Kann nichts dich, Fliehende! verweilen,
Oh! meines Lebens goldne Zeit?
Vergebens, deine Wellen eilen
Hinab ins Meer der Ewigkeit.

Erloschen sind die heitern Sonnen,
Die meiner Jugend Pfad erhellt,
Die Ideale sind zerronnen,
Die einst das trunkne Herz geschwellt,
Er ist dahin, der süße Glaube
An Wesen, die mein Traum gebar,
Der rauhen Wirklichkeit zum Raube,
Was einst so schön, so göttlich war.

Wie einst mit flehendem Verlangen
Pygmalion den Stein umschloß,
Bis in des Marmors kalte Wangen
Empfindung glühend sich ergoß,
So schlang ich mich mit Liebesarmen
Um die Natur, mit Jugendlust,
Bis sie zu atmen, zu erwarmen
Began an meiner Dichterbrust.

Und, teilend meine Flammentriebe,
Die Stumme eine Sprache fand,
Mir wiedergab den Kuß der Liebe,
Und meines Herzens Klang verstand;
Da lebte mir der Baum, die Rose,
Mir sang der Quellen Silberfall,
Es fühlte selbst das Seelenlose
Von meines Lebens Widerhall.

Es dehnte mit allmächt'gem Streben
Die enge Brust ein kreisend All,
Herauszutreten in das Leben,
In Tat und Wort, in Bild und Schall.
Wie groß war diese Welt gestaltet,
Solang die Knospe sie noch barg,
Wie wenig, ach! hat sich entfaltet,
Dies wenige, wie klein und karg.

Wie sprang, von kühnem Mut beflügelt,
Beglückt in seines Traumes Wahn,
Von keiner Sorge noch gezügelt,
Der Jüngling in des Lebens Bahn.
Bis an des Äthers bleichste Sterne
Erhob ihn der Entwürfe Flug,
Nichts war so hoch, und nichts so ferne,
Wohin ihr Flügel ihn nicht trug.

Wie leicht ward er dahingetragen,
Was war dem Glücklichen zu schwer!
Wie tanzte vor des Lebens Wagen
Die luftige Begleitung her!
Die Liebe mit dem süßen Lohne,
Das Glück mit seinem goldnen Kranz,
Der Ruhm mit seiner Sternenkrone,
Die Wahrheit in der Sonne Glanz!

Doch ach! schon auf des Weges Mitte
Verloren die Begleiter sich,
Sie wandten treulos ihre Schritte,
Und einer nach dem andern wich.
Leichtfüßig war das Glück entflogen,
Des Wissens Durst blieb ungestillt,
Des Zweifels finstre Wetter zogen
Sich um der Wahrheit Sonnenbild.

Ich sah des Ruhmes heil'ge Kränze
Auf der gemeinen Stirn entweiht,
Ach! allzuschnell nach kurzem Lenze
Entfloh die schöne Liebeszeit.
Und immer stiller ward's und immer
Verlaßner auf dem rauhen Steg,
Kaum warf noch einen bleichen Schimmer
Die Hoffnung auf den finstern Weg.

Von all dem rauschenden Geleite,
Wer harrte liebend bei mir aus?
Wer steht mir tröstend noch zur Seite,
Und folgt mir bis zum finstern Haus?
Du, die du alle Wunden heilest,
Der Freundschaft leise zarte Hand,
Des Lebens Bürden liebend teilest,
Du, die ich frühe sucht und fand.

Und du, die gern sich mit ihr gattet,
Wie sie, der Seele Sturm beschwört,
Beschäftigung, die nie ermattet,
Die langsam schafft, doch nie zerstört,
Die zu dem Bau der Ewigkeiten
Zwar Sandkorn nur für Sandkorn reicht,
Doch von der großen Schuld der Zeiten
Minuten, Tage, Jahre streicht.

NATUR UND SCHULE

»Ist es denn wahr«, sprichst du, »was der Weisheit Meister mich lehren,
Was der Lehrlinge Schar sicher und fertig beschwört;
Kann die Wissenschaft nur zum wahren Frieden mich führen,
Nur des Systemes Gebälk stützen das Glück und das Recht?
Muß ich dem Trieb mißtraun, der leise mich warnt, dem Gesetze,
Das du selber, Natur, mir in den Busen geprägt,
Bis auf die ewige Schrift die Schul ihr Siegel gedrücket,
Und der Formel Gefäß bindet den flüchtigen Geist?
Sage du mir's, du bist in diese Tiefen gestiegen,
Aus dem modrichten Grab kamst du erhalten zurück,
Dir ist bekannt, was die Gruft der dunkeln Wörter bewahret,
Ob der Lebenden Trost dort bei den Mumien wohnt?
Muß ich ihn wandeln, den nächtlichen Weg? Mir graut, ich bekenn es,
Wandeln will ich ihn doch, führt er zu Wahrheit und Recht.«
Freund, du kennst doch die Goldene Zeit (es haben die Dichter
Manche Sage von ihr rührend und einfach erzählt),
Jene Zeit, da das Heilige noch in der Menschheit gewandelt,
Da jungfräulich und keusch noch der Instinkt sich bewahrt,
Da noch das große Gesetz, das oben im Sonnenlauf waltet,
Und verborgen im Ei reget den hüpfenden Punkt,
Der Notwendigkeit stilles Gesetz, das stetige, gleiche,
Auch der menschlichen Brust freiere Wellen bewegt,
Da ein sichres Gefühl noch treu, wie am Uhrwerk der Zeiger,
Auf das Wahrhaftige nur, nur auf das Ewige wies?
Da war kein Profaner, kein Eingeweihter zu sehen,
Was man lebendig empfand, ward nicht bei Toten gesucht.
Gleich verständlich für jegliches Herz war die ewige Regel,
Gleich verborgen der Quell, dem sie belebend entfloß.
Aber die glückliche Zeit ist nicht mehr. Vermessene Willkür
Hat der getreuen Natur göttlichen Einklang entweiht.

Wolkicht fließt der himmlische Strom in schuldigen Herzen,
 Lauter wird er und rein nur an dem Quell noch geschöpft.
Dieser Quell, tief unten im Schacht des reinen Verstandes,
 Fern von der Leidenschaft Spur, rieselt er silbern und kühl.
Aus der Sinne wildem Geräusch verschwand das Orakel,
 Nur in dem stilleren Selbst hört es der horchende Geist.
Aber die Wissenschaft nur vermag den Zugang zu öffnen,
 Und den heiligen Sinn hütet das mystische Wort.
Hier beschwört es der Forscher, der reines Herzens hinabsteigt,
 Und die verlorne Natur gibt ihm die Weisheit zurück.
Hast du, Glücklicher, nie den schützenden Engel verloren,
 Nie des frommen Instinkts liebende Warnung verwirkt,
Malt in dem keuschen Auge noch treu und rein sich die Wahrheit,
 Tönt ihre Stimme dir noch hell in der kindlichen Brust,
Schweigt noch in dem zufriednen Gemüt des Zweifels Empörung,
 Wird sie, weißt du's gewiß, schweigen auf ewig wie heut,
Wird der Empfindungen Streit nie eines Richters bedürfen,
 Nie den hellen Verstand trüben das tückische Herz,
Nie der verschlagene Witz des Gewissens Einfalt bestricken,
 Niemals, weißt du's gewiß, wanken das ewige Steur?
O dann gehe du hin in deiner köstlichen Unschuld,
 Dich kann die Wissenschaft nichts lehren. Sie lerne von dir!
Jenes Gesetz, das mit eisernem Stab den Sträubenden lenket,
 Dir gilt es nicht. Was du tust, was dir gefällt, ist Gesetz.
Herrschen wird durch die ewige Zeit, wie Polyklets Regel,
 Was du mit heiliger Hand bildest, mit heiligem Mund
Redest, wird die Herzen der Menschen allmächtig bewegen,
 Du nur merkst nicht den Gott, der dir im Busen gebeut,
Nicht des Siegels Gewalt, das alle Geister dir beuget,
 Einfach gehst du und still durch die eroberte Welt;
Aber blind erringst du, was wir im Lichte verfehlen,
 Und dem spielenden Kind glückt, was dem Weisen mißlingt.

DER GENIUS

»Glaub ich«, sprichst du, »dem Wort, das der Weisheit Meister mich lehren,
Das der Lehrlinge Schar sicher und fertig beschwört;
Kann die Wissenschaft nur zum wahren Frieden mich führen,
Nur des Systemes Gebälk stützen das Glück und das Recht?
Muß ich dem Trieb mißtraun, der leise mich warnt, dem Gesetze,
Das du selber, Natur, mir in den Busen geprägt,
Bis auf die ewige Schrift die *Schul* ihr Siegel gedrücket,
Und der Formel Gefäß bindet den flüchtigen Geist?
Sage du mir's, du bist in diese Tiefen gestiegen,
Aus dem modrichten Grab kamst du erhalten zurück,
Dir ist bekannt, was die Gruft der dunklen Wörter bewahret,
Ob der Lebenden Trost dort bei den Mumien wohnt?
Muß ich ihn wandeln, den nächtlichen Weg? Mir graut, ich bekenn es,
Wandeln will ich ihn doch, führt er zu Wahrheit und Recht.«–
Freund, du kennst doch die Goldene Zeit, es haben die Dichter
Manche Sage von ihr rührend und kindlich erzählt.
Jene Zeit, da das Heilige noch im Leben gewandelt,
Da jungfräulich und keusch noch das Gefühl sich bewahrt,
Da noch das große Gesetz, das oben im Sonnenlauf waltet,
Und verborgen im Ei reget den hüpfenden Punkt,
Noch der Notwendigkeit stilles Gesetz, das stetige, gleiche,
Auch der menschlichen Brust freiere Wellen bewegt,
Da nicht irrend der Sinn und treu, wie der Zeiger am Uhrwerk,
Auf das Wahrhaftige nur, nur auf das Ewige wies? –
Da war kein Profaner, kein Eingeweihter zu sehen,
Was man lebendig empfand, ward nicht bei Toten gesucht,
Gleich verständlich für jegliches Herz war die ewige Regel,
Gleich verborgen der Quell, dem sie belebend entfloß.
Aber die glückliche Zeit ist dahin! Vermessene Willkür
Hat der getreuen Natur göttlichen Frieden gestört.
Das entweihte Gefühl ist nicht mehr Stimme der Götter,
Und das Orakel verstummt in der entadelten Brust.

Nur in dem stilleren Selbst vernimmt es der horchende Geist noch,
Und den heiligen Sinn hütet das mystische Wort.
Hier beschwört es der Forscher, der reines Herzens hinabsteigt,
Und die verlorne Natur gibt ihm die Weisheit zurück.
Hast du, Glücklicher, nie den schützenden Engel verloren,
Nie des frommen Instinkts liebende Warnung verwirkt,
Malt in dem keuschen Auge noch treu und rein sich die Wahrheit,
Tönt ihr Rufen dir noch hell in der kindlichen Brust,
Schweigt noch in dem zufriednen Gemüt des Zweifels Empörung,
Wird sie, weißt du's gewiß, schweigen auf ewig wie heut,
Wird der Empfindungen Streit nie eines Richters bedürfen,
Nie den hellen Verstand trüben das tückische Herz –
O dann gehe du hin in deiner köstlichen Unschuld,
Dich kann die Wissenschaft nichts lehren. Sie lerne von dir!
Jenes Gesetz, das mit ehrnem Stab den Sträubenden lenket,
Dir nicht gilt's. Was du tust, was dir gefällt, ist Gesetz,
Und an alle Geschlechter ergeht ein göttliches Machtwort,
Was du mit heiliger Hand bildest, mit heiligem Mund
Redest, wird den erstaunten Sinn allmächtig bewegen,
Du nur merkst nicht den Gott, der dir im Busen gebeut,
Nicht des Siegels Gewalt, das alle Geister dir beuget,
Einfach gehst du und still durch die eroberte Welt.

DAS VERSCHLEIERTE BILD ZU SAIS

Ein Jüngling, den des Wissens heißer Durst
Nach Sais in Ägypten trieb, der Priester
Geheime Weisheit zu erlernen, hatte
Schon manchen Grad mit schnellem Geist durcheilt,
Stets riß ihn seine Forschbegierde weiter,
Und kaum besänftigte der Hierophant
Den ungeduldig Strebenden. »Was hab ich,
Wenn ich nicht alles habe«, sprach der Jüngling.
»Gibt's etwa hier ein Weniger und Mehr?

Ist deine Wahrheit wie der Sinne Glück
Nur eine Summe, die man größer, kleiner
Besitzen kann und immer doch besitzt?
Ist sie nicht eine einz'ge, ungeteilte?
Nimm einen Ton aus einer Harmonie,
Nimm eine Farbe aus dem Regenbogen,
Und alles, was dir bleibt, ist nichts, solang
Das schöne All der Töne fehlt und Farben.«

Indem sie einst so sprachen, standen sie
In einer einsamen Rotonde still,
Wo ein verschleiert Bild von Riesengröße
Dem Jüngling in die Augen fiel.
Verwundert
Blickt er den Führer an und spricht. »Was ist's,
Das hinter diesem Schleier sich verbirgt?«

»Die Wahrheit«, ist die Antwort.
»Wie?« ruft jener,
»Nach Wahrheit streb ich ja allein, und diese
Gerade ist es, die man mir verhüllt?«

»Das mache mit der Gottheit aus«, versetzt
Der Hierophant. »Kein Sterblicher, sagt sie,
Rückt diesen Schleier, bis ich selbst ihn hebe.
Und wer mit ungeweihter schuld'ger Hand
Den heiligen verbotnen früher hebt,
Der, spricht die Gottheit – «
»Nun?«
»Der sieht die Wahrheit
»Ein seltsamer Orakelspruch! Du selbst,
Du hättest also niemals ihn gehoben?«

»Ich? Wahrlich nicht! Und war auch nie dazu
Versucht.«
»Das faß ich nicht. Wenn von der Wahrheit
Nur diese dünne Scheidewand mich trennte –«

»Und ein Gesetz«, fällt ihm sein Führer ein.
»Gewichtiger, mein Sohn, als du es meinst,
Ist dieser dünne Flor – Für deine Hand
Zwar leicht, doch zentnerschwer für dein Gewissen.«

Der Jüngling ging gedankenvoll nach Hause,
Ihm raubt des Wissens brennende Begier
Den Schlaf, er wälzt sich glühend auf dem Lager,
Und rafft sich auf um Mitternacht. Zum Tempel
Führt unfreiwillig ihn der scheue Tritt.
Leicht ward es ihm, die Mauer zu ersteigen,
Und mitten in das Innre der Rotonde
Trägt ein beherzter Sprung den Wagenden.

Hier steht er nun, und grauenvoll umfängt
Den Einsamen die lebenlose Stille,
Die nur der Tritte hohler Widerhall
In den geheimen Grüften unterbricht.
Von oben durch der Kuppel Öffnung wirft
Der Mond den bleichen silberblauen Schein,
Und furchtbar wie ein gegenwärt'ger Gott
Erglänzt durch des Gewölbes Finsternisse
In ihrem langen Schleier die Gestalt.

Er tritt hinan mit ungewissem Schritt,
Schon will die freche Hand das Heilige berühren,
Da zuckt es heiß und kühl durch sein Gebein,
Und stößt ihn weg mit unsichtbarem Arme.
Unglücklicher, was willst du tun? So ruft
In seinem Innern eine treue Stimme.
Versuchen den Allheiligen willst du?
Kein Sterblicher, sprach des Orakels Mund,
Rückt diesen Schleier, bis ich selbst ihn hebe.

Doch setzte nicht derselbe Mund hinzu:
Wer diesen Schleier hebt, soll Wahrheit schauen.
Sei hinter ihm, was will! Ich heb ihn auf.«

(Er ruft's mit lauter Stimm.) »Ich will sie schauen.«
Schauen!
Gellt ihm ein langes Echo spottend nach.

Er spricht's und hat den Schleier aufgedeckt.
Nun, fragt ihr, und was zeigte sich ihm hier?
Ich weiß es nicht. Besinnungslos und bleich,
So fanden ihn am andern Tag die Priester
Am Fußgestell der Isis ausgestreckt.
Was er allda gesehen und erfahren,
Hat seine Zunge nie bekannt. Auf ewig
War seines Lebens Heiterkeit dahin,
Ihn riß ein tiefer Gram zum frühen Grabe.
»Weh dem«, dies war sein warnungsvolles Wort,
Wenn ungestüme Fragen in ihn drangen,
»Weh dem, der zu der Wahrheit geht durch Schuld,
Sie wird ihm nimmermehr erfreulich sein.«

WÜRDE DER FRAUEN

Ehret die Frauen! Sie flechten und weben
Himmlische Rosen ins irdische Leben,
Flechten der Liebe beglückendes Band.
Sicher in ihren bewahrenden Händen
Ruht, was die Männer mit Leichtsinn verschwenden,
Ruhet der Menschheit geheiligtes Pfand.

Ewig aus der Wahrheit Schranken
Schweift des Mannes wilde Kraft,
Und die irren Tritte wanken
Auf dem Meer der Leidenschaft.
Gierig greift er in die Ferne,
Nimmer wird sein Herz gestillt,
Rastlos durch entlegne Sterne
Jagt er seines Traumes Bild.

Aber mit zauberisch fesselndem Blicke
Winken die Frauen den Flüchtling zurücke,
Warnend zurück in der Gegenwart Spur.
In der Mutter bescheidener Hütte
Sind sie geblieben mit schamhafter Sitte,
Treue Töchter der frommen Natur.

Feindlich ist des Mannes Streben,
Mit zermalmender Gewalt
Geht der wilde durch das Leben,
Ohne Rast und Aufenthalt.
Was er schuf, zerstört er wieder,
Nimmer ruht der Wünsche Streit,
Nimmer, wie das Haupt der Hyder
Ewig fällt und sich erneut.

Aber zufrieden mit stillerem Ruhme,
Brechen die Frauen des Augenblicks Blume,
Pflegen sie sorgsam mit liebendem Fleiß,
Freier in ihrem gebundenen Wirken,
Reicher als er in des Denkens Bezirken,
Und in der Dichtung unendlichem Kreis.

Seines Willens Herrschersiegel
Drückt der Mann auf die Natur,
In der Welt verfälschtem Spiegel
Sieht er *seinen* Schatten nur,
Offen liegen ihm die Schätze
Der Vernunft, der Phantasie,
Nur das Bild auf seinem Netze,
Nur das *Nahe* kennt er nie.

Aber die Bilder, die ungewiß wanken
Dort auf der Flut der bewegten Gedanken,
In des Mannes verdüstertem Blick,
Klar und getreu in dem sanfteren Weibe
Zeigt sie der Seele kristallene Scheibe,
Wirft sie der ruhige Spiegel zurück.

Immer widerstrebend, immer
Schaffend, kennt des Mannes Herz
Des Empfangens Wonne nimmer,
Nicht den süßgeteilten Schmerz,
Kennet nicht den Tausch der Seelen,
Nicht der Tränen sanfte Lust,
Selbst des Lebens Kämpfe stählen
Fester seine feste Brust.

Aber wie, leise vom Zephyr erschüttert,
Schnell die äolische Harfe erzittert,
Also die fühlende Seele der Frau.
Zärtlich geängstigt vom Bilde der Qualen,
Wallet der liebende Busen, es strahlen
Perlend die Augen von himmlischem Tau.

In der Männer Herrschgebiete
Gilt der Stärke stürmisch Recht,
Mit dem Schwert beweist der Skythe,
Und der Perser wird zum Knecht.
Es befehden sich im Grimme
Die Begierden – wild und roh!
Und der Eris rauhe Stimme
Waltet, wo die Charis floh.

Aber mit sanft überredender Bitte
Führen die Frauen den Zepter der Sitte,
Löschen die Zwietracht, die tobend entglüht,
Lehren die Kräfte, die feindlich sich hassen,
Sich in der lieblichen Form zu umfassen,
Und vereinen, was ewig sich flieht.

Seiner Menschlichkeit vergessen,
Wagt des Mannes eitler Wahn
Mit Dämonen sich zu messen,
Denen nie Begierden nahn.
Stolz verschmäht er das Geleite

Leise warnender Natur,
Schwingt sich in des Himmels Weite,
Und verliert der Erde Spur.

Aber auf treuerem Pfad der Gefühle
Wandelt die Frau zu dem göttlichen Ziele,
Das sie still, doch gewisser erringt,
Strebt, auf der Schönheit geflügeltem Wagen
Zu den Sternen die Menschheit zu tragen,
Die der Mann nur ertötend bezwingt.

Auf des Mannes Stirne thronet
Hoch als Königin die Pflicht,
Doch die Herrschende verschonet
Grausam das Beherrschte nicht.
Des Gedankens Sieg entehret
Der Gefühle Widerstreit,
Nur der ew'ge Kampf gewähret
Für des Sieges Ewigkeit.

Aber für Ewigkeiten entschieden
Ist in dem Weibe der Leidenschaft Frieden;
Der Notwendigkeit heilige Macht
Hütet der Züchtigkeit köstliche Blüte,
Hütet im Busen des Weibes die Güte,
Die der Wille nur treulos bewacht.

Aus der Unschuld Schoß gerissen,
Klimmt zum Ideal der Mann
Durch ein ewig streitend Wissen,
Wo sein Herz nicht ruhen kann,
Schwankt mit ungewissem Schritte,
Zwischen Glück und Recht geteilt,
Und verliert die schöne Mitte,
Wo die Menschheit fröhlich weilt.

Aber in kindlich unschuldiger Hülle
Birgt sich der hohe geläuterte Wille
In des Weibes verklärter Gestalt.
Aus der bezaubernden Einfalt der Züge
Leuchtet der Menschheit Vollendung und Wiege,
Herrschet des Kindes, des Engels Gewalt.

WÜRDE DER FRAUEN

Ehret die Frauen! Sie flechten und weben
Himmlische Rosen ins irdische Leben,
Flechten der Liebe beglückendes Band,
Und, in der Grazie züchtigem Schleier,
Nähren sie wachsam das ewige Feuer
Schöner Gefühle mit heiliger Hand.

Ewig aus der Wahrheit Schranken
Schweift des Mannes wilde Kraft,
Unstet treiben die Gedanken
Auf dem Meer der Leidenschaft.
Gierig greift er in die Ferne,
Nimmer wird sein Herz gestillt,
Rastlos durch entlegne Sterne
Jagt er seines Traumes Bild.

Aber mit zauberisch fesselndem Blicke
Winken die Frauen den Flüchtling zurücke,
Warnend zurück in der Gegenwart Spur.
In der Mutter bescheidener Hütte
Sind sie geblieben mit schamhafter Sitte,
Treue Töchter der frommen Natur.

Feindlich ist des Mannes Streben,
Mit zermalmender Gewalt
Geht der wilde durch das Leben,
Ohne Rast und Aufenthalt.

Was er schuf, zerstört er wieder,
Nimmer ruht der Wünsche Streit,
Nimmer, wie das Haupt der Hyder
Ewig fällt und sich erneut.

Aber, zufrieden mit stillerem Ruhme,
Brechen die Frauen des Augenblicks Blume,
Nähren sie sorgsam mit liebendem Fleiß,
Freier in ihrem gebundenen Wirken,
Reicher als er in des Wissens Bezirken
Und in der Dichtung unendlichem Kreis.

Streng und stolz sich selbst genügend,
Kennt des Mannes kalte Brust,
Herzlich an ein Herz sich schmiegend,
Nicht der Liebe Götterlust,
Kennet nicht den Tausch der Seelen,
Nicht in Tränen schmilzt er hin,
Selbst des Lebens Kämpfe stählen
Härter seinen harten Sinn.

Aber, wie leise vom Zephyr erschüttert
Schnell die äolische Harfe erzittert,
Also die fühlende Seele der Frau.
Zärtlich geängstigt vom Bilde der Qualen,
Wallet der liebende Busen, es strahlen
Perlend die Augen von himmlischem Tau.

In der Männer Herrschgebiete
Gilt der Stärke trotzig Recht,
Mit dem Schwert beweist der Skythe,
Und der Perser wird zum Knecht.
Es befehden sich im Grimme
Die Begierden wild und roh,
Und der Eris rauhe Stimme
Waltet, wo die Charis floh.

Aber mit sanft überredender Bitte
Führen die Frauen den Zepter der Sitte,
Löschen die Zwietracht, die tobend entglüht,
Lehren die Kräfte, die feindlich sich hassen,
Sich in der lieblichen Form zu umfassen,
Und vereinen, was ewig sich flieht.

ODYSSEUS

Alle Gewässer durchkreuzt' Odysseus, die Heimat zu finden,
Durch der Scylla Gebell, durch der Charybde Gefahr,
Durch die Schrecken des feindlichen Meers, durch die Schrecken des Landes,
Selbst in des Aides Reich führt ihn die irrende Fahrt.
Endlich trägt das Geschick ihn schlafend an Ithakas Küste,
Er erwacht, und erkennt jammernd das Vaterland nicht!

DER BESTE STAAT

»Woran erkenn ich den besten Staat?« Woran du die beste
Frau kennst; daran, mein Freund, daß man von beiden nicht spricht.

DER PHILOSOPHISCHE EGOIST

Hast du den Säugling gesehn, der, unbewußt noch der Liebe,
Die ihn wärmet und wiegt, schlafend von Arme zu Arm
Wandert, bis bei der Leidenschaft Ruf der Jüngling erwachet,
Und des Bewußtseins Blitz dämmernd die Welt ihm erhellt?
Hast du eine Mutter gesehn, wenn sie Schlummer dem Kinde
Kauft mit dem eigenen Schlaf, und für das Sorglose sorgt,
Nährt mit ihrem eigenen Leben die zitternde Flamme,
Und mit der Sorge selbst sich für die Sorge belohnt?

Und du lästerst die große Natur, die, bald Kind und bald Mutter,
Jetzt empfänget, jetzt gibt, nur durch Bedürfnis besteht?
Selbstgenügsam willst du dem schönen Ring dich entziehen,
Der Geschöpf an Geschöpf reiht in vertraulichem Bund,
Willst, du Armer, stehen *allein* und allein durch dich selber,
Wenn durch der Kräfte Tausch selbst das Unendliche steht?

WEISHEIT UND KLUGHEIT

Willst du, Freund, die erhabensten Höhn der Weisheit erfliegen,
Wag es auf die Gefahr, daß dich die Klugheit verlacht.
Die kurzsichtige sieht nur das Ufer, von welchem du scheidest,
Jenes nicht, wo dereinst landet dein mutiger Flug.

UNSTERBLICHKEIT

Vor dem Tod erschrickst du? Du wünschest, unsterblich zu leben?
Leb im Ganzen! Wenn du lange dahin bist, es bleibt.

DEUTSCHE TREUE

Um den Zepter Germaniens stritt mit Ludwig dem Bayer
Friedrich aus Habsburgs Stamm, beide gerufen zum Thron;
Jenen schützte Luxemburgs Macht, und die Mehrheit der Wähler,
Diesen der Kirche Gewalt und des Geschlechtes Verdienst.
Aber den Prinzen Österreichs führt das neidische Kriegsglück
In die Fesseln des Feinds, der ihn im Kampfe bezwingt.
Mit dem Thron erkauft er die Freiheit; sein Wort muß er geben,
Für den Sieger das Schwert gegen die Freunde zu ziehn;

Aber was er in Banden gelobt, kann er frei nicht erfüllen,
Siehe, da stellt er aufs neu willig den Banden sich dar.
Tief gerührt umhalst ihn der Feind, sie wechseln von nun an,
Wie der Freund mit dem Freund, traulich die Becher des Mahls,
Arm in Arme schlummern auf *einem* Lager die Fürsten,
Da noch blutiger Haß grimmig die Völker zerfleischt.
Gegen Friederichs Heer muß Ludwig ziehen. Zum Wächter
Bayerns läßt er den Feind, den er bestreitet, zurück.
»Wahrlich! So ist's! Es ist wirklich so. Man hat mir's geschrieben«,
Rief der Pontifex aus, als er die Kunde vernahm.

DER KAUFMANN

Wohin segelt das Schiff? Es trägt sidonische Männer,
Die von dem frierenden Nord bringen den Bernstein, das Zinn.
Trag es gnädig, Neptun, und wiegt es schonend, ihr Winde,
In bewirtender Bucht rausch ihm ein trinkbarer Quell.
Euch gehört der Kaufmann, ihr Götter. Er steuert nach *Gütern*,
Aber, geknüpft an sein Schiff, folget das *Gute* ihm nach.

KOLUMBUS

Steure, mutiger Segler! Es mag der Witz dich verhöhnen,
Und der Schiffer am Steur senken die lässige Hand.
Immer, immer nach West! Dort *muß* die Küste sich zeigen,
Liegt sie doch deutlich und liegt schimmernd vor deinem Verstand.
Traue dem leitenden Gott, und folge dem schweigenden Weltmeer,
Wär sie noch nicht, sie stieg' jetzt aus den Fluten empor,
Mit dem *Genius* steht die *Natur* in ewigem Bunde,
Was der eine verspricht, leistet die andre gewiß.

DER ABEND

Nach einem Gemälde

Senke, strahlender Gott, die Fluren dürsten
Nach erquickendem Tau, der Mensch verschmachtet,
Matter ziehen die Rosse,
Senke den Wagen hinab.

Siehe, wer aus des Meers kristallner Woge
Lieblich lächelnd dir winkt! Erkennt dein Herz sie?
Rascher fliegen die Rosse,
Tethys, die göttliche, winkt.

Schnell vom Wagen herab in ihre Arme
Springt der Führer, den Zaum ergreift Cupido,
Stille halten die Rosse,
Trinken die kühlende Flut.

An dem Himmel herauf mit leisen Schritten
Kommt die duftende Nacht; ihr folgt die süße
Liebe. Ruhet und liebet,
Phöbus, der liebende, ruht.

STANZEN AN DEN LESER

Die Muse schweigt, mit jungfräulichen Wangen,
Erröten im verschämten Angesicht,
Tritt sie vor dich, ihr Urteil zu empfangen,
Sie achtet es, doch fürchtet sie es nicht.
Des Guten Beifall wünscht sie zu erlangen,
Den Wahrheit rührt, den Flimmer nicht besticht.
Nur wem ein Herz, empfänglich für das Schöne,
Im Busen schlägt, ist wert, daß er sie kröne.

Nicht länger wollen diese Lieder leben,
Als bis ihr Klang ein fühlend Herz erfreut,

Mit schönern Phantasieen es umgeben,
Zu höheren Gefühlen es geweiht;
Zur fernen Nachwelt wollen sie nicht schweben,
Sie tönten, sie verhallen in der Zeit.
Des Augenblickes Lust hat sie geboren,
Sie fliehen fort im leichten Tanz der Horen.

Der Lenz erwacht, auf den erwärmten Triften
Schießt frohes Leben jugendlich hervor,
Die Staude würzt die Luft mit Nektardüften,
Den Himmel füllt ein muntrer Sängerchor,
Und jung und alt ergeht sich in den Lüften,
Und freuet sich, und schwelgt mit Aug und Ohr.
Der Lenz entflieht! Die Blume schießt in Samen,
Und keine bleibt von allen, welche kamen.

ELEGIE

Sei mir gegrüßt mein Berg mit dem rötlich strahlenden Gipfel,
Sei mir Sonne gegrüßt, die ihn so lieblich bescheint,
Dich auch grüß ich, lachende Flur, euch säuselnde Linden,
Und den fröhlichen Chor, der auf den Ästen sich wiegt,
Ruhige Bläue, dich auch, die unermeßlich sich ausgießt
Um das braune Gebirg, über den grünenden Wald,
Auch um mich, der endlich entflohen des Zimmers Gefängnis
Und dem engen Gespräch freudig sich rettet zu dir,
Deiner Lüfte balsamischer Strom durchrinnt mich erquickend,
Und den durstigen Blick labt das energische Licht,
Kräftig brennen auf blühender Au die wechselnden Farben,
Aber der reizende Streit löset in Wohllaut sich auf,
Frei, mit weithin verbreitetem Teppich empfängt mich die Wiese,
Durch ihr freundliches Grün schlingt sich der ländliche Pfad,
Um mich summen geschäftige Bienen, mit zweifelndem Flügel
Wiegt der Schmetterling sich über dem rötlichten Klee,

Durch die Lüfte spinnt sich der Sonnenfaden, und zeichnet
Einen farbichten Weg weit in den Himmel hinauf,
Glühend trifft mich der Sonne Pfeil, still liegen die Weste,
Nur der Lerche Gesang wirbelt in heiterer Luft.
Doch jetzt braust's aus dem nahen Gebüsch, tief neigen der Erlen
Kronen sich, und im Wind wogt das versilberte Gras,
Mich umfängt ambrosische Nacht; in duftende Kühlung
Nimmt ein prächtiges Dach schattender Buchen mich ein,
In des Waldes Geheimnis entflieht mir auf einmal die Landschaft,
Und ein mystischer Pfad leitet mich steigend empor.
Nur verstohlen durchdringt der Zweige laubichtes Gitter
Sparsames Licht, und es blickt lachend das Blaue herein.
Aber plötzlich zerreißt die Hülle. Der offene Wald gibt
Überraschend des Tags blendendem Glanz mich zurück.
Unabsehbar ergießt sich vor meinen Blicken die Ferne,
Und ein blaues Gebirg endigt im Dufte die Welt.
Tief an des Berges Fuß, der gählings unter mir abstürzt,
Wallet des grünlichten Stroms fließender Spiegel vorbei.
Unter mir seh ich endlos den Äther und über mir endlos,
Blicke mit Schwindeln hinauf, blicke mit Schaudern hinab,
Aber zwischen der ewigen Höh und der ewigen Tiefe
Trägt ein geländerter Steig sicher den Wandrer dahin.
Lachend fliehen an mir die reichen Ufer vorüber,
Und den fröhlichen Fleiß rühmet das prangende Tal,
Jene Linien, die des Landmanns Eigentum scheiden,
In den Teppich der Flur hat sie Demeter gewirkt,
Freundliche Schrift des Gesetzes, des menschenerhaltenden Gottes,
Seit aus der ehernen Welt fliehend die Liebe verschwand,
Aber in freieren Schlangen durchkreuzt die geregelten Felder,
Jetzt verschlungen vom Wald, jetzt an den Bergen hinauf
Klimmend, ein schimmernder Streif, die Länder verknüpfende Straße,
Auf dem ebenen Strom gleiten die Flöße dahin,

Vielfach ertönt der Herden Geläut im belebten Gefilde,
Und den Widerhall weckt einsam des Hirten Gesang,
Muntre Dörfer bekränzen den Strom, in Gebüschen verschwinden
Andre, vom Rücken des Bergs stürzen sie gäh dort herab,
Nachbarlich wohnet der Mensch noch mit dem Acker zusammen,
Seine Felder umruhn friedlich sein ländliches Dach,
Traulich rankt sich der Weinstock empor an dem niedrigen Fenster,
Einen umarmenden Zweig schlingt um die Hütte der Baum,
Glückliches Volk der Gefilde! Noch nicht zur Freiheit erwachet,
Teilst du mit deiner Flur fröhlich das enge Gesetz.
Deine Wünsche beschränkt der Ernten ruhiger Kreislauf,
Gleich, wie dein Tagewerk, windet dein Leben sich ab:
Aber wer raubt mir auf einmal den lieblichen Anblick? Ein fremder
Geist verbreitet sich schnell über die fremdere Flur!
Spröde sondert sich ab, was kaum noch liebend sich mischte,
Und das Gleiche nur ist's, was an das Gleiche sich reiht.
Stände seh ich gebildet, der Pappeln stolze Geschlechter
Ziehn in geordnetem Pomp vornehm und prächtig daher,
Unbemerkt entfliehet dem Blick die einzelne Staude,
Leiht nur dem Ganzen, empfängt nur von dem Ganzen den Reiz.
Regel wird alles und alles wird Wahl und alles Bedeutung,
Dieses Dienergefolg meldet den Herrscher mir an,
Majestätisch verkündigen ihn die beleuchteten Kuppeln,
Aus dem felsichten Kern hebt sich die türmende *Stadt*.
In die Wildnis hinaus sind des Waldes Faunen verstoßen,
Aber die Andacht leiht höheres Leben dem Stein.
Näher gerückt ist der Mensch an den Menschen. Enger wird *um* ihn,
Reger erwacht, es umwälzt rascher sich *in* ihm die Welt.
Sieh, da entbrennen in feurigem Kampf die eifernden Kräfte,
Großes wirket ihr Streit, Größeres wirket ihr Bund.

Tausend Hände belebt *ein* Geist, in tausend Brüsten
Schlägt, von *einem* Gefühl glühend, ein einziges Herz,
Schlägt für das Vaterland und glüht für der Ahnen Gesetze,
Hier auf dem teuren Grund ruht ihr verehrtes Gebein.
Von dem Himmel steigen die seligen Götter, und nehmen
In dem geweihten Bezirk festliche Wohnungen ein,
Herrliche Gaben bescherend erscheinen sie; Ceres vor allen
Bringet des Pfluges Geschenk, Hermes den Anker herbei,
Bacchus die Traube, Minerva des Ölbaums grünende Reiser,
Auch das kriegrische Roß führet Poseidon heran,
Mutter Kybele spannt von des Wagens Deichsel die Löwen,
In das gastliche Tor zieht sie als Bürgerin ein.
Heilige Steine! Aus euch ergossen sich Pflanzer der Menschheit,
Fernen Inseln des Meers sandtet ihr Wahrheit und Kunst,
Weise sprachen das Recht an diesen geselligen Toren,
Helden stürzten zum Kampf für die Penaten heraus.
Auf den Mauren erschienen, den Säugling im Arme, die Mütter,
Blickten dem Zuge nach, bis ihn die Ferne verschlang,
Betend stürzten sie dann vor der Götter Altären sich nieder,
Flehten um Ruhm und Sieg, flehten um Rückkehr für euch.
Ehre ward euch und Sieg, doch nur der Ruhm kam zurücke,
Eurer Taten Verdienst meldet der rührende Stein:
»Wanderer, kommst du nach Sparta, gib Kunde dorten, du habest
Uns hier liegen gesehn, wie das Gesetz es befahl.«
Ruhet sanft, ihr Teuren! Von eurem Blute begossen,
Grünet der Ölbaum, es keimt lustig die köstliche Saat.
Munter entbrennt, des Eigentums froh, das freie Gewerbe,
Aus dem Schilfe des Stroms winket der bläulichte Gott.
Zischend fliegt in den Baum die Axt, es erseufzt die Dryade,
Hoch von des Berges Haupt stürzt sich die donnernde Last.
Aus dem Bruche wiegt sich der Fels, vom Hebel beflügelt,
In der Gebirge Schlucht taucht sich der Bergmann hinab.

Mulcibers Amboß ertönt von dem Takt geschwungener Hämmer,
Unter der nervichten Faust sprützen die Funken des Stahls,
Glänzend umwindet der goldene Lein die tanzende Spindel,
Durch die Saiten des Garns sauset das webende Schiff,
Fern auf der Reede ruft der Pilot, es warten die Flotten,
Die in der Fremdlinge Land tragen den heimischen Fleiß,
Andre ziehn frohlockend dort ein, mit den Gaben der Ferne,
Hoch von dem türmenden Mast wehet der festliche Kranz.
Siehe da wimmeln von fröhlichem Leben die Krane, die Märkte,
Seltsamer Sprachen Gewirr braust in das wundernde Ohr.
Auf den Stapel schüttet die Ernten der Erde der Kaufmann,
Was dem glühenden Strahl Afrikas Boden gebiert,
Was Arabien kocht, was die äußerste Thule bereitet,
Hoch mit erfreuendem Gut füllt Amalthea das Horn.
Da gebiert dem Talente das Glück die göttlichen Kinder,
Von der Freiheit gesäugt, wachsen die Künste empor,
Mit nachahmendem Leben erfreuet der Bildner die Augen,
Und von Dädal beseelt, redet das fühlende Holz,
Künstliche Himmel ruhn auf schlanken ionischen Säulen,
Und den ganzen Olymp schließet ein Pantheon ein,
Leicht wie der Iris Sprung durch die Luft, wie der Pfeil von der Senne
Hüpfet der Brücke Joch über den brausenden Strom.
Aber im stillen Gemache zeichnet bedeutende Zirkel
Sinnend der Weise, beschleicht forschend den schaffenden Geist,
Prüft der Elemente Gewalt auf versuchender Waage,
Folgt durch die Lüfte dem Klang, folgt durch den Äther dem Strahl,
Sucht das vertraute Gesetz in des Zufalls grausenden Wundern,
Sucht den ruhenden Pol in der Erscheinungen Flucht.
Körper und Stimme leiht dem stummen Gedanken die Presse,
Durch der Jahrhunderte Strom trägt ihn das redende Blatt.
Da zerrinnt vor dem wundernden Blick der Nebel des Wahnes,
Und die Gebilde der Nacht weichen dem tagenden Licht.

Seine Fesseln zerbricht der Mensch. Der Beglückte! Zerriss' er
Mit den Fesseln der Furcht nur nicht den Zügel der Scham!
Freiheit heischt die Vernunft, nach Freiheit rufen die Sinne,
Beiden ist der Natur züchtiger Gürtel zu eng.
Ach, da reißen im Sturme die Anker, die an dem Ufer
Warnend ihn hielten, ihn faßt mächtig der flutende Strom,
Ins Unendliche reißt er ihn hin, die Küste verschwindet,
Hoch auf der Fluten Gebirg wieget sich mastlos der Kahn,
Hinter Wolken erlöschen des Wagens beharrliche Sterne,
Bleibend ist nichts mehr, es irrt selbst in dem Busen der Gott.
Unnatürlich tritt die Begier aus den ewigen Schranken,
Lüsterne Willkür vermischt, was die Notwendigkeit schied,
Aus dem Gespräche verschwindet die Wahrheit, die heilige Treue
Aus dem Leben, es lügt selbst auf der Lippe der Schwur.
Ihren Schleier zerreißt die Scham, Asträa die Binde,
Und der freche Gelust spottet der Nemesis Zaum,
In der Herzen vertraulichsten Bund, in der Liebe Geheimnis
Drängt sich der Sykophant, reißt von dem Freunde den Freund,
Auf die Unschuld schielt der Verrat mit verschlingendem Blicke,
Mit vergiftendem Biß tötet des Lästerers Zahn.
Feil ist in der geschändeten Brust der Gedanke, die Liebe
Wirft des freien Gefühls göttliches Vorrecht hinweg,
Keine Zeichen mehr findet die Wahrheit, verpraßt hat sie alle,
Alle der Trug, der Natur köstlichste Töne entehrt,
Die das sprachbedürftige Herz in der Freude erfindet,
Kaum gibt wahres Gefühl noch durch Verstummen sich kund,
Leben wähnst du noch immer zu sehn, dich täuschen die Züge,
Hohl ist die Schale, der Geist ist aus dem Leichnam geflohn.
Auf der Tribune prahlet das Recht, in der Hütte die Eintracht,
Des Gesetzes Gespenst steht an der Könige Thron,
Lange Jahre, Jahrhunderte mag die Mumie dauren,
Mag der Sitten, des Staats kernlose Hülse bestehn,

Bis die Natur erwacht, und mit schweren edhernen Händen
An das hohle Gebäu rühret die Not und ie Zeit,
Bis, verlassen zugleich von dem Führer von außen und innen,
Von der Gefühle Geleit, von der Erkenntnisse Licht,
Eine Tigerin, die das eiserne Gitter durchbrochen,
Und des numidischen Walds plötzlich und schrecklich gedenkt,
Aufsteht mit des Verbrechens Wut und des Elends die Menschheit,
Und in der Asche der Stadt sucht die verlorne Natur.
O so öffnet euch, Mauren, und gebt den Gefangenen ledig,
Zu der verlassenen Flur kehr er gerettet zurück!
Weit von dem Menschen fliehe der Mensch! Dem Sohn der Verändrung
Darf der Veränderung Sohn nimmer und nimmer sich nahn,
Nimmer der Freie den Freien zum bildenden Führer sich nehmen,
Nur was in ruhiger Form sicher und ewig besteht.
Aber wo bin ich? Es birgt sich der Pfad. Abschüssige Gründe
Hemmen mit gähnender Kluft vorwärts und rückwärts den Schritt.
Hinter mir blieb der Gärten, der Hecken vertraute Begleitung,
Hinter mir jegliche Spur menschlicher Hände zurück.
Nur die Stoffe seh ich getürmt, aus welchen das Leben
Keimet, der rohe Basalt hofft auf die bildende Hand,
Brausend stürzet der Gießbach herab durch die Rinne des Felsen,
Unter den Wurzeln des Baums bricht er entrüstet sich Bahn.
Wild ist es hier und schauerlich öd. Im einsamen Luftraum
Hängt nur der Adler, und knüpft an das Gewölke die Welt.
Hoch herauf bis zu mir trägt keines Windes Gefieder
Den verlorenen Schall menschlicher Arbeit und Lust.
Bin ich wirklich allein? In *deinen* Armen, an *deinem*
Herzen wieder, Natur, ach! und es war nur ein Traum,
Der mit des Lebens furchtbarem Bild mich schaudernd ergriffen,
Mit dem stürzenden Tal stürzte der finstre hinab.

Reiner von deinem reinen Altare nehm ich mein Leben,
Nehme den fröhlichen Mut hoffender Jugend zurück!
Ewig wechselt der Wille den Zweck und die Regel, in ewig
Wiederholter Gestalt wälzen die Taten sich um.
Aber jugendlich immer, in immer veränderter Schöne
Ehrst du, fromme Natur, züchtig das alte Gesetz,
Immer dieselbe, bewahrst du in treuen Händen dem Manne,
Was dir das gaukelnde Kind, was dir der Jüngling vertraut,
Wiegest auf gleichem Mutterschoße die wechselnden Alter;
Unter demselben Blau, über dem nämlichen Grün
Wandeln die nahen und wandeln vereint die fernen
Geschlechter,
Und die Sonne Homers, siehe! sie lächelt auch uns.

DER SPAZIERGANG

Sei mir gegrüßt mein Berg mit dem rötlich strahlenden
Gipfel,
Sei mir Sonne gegrüßt, die ihn so lieblich bescheint,
Dich auch grüß ich, belebte Flur, euch säuselnde Linden,
Und den fröhlichen Chor, der auf den Ästen sich wiegt,
Ruhige Bläue, dich auch, die unermeßlich sich ausgießt
Um das braune Gebirg, über den grünenden Wald,
Auch um mich, der endlich entflohn des Zimmers Gefängnis
Und dem engen Gespräch freudig sich rettet zu dir,
Deiner Lüfte balsamischer Strom durchrinnt mich erquickend,
Und den durstigen Blick labt das energische Licht,
Kräftig auf blühender Au erglänzen die wechselnden Farben,
Aber der reizende Streit löset in Anmut sich auf,
Frei empfängt mich die Wiese mit weithin verbreitetem
Teppich,
Durch ihr freundliches Grün schlingt sich der ländliche
Pfad,
Um mich summt die geschäftige Bien, mit zweifelndem
Flügel
Wiegt der Schmetterling sich über dem rötlichten Klee,

Glühend trifft mich der Sonne Pfeil, still liegen die Weste,
Nur der Lerche Gesang wirbelt in heiterer Luft,
Doch jetzt braust's aus dem nahen Gebüsch, tief neigen der
Erlen
Kronen sich, und im Wind wogt das versilberte Gras,
Mich umfängt ambrosische Nacht; in duftende Kühlung
Nimmt ein prächtiges Dach schattender Buchen mich ein,
In des Waldes Geheimnis entflieht mir auf einmal die
Landschaft,
Und ein schlängelnder Pfad leitet mich steigend empor.
Nur verstohlen durchdringt der Zweige laubichtes Gitter
Sparsames Licht, und es blickt lachend das Blaue herein.
Aber plötzlich zerreißt der Flor. Der geöffnete Wald gibt
Überraschend des Tags blendendem Glanz mich zurück.
Unabsehbar ergießt sich vor meinen Blicken die Ferne,
Und ein blaues Gebirg endigt im Dufte die Welt.
Tief an des Berges Fuß, der gählings unter mir abstürzt,
Wallet des grünlichten Stroms fließender Spiegel vorbei.
Endlos unter mir seh ich den Äther, über mir endlos,
Blicke mit Schwindeln hinauf, blicke mit Schaudern
hinab,
Aber zwischen der ewigen Höh und der ewigen Tiefe
Trägt ein geländerter Steig sicher den Wandrer dahin.
Lachend fliehen an mir die reichen Ufer vorüber,
Und den fröhlichen Fleiß rühmet das prangende Tal.
Jene Linien, sieh! die des Landmanns Eigentum scheiden,
In den Teppich der Flur hat sie Demeter gewirkt.
Freundliche Schrift des Gesetzes, des menschenerhaltenden
Gottes,
Seit aus der ehernen Welt fliehend die Liebe verschwand,
Aber in freieren Schlangen durchkreuzt die geregelten Felder,
Jetzt verschlungen vom Wald, jetzt an den Bergen hinauf
Klimmend, ein schimmernder Streif, die Länder verknüpfende
Straße,
Auf dem ebenen Strom gleiten die Flöße dahin,
Vielfach ertönt der Herden Geläut im belebten Gefilde,
Und den Widerhall weckt einsam des Hirten Gesang.

Muntre Dörfer bekränzen den Strom, in Gebüschen verschwinden
Andre, vom Rücken des Bergs stürzen sie gäh dort herab.
Nachbarlich wohnet der Mensch noch mit dem Acker zusammen,
Seine Felder umruhn friedlich sein ländliches Dach,
Traulich rankt sich die Reb empor an dem niedrigen Fenster,
Einen umarmenden Zweig schlingt um die Hütte der Baum,
Glückliches Volk der Gefilde! Noch nicht zur Freiheit erwachet,
Teilst du mit deiner Flur fröhlich das enge Gesetz.
Deine Wünsche beschränkt der Ernten ruhiger Kreislauf,
Wie dein Tagewerk, gleich, windet dein Leben sich ab!
Aber wer raubt mir auf einmal den lieblichen Anblick? Ein fremder
Geist verbreitet sich schnell über die fremdere Flur!
Spröde sondert sich ab, was kaum noch liebend sich mischte,
Und das Gleiche nur ist's, was an das Gleiche sich reiht.
Stände seh ich gebildet, der Pappeln stolze Geschlechter
Ziehn in geordnetem Pomp vornehm und prächtig daher,
Regel wird alles und alles wird Wahl und alles Bedeutung,
Dieses Dienergefolg meldet den Herrscher mir an.
Prangend verkündigen ihn von fern die beleuchteten Kuppeln,
Aus dem felsichten Kern hebt sich die türmende *Stadt*.
In die Wildnis hinaus sind des Waldes Faunen verstoßen,
Aber die Andacht leiht höheres Leben dem Stein.
Näher gerückt ist der Mensch an den Menschen. Enger wird um ihn,
Reger erwacht, es umwälzt rascher sich in ihm die Welt.
Sieh, da entbrennen in feurigem Kampf die eifernden Kräfte,
Großes wirket ihr Streit, Größeres wirket ihr Bund.
Tausend Hände belebt *ein* Geist, hoch schläget in tausend
Brüsten, von *einem* Gefühl glühend, ein einziges Herz,
Schlägt für das Vaterland und glüht für der Ahnen Gesetze,
Hier auf dem teuren Grund ruht ihr verehrtes Gebein.
Nieder steigen vom Himmel die seligen Götter, und nehmen
In dem geweihten Bezirk festliche Wohnungen ein,

Herrliche Gaben bescherend erscheinen sie; Ceres vor allen
Bringet des Pfluges Geschenk, Hermes den Anker herbei,
Bacchus die Traube, Minerva des Ölbaums grünende Reiser,
Auch das kriegrische Roß führet Poseidon heran,
Mutter Kybele spannt an des Wagens Deichsel die Löwen,
In das gastliche Tor zieht sie als Bürgerin ein.
Heilige Steine! Aus euch ergossen sich Pflanzer der Menschheit,
Fernen Inseln des Meers sandtet ihr Sitten und Kunst,
Weise sprachen das Recht an diesen geselligen Toren,
Helden stürzten zum Kampf für die Penaten heraus.
Auf den Mauren erschienen, den Säugling im Arme, die Mütter,
Blickten dem Heerzug nach, bis ihn die Ferne verschlang.
Betend stürzten sie dann vor der Götter Altären sich nieder,
Flehten um Ruhm und Sieg, flehten um Rückkehr für euch.
Ehre ward euch und Sieg, doch der Ruhm nur kehrte zurücke,
Eurer Taten Verdienst meldet der rührende Stein:
»Wanderer, kommst du nach Sparta, verkündige dorten, du habest
Uns hier liegen gesehn, wie das Gesetz es befahl.«
Ruhet sanft, ihr Geliebten! Von eurem Blute begossen,
Grünet der Ölbaum, es keimt lustig die köstliche Saat.
Munter entbrennt, des Eigentums froh, das freie Gewerbe,
Aus dem Schilfe des Stroms winket der bläulichte Gott.
Zischend fliegt in den Baum die Axt, es erseufzt die Dryade,
Hoch von des Berges Haupt stürzt sich die donnernde Last.
Aus dem Felsbruch wiegt sich der Stein, vom Hebel beflügelt,
In der Gebirge Schlucht taucht sich der Bergmann hinab.
Mulcibers Amboß tönt von dem Takt geschwungener Hämmer,
Unter der nervichten Faust sprützen die Funken des Stahls,
Glänzend umwindet der goldene Lein die tanzende Spindel,
Durch die Saiten des Garns sauset das webende Schiff,
Fern auf der Reede ruft der Pilot, es warten die Flotten,
Die in der Fremdlinge Land tragen den heimischen Fleiß,
Andre ziehn frohlockend dort ein, mit den Gaben der Ferne,
Hoch von dem ragenden Mast wehet der festliche Kranz.

Siehe, da wimmeln die Märkte, der Kran von fröhlichem Leben,
Seltsamer Sprachen Gewirr braust in das wundernde Ohr.
Auf den Stapel schüttet die Ernten der Erde der Kaufmann,
Was dem glühenden Strahl Afrikas Boden gebiert,
Was Arabien kocht, was die äußerste Thule bereitet,
Hoch mit erfreuendem Gut füllt Amalthea das Horn.
Da gebieret das Glück dem Talente die göttlichen Kinder,
Von der Freiheit gesäugt, wachsen die Künste der Lust.
Mit nachahmendem Leben erfreuet der Bildner die Augen,
Und vom Meißel beseelt, redet der fühlende Stein,
Künstliche Himmel ruhn auf schlanken ionischen Säulen,
Und den ganzen Olymp schließet ein Pantheon ein,
Leicht wie der Iris Sprung durch die Luft, wie der Pfeil von der Senne
Hüpfet der Brücke Joch über den brausenden Strom.
Aber im stillen Gemach entwirft bedeutende Zirkel
Sinnend der Weise, beschleicht forschend den schaffenden Geist,
Prüft der Stoffe Gewalt, der Magnete Hassen und Lieben,
Folgt durch die Lüfte dem Klang, folgt durch den Äther dem Strahl,
Sucht das vertraute Gesetz in des Zufalls grausenden Wundern,
Sucht den ruhenden Pol in der Erscheinungen Flucht.
Körper und Stimme leiht die Schrift dem stummen Gedanken,
Durch der Jahrhunderte Strom trägt ihn das redende Blatt.
Da zerrinnt vor dem wundernden Blick der Nebel des Wahnes,
Und die Gebilde der Nacht weichen dem tagenden Licht.
Seine Fesseln zerbricht der Mensch. Der Beglückte! Zerriss' er
Mit den Fesseln der Furcht nur nicht den Zügel der Scham!
Freiheit ruft die Vernunft, Freiheit die wilde Begierde,
Von der heil'gen Natur ringen sie lüstern sich los.
Ach, da reißen im Sturm die Anker, die an dem Ufer
Warnend ihn hielten, ihn faßt mächtig der flutende Strom,
Ins Unendliche reißt er ihn hin, die Küste verschwindet,
Hoch auf der Fluten Gebirg wiegt sich entmastet der Kahn,

Hinter Wolken erlöschen des Wagens beharrliche Sterne,
Bleibend ist nichts mehr, es irrt selbst in dem Busen der Gott.
Aus dem Gespräche verschwindet die Wahrheit, Glauben und Treue
Aus dem Leben, es lügt selbst auf der Lippe der Schwur.
In der Herzen vertraulichsten Bund, in der Liebe Geheimnis
Drängt sich der Sykophant, reißt von dem Freunde den Freund,
Auf die Unschuld schielt der Verrat mit verschlingendem Blicke,
Mit vergiftendem Biß tötet des Lästerers Zahn.
Feil ist in der geschändeten Brust der Gedanke, die Liebe
Wirft des freien Gefühls göttlichen Adel hinweg,
Deiner heiligen Zeichen, o Wahrheit, hat der Betrug sich
Angemaßt, der Natur köstlichste Stimmen entweiht,
Die das bedürftige Herz in der Freude Drang sich erfindet,
Kaum gibt wahres Gefühl noch durch Verstummen sich kund.
Auf der Tribune prahlet das Recht, in der Hütte die Eintracht,
Des Gesetzes Gespenst steht an der Könige Thron,
Jahrelang mag, jahrhundertelang die Mumie dauern,
Mag das trügende Bild lebender Fülle bestehn,
Bis die Natur erwacht, und mit schweren ehernen Händen
An das hohle Gebäu rühret die Not und die Zeit,
Einer Tigerin gleich, die das eiserne Gitter durchbrochen
Und des numidischen Walds plötzlich und schrecklich gedenkt,
Aufsteht mit des Verbrechens Wut und des Elends die Menschheit,
Und in der Asche der Stadt sucht die verlorne Natur.
O so öffnet euch, Mauren, und gebt den Gefangenen ledig,
Zu der verlassenen Flur kehr er gerettet zurück!
Aber wo bin ich? Es birgt sich der Pfad. Abschüssige Gründe
Hemmen mit gähnender Kluft hinter mir, vor mir den Schritt.

Hinter mir blieb der Gärten, der Hecken vertraute Begleitung,
Hinter mir jegliche Spur menschlicher Hände zurück.
Nur die Stoffe seh ich getürmt, aus welchen das Leben
Keimet, der rohe Basalt hofft auf die bildende Hand,
Brausend stürzt der Gießbach herab durch die Rinne des Felsen,
Unter den Wurzeln des Baums bricht er entrüstet sich Bahn.
Wild ist es hier und schauerlich öd. Im einsamen Luftraum
Hängt nur der Adler, und knüpft an das Gewölke die Welt.
Hoch herauf bis zu mir trägt keines Windes Gefieder
Den verlorenen Schall menschlicher Mühen und Lust.
Bin ich wirklich allein? In deinen Armen, an deinem
Herzen wieder, Natur, ach! und es war nur ein Traum,
Der mich schaudernd ergriff, mit des Lebens furchtbarem Bilde,
Mit dem stürzenden Tal stürzte der finstre hinab.
Reiner nehm ich mein Leben von deinem reinen Altare,
Nehme den fröhlichen Mut hoffender Jugend zurück!
Ewig wechselt der Wille den Zweck und die Regel, in ewig
Wiederholter Gestalt wälzen die Taten sich um.
Aber jugendlich immer, in immer veränderter Schöne
Ehrst du, fromme Natur, züchtig das alte Gesetz,
Immer dieselbe, bewahrst du in treuen Händen dem Manne,
Was dir das gaukelnde Kind, was dir der Jüngling vertraut,
Nährest an gleicher Brust die vielfach wechselnden Alter;
Unter demselben Blau, über dem nämlichen Grün
Wandeln die nahen und wandeln vereint die fernen Geschlechter,
Und die Sonne Homers, siehe! sie lächelt auch uns.

DIE TEILUNG DER ERDE

»Da! Nehmt sie hin, die Welt!« rief Zeus von seinen Höhen
Den Menschenkindern zu. »Nehmt! Sie soll euer sein:
Euch schenk ich sie zum ew'gen Lehen,
Doch teilt euch brüderlich darein!«

Da griff, was Hände hatte, zu, sich einzurichten,
Es regte sich geschäftig jung und alt.
Der Ackermann griff nach des Feldes Früchten,
Der Junker pirschte durch den Wald.

Der Kaufmann füllte hurtig sein Gewölb, die Scheune
Der Fermier, das Faß der Seelenhirt,
Der König sagte: »Jeglichem das Seine:
Und mein ist – was geerntet wird!«

Ganz spät erschien, nachdem die Teilung längst geschehen,
Auch der Poet (er kam aus weiter Fern),
Ach! Da war überall nichts mehr zu sehen,
Und alles hatte seinen Herrn.

»Weh mir! So soll denn ich allein von allen
Vergessen sein, ich, dein getreuster Sohn!«
So ließ er laut der Klage Ruf erschallen,
Und warf sich hin vor Jovis Thron.

»Wenn du zu lang dich in der Träume Land verweilet«,
Antwortete der Gott, »so hadre nicht mit mir.
Wo warst du denn, als man die Welt geteilet?«
»Ich war«, sprach der Poet, »bei dir.

Mein Auge hing an deinem Strahlenangesichte,
An deines Himmels Harmonie mein Ohr,
Verzeih dem Geiste, der, von deinem Lichte
Berauscht, das Irdische verlor!«

»Was kann ich tun«, spricht Zeus. »Die Welt ist weggegeben,
Der Herbst, die Jagd, der Markt ist nicht mehr mein.
Willst du in meinem Himmel mit mir leben?
So oft du kommst, er soll dir offen sein.«

DIE TEILUNG DER ERDE

»Nehmt hin die Welt!« rief Zeus von seinen Höhen
Den Menschen zu, »nehmt, sie soll euer sein.
Euch schenk ich sie zum Erb und ew'gen Lehen,
Doch teilt euch brüderlich darein.«

Da eilt, was Hände hat, sich einzurichten,
Es regte sich geschäftig jung und alt.
Der Ackermann griff nach des Feldes Früchten,
Der Junker pirschte durch den Wald.

Der Kaufmann nimmt, was seine Speicher fassen,
Der Abt wählt sich den edeln Firnewein,
Der König sperrt die Brücken und die Straßen,
Und sprach: »Der Zehente ist mein.«

Ganz spät, nachdem die Teilung längst geschehen,
Naht der Poet, er kam aus weiter Fern.
Ach! da war überall nichts mehr zu sehen,
Und alles hatte seinen Herrn!

»Weh mir! So soll denn ich allein von allen
Vergessen sein, ich, dein getreuster Sohn?«
So ließ er laut der Klage Ruf erschallen,
Und warf sich hin vor Jovis Thron.

»Wenn du im Land der Träume dich verweilet«,
Versetzt der Gott, »so hadre nicht mit mir.
Wo warst du denn, als man die Welt geteilet?«
»Ich war«, sprach der Poet, »bei dir.

Mein Auge hing an deinem Angesichte,
An deines Himmels Harmonie mein Ohr,
Verzeih dem Geiste, der, von deinem Lichte
Berauscht, das Irdische verlor!«

»Was tun!« spricht Zeus, »die Welt ist weggegeben,
Der Herbst, die Jagd, der Markt ist nicht mehr mein.
Willst du in meinem Himmel mit mir leben,
So oft du kommst, er soll dir offen sein.«

DIE TATEN DER PHILOSOPHEN

Den *Satz*, durch welchen alles Ding
Bestand und Form empfangen,
Den Nagel, woran Zeus den Ring
Der Welt, die sonst in Scherben ging,
Vorsichtig aufgehangen,
Den nenn ich einen großen Geist,
Der mir ergründet, wie er heißt,
Wenn *ich* ihm nicht drauf helfe.
Er heißt: Zehn ist nicht Zwölfe.

Der Schnee macht kalt, das Feuer brennt,
Der Mensch geht auf zwei Füßen,
Die Sonne scheint am Firmament,
Das kann, wer auch nicht Logik kennt,
Durch seine Sinne wissen.
Doch wer Philosophie studiert,
Der weiß, daß, wer verbrennt, nicht friert,
Weiß, daß das Nasse feuchtet
Und daß das Helle leuchtet.

Homerus singt sein Hochgedicht,
Der Held besteht Gefahren,
Der brave Mann tut seine Pflicht,
Und tat sie, ich verhehl es nicht,
Eh noch Weltweise waren,
Doch hat Genie und Herz vollbracht,
Was *Lock'* und *Leibniz* nie gedacht,
Sogleich wird auch von diesen
Die Möglichkeit bewiesen.

Im Leben gilt der Stärke Recht,
Dem Schwachen trotzt der Kühne,
Wer nicht gebieten kann, ist Knecht;
Sonst geht es ganz erträglich schlecht
Auf dieser Erdenbühne.
Doch wie es wäre, fing der Plan
Der Welt nur erst von vornen an,
Ist in Moralsystemen
Ausführlich zu vernehmen.

»Der Mensch bedarf des Menschen sehr
Zu seinem großen Ziele,
Nur in dem Ganzen wirket er,
Viel Tropfen geben erst das Meer,
Viel Wasser treibt die Mühle.
Drum flieht der wilden Wölfe Stand,
Und knüpft der Staaten daurend Band.«
So lehren vom Katheder
Herr Pufendorf und Feder.

Doch weil, was ein Professor spricht,
Nicht gleich zu allen dringet,
So übt *Natur* die Mutterpflicht,
Und sorgt, daß nie die Kette bricht,
Und daß der Reif nie springet.
Einstweilen, bis den Bau der Welt
Philosophie zusammenhält,
Erhält *sie* das Getriebe
Durch Hunger und durch Liebe.

THEOPHANIE

Zeigt sich der Glückliche mir, ich vergesse die Götter des Himmels,
Aber sie stehn vor mir, wenn ich den Leidenden seh.

EINEM JUNGEN FREUND, ALS ER SICH DER WELTWEISHEIT WIDMETE

Schwere Prüfungen mußte der griechische Jüngling bestehen,
Eh das Eleusische Haus nun den Bewährten empfing.
Bist du bereitet und reif, das Heiligtum zu betreten,
Wo den verdächtigen Schatz Pallas Athene verwahrt?
Weißt du schon, was deiner dort harret? Wie teuer du kaufest?
Daß du ein ungewiß Gut mit dem gewissen bezahlst?
Fühlst du dir Stärke genug, der Kämpfe schwersten zu kämpfen,
Wenn sich Verstand und Herz, Sinn und Gedanken entzwein,
Mut genug, mit des Zweifels unsterblicher Hydra zu ringen,
Und dem Feind in dir selbst männlich entgegenzugehn,
Mit des Auges Gesundheit, des Herzens heiliger Unschuld
Zu entlarven den Trug, der dich als Wahrheit versucht?
Fliehe, bist du des Führers im eigenen Busen nicht sicher,
Fliehe den lockenden Rand, ehe der Schlund dich verschlingt.
Manche gingen nach Licht, und stürzten in tiefere Nacht nur;
Sicher im *Dämmerschein* wandelt die Kindheit dahin.

ARCHIMEDES UND DER SCHÜLER

Zu Archimedes kam ein wißbegieriger Jüngling:
»Weihe mich«, sprach er zu ihm, »ein in die göttliche Kunst,
Die so herrliche Früchte dem Vaterlande getragen,
Und die Mauren der Stadt vor der Sambuca[1] beschützt.«
»Göttlich nennst du die Kunst? Sie ist's«, versetzte der Weise,
»Aber das war sie, mein Sohn, eh sie dem Staat noch gedient.
Willst du nur Früchte, die kann auch eine Sterbliche zeugen,
Wer um die *Göttin* freit, suche in ihr nicht das *Weib*.«

1 Der Name einer Belagerungsmaschine, deren sich Marcellus gegen Syrakus bediente.

MENSCHLICHES WISSEN

Weil du liesest in ihr, was du selber in sie geschrieben,
Weil du in Gruppen fürs Aug ihre Erscheinungen reihst,
Deine Schnüre gezogen auf ihrem unendlichen Felde,
Wähnst du, es fasse dein Geist ahnend die große Natur.
So beschreibt mit Figuren der Astronome den Himmel,
Daß in dem ewigen Raum leichter sich finde der Blick,
Knüpft entlegene Sonnen, durch Siriusfernen geschieden,
Aneinander im *Schwan*, und in den Hörnern des *Stiers*.
Aber versteht er darum der Sphären mystische Tänze,
Weil ihm das Sternengewölb sein *Planiglobium* zeigt?

DIE DICHTER DER ALTEN UND NEUEN WELT

Sagt, wo sind die Vortrefflichen hin, wo find ich die Sänger,
Die mit dem lebenden Wort horchende Völker entzückt,
Die vom Himmel den Gott, zum Himmel den Menschen gesungen,
Und getragen den Geist hoch auf den Flügeln des Lieds?
Ach, die Sänger leben noch jetzt, nur fehlen die Taten,
Würdig der Leier, es fehlt, ach! ein empfangendes Ohr.
Glückliche Dichter der glücklichen Welt! Von Munde zu Munde
Flog, von Geschlecht zu Geschlecht euer empfundenes Lied!
Jeder, als wär ihm ein Sohn geboren, empfing mit Entzücken,
Was der Genius ihm, redend und bildend, erschuf.
An der Glut des Gesangs entbrannten des Hörers Gefühle,
An des Hörers Gefühl nährte der Sänger die Glut,
Nährte und reinigte sie! Der Glückliche, dem in des Volkes
Stimme der weisen Natur neues Orakel noch klang,
Dem noch von außen das Wort der richtenden Wahrheit erschallte,
Das der Neuere kaum – kaum noch im Busen vernimmt.

Weh ihm, wenn er von außen es jetzt noch glaubt zu vernehmen,
Und ein betrogenes Ohr leiht dem verführenden Ruf!
Aus der Welt um ihn her sprach zu dem Alten die Muse,
Kaum noch erscheint sie dem Neun, wenn er die seine – vergißt.

DIE SÄNGER DER VORWELT

Sagt, wo sind die Vortrefflichen hin, wo find ich die Sänger,
Die mit dem lebenden Wort horchende Völker entzückt,
Die vom Himmel den Gott, zum Himmel den Menschen gesungen,
Und getragen den Geist hoch auf den Flügeln des Lieds?
Ach, noch leben die Sänger, nur fehlen die Taten, die Lyra
Freudig zu wecken, es fehlt, ach! ein empfangendes Ohr.
Glückliche Dichter der glücklichen Welt! Von Munde zu Munde
Flog, von Geschlecht zu Geschlecht euer empfundenes Wort.
Wie man die Götter empfängt, so begrüßte jeder mit Andacht,
Was der Genius ihm, redend und bildend, erschuf.
An der Glut des Gesangs entflammten des Hörers Gefühle,
An des Hörers Gefühl nährte der Sänger die Glut.
Nährt' und reinigte sie! Der Glückliche, dem in des Volkes
Stimme noch hell zurück tönte die Seele des Lieds.
Dem noch von außen erschien, im Leben, die himmlische Gottheit,
Die der Neuere kaum, kaum noch im Herzen vernimmt.

SCHÖN UND ERHABEN

Zweierlei *Genien* sind's, die durch das Leben dich leiten,
Wohl dir, wenn sie vereint helfend zur Seite dir gehn!
Mit erheiterndem Spiel verkürzt dir der eine die Reise,
Leichter an seinem Arm werden dir Schicksal und Pflicht.

Unter Scherz und Gespräch begleitet er bis an die Kluft dich,
Wo an der Ewigkeit Meer schaudernd der Sterbliche steht.
Hier empfängt dich entschlossen und ernst und schweigend der andre,
Trägt mit gigantischem Arm über die Tiefe dich hin.
Nimmer widme dich *einem* allein. Vertraue dem ersten
Deine *Würde* nicht an, nimmer dem andern dein *Glück*.

DER SKRUPEL

Was vor züchtigen Ohren dir laut zu sagen erlaubt sei?
Was ein züchtiges Herz leise zu tun dir erlaubt!

KARTHAGO

Ausgeartetes Kind der bessern menschlichen Mutter,
Das mit des Römers Trotz paaret des Tyriers List.
Aber jener beherrschte mit Kraft die eroberte Erde,
Dieser belehrte die Welt, die er mit Klugheit bestahl.
Sprich, was rühmt die Geschichte von dir? Wie der *Römer* erwirbst du
Mit dem Eisen, was du *tyrisch* mit Golde regierst.

AUSGANG AUS DEM LEBEN

Aus dem Leben heraus sind der Wege zwei dir geöffnet,
Zum *Ideale* führt einer, der andre zum *Tod*.
Siehe, wie du bei Zeit noch frei auf dem ersten entspringest,
Ehe die Parze mit Zwang dich auf dem andern entführt.

ZENITH UND NADIR

Wo du auch wandelst im Raum, es knüpft dein Zenith und Nadir
An den Himmel dich an, dich an die Achse der Welt.
Wie du auch handelst in dir, es berühre den Himmel der Wille,
Durch die Achse der Welt gehe die Richtung der Tat.

DER DICHTER AN SEINE KUNSTRICHTERIN

Zürne nicht auf mein fröhliches Lied, weil die Wange dir brennet,
Nicht was ich las – was du denkst, hat sie mit Purpur gefärbt.

AN DIE FROMMEN

Fort, fort mit eurer Torheit! Laßt mir lieber
Das, was ihr Weisheit nennt, mit fadem Spott!
Herzlos ist eurer Andacht kaltes Fieber,
Kopflos ist nur ein Popanz euer Gott.

XENIEN VON SCHILLER UND GOETHE

Triste supercilium, durique severa Catonis
Frons et aratoris filia Fabricii
Et personati fastus et regula morum,
Quidquid et in tenebris non sumus, ite foras

Der ästhetische Torschreiber

Halt, Passagiere! Wer seid ihr? Wes Standes und Charakteres?
Niemand passieret hier durch, bis er den Paß mir gezeigt.

Xenien

Distichen sind wir. Wir geben uns nicht für mehr noch für minder,
Sperre du immer, wir ziehn über den Schlagbaum hinweg

Visitator

Öffnet die Koffers! Ihr habt doch nichts Kontrebandes geladen?
Gegen die Kirche? den Staat? Nichts von französischem Gut?

Xenien

Koffers führen wir nicht. Wir führen nicht mehr, als zwei Taschen
Tragen, und die, wie bekannt, sind bei Poeten nicht schwer.

Der Mann mit dem Klingelbeutel

Messieurs! Es ist der Gebrauch, wer diese Straße bereiset,
Legt für die Dummen was, für die Gebrechlichen, ein.

Helf Gott

Das verwünschte Gebettel! Es haben die vorderen Kutschen
Reichlich für uns mit bezahlt. Geben nichts. Kutscher, fahr zu.

Der Glückstopf

Hier ist Messe, geschwind, packt aus und schmücket die Bude,
Kommt, Autoren, und zieht, jeder versuche sein Glück.

Die Kunden

Wenige Treffer sind gewöhnlich in solchen Boutiquen,
Doch die Hoffnung treibt frisch und die Neugier herbei.

Das Widerwärtige

Dichter und Liebende schenken sich selbst, doch Speise voll Ekel!
Dringt die gemeine Natur sich zum Genusse dir auf!

Das Desideratum

Hättest du Phantasie, und Witz und Empfindung und Urteil,
Wahrlich, dir fehlte nicht viel, Wieland und Lessing zu sein!

An einen gewissen moralischen Dichter

Ja der Mensch ist ein ärmlicher Wicht, ich weiß – doch das wollt ich
Eben vergessen, und kam, ach wie gereut mich's, zu dir.

Das Verbindungsmittel

Wie verfährt die Natur, um Hohes und Niedres im Menschen
Zu verbinden? Sie stellt Eitelkeit zwischen hinein.

Für Töchter edler Herkunft

Töchtern edler Geburt ist dieses Werk zu empfehlen,
Um zu Töchtern der Lust schnell sich befördert zu sehn.

Der Kunstgriff

Wollt ihr zugleich den Kindern der Welt und den Frommen gefallen?
Malet die Wollust – nur malet den Teufel dazu.

Der Teleolog

Welche Verehrung verdient der Weltenschöpfer, der gnädig,
Als er den Korkbaum schuf, gleich auch die Stöpsel erfand!

Der Antiquar

Was ein christliches Auge nur sieht, erblick ich im Marmor:
Zeus und sein ganzes Geschlecht grämt sich und fürchtet den Tod.

Der Kenner

Alte Vasen und Urnen! Das Zeug wohl könnt ich entbehren;
Doch ein Majolikatopf machte mich glücklich und reich.

Erreurs et Vérité

Irrtum wolltest du bringen und Wahrheit, o Bote von Wandsbeck;
Wahrheit, sie war dir zu schwer; Irrtum, den brachtest du fort!

H. S.

Auf das empfindsame Volk hab ich nie was gehalten, es werden,
Kommt die Gelegenheit, nur schlechte Gesellen daraus.

Der Prophet

Schade, daß die Natur nur *einen* Menschen aus dir schuf,
Denn zum würdigen Mann war und zum Schelmen der Stoff.

Das Amalgama

Alles mischt die Natur so einzig und innig, doch hat sie
Edel- und Schalksinn hier, ach! nur zu innig vermischt.

Der erhabene Stoff

Deine Muse besingt, wie Gott sich der Menschen erbarmte,
Aber ist das Poesie, daß er erbärmlich sie fand?

Belsazer, ein Drama

König Belsazer schmaust in dem ersten Akte, der König
Schmaust in dem zweiten, es schmaust fort bis zu Ende der Fürst.

Gewisse Romanhelden

Ohne das mindeste nur dem *Pedanten* zu nehmen, erschufst du,
Künstler, wie keiner mehr ist, einen vollendeten *Geck*.

Pfarrer Cyllenius

Still doch von deinen Pastoren und ihrem Zofenfranzösisch,
Auch von den Zofen nichts mehr mit dem Pastorenlatein.

Jamben

Jambe nennt man das Tier mit einem kurzen und langen
Fuß, und so nennst du mit Recht Jamben das hinkende Werk.

Neuste Schule

Ehmals hatte man *einen* Geschmack. Nun gibt es Geschmäcke,
Aber sagt mir, wo sitzt dieser Geschmäcke Geschmack?

An deutsche Baulustige

Kamtschadalisch lehrt man euch bald die Zimmer verzieren,
Und doch ist manches bei euch schon kamtschadalisch genug.

Affiche

Stille kneteten wir Salpeter, Kohlen und Schwefel,
Bohrten Röhren, gefall nun auch das Feuerwerk euch.

Zur Abwechslung

Einige steigen als leuchtende Kugeln und andere zünden,
Manche auch werfen wir nur spielend, das Aug zu erfreun.

Der Zeitpunkt

Eine große Epoche hat das Jahrhundert geboren,
Aber der große Moment findet ein kleines Geschlecht.

Goldnes Zeitalter

Ob die Menschen im ganzen sich bessern? Ich glaub es, denn einzeln,
Suche man, wie man auch will, sieht man doch gar nichts davon.

Manso, »Von den Grazien«

Hexen lassen sich wohl durch schlechte Sprüche zitieren,
Aber die Grazie kommt nur auf der Grazie Ruf.

Tassos »Jerusalem«, von demselben

Ein asphaltischer Sumpf bezeichnet hier noch die Stätte,
Wo Jerusalem stand, das uns Torquato besang.

Die Kunst zu lieben

Auch zum Lieben bedarfst du der Kunst? Unglücklicher Manso,
Daß die *Natur* auch nichts, gar nichts für dich noch getan!

Der Schulmeister zu Breslau

In langweiligen Versen und abgeschmackten Gedanken
Lehrt ein Präzeptor uns hier, wie man gefällt und verführt.

Amor als Schulkollege

Was das entsetzlichste sei von allen entsetzlichen Dingen?
Ein Pedant, den es jückt, locker und lose zu sein.

Der zweite Ovid

Armer *Naso*, hättest du doch wie *Manso* geschrieben,
Nimmer, du guter Gesell, hättest du Tomi gesehn.

Das Unverzeihliche

Alles kann mißlingen, wir können's ertragen, vergeben;
Nur nicht, was sich bestrebt, reizend und lieblich zu sein.

Prosaische Reimer

Wieland, wie reich ist dein Geist! Das kann man nun erst empfinden,
Sieht man, wie fad und wie leer dein Caput mortuum ist.

Jean Paul Richter

Hieltest du deinen Reichtum nur halb so zu Rate wie jener
Seine Armut, du wärst unsrer Bewunderung wert.

An seinen Lobredner

Meinst du, er werde größer, wenn du die Schultern ihm leihest?
Er bleibt klein wie zuvor, du hast den Höcker davon.

Feindlicher Einfall

Fort ins Land der Philister, ihr Füchse mit brennenden Schwänzen,
Und verderbet der Herrn reife papierene Saat.

Nekrolog

Unter allen, die von uns berichten, bist du mir der liebste,
Wer sich lieset in dir, liest dich zum Glücke nicht mehr.

Bibliothek schöner Wissenschaften

Jahrelang schöpfen wir schon in das Sieb und brüten den Stein aus,
Aber der Stein wird nicht warm, aber das Sieb wird nicht voll.

Dieselbe

Invaliden Poeten ist dieser Spittel gestiftet,
Gicht und Wassersucht wird hier von der Schwindsucht gepflegt.

Die neuesten Geschmacksrichter

Dichter, ihr Armen, was müßt ihr nicht alles hören, damit nur
Sein Exerzitium schnell lese gedruckt der Student!

An Schwätzer und Schmierer

Treibet das Handwerk nur fort, wir können's euch freilich nicht legen,
Aber ruhig, das glaubt, treibt ihr es künftig nicht mehr.

Guerre ouverte

Lange neckt ihr uns schon, doch immer heimlich und tückisch,
Krieg verlangtet ihr ja, führt ihn nun offen, den Krieg.

An gewisse Kollegen

Mögt ihr die schlechten Regenten mit strengen Worten verfolgen,
Aber schmeichelt doch auch schlechten Autoren nicht mehr.

An die Herren N. O. P.

Euch bedaur ich am meisten, ihr wähltet gerne das Gute,
Aber euch hat die Natur gänzlich das Urteil versagt.

Der Kommissarius des Jüngsten Gerichts

Nach Kalabrien reist er, das Arsenal zu besehen,
Wo man die Artillerie gießt zu dem Jüngsten Gericht.

Kant und seine Ausleger

Wie doch ein einziger Reicher so viele Bettler in Nahrung
Setzt! Wenn die Könige baun, haben die Kärrner zu tun.

J–b

Steil wohl ist er, der Weg zur Wahrheit, und schlüpfrig zu steigen,
Aber wir legen ihn doch nicht gern auf Eseln zurück.

Die Stockblinden

Blinde, weiß ich wohl, fühlen und Taube sehen viel schärfer,
Aber mit welchem Organ philosophiert denn das Volk?

Analytiker

Ist denn die Wahrheit ein Zwiebel, von dem man die Häute nur abschält?
Was ihr hinein nicht gelegt, ziehet ihr nimmer heraus.

Der Geist und der Buchstabe

Lange kann man mit Marken, mit Rechenpfennigen zahlen,
Endlich, es hilft nichts, ihr Herrn, muß man den Beutel doch ziehn.

Wissenschaftliches Genie

Wird der Poet nur geboren? Der Philosoph wird's nicht minder,
Alle Wahrheit zuletzt wird nur gebildet, geschaut.

Die bornierten Köpfe

Etwas nützet ihr doch, die Vernunft vergißt des Verstandes
Schranken so gern, und *die* stellet ihr redlich uns dar.

Bedientenpflicht

Rein zuerst sei das Haus, in welchem die Königin einzieht,
Frisch denn, die Stuben gefegt! dafür, ihr Herrn, seid ihr da.

Ungebühr

Aber, erscheint sie selbst, hinaus vor die Türe, Gesinde!
Auf den Sessel der Frau pflanze die Magd sich nicht hin.

Wissenschaft

Einem ist sie die hohe, die himmlische Göttin, dem andern
Eine tüchtige Kuh, die ihn mit Butter versorgt.

An Kant

Vornehm nennst du den Ton der neuen Propheten? Ganz richtig,
Vornehm philosophiert heißt wie *Roture* gedacht.

Der kurzweilige Philosoph

Eine spaßhafte Weisheit doziert hier ein lustiger Doktor,
Bloß dem Namen nach *Ernst*, und in dem lustigsten Saal.

Verfehlter Beruf

Schade, daß ein Talent hier auf dem Katheder verhallet,
Das auf höherm Gerüst hätte zu glänzen verdient.

Das philosophische Gespräch

Einer, das höret man wohl, spricht *nach* dem andern, doch keiner
Mit dem andern; wer nennt zwei Monologen Gespräch?

Das Privilegium

Dichter und Kinder, man gibt sich mit beiden nur ab, um zu spielen;
Nun so erboset euch nicht, wird euch die Jugend zu laut.

Literarischer Zodiakus

Jetzo, ihr Distichen, nehmt euch zusammen, es tut sich der Tierkreis
Grauend euch auf; mir nach, Kinder! wir müssen hindurch.

Zeichen des Widders

Auf den Widder stoßt ihr zunächst, den Führer der Schafe,
Aus dem *Dykischen* Pferch springet er trotzig hervor.

Zeichen des Stiers

Nebenan gleich empfängt euch sein Namensbruder; mit stumpfen
Hörnern, weicht ihr nicht aus, stößt euch der *Hallische* Ochs.

Zeichen des Fuhrmanns

Alsobald knallet in G** des Reiches würdiger Schwager,
Zwar er nimmt euch nicht mit, aber er fährt doch vorbei.

Zeichen der Zwillinge

Kommt ihr den Zwillingen nah, so sprecht nur: Gelobet sei J–
C–! »In Ewigkeit« gibt man zum Gruß euch zurück.

Zeichen des Bärs

Nächst daran strecket der Bär zu K** die bleiernen Tatzen
Gegen euch aus, doch er fängt euch nur die Fliegen vom Kleid.

Zeichen des Krebses

Geht mir dem Krebs in B*** aus dem Weg, manch lyrisches Blümchen,
Schwellend in üppigem Wuchs, kneipte die Schere zu Tod.

Zeichen des Löwen

Jetzo nehmt euch in acht vor dem wackern *Eutinischen* Leuen,
Daß er mit griechischem Zahn euch nicht verwunde den Fuß.

Zeichen der Jungfrau

Bücket euch, wie sich's geziemt, vor der zierlichen Jungfrau zu *Weimar*,
Schmollt sie auch oft – wer verzeiht Launen der Grazie nicht?

Zeichen des Raben

Vor dem Raben nur sehet euch vor, der hinter ihr krächzet,
Das nekrologische Tier setzt auf Kadaver sich nur.

Locken der Berenice

Sehet auch, wie ihr in S*** den groben Fäusten entschlüpfet,
Die Berenices Haar striegeln mit eisernem Kamm.

Zeichen der Waage

Jetzo wäre der Ort, daß ihr die Waage beträtet,
Aber dies Zeichen ward längst schon am Himmel vermißt.

Zeichen des Skorpions

Aber nun kommt ein böses Insekt, aus G–b–n her,
Schmeichelnd naht es, ihr habt, flieht ihr nicht eilig, den Stich.

Ophiuchus

Drohend hält euch die Schlang jetzt Ophiuchus entgegen,
Fürchtet sie nicht, es ist nur der getrocknete Balg.

Zeichen des Schützen

Seid ihr da glücklich vorbei, so naht euch dem zielenden Hofrat
Schütz nur getrost, er liebt und er versteht auch den Spaß.

Gans

Laßt sodann ruhig die Gans in L***g und G**a gagagen,
Die beißt keinen, es quält nur ihr Geschnatter das Ohr.

Zeichen des Steinbocks

Im Vorbeigehn stutzt mir den alten *Berlinischen* Steinbock,
Das verdrüßt ihn, so gibt's etwas zu lachen fürs Volk.

Zeichen des Pegasus

Aber seht ihr in B**** den *Grad ad Parnassum*, so bittet
Höflich ihm ab, daß ihr euch eigene Wege gewählt.

Zeichen des Wassermanns

Übrigens haltet euch ja von dem Dr***r Wassermann ferne,
Daß er nicht über euch her gieße den Elbestrom aus.

Eridanus

An des Eridanus Ufern umgeht mir die furchtbare Waschfrau,
Welche die Sprache des Teut säubert mit Lauge und Sand.

Fische

Seht ihr in *Leipzig* die Fischlein, die sich in Sulzers Zisterne
Regen, so fangt euch zur Lust einige Grundeln heraus.

Der fliegende Fisch

Neckt euch in Breslau der fliegende Fisch, erwartet's geduldig,
In sein wäßrichtes Reich zieht ihn Neptun bald hinab.

Glück auf den Weg

Manche Gefahren umringen euch noch, ich hab sie verschwiegen,
Aber wir werden uns noch aller erinnern – nur zu!

Die Aufgabe

Wem die Verse gehören? Ihr werdet es schwerlich erraten,
Sondert, wenn ihr nun könnt, o Chorizonten, auch hier!

Wohlfeile Achtung

Selten erhaben und groß und selten würdig der Liebe,
Lebt er doch immer, der Mensch, und wird geehrt und geliebt.

Revolutionen

Was das Luthertum war, ist jetzt das Franztum in diesen
Letzten Tagen, es drängt ruhige Bildung zurück.

Parteigeist

Wo Parteien entstehn, hält jeder sich hüben und drüben,
Viele Jahre vergehn, eh sie die Mitte vereint.

Das deutsche Reich

Deutschland? aber wo liegt es? Ich weiß das Land nicht zu finden,
Wo das gelehrte beginnt, hört das politische auf.

Deutscher Nationalcharakter

Zur *Nation* euch zu bilden, ihr hoffet es, Deutsche, vergebens;
Bildet, ihr könnt es, dafür freier zu Menschen euch aus.

Rhein

Treu, wie dem Schweizer gebührt, bewach ich Germaniens Grenze,
Aber der Gallier hüpft über den duldenden Strom.

Rhein und Mosel

Schon so lang umarm ich die lotharingische Jungfrau,
Aber noch hat kein Sohn unsre Umarmung erfreut!

*Donau in B***

Bacchus, der lustige, führt mich und Komus, der fette, durch reiche
Triften, aber verschämt bleibet die Charis zurück.

*Donau in O***

Mich umwohnet mit glänzendem Aug das Volk der Fajaken,
Immer ist's Sonntag, es dreht immer am Herd sich der Spieß.

Main

Meine Burgen zerfallen zwar, doch getröstet erblick ich
Seit Jahrhunderten noch immer das alte Geschlecht.

Saale

Kurz ist mein Lauf und begrüßt der Fürsten, der Völker so viele,
Aber die Fürsten sind gut, aber die Völker sind frei.

Ilm

Meine Ufer sind arm, doch höret die leisere Welle,
Führt der Strom sie vorbei, manches unsterbliche Lied.

Pleiße

Flach ist mein Ufer und seicht mein Bächlein, es schöpften zu durstig
Meine Poeten mich, meine Prosaiker aus.

Elbe

All ihr andern, ihr sprecht nur ein Kauderwelsch. Unter den Flüssen
Deutschlands rede nur ich, und auch in Meißen nur, deutsch.

Spree

Sprache gab mir einst Ramler und Stoff mein Cäsar, da nahm ich
Meinen Mund etwas voll, aber ich schweige seitdem.

Weser

Leider von mir ist gar nichts zu sagen, auch zu dem kleinsten
Epigramme, bedenkt! geb ich der Muse nicht Stoff.

*Gesundbrunnen zu ****

Seltsames Land! Hier haben die Flüsse Geschmack und die Quellen,
Bei den Bewohnern allein hab ich noch keinen verspürt.

*P** bei N****

Ganz hypochondrisch bin ich vor Langerweile geworden,
Und ich fließe nur fort, weil es so hergebracht ist.

*Die **chen Flüsse*

Unsereiner hat's halter gut in **cher Herren
Ländern, ihr Joch ist sanft und ihre Lasten sind leicht.

Salzach

Aus Juvaviens Bergen ström ich, das Erzstift zu salzen,
Lenke dann Bayern zu, wo es an Salze gebricht.

Der anonyme Fluß

Fastenspeisen dem Tisch des frommen Bischofs zu liefern,
Goß der Schöpfer mich aus durch das verhungerte Land.

Les fleuves indiscrets

Jetzt kein Wort mehr, ihr Flüsse. Man sieht's, ihr wißt euch so wenig
Zu bescheiden, als einst Diderots Schätzchen getan.

An den Leser

Lies uns nach Laune, nach Lust, in trüben, in fröhlichen Stunden,
Wie uns der gute Geist, wie uns der böse gezeugt.

Gewissen Lesern

Viele Bücher genießt ihr, die ungesalzen, verzeihet,
Daß dies Büchelchen uns überzusalzen beliebt.

Dialogen aus dem Griechischen

Zur Erbauung andächtiger Seelen hat F*** S***,
Graf und Poet und Christ, diese Gespräche verdeutscht.

Der Ersatz

Als du die griechischen Götter geschmäht, da warf dich Apollo
Von dem Parnasse; dafür gehst du ins Himmelreich ein.

Der moderne Halbgott

Christlicher Herkules, du ersticktest so gerne die Riesen,
Aber die heidnische Brut steht, Herkuliskus! noch fest.

Charis

Ist dies die Frau des Künstlers Vulkan? Sie spricht von dem Handwerk,
Wie es des Roturiers adliger Hälfte geziemt.

Nachbildung der Natur

Was nur einer vermag, das sollte nur einer uns schildern,
Voß nur den Pfarrer und nur *Iffland* den Förster allein.

Nachäffer

Aber da meinen die Pfuscher, ein jeder Schwarzrock und Grünrock
Sei auch, an und für sich, unsrer Beschauung schon wert.

Klingklang

In der Dichtkunst hat er mit Worten herzlos geklingelt,
In der Philosophie treibt er es pfäffisch so fort.

An gewisse Umschöpfer

Nichts soll werden das Etwas, daß Nichts sich zu Etwas gestalte,
Laß das Etwas nur sein! nie wird zu Etwas das Nichts.

Aufmunterung

Deutschland fragt nach Gedichten nicht viel; ihr kleinen Gesellen,
Lärmt, bis jeglicher sich wundernd ans Fenster begibt.

Das Brüderpaar

Als Kentauren gingen sie einst durch poetische Wälder,
Aber das wilde Geschlecht hat sich geschwinde bekehrt.

*K***

Höre den Tadler! Du kannst, was er noch vermißt, dir erwerben,
Jenes, was nie sich erwirbt, freue dich! gab dir Natur.

An die Moralisten

Richtet den herrschenden Stab auf Leben und Handeln und lasset
Amorn, dem lieblichen Gott, doch mit der Muse das Spiel!

Der Leviathan und die Epigramme

Fürchterlich bist du im Kampf, nur brauchst du etwas viel Wasser,
Aber versuch es einmal, Fisch! in den Lüften mit uns.

»Luise« von Voß

Wahrlich, es füllt mit Wonne das Herz, dem Gesange zu horchen,
Ahmt ein Sänger, wie der, Töne des Altertums nach.

Jupiters Kette

Hängen auch alle Schmierer und Reimer sich an dich, sie ziehen
Dich nicht hinunter, doch du ziehst sie auch schwerlich hinauf.

Aus einer der neuesten Episteln

Klopstock, der ist mein Mann, der in neue Phrasen gestoßen,
Was er im höllischen Pfuhl Hohes und Großes vernahm.

*B**s Taschenbuch*

Eine Kollektion von Gedichten? Eine Kollekte
Nenn es, der Armut zulieb und bei der Armut gemacht.

Ein deutsches Meisterstück

Alles an diesem Gedicht ist vollkommen, Sprache, Gedanke,
Rhythmus, das einzige nur fehlt noch, es ist kein Gedicht.

Unschuldige Schwachheit

»Unsre Gedichte nur trifft dein Spott?« O schätzet euch glücklich,
Daß das Schlimmste an euch eure Erdichtungen sind.

Das Neueste aus Rom

Raum und Zeit hat man wirklich *gemalt*, es steht zu erwarten,
Daß man mit ähnlichem Glück nächstens die Tugend uns *tanzt*.

Deutsches Lustspiel

Toren hätten wir wohl, wir hätten Fratzen die Menge,
Leider helfen sie nur selbst zur Komödie nichts.

Das Märchen

Mehr als zwanzig Personen sind in dem Märchen geschäftig,
»Nun, und was machen sie denn alle?« Das Märchen, mein Freund.

Frivole Neugier

Das verlohnte sich auch, den delphischen Gott zu bemühen,
Daß er dir sage, mein Freund, wer der Armenier war.

Beispielsammlung

Nicht bloß Beispielsammlung, nein, selber ein warnendes Beispiel,
Wie man nimmermehr soll sammeln für guten Geschmack.

Mit Erlaubnis

Nimm's nicht übel, daß nun auch deiner gedacht wird! Verlangst du
Das Vergnügen umsonst, daß man den Nachbar vexiert?

Der Sprachforscher

Anatomieren magst du die Sprache, doch nur ihr Kadaver,
Geist und Leben entschlüpft flüchtig dem groben Skalpell.

Geschichte eines dicken Mannes

(Man sehe die Rezension davon in der N. deutschen Bibliothek)

Dieses Werk ist durchaus nicht in Gesellschaft zu lesen,
Da es, wie Rezensent rühmet, die Blähungen treibt.

Anekdoten von Friedrich II.

Von dem unsterblichen Friedrich, dem einzigen, handelt in diesen
Blättern der zehenmalzehntausendste sterbliche Fritz.

Literaturbriefe

Auch Nicolai schrieb an dem trefflichen Werk? Ich will's glauben,
Mancher Gemeinplatz auch steht in dem trefflichen Werk.

Gewisse Melodien

Dies ist Musik fürs Denken! Solang man sie hört, bleibt man eiskalt,
Vier, fünf Stunden darauf macht sie erst rechten Effekt.

Überschriften dazu

Frostig und herzlos ist der Gesang, doch Sänger und Spieler
Werden oben am Rand höflich zu fühlen ersucht.

Der böse Geselle

Dichter, bitte die Musen, vor ihm dein Lied zu bewahren,
Auch dein leichtestes zieht nieder der schwere Gesang.

Karl von Karlsberg

Was der berühmte Verfasser des menschlichen Elends verdiene?
Sich in der Charité gratis verköstigt zu sehn.

Schriften für Damen und Kinder

»Bibliothek für das andre Geschlecht, nebst Fabeln für Kinder.«
Also für Kinder nicht, nicht für das andre Geschlecht.

Dieselbe

Immer für Weiber und Kinder! Ich dächte, man schriebe für Männer,
Und überließe dem Mann Sorge für Frau und für Kind!

Gesellschaft von Sprachfreunden

O wie schätz ich euch hoch! Ihr bürstet sorglich die Kleider
Unsrer Autoren, und, wem fliegt nicht ein Federchen an?

Der Purist

Sinnreich bist du, die Sprache von fremden Wörtern zu säubern,
Nun so sage doch, Freund, wie man *Pedant* uns verdeutscht.

Vernünftige Betrachtung

Warum plagen wir einer den andern? Das Leben zerrinnet,
Und es versammelt uns nur einmal wie heute die Zeit.

An **

Gerne plagt ich auch dich, doch es will mir mit dir nicht gelingen,
Du bist zum Ernst mir zu leicht, bist für den Scherz mir zu plump.

An ***

Nein! Du erbittest mich nicht. Du hörtest dich gerne verspottet,
Hörtest du dich nur genannt, darum verschon ich dich, Freund.

Garve

Hör ich über Geduld dich, edler Leidender, reden,
O wie wird mir das Volk frömmelnder Schwätzer verhaßt.

Auf gewisse Anfragen

Ob dich der Genius ruft? Ob du dem rufenden folgest?
Ja, wenn du mich fragst – nein! Folge dem rufenden nicht.

Stoßgebet

Vor dem Aristokraten in Lumpen bewahrt mich, ihr Götter,
Und vor dem Sansculott auch mit Epauletten und Stern.

Distinktionszeichen

»Unbedeutend sind doch auch manche von euren Gedichtchen!«
Freilich, zu jeglicher Schrift braucht man auch Komma und Punkt.

Die Adressen

Alles ist nicht für alle, das wissen wir selber, doch nichts ist
Ohne Bestimmung, es nimmt jeder sich selbst sein Paket.

Schöpfung durch Feuer

Arme basaltische Säulen! Ihr solltet dem Feuer gehören,
Und doch sah euch kein Mensch je aus dem Feuer entstehn.

Mineralogischer Patriotismus

Jedermann schürfte bei sich auch nach Basalten und Lava,
Denn es klinget nicht schlecht, hier ist vulkanisch Gebürg!

Kurze Freude

Endlich zog man sie wieder ins alte Wasser herunter,
Und es löscht sich nun bald dieser entzündete Streit.

Triumph der Schule

Welch erhabner Gedanke! Uns lehrt der unsterbliche Meister,
Künstlich zu teilen den Strahl, den wir nur einfach gekannt.

Die Möglichkeit

Liegt der Irrtum nur erst, wie ein Grundstein, unten im Boden,
Immer baut man darauf, nimmermehr kömmt er an Tag.

Wiederholung

Hundertmal werd ich's euch sagen und tausendmal: Irrtum ist Irrtum!
Ob ihn der größte Mann, ob ihn der kleinste beging.

Wer glaubt's?

»Newton hat sich geirrt?« Ja doppelt und dreifach! »Und wie denn?«
Lange steht es gedruckt, aber es liest es kein Mensch.

Der Welt Lauf

Drucken fördert euch nicht, es unterdrückt euch die Schule;
Aber nicht immer, und dann geben sie schweigend sich drein.

Hoffnung

Allen habt ihr die Ehre genommen, die gegen euch zeugten;
Aber dem Märtyrer kehrt späte sie doppelt zurück.

Exempel

Schon *ein* Irrlicht sah ich verschwinden, dich, Phlogiston! Balde,
Oh, Newtonisch Gespenst! folgst du dem Brüderchen nach.

Der letzte Märtyrer

Auch mich bratet ihr noch als Hus vielleicht, aber wahrhaftig!
Lange bleibet der Schwan, der es vollendet, nicht aus.

Menschlichkeiten

Leidlich hat Newton gesehen, und falsch geschlossen, am Ende
Blieb er, ein Brite, verstockt, schloß er, bewies er so fort.

Und abermals Menschlichkeiten

Seine Schüler hörten nun auf, zu sehn und zu schließen,
Referierten getrost, was er auch sah und bewies.

Der Widerstand

Aristokratisch gesinnt ist mancher Gelehrte, denn gleich ist's,
Ob man auf Helm und Schild oder auf Meinungen ruht.

Neueste Farbentheorie von Wünsch

Gelbrot und Grün macht das Gelbe, Grün und Violblau das Blaue!
So wird aus Gurkensalat wirklich der Essig erzeugt!

Das Mittel

»Warum sagst du uns das in Versen?« Die Verse sind wirksam,
Spricht man in Prosa zu euch, stopft ihr die Ohren euch zu.

Moralische Zwecke der Poesie

»Bessern, bessern soll uns der Dichter!« So darf denn auf eurem
Rücken des Büttels Stock nicht einen Augenblick ruhn?

Sektionswut

Lebend noch exenterieren sie euch und seid ihr gestorben,
Passet im Nekrolog noch ein Prosektor euch auf.

Kritische Studien

Schneidet, schneidet, ihr Herrn, durch Schneiden lernet der Schüler,
Aber wehe dem Frosch, der euch den Schenkel muß leihn!

Der astronomische Himmel

So erhaben, so groß ist, so weit entlegen der Himmel!
Aber der Kleinigkeitsgeist fand auch bis dahin den Weg.

Naturforscher und Transzendentalphilosophen

Feindschaft sei zwischen euch, noch kommt das Bündnis zu frühe,
Wenn ihr im Suchen euch trennt, wird erst die Wahrheit erkannt.

An die voreiligen Verbindungsstifter

Jeder wandle für sich, und wisse nichts von dem andern,
Wandeln nur beide gerad, finden sich beide gewiß.

Der treue Spiegel

Reiner Bach, du entstellst nicht den Kiesel, du bringst ihn dem Auge
Näher; so seh ich die Welt, ***, wenn du sie beschreibst.

Nicolai

Nicolai reiset noch immer, noch lang wird er reisen,
Aber ins Land der Vernunft findet er nimmer den Weg.

Der Wichtige

Seine Meinung sagt er von seinem Jahrhundert, er sagt sie,
Nochmals sagt er sie laut, hat sie gesagt und geht ab.

Der Plan des Werks

Meine Reis ist ein Faden, an dem ich drei Lustra die Deutschen
Nützlich führe, so wie formlos die Form mir's gebeut.

Formalphilosophie

Allen Formen macht er den Krieg, er weiß wohl, zeitlebens
Hat er mit Müh und Not Stoff nur zusammengeschleppt.

Der Todfeind

Willst du alles vertilgen, was deiner Natur nicht gemäß ist,
Nicolai, zuerst schwöre dem Schönen den Tod!

Philosophische Querköpfe

»Querkopf!« schreiet ergrimmt in unsere Wälder Herr Nickel,
»Leerkopf!« schallt es darauf lustig zum Walde heraus.

Empirischer Querkopf

Armer empirischer Teufel! du kennst nicht einmal das Dumme
In dir selber, es ist, ach! a priori so dumm.

Der Quellenforscher

Nicolai entdeckt die Quellen der Donau! Welch Wunder!
Sieht er gewöhnlich doch sich nach der Quelle nicht um.

Derselbe

Nichts kann er leiden, was groß ist und mächtig, drum, herrliche Donau,
Spürt dir der Häscher so lang nach, bis er seicht dich ertappt.

N. Reisen XI. Band, S. 177

A propos Tübingen! Dort sind Mädchen, die tragen die Zöpfe
Lang geflochten, auch dort gibt man die »Horen« heraus.

Der Glückliche

Sehen möcht ich dich, Nickel, wenn du ein Späßchen erhaschest,
Und, von dem Fund entzückt, drauf dich im Spiegel besiehst.

Verkehrte Wirkung

Rührt sonst einen der Schlag, so stockt die Zunge gewöhnlich,
Dieser, so lange gelähmt, schwatzt nur geläufiger fort.

Pfahl im Fleisch

Nenne Lessing nur nicht, der Gute hat vieles gelitten,
Und in des Märtyrers Kranz warst du ein schrecklicher Dorn.

Die »Horen« an Nicolai

Unsere Reihen störtest du gern, doch werden wir wandeln,
Und du tappe denn auch, plumper Geselle! so fort.

Fichte und Er

Freilich tauchet der Mann kühn in die Tiefe des Meeres,
Wenn du, auf leichtem Kahn, schwankest und Heringe fängst.

Briefe über ästhetische Bildung

Dunkel sind sie zuweilen, vielleicht mit Unrecht, o Nickel!
Aber die Deutlichkeit ist wahrlich nicht Tugend an dir.

Modephilosophie

Lächerlichster, du nennst das Mode, wenn immer von neuem
Sich der menschliche Geist ernstlich nach Bildung bestrebt.

Das grobe Organ

Was du mit Händen nicht greifst, das scheint dir Blinden ein Unding,
Und betastest du was, gleich ist das Ding auch beschmutzt.

Der Lastträger

Weil du vieles geschleppt und schleppst und schleppen wirst, meinst du,
Was sich selber bewegt, könne vor dir nicht bestehn.

Die Weidtasche

Reget sich was, gleich schießt der Jäger, ihm scheinet die Schöpfung,
Wie lebendig sie ist, nur für den Schnappsack gemacht.

Das Unentbehrliche

Könnte Menschenverstand doch ohne Vernunft nur bestehen,
Nickel hätte fürwahr menschlichsten Menschenverstand.

Die Xenien

Was uns ärgert: du gibst mit langen entsetzlichen Noten
Uns auch wieder heraus unter der Reiserubrik.

Lucri bonus odor

Gröblich haben wir dich behandelt, das brauche zum Vorteil,
Und im zwölften Band schilt uns, da gibt es ein Blatt.

Vorsatz

Den Philister verdrieße, den Schwärmer necke, den Heuchler
Quäle der fröhliche Vers, der nur das Gute verehrt.

Nur Zeitschriften

Frankreich faßt er mit einer, das arme *Deutschland* gewaltig
Mit der andern, doch sind beide papieren und leicht!

Das Motto

Wahrheit sag ich euch, Wahrheit und immer Wahrheit, versteht sich:
Meine Wahrheit; denn sonst ist mir auch keine bekannt.

Der Wächter Zions

Meine Wahrheit bestehet im Bellen, besonders wenn irgend
Wohlgekleidet ein Mann sich auf der Straße mir zeigt.

Verschiedene Dressuren

Aristokratische Hunde, sie knurren auf Bettler; ein echter
Demokratischer Spitz klafft nach dem seidenen Strumpf.

Böse Gesellschaft

Aristokraten mögen noch gehn, ihr Stolz ist doch höflich,
Aber du, löbliches Volk, bist so voll Hochmut und grob.

An die Obern

Immer bellt man auf euch! bleibt sitzen! es wünschen die Beller
Jene Plätze, wo man ruhig das Bellen vernimmt.

Baalspfaffen

Heilige Freiheit! Erhabener Trieb der Menschen zum Bessern!
Wahrlich, du konntest dich nicht schlechter mit Priestern versehn!

Verfehlter Beruf

Schreckensmänner wären sie gerne, doch lacht man in Deutschland
Ihres Grimmes, der nur mäßige Schriften zerfleischt.

An mehr als einen

Erst habt ihr die Großen beschmaust, nun wollt ihr sie stürzen;
Hat man Schmarotzer doch nie dankbar dem Wirte gesehn.

Das Requisit

Lange werden wir euch noch ärgern und werden euch sagen:
Rote Kappen, euch fehlt nur noch das Glöckchen zum Putz.

Verdienst

Hast du auch wenig genug verdient um die Bildung der Deutschen,
Fritz Nicolai, sehr viel hast du dabei doch verdient.

Umwälzung

Nein das ist doch zu arg! Da läuft auch selbst noch der Kantor
Von der Orgel, und ach! pfuscht auf den Klaven des Staats.

Der Halbvogel

Fliegen möchte der Strauß, allein er rudert vergeblich,
Ungeschickt rühret der Fuß immer den leidigen Sand.

Der letzte Versuch

Vieles hast du geschrieben, der Deutsche wollt es nicht lesen;
Gehn die Journale nicht ab, dann ist auch alles vorbei.

Kunstgriff

Schreib die Journale nur anonym, so kannst du mit vollen
Backen deine Musik loben, es merkt es kein Mensch.

Dem Großsprecher

Öfters nahmst du das Maul schon so voll und konntest nicht wirken,
Auch jetzt wirkest du nichts, nimm nur das Maul nicht so voll.

Mottos

Setze nur immer Mottos auf deine Journale, sie zeigen
Alle die Tugenden an, die man an dir nicht bemerkt.

Sein Handgriff

Auszuziehen versteh ich, und zu beschmutzen die Schriften,
Dadurch mach ich sie mein, und ihr bezahlet sie mir.

Die Mitarbeiter

Wie sie die Glieder verrenken, die Armen! Aber nach dieser
Pfeife zu tanzen, es ist auch, beim Apollo! kein Spaß.

Unmögliche Vergeltung

Deine Kollegen verschreist und plünderst du! Dich zu verschreien,
Ist nicht nötig, und nichts ist auch zu plündern an dir.

Das züchtige Herz

Gern erlassen wir *dir* die moralische Delikatesse,
Wenn du die Zehen Gebot nur so notdürftig befolgst.

Abscheu

Heuchler, ferne von mir! Besonders du, widriger Heuchler,
Der du mit Grobheit glaubst Falschheit zu decken und List.

Der Hausierer

Ja das fehlte nun noch zu der Entwicklung der Sache,
Daß als *Krämer* sich nun *Kr**er* nach Frankreich begibt!

Deutschlands Revanche an Frankreich

Manchen Lakai schon verkauftet ihr uns als Mann von Bedeutung,
Gut! Wir spedieren euch hier Kr**** als Mann von Verdienst.

Der Patriot

Daß Verfassung sich überall bilde! Wie sehr ist's zu wünschen,
Aber ihr Schwätzer verhelft uns zu Verfassungen nicht!

Die drei Stände

Sagt, wo steht in Deutschland der Sansculott? In der Mitte,
Unten und oben besitzt jeglicher, was ihm behagt.

Die Hauptsache

Jedem Besitzer das Seine! und jedem Regierer den Rechtsinn,
Das ist zu wünschen, doch ihr, beides verschafft ihr uns nicht.

Anacharsis der Zweite

Anacharsis dem Ersten nahmt ihr den Kopf weg, der Zweite
Wandert nun ohne Kopf klüglich, Pariser, zu euch.

Historische Quellen

Augen leiht dir der Blinde zu dem, was in Frankreich geschiehet,
Ohren der Taube: du bist, Deutschland, vortrefflich bedient.

Der Almanach als Bienenkorb

Lieblichen Honig geb er dem Freund, doch nahet sich täppisch
Der Philister, ums Ohr saus ihm der stechende Schwarm!

Etymologie

Ominos ist dein Name, er spricht dein ganzes Verdienst aus,
Gerne verschafftest du, ging' es, dem Pöbel den Sieg.

Ausnahme

»Warum tadelst du manchen nicht öffentlich?« Weil er ein Freund ist;
Wie mein eigenes Herz tadl ich im stillen den Freund.

Die Insekten

»Warum schiltst du die einen so hundertfach?« Weil das Geschmeiße,
Rührt sich der Wedel nicht stets, immer dich leckt und dich sticht.

Einladung

»Glaubst du denn nicht, man könnte die schwache Seite dir zeigen?«
Tu es mit Laune, mit Geist, Freund, und wir lachen zuerst.

Warnung

Unsrer liegen noch tausend im Hinterhalt; daß ihr nicht etwa,
Rückt ihr zu hitzig heran, Schultern und Rücken entblößt.

An die Philister

Freut euch des Schmetterlings nicht, der Bösewicht zeugt euch die Raupe,
Die euch den herrlichen Kohl, fast aus der Schüssel, verzehrt.

Hausrecht

Keinem Gärtner verdenk ich's, daß er die Sperlinge scheuchet,
Doch nur Gärtner ist er, jene gebar die Natur.

Currus virum miratur inanes

Wie sie knallen, die Peitschen! Hilf Himmel! Journale! Kalender!
Wagen an Wagen! Wie viel Staub und wie wenig Gepäck!

Kalender der Musen und Grazien

Musen und Grazien! oft habt ihr euch schrecklich verirret,
Doch dem Pfarrer noch nie selbst die Perücke gebracht.

Taschenbuch

Viele Läden und Häuser sind offen in südlichen Ländern,
Und man sieht das Gewerb, aber die Armut zugleich.

Vossens Almanach

Immer zu, du redlicher Voß! Beim neuen Kalender
Nenne der Deutsche dich doch, der dich im Jahre vergißt.

Schillers Almanach von 1796

Du erhebest uns erst zu Idealen und stürzest
Gleich zur Natur uns zurück, glaubst du, wir danken dir das?

Das Paket

Mit der Eule gesiegelt? Da kann Minerva nicht weit sein!
Ich erbreche, da fällt »Von und für Deutschland« heraus.

Das Journal »Deutschland«

Alles beginnt der Deutsche mit Feierlichkeit, und so zieht auch
Diesem deutschen Journal blasend ein Spielmann voran.

Reichsanzeiger

Edles Organ, durch welches das deutsche Reich mit sich selbst spricht,
Geistreich, wie es hinein schallet, so schallt es heraus.

A. d. Ph.

Woche für Woche zieht der Bettelkarren durch Deutschland,
Den auf schmutzigem Bock Jakob, der Kutscher, regiert.

A. D. B.

Zehnmal gelesne Gedanken auf zehnmal bedrucktem Papiere,
Auf zerriebenem Blei stumpfer und bleierner Witz.

A. d. Z.

Auf dem Umschlag sieht man die Charitinnen, doch leider
Kehrt uns Aglaia den Teil, den ich nicht nennen darf, zu.

Deutsche Monatschrift

Deutsch in Künsten gewöhnlich heißt mittelmäßig! und bist du,
Deutscher Monat, vielleicht auch so ein deutsches Produkt?

G. d. Z.

Dich, o Dämon! erwart ich und deine herrschenden Launen,
Aber im härenen Sack schleppt sich ein Kobold dahin.

Urania

Deinen heiligen Namen kann nichts entehren, und wenn ihn
Auf sein Sudelgefäß Ewald, der frömmelnde, schreibt.

Merkur

Wieland zeigt sich nur selten, doch sucht man gern die Gesellschaft,
Wo sich Wieland auch nur selten, der Seltene, zeigt.

Horen. Erster Jahrgang

Einige wandeln zu ernst, die andern schreiten verwegen,
Wenige gehen den Schritt, wie ihn das Publikum hält.

Minerva

Trocken bist du und ernst, doch immer die würdige Göttin,
Und so leihest du auch gerne den Namen dem Heft.

Journal des Luxus und der Moden

Du bestrafest die Mode, bestrafest den Luxus, und beide
Weißt du zu fördern, du bist ewig des Beifalls gewiß.

Dieser Musenalmanach

Nun erwartet denn auch, für seine herzlichen Gaben,
Liebe Kollegen, von euch unser Kalender den Dank.

Der Wolfische Homer

Sieben Städte zankten sich drum, ihn geboren zu haben,
Nun, da der Wolf ihn zerriß, nehme sich jede ihr Stück.

*M****

Weil du doch alles beschriebst, so beschreib uns zu gutem Beschlusse
Auch die Maschine noch, Freund, die dich so fertig bedient.

*Herr Leonhard ***

Deinen Namen les ich auf zwanzig Schriften, und dennoch
Ist es dein Name nur, Freund, den man in allen vermißt.

Pantheon der Deutschen. I. Band

Deutschlands größte Männer und kleinste sind hier versammelt,
Jene gaben den Stoff, diese die Worte des Buchs.

Borussias

Sieben Jahre nur währte der Krieg, von welchem du singest?
Sieben Jahrhunderte, Freund, währt mir dein Heldengedicht.

Guter Rat

Accipe facundi Culicem, studiose, Maronis,
Ne, nugis positis, arma virumque canas.

Reineke Fuchs

Vor Jahrhunderten hätte ein Dichter dieses gesungen?
Wie ist das möglich? Der Stoff ist ja von gestern und heut.

Menschenhaß und Reue

Menschenhaß? Nein, davon verspürt ich beim heutigen Stücke
Keine Regung, jedoch Reue, die hab ich gefühlt.

Schinks »Faust«

Faust hat sich leider schon oft in Deutschland dem Teufel ergeben,
Doch so prosaisch noch nie schloß er den schrecklichen Bund.

*An Madame B** und ihre Schwestern*

Jetzt noch bist du Sibylle, bald wirst du Parze, doch fürcht ich,
Hört ihr alle zuletzt gräßlich als Furien auf.

Almansaris und Amanda

Warum verzeiht mir Amanda den Scherz und Almansaris tobet?
Jene ist tugendhaft, Freund, diese beweiset, sie sei's.

*B***

Wäre Natur und Genie von allen Menschen verehret,
Sag, was bliebe, Phantast, denn für ein Publikum dir?

Erholungen. Zweites Stück

Daß ihr seht, wie genau wir den Titel des Buches erfüllen,
Wird zur Erholung hiemit euch die Vernichtung gereicht.

Moderezension

Preise dem Kinde die Puppen, wofür es begierig die Groschen
Hinwirft, so bist du fürwahr Krämern und Kindern ein Gott.

Dem Zudringlichen

Ein vor allemal willst du ein ewiges Leben mir schaffen?
Mach im zeitlichen doch mir nicht die Weile so lang.

Höchster Zweck der Kunst

Schade fürs schöne Talent des herrlichen Künstlers! O hätt er
Aus dem Marmorblock doch ein Kruzifix uns gemacht!

Zum Geburtstag

Möge dein Lebensfaden sich spinnen wie in der Prosa
Dein Periode, bei dem leider die Lachesis schläft.

Unter vier Augen

Viele rühmen, sie habe Verstand; ich glaub's, für den einen,
Den sie jedesmal liebt, hat sie auch wirklich Verstand.

Scharade

Nichts als dein erstes fehlt dir, so wäre dein zweites genießbar,
Aber dein Ganzes, mein Freund, ist ohne Salz und Geschmack.

Frage in den Reichsanzeiger

W. Meister betreffend

Zu was Ende die welschen Namen für deutsche Personen?
Raubt es nicht allen Genuß an dem vortrefflichen Werk?

Göschen an die deutschen Dichter

Ist nur erst Wieland heraus, so kommt's an euch übrigen alle,
Und nach der Lokation! Habt nur einstweilen Geduld!

*Verleger von P** Schriften*

Eine Maschine besitz ich, die selber denkt, was sie drucket,
Obengenanntes Werk zeig ich zur Probe hier vor.

Josephs II. Diktum an die Buchhändler

Einem Käsehandel verglich er eure Geschäfte?
Wahrlich, der Kaiser, man sieht's, war auf dem Leipziger Markt.

Preisfrage der Akademie nützl. Wissenschaften

Wie auf dem u fortan der teure Schnörkel zu sparen?
Auf die Antwort sind dreißig Dukaten gesetzt.

G. G.

Jeder, siehst du ihn einzeln, ist leidlich klug und verständig,
Sind sie in corpore, gleich wird dir ein Dummkopf daraus.

Hörsäle auf gewissen Universitäten

Prinzen und Grafen sind hier von den übrigen Hörern gesondert,
Wohl! Denn trennte der Stand nirgends, er trennte doch hier!

Der Virtuose

Eine hohe Noblesse bedien ich heut mit der Flöte,
Die, wie ganz Wien mir bezeugt, völlig wie Geige sich hört.

Sachen, so gesucht werden

Einen Bedienten wünscht man zu haben, der leserlich schreibet
Und orthographisch, jedoch nichts in Bell-Lettres getan.

Französische Lustspiele von Dyk

Wir versichern auf Ehre, daß wir einst witzig gewesen,
Sind wir auch hier, wir gestehn's, herzlich geschmacklos und fad.

Buchhändler-Anzeige

Nichts ist der Menschheit so wichtig, als ihre Bestimmung zu kennen;
Um zwölf Groschen Courant wird sie bei mir jetzt verkauft.

Auktion

Da die Metaphysik vor kurzem unbeerbt abging,
Werden die *Dinge an sich* morgen sub hasta verkauft.

Gottesurteil

(Zwischen einem Göttinger und Berliner)

Öffnet die Schranken! Bringet zwei Särge! Trompeter, geblasen!
Almanachsritter, heraus gegen den Ritter vom Sporn!

Sachen, so gestohlen worden

(Immanuel Kant spricht)

Zwanzig Begriffe wurden mir neulich diebisch entwendet,
Leicht sind sie kenntlich, es steht sauber mein I. K. darauf.

Antwort auf obigen Avis

Wenn nicht alles mich trügt, so hab ich besagte Begriffe
In Herrn Jakobs zu Hall' Schriften vor kurzem gesehn.

Schauspielerin

Furiose Geliebten sind meine Forcen im Schauspiel,
Und in der Comédie glänz ich als Branntweinfrau.

Professor Historiarum

Breiter wird immer die Welt und immer mehr Neues geschiehet,
Ach! die Geschichte wird stets länger und kürzer das Brot!

Rezension

Sehet, wie artig der Frosch nicht hüpft! Doch find ich die hintern
Füße um vieles zu lang, so wie die vordern zu kurz.

Literarischer Adreßkalender

Jeder treibe sein Handwerk, doch immer steh es geschrieben:
Dies ist das Handwerk, und der treibet das Handwerk geschickt.

Neuste Kritikproben

Nicht viel fehlt dir, ein Meister nach meinen Begriffen zu heißen,
Nehm ich das einzige aus, daß du verrückt phantasierst.

Eine zweite

Lieblich und zart sind deine Gefühle, gebildet dein Ausdruck,
Eins nur tadl ich, du bist frostig von Herzen und matt.

Eine dritte

Du nur bist mir der würdige Dichter! es kommt dir auf eine
Platitüde nicht an, nur um natürlich zu sein.

Schillers »Würde der Frauen«

Vornherein liest sich das Lied nicht zum besten, ich les es von hinten,
Strophe für Strophe, und so nimmt es ganz artig sich aus.

»Pegasus«, von eben demselben

Meine zarte Natur schockiert das grelle Gemälde,
Aber, von Langbein gemalt, mag ich den Teufel recht gern.

Das ungleiche Verhältnis

Unsre Poeten sind seicht, doch das Unglück ließ' sich vertuschen,
Hätten die Kritiker nicht, ach! so entsetzlich viel Geist.

Neugier

Etwas wünscht ich zu sehn, ich wünschte einmal von den Freunden,
Die das Schwache so schnell finden, das Gute zu sehn!

Jeremiaden aus dem Reichsanzeiger

Alles in Deutschland hat sich in Prosa und Versen verschlimmert,
Ach und hinter uns liegt weit schon die goldene Zeit.

Böse Zeiten

Philosophen verderben die Sprache, Poeten die Logik,
Und mit dem Menschenverstand kommt man durchs Leben nicht mehr.

Skandal

Aus der Ästhetik, wohin sie gehört, verjagt man die Tugend,
Jagt sie, den lästigen Gast, in die Politik hinein.

Das Publikum im Gedränge

Wohin wenden wir uns? Sind wir natürlich, so sind wir
Platt, und genieren wir uns, nennt man es abgeschmackt gar.

Das goldne Alter

Schöne Naivetät der Stubenmädchen zu Leipzig,
Komm doch wieder, o komm, witzige Einfalt, zurück!

Komödie

Komm, Komödie, wieder, du ehrbare Wochenvisite,
Siegmund, du süßer Amant, Maskarill, spaßhafter Knecht.

Alte deutsche Tragödie

Trauerspiele voll Salz, voll epigrammatischer Nadeln,
Und du, Menuettschritt unsers geborgten Kothurns.

Roman

Philosoph'scher Roman, du Gliedermann, der so geduldig
Stillhält, wenn die Natur gegen den Schneider sich wehrt.

Deutliche Prosa

Alte Prosa, komm wieder, die alles so ehrlich heraussagt,
Was sie denkt und gedacht, auch was der Leser sich denkt.

Chorus

Alles in Deutschland hat sich in Prosa und Versen verschlimmert,
Ach! und hinter uns liegt weit schon die goldene Zeit!

Gelehrte Zeitungen

Wie die Nummern des Lotto, so zieht man hier die Autoren,
Wie sie kommen, nur daß niemand dabei was gewinnt.

Die zwei Fieber

Kaum hat das kalte Fieber der Gallomanie uns verlassen,
Bricht in der Gräkomanie gar noch ein hitziges aus.

Griechheit

Griechheit, was war sie? Verstand und Maß und Klarheit! drum dächt ich,
Etwas Geduld noch, ihr Herrn, eh ihr von Griechheit uns sprecht.

Warnung

Eine würdige Sache verfechtet ihr, nur mit Verstande,
Bitt ich! daß sie zum Spott und zum Gelächter nicht wird!

Übertreibung und Einseitigkeit

Daß der Deutsche doch alles zu einem Äußersten treibet,
Für Natur und Vernunft selbst, für die nüchterne, schwärmt!

Neueste Behauptung

Völlig charakterlos ist die Poesie der Modernen,
Denn sie verstehen bloß, charakteristisch zu sein.

Griechische und moderne Tragödie

Unsre Tragödie spricht zum Verstand, drum zerreißt sie das Herz so;
Jene setzt in Affekt, darum beruhigt sie so!

Entgegengesetzte Wirkung

Wir Modernen, wir gehn erschüttert, gerührt aus dem Schauspiel,
Mit erleichterter Brust hüpfte der Grieche heraus.

Die höchste Harmonie

Ödipus reißt die Augen sich aus, Jokasta erhenkt sich,
Beide schuldlos; das Stück hat sich harmonisch gelöst.

Aufgelöstes Rätsel

Endlich ist es heraus, warum uns Hamlet so anzieht,
Weil er, merket das wohl, ganz zur Verzweiflung uns bringt.

Gefährliche Nachfolge

Freunde, bedenket euch wohl, die tiefere, kühnere Wahrheit
Laut zu sagen, sogleich stellt man sie euch auf den Kopf.

Geschwindschreiber

Was sie gestern gelernt, das wollen sie heute schon lehren,
Ach! was haben die Herrn doch für ein kurzes Gedärm!

Die Sonntagskinder

Jahrelang bildet der Meister und kann sich nimmer genugtun,
Dem genialen Geschlecht wird es im Traume beschert!

Xenien

Muse, wo führst du uns hin? Was, gar zu den Manen hinunter?
Hast du vergessen, daß wir nur Monodistichen sind?

Muse

Desto besser! Geflügelt wie ihr, dünnleibig und luftig,
Seele mehr als Gebein, wischt ihr als Schatten hindurch.

Acheronta movebo

Hölle, jetzt nimm dich in acht, es kommt ein Reisebeschreiber,
Und die Publizität deckt auch den Acheron auf.

Sterilemque tibi, Proserpina, vaccam

Hekate! Keusche! dir schlacht ich die »Kunst zu lieben« von Manso,
Jungfer noch ist sie, sie hat nie was von Liebe gewußt.

Elpenor

Muß ich dich hier schon treffen, Elpenor? Du bist mir gewaltig
Vorgelaufen! und wie? Gar mit gebrochnem Genick?

Unglückliche Eilfertigkeit

Ach, wie sie *Freiheit* schrien und *Gleichheit*, geschwind wollt ich folgen,
Und weil die Trepp mir zu lang deuchte, so sprang ich vom Dach.

Achilles

Vormals im Leben ehrten wir dich wie einen der Götter,
Nun du tot bist, so herrscht über die Geister dein Geist.

Trost

Laß dich den Tod nicht reuen, Achill. Es lebet dein Name
In der Bibliothek schöner Szientien hoch.

Seine Antwort

Lieber möcht ich fürwahr dem Ärmsten als Ackerknecht dienen,
Als des Gänsegeschlechts Führer sein, wie du erzählst.

Frage

Du verkündige mir von meinen jungen Nepoten,
Ob in der Literatur beide noch walten und wie?

Antwort

Freilich walten sie noch und bedrängen hart die Trojaner,
Schießen manchmal auch wohl blind in das Blaue hinein.

Frage

Melde mir auch, ob du Kunde vom alten Peleus vernahmest,
Ob er noch weit geehrt in den Kalendern sich liest?

Antwort

Ach! ihm mangelt leider die spannende Kraft und die Schnelle,
Die einst des G*** herrliche Saiten belebt.

Ajax

Ajax, Telamons Sohn! So mußtest du selbst nach dem Tode
Noch forttragen den Groll wegen der Rezension?

Tantalus

Jahrelang steh ich so hier, zur Hippokrene gebücket,
Lechzend vor Durst, doch der Quell, will ich ihn kosten, zerrinnt.

Phlegyasque miserrimus omnes admonet

O ich Tor! Ich rasender Tor! Und rasend ein jeder,
Der, auf des Weibes Rat horchend, den Freiheitsbaum pflanzt!

Die dreifarbige Kokarde

Wer ist der Wütende da, der durch die Hölle so brüllet,
Und mit grimmiger Faust sich die Kokarde zerzaust?

Agamemnon

Bürger Odysseus! Wohl dir! Bescheiden ist deine Gemahlin,
Strickt dir die Strümpfe, und steckt keine drei Farben dir an!

Porphyrogeneta, den Kopf unter dem Arme

Köpfe schaffet euch an, ihr Liebden! Tut es beizeiten!
Wer *nicht* hat, er verliert, auch was er *hat*, noch dazu!

Sisyphus

Auch noch hier nicht zur Ruh, du Unglücksel'ger! Noch immer
Rollst du bergauf wie einst, da du regiertest, den Stein!

Sulzer

Hüben über den Urnen! Wie anders ist's, als wir dachten!
Mein aufrichtiges Herz hat mir Vergebung erlangt.

Haller

Ach! Wie schrumpfen allhier die dicken Bände zusammen,
Einige werden belohnt, aber die meisten verziehn.

Moses Mendelssohn

Ja! Du siehst mich unsterblich! »Das hast du uns ja in dem ›Phädon‹
Längst bewiesen.« – Mein Freund, freue dich, daß du es siehst!

Der junge Werther

»Worauf lauerst du hier?« – Ich erwarte den dummen Gesellen,
Der sich so abgeschmackt über mein Leiden gefreut.

*L****

»Edler Schatten, du zürnst?« – Ja über den lieblosen Bruder,
Der mein modernd Gebein lässet im Frieden nicht ruhn.

Dioskuren

Einen wenigstens hofft ich von euch hier unten zu finden,
Aber beide seid ihr sterblich, drum lebt ihr zugleich.

Unvermutete Zusammenkunft

Sage, Freund, wie find ich denn dich in des Todes Behausung,
Ließ ich doch frisch und gesund dich in Berlin noch zurück?

Der Leichnam

Ach, das ist nur mein Leib, der in Almanachen noch umgeht,
Aber es schiffte schon längst über den Lethe der Geist.

Peregrinus Proteus

Siehest du Wieland, so sag ihm: ich lasse mich schönstens bedanken,
Aber er tat mir zu viel Ehr an, ich war doch ein Lump.

Lukian von Samosata

Nun Freund, bist du versöhnt mit den Philosophen? Du hast sie
Oben im Leben, das weiß Jupiter! tüchtig geneckt.

Geständnis

Rede leiser, mein Freund. Zwar hab ich die Narren gezüchtigt,
Aber mit vielem Geschwätz oft auch die Klugen geplagt.

Alkibiades

Kommst du aus Deutschland? Sieh mich doch an, ob ich wirklich ein solcher
Hasenfuß bin, als bei euch man in Gemälden mich zeigt?

Martial

Xenien nennet ihr euch? Ihr gebt euch für Küchenpräsente?
Ißt man denn, mit Vergunst, spanischen Pfeffer bei euch?

Xenien

Nicht doch! Aber es schwächten die vielen wäßrichten Speisen
So den Magen, daß jetzt Pfeffer und Wermut nur hilft.

Rhapsoden

Wer von euch ist der Sänger der Ilias? Weil's ihm so gut schmeckt,
Ist hier von Heynen ein Pack Göttinger Würste für ihn.

Viele Stimmen

Mir her, ich sang der Könige Zwist! Ich die Schlacht bei den Schiffen!
Mir die Würste! ich sang, was auf dem Ida geschah!

Rechnungsfehler

Friede! Zerreißt mich nur nicht! die Würste werden nicht reichen,
Der sie schickte, er hat sich nur auf einen versehn.

Einer aus dem Chor

(fängt an zu rezitieren)

»Wahrlich, nichts Lustigers weiß ich, als wenn die Tische recht voll sind,
Von Gebacknem und Fleisch, und wenn der Schenke nicht säumt –«

Vorschlag zur Güte

Teilt euch wie Brüder! Es sind der Würste gerade zwei Dutzend,
Und wer Astyanax sang, nehme noch diese von mir.

Philosophen

Gut, daß ich euch, ihr Herren, in pleno beisammen hier finde,
Denn das eine, was not, treibt mich herunter zu euch.

Aristoteles

Gleich zur Sache, mein Freund. Wir halten die Jenaer Zeitung
Hier in der Hölle und sind längst schon von allem belehrt.

Dringend

Desto besser! So gebt mir, ich geh euch nicht eher vom Leibe,
Einen allgültigen Satz, und der auch allgemein gilt.

Einer aus dem Haufen

Cogito, ergo sum. Ich denke, und mithin, so bin ich,
Ist das eine nur wahr, ist es das andre gewiß.

Ich

Denk ich, so bin ich! Wohl! Doch wer wird immer auch denken?
Oft schon war ich, und hab wirklich an gar nichts gedacht!

Ein zweiter

Weil es Dinge doch gibt, so gibt es ein Ding aller Dinge,
In dem Ding aller Ding schwimmen wir, wie wir so sind.

Ein dritter

Just das Gegenteil sprech ich. Es gibt kein Ding als mich selber!
Alles andre, in mir steigt es als Blase nur auf.

Ein vierter

Zweierlei Dinge laß ich passieren, die Welt und die Seele,
Keins weiß vom andern, und doch deuten sie beide auf eins.

Ein fünfter

Von dem Ding weiß ich nichts, und weiß auch nichts von der Seele,
Beide erscheinen mir nur, aber sie sind doch kein Schein.

Ein sechster

Ich bin ich, und setze mich selbst, und setz ich mich selber
Als nicht gesetzt, nun gut! setz ich ein Nicht-Ich dazu.

Ein siebenter

Vorstellung wenigstens ist; ein Vorgestelltes ist also,
Ein Vorstellendes auch; macht, mit der Vorstellung, drei!

Ich

Damit lock ich, ihr Herrn, noch keinen Hund aus dem Ofen,
Einen erklecklichen Satz will ich, und der auch was setzt.

Ein achter

Auf theoretischem Feld ist weiter nichts mehr zu finden,
Aber der praktische Satz gilt doch: Du kannst, denn du sollst!

Ich

Dacht ich's doch! Wissen sie nichts Vernünftiges mehr zu erwidern,
Schieben sie's einem geschwind in das Gewissen hinein.

David Hume

Rede nicht mit dem Volk, der Kant hat sie alle verwirret,
Mich frag, ich bin mir selbst auch in der Hölle noch gleich.

Rechtsfrage

Jahrelang schon bedien ich mich meiner Nase zum Riechen,
Hab ich denn wirklich an sie auch ein erweisliches Recht?

Pufendorf

Ein bedenklicher Fall! doch die *erste* Possession scheint
Für dich zu sprechen, und so brauche sie immerhin fort.

Gewissensskrupel

Gerne dien ich den Freunden, doch tu ich es leider mit Neigung,
Und so wurmt es mir oft, daß ich nicht tugendhaft bin.

Decisum

Da ist kein anderer Rat, du mußt suchen, sie zu verachten,
Und mit Abscheu alsdann tun, wie die Pflicht dir gebeut.

Herkules

Endlich erblickt ich auch den gewaltigen Herkules! Seine
Übersetzung! Er selbst leider war nicht mehr zu sehn.

Herakliden

Ringsum schrie, wie Vögelgeschrei, das Geschrei der Tragöden
Und das Hundegebell der Dramaturgen um ihn.

»Pure Manier«

Schauerlich stand das Ungetüm da. Gespannt war der Bogen,
Und der Pfeil auf der Senn traf noch beständig das Herz.

Er

Welche noch kühnere Tat, Unglücklicher, wagest du jetzo?
Zu den Verstorbenen selbst niederzusteigen, ins Grab!

Ich

Wegen Tiresias mußt ich herab, den Seher zu fragen,
Wo ich den guten Geschmack fände, der nicht mehr zu sehn.

Er

Glauben sie nicht der Natur und den alten Griechen, so holst du
Eine Dramaturgie ihnen vergeblich herauf.

Ich

O die Natur, die zeigt auf unsern Bühnen sich wieder,
Splitternackend, daß man jegliche Rippe ihr zählt.

Er

Wie? So ist wirklich bei euch der alte Kothurnus zu sehen,
Den zu holen ich selbst stieg in des Tartarus Nacht?

Ich

Nichts mehr von diesem tragischen Spuk. Kaum einmal im Jahre
Geht dein geharnischter Geist über die Bretter hinweg.

Er

Auch gut! Philosophie hat eure Gefühle geläutert,
Und vor dem heitern Humor fliehet der schwarze Affekt.

Ich

Ja, ein derber und trockener Spaß, nichts geht uns darüber,
Aber der Jammer auch, wenn er nur naß ist, gefällt.

Er

Also sieht man bei euch den leichten Tanz der Thalia
Neben dem ernsten Gang, welchen Melpomene geht?

Ich

Keines von beiden! Uns kann nur das Christlich-Moralische rühren,
Und was recht populär, häuslich und bürgerlich ist.

Er

Was? Es dürfte kein Cäsar auf euren Bühnen sich zeigen,
Kein Anton, kein Orest, keine Andromacha mehr?

Ich

Nichts! Man siehet bei uns nur Pfarrer, Kommerzienräte,
Fähndriche, Sekretärs oder Husarenmajors.

Er

Aber ich bitte dich, Freund, was kann denn dieser Misere
Großes begegnen, was kann Großes denn durch sie geschehn?

Ich

Was? Sie machen Kabale, sie leihen auf Pfänder, sie stecken
Silberne Löffel ein, wagen den Pranger und mehr.

Er

Woher nehmt ihr denn aber das große gigantische Schicksal,
Welches den Menschen erhebt, wenn es den Menschen zermalmt?

Ich

Das sind Grillen! Uns selbst und unsre guten Bekannten,
Unsern Jammer und Not suchen und finden wir hier.

Er

Aber das habt ihr ja alles bequemer und besser zu Hause,
Warum entfliehet ihr euch, wenn ihr euch selber nur sucht?

Ich

Nimm's nicht übel, mein Heros. Das ist ein verschiedener Kasus,
Das Geschick, das ist blind, und der Poet ist gerecht.

Er

Also *eure* Natur, die erbärmliche, trifft man auf euren
Bühnen, die große nur nicht, nicht die unendliche an?

Ich

Der Poet ist der Wirt und der letzte Aktus die Zeche,
Wenn sich das Laster erbricht, setzt sich die Tugend zu Tisch.

Muse zu den Xenien

Aber jetzt rat ich euch, geht, sonst kommt noch gar der Gorgona
Fratze oder ein Band Oden von Haschka hervor.

An die Freier

Alles war nur ein Spiel! Ihr Freier lebt ja noch alle,
Hier ist der Bogen und hier ist zu den Ringen der Platz.

TABULAE VOTIVAE
VON SCHILLER UND GOETHE

Was der Gott mich gelehrt, was mir durchs Leben geholfen,
  Häng ich dankbar und fromm hier in dem Heiligtum auf.

Die verschiedene Bestimmung

Millionen sorgen dafür, daß die Gattung bestehe,
  Aber durch wenige nur pflanzet die Menschheit sich fort.
Tausend Keime zerstreuet der Herbst, doch bringet kaum einer
  Früchte, zum Element kehren die meisten zurück.
Aber entfaltet sich auch nur *einer*, der einzige streuet
  Eine lebendige Welt ewiger Bildungen aus.

Das Belebende

Nur an des Lebens Gipfel, der Blume, zündet sich Neues
  In der organischen Welt, in der empfindenden, an.

Zweierlei Wirkungsarten

Wirke Gutes, du *nährst* der Menschheit göttliche Pflanze,
  Bilde Schönes, du streust *Keime* der göttlichen aus.

Unterschied der Stände

Auch in der sittlichen Welt ist ein Adel; gemeine Naturen
  Zahlen mit dem, was sie tun, schöne mit dem, was sie sind.

Das Werte und Würdige

Hast du etwas, so gib es her und ich zahle, was recht ist,
  Bist du etwas, o dann tauschen die Seelen wir aus.

Der moralische und der schöne Charakter

Repräsentant ist jener der ganzen Geistergemeine,
Aber das schöne Gemüt zählt schon allein für sich selbst.

Die moralische Kraft

Kannst du nicht schön empfinden, dir bleibt doch vernünftig zu wollen,
Und als ein Geist zu tun, was du als Mensch nicht vermagst.

Mitteilung

Aus der schlechtesten Hand kann Wahrheit mächtig noch wirken,
Bei der Schönheit allein macht das Gefäß den Gehalt.

An *

Teile mir mit, was du weißt, ich werd es dankbar empfangen,
Aber du gibst mir dich selbst, damit verschone mich, Freund.

An **

Du willst Wahres mich lehren? Bemühe dich nicht; nicht die Sache
Will ich durch dich, ich will *dich* durch die Sache nur sehn.

An ***

Dich erwähl ich zum Lehrer, zum Freund. Dein lebendiges Bilden
Lehrt mich, dein lehrendes Wort rühret lebendig mein Herz.

Das blinde Werkzeug

Wie beklag ich es tief, wenn eine herrliche Seele,
Wert, mit zum Zwecke zu gehn, mich nur als Mittel begreift.

Wechselwirkung

Kinder werfen den Ball an die Wand und fangen ihn wieder,
Aber ich lobe das Spiel, wirft mir der Freund ihn zurück.

An die Muse

Was ich ohne dich wäre, ich weiß es nicht; aber mir grauet,
Seh ich, was ohne dich Hundert' und Tausende sind.

Der Philister

Nimmer belohnt ihn des Baumes Frucht, den er mühsam erziehet,
Nur der Geschmack genießt, was die Gelehrsamkeit pflanzt.

Das ungleiche Schicksal

Mit dem Philister stirbt auch sein Ruhm; du, himmlische Muse,
Trägst, die dich lieben, die du liebst, in Mnemosynens Schoß.

Pflicht für jeden

Immer strebe zum Ganzen, und kannst du selber kein Ganzes
Werden, als dienendes Glied schließ an ein Ganzes dich an.

Der schöne Geist und der Schöngeist

Nur das Leichtere trägt auf leichten Schultern der Schöngeist,
Aber der schöne Geist trägt das Gewichtige leicht.

Philister und Schöngeist

Jener mag gelten, er dient doch als fleißiger Knecht noch der Wahrheit,
Aber dieser bestiehlt Wahrheit und Schönheit zugleich.

Die Übereinstimmung

Wahrheit suchen wir beide; du außen im Leben, ich innen
In dem Herzen, und so findet sie jeder gewiß.
Ist das Auge gesund, so begegnet es außen dem Schöpfer,
Ist es das Herz, dann gewiß spiegelt es innen die Welt.

Natur und Vernunft

Wärt ihr, Schwärmer, imstande, die Ideale zu fassen,
O so verehrtet ihr auch, wie sich's gebührt, die Natur.
Wärt ihr, Philister, imstand, die Natur im Großen zu sehen,
Sicher führte sie selbst euch zu Ideen empor.

Der Schlüssel

Willst du dich selber erkennen, so sieh wie die andern es treiben,
Willst du die andern verstehn, blick in dein eigenes Herz.

Das Subjekt

Wichtig wohl ist die Kunst und schwer, sich selbst zu bewahren,
Aber schwüriger ist diese: sich selbst zu entfliehn.

Glaubwürdigkeit

Wem zu glauben ist, redliche Freunde, das kann ich euch sagen:
Glaubt dem Leben, es lehrt besser als Redner und Buch.

Was nutzt

Schädliche Wahrheit, wie zieh ich sie vor dem nützlichen Irrtum!
Wahrheit heilet den Schmerz, den sie vielleicht uns erregt.

Was schadet

Ist ein Irrtum wohl schädlich? Nicht immer, aber das Irren,
Immer ist's schädlich; wie sehr, sieht man am Ende des Wegs.

Zucht

Wahrheit ist niemals schädlich, sie straft – und die Strafe der Mutter
Bildet das schwankende Kind, wehret der schmeichelnden Magd.

Das Schoßkind

Fremde Kinder lieben wir nie so sehr als die eignen,
Irrtum, das eigene Kind, ist uns dem Herzen so nah.

Trost

Nie verläßt uns der Irrtum, doch zieht ein höher Bedürfnis
Immer den strebenden Geist leise zur Wahrheit hinan.

Die Zergliederer

Spaltet immer das Licht! wie öfters strebt ihr zu trennen,
Was euch allen zum Trutz eins und ein Einziges bleibt.

Metaphysiker und Physiker

Alles will jetzt den Menschen von innen, von außen ergründen,
Wahrheit, wo rettest du dich hin vor der grausamen Jagd?

Die Versuche

Dich zu greifen ziehen sie aus mit Netzen und Stangen,
Aber mit leisem Tritt schreitest du mitten hindurch.

Die Quellen

Treffliche Künste dankt man der Not und dankt man dem Zufall,
Nur zur Wissenschaft hat keines von beiden geführt.

Empiriker

Daß ihr den sichersten Pfad gewählt, wer möchte das leugnen?
Aber ihr tappet nur blind auf dem gebahntesten Pfad.

Theoretiker

Ihr verfahrt nach Gesetzen, auch würdet ihr's sicherlich treffen,
Wäre der Obersatz nur, wäre der Untersatz wahr!

Letzte Zuflucht

Vornehm schaut ihr im Glück auf den blinden Empiriker nieder,
Aber, seid ihr in Not, ist er der delphische Gott.

Die Systeme

Prächtig habt ihr gebaut. Du lieber Himmel! Wie treibt man,
Nun er so königlich erst wohnet, den Irrtum heraus!

Die Philosophien

Welche wohl bleibt von allen den Philosophien? Ich weiß nicht,
Aber die Philosophie, hoff ich, soll immer bestehn.

Die Vielwisser

Astronomen seid ihr und kennet viele Gestirne,
Aber der Horizont decket manch Sternbild euch zu.

Mein Glaube

Welche Religion ich bekenne? Keine von allen,
Die du mir nennst! »Und warum keine?« Aus Religion.

Moralische Schwätzer

Wie sie mit ihrer reinen Moral uns, die Schmutzigen, quälen!
Freilich, der groben Natur dürfen sie gar nichts vertraun!
Bis in die Geisterwelt müssen sie fliehn, dem Tier zu entlaufen.
Menschlich können sie selbst auch nicht das Menschlichste tun,
Hätten sie kein *Gewissen*, und spräche die *Pflicht* nicht so heilig,
Wahrlich, sie plünderten selbst in der Umarmung die Braut.

Meine Antipathie

Herzlich ist mir das Laster zuwider, und doppelt zuwider
Ist mir's, weil es so viel schwatzen von Tugend gemacht.
»Wie, du hassest die Tugend?« – Ich wollte, wir übten sie alle,
Und so spräche, will's Gott, ferner kein Mensch mehr davon.

Der Strengling und der Frömmling

Jener fodert durchaus, daß dir das Gute mißfalle,
Dieser will gar, daß du liebst, was dir von Herzen mißfällt.
Muß ich wählen, so sei's in Gottes Namen die Tugend,
Denn ich kann einmal nicht lieben, was abgeschmackt ist.

Theophagen

Diesen ist alles Genuß. Sie essen Ideen, und bringen
In das Himmelreich selbst Messer und Gabel hinauf.

Fratzen

Fromme gesunde Natur! Wie stellt die Moral dich an Pranger!
Heil'ge Vernunft! Wie tief stürzt dich der Schwärmer herab!

Moral der Pflicht und der Liebe

Jede, wohin sie gehört! Erhabene Seelen nur kleidet
Jene, die andere steht schönen Gemütern nur an.
Aber Widrigers kenn ich auch nichts, als wenn sich durch Bande
Zarter geistiger Lieb Grobes mit Grobem vermählt.
Und verächtlicher nichts als die Moral der Dämonen
In dem Munde des Volks, dem noch die Menschlichkeit fehlt.

Der Philosoph und der Schwärmer

Jener steht auf der Erde, doch schauet das Auge zum Himmel,
Dieser, die Augen im Kot, recket die Beine hinauf.

Das irdische Bündel

Himmelan flögen sie gern, doch hat auch der Körper sein Gutes,
Und man packt es geschickt hinten dem Seraph noch auf.

Der wahre Grund

Was sie im Himmel wohl suchen, das, Freunde, will ich euch sagen:
Vorderhand suchen sie nur Schutz vor der höllischen Glut.

Die Triebfedern

Immer treibe die Furcht den Sklaven mit eisernem Stabe,
Freude, führe du mich immer an rosichtem Band.

An die Mystiker

Das ist eben das wahre Geheimnis, das allen vor Augen
Liegt, euch ewig umgibt, aber von keinem gesehn.

Licht und Farbe

Wohne du ewiglich Eines dort bei dem ewiglich Einen,
Farbe, du wechselnde, komm freundlich zum Menschen herab.

Wahrheit

Eine nur ist sie für alle, doch siehet sie jeder verschieden,
Daß es eines doch bleibt, macht das Verschiedene wahr.

Schönheit

Schönheit ist ewig nur *eine*, doch mannigfach wechselt das Schöne,
Daß es wechselt, das macht eben das *eine* nur schön.

Aufgabe

Keiner sei gleich dem andern, doch gleich sei jeder dem Höchsten,
Wie das zu machen? Es sei jeder vollendet in sich.

Bedingung

Ewig strebst du umsonst, dich dem Göttlichen ähnlich zu machen,
Hast du das Göttliche nicht erst zu dem *Deinen* gemacht.

Das eigne Ideal

Allen gehört, was du denkst, dein eigen ist nur, was du fühlest,
Soll er dein Eigentum sein, fühle den Gott, den du denkst.

Schöne Individualität

Einig sollst du zwar sein, doch *eines* nicht mit dem Ganzen,
Durch die Vernunft bist du eins, einig mit ihm durch das Herz.
Stimme des Ganzen ist deine Vernunft, dein Herz bist du selber,
Wohl dir, wenn die Vernunft immer im Herzen dir wohnt.

Der Vorzug

Über das Herz zu siegen, ist groß, ich verehre den Tapfern,
Aber wer *durch* sein Herz sieget, er gilt mir doch mehr.

Die Erzieher

Bürger erzieht ihr der sittlichen Welt; wir wollten euch loben,
Stricht ihr sie nur nicht zugleich aus der empfindenden aus.

Die Mannigfaltigkeit

Viele sind gut und verständig, doch zählen für einen nur alle.
Denn sie regiert der Begriff, ach! nicht das liebende Herz.
Traurig herrscht der Begriff, aus tausendfach spielenden Formen
Bringet er dürftig und leer immer nur eine hervor.
Aber von Leben rauscht es und Lust, wo liebend die Schönheit
Herrschet, das ewige Eins wandelt sie tausendfach neu.

Das Göttliche

Wäre sie unverwelklich, die Schönheit, ihr könnte nichts gleichen,
Nichts, wo die Göttliche blüht, weiß ich der Göttlichen gleich.
Ein Unendliches ahndet, ein Höchstes erschafft die Vernunft sich,
In der schönen Gestalt lebt es dem Herzen, dem Blick.

Verstand

Bilden wohl kann der Verstand, doch der tote kann nicht beseelen,
Aus dem Lebendigen quillt alles Lebendige nur.

Phantasie

Schaffen wohl kann sie den Stoff, doch die wilde kann nicht gestalten,
Aus dem Harmonischen quillt alles Harmonische nur.

Dichtungskraft

Daß dein Leben Gestalt, dein Gedanke Leben gewinne,
Laß die belebende Kraft stets auch die bildende sein.

Der Genius

Wiederholen zwar kann der Verstand, was da schon gewesen,
Was die Natur gebaut, bauet er wählend ihr nach.
Über Natur hinaus baut die Vernunft, doch nur in das Leere,
Du nur, Genius, mehrst *in* der Natur die Natur.

Der Nachahmer und der Genius

Gutes aus Gutem, das kann jedweder Verständige bilden,
Aber der Genius ruft Gutes aus Schlechtem hervor.
An Gebildetem nur darfst du, Nachahmer, dich üben,
Selbst das Gebildete ist Stoff nur dem bildenden Geist.

Genialität

Wodurch gibt sich der Genius kund? Wodurch sich der Schöpfer
Kundgibt in der Natur, in dem unendlichen All.
Klar ist der Äther und doch von unergründlicher Tiefe,
Offen dem Aug, dem Verstand bleibt er doch ewig geheim.

Witz und Verstand

Der ist zu furchtsam, jener zu kühn; nur dem Genius ward es,
In der Nüchternheit kühn, fromm in der Freiheit zu sein.

Aberwitz und Wahnwitz

Überspringt sich der Witz, so lachen wir über den Toren,
Gleitet der Genius aus, ist er dem Rasenden gleich.

Der Unterschied

Lächelnd sehn wir den Tänzer auf glatter Ebene straucheln,
Aber auf ernstlichem Seil, wer mag den Schwindelnden sehn?

Die schwere Verbindung

Warum will sich Geschmack und Genie so selten vereinen?
Jener fürchtet die Kraft, dieses verachtet den Zaum.

Korrektheit

Frei von Tadel zu sein, ist der niedrigste Grad und der höchste,
Denn nur die Ohnmacht führt oder die Größe dazu.

Lehre an den Kunstjünger

Daß du der Fehler schlimmsten, die Mittelmäßigkeit, meidest,
Jüngling, so meide doch ja keinen der andern zu früh!

Das Mittelmäßige und das Gute

Willst du jenem den Preis verschaffen, zähle die Fehler,
Willst du dieses erhöhn, zähle die Tugenden ab.

Das Privilegium

Blößen gibt nur das Reiche dem Tadel, am Werke der Armut
Ist nichts Schlechtes, es ist Gutes daran nichts zu sehn.

Die Sicherheit

Nur das feurige Roß, das mutige, stürzt auf der Rennbahn,
Mit bedächtigem Paß schreitet der Esel daher.

Das Naturgesetz

So war's immer, mein Freund, und so wird's bleiben. Die Ohnmacht
Hat die Regel für sich, aber die Kraft den Erfolg.

Vergebliches Geschwätz

Fortzupflanzen die Welt sind alle vernünft'gen Diskurse
Unvermögend, durch sie kommt auch kein Kunstwerk hervor.

Genialische Kraft

Alle Schöpfung ist Werk der Natur. Von Jupiters Throne
Zuckt der allmächtige Strahl, nährt und erschüttert die Welt.
Pflanzet über die Häuser die leitenden Spitzen und Ketten,
Über die ganze Natur wirkt die allmächtige Kraft.

Delikatesse im Tadel

Was heißt zärtlicher Tadel? Der deine Schwäche verschonet?
Nein, der deinen Begriff von dem Vollkommenen stärkt.

Wahl

Kannst du nicht *allen* gefallen durch deine Tat und dein Kunstwerk,
Mach es *wenigen* recht; *vielen* gefallen ist schlimm.

Sprache

Warum kann der lebendige Geist dem Geist nicht erscheinen!
Spricht die Seele, so spricht, ach! schon die *Seele* nicht mehr.

An den Dichter

Laß die Sprache dir sein, was der Körper den Liebenden; *er* nur
Ist's, der die Wesen trennt und der die Wesen vereint.

Der Meister

Jeden anderen Meister erkennt man an dem, was er ausspricht,
Was er weise verschweigt, zeigt mir den Meister des Stils.

Dilettant

Weil ein Vers dir gelingt in einer gebildeten Sprache,
Die für dich dichtet und denkt, glaubst du schon Dichter zu sein.

Der berufene Richter

Wer ist zum Richter bestellt? Nur der Bessere? Nein, wem das Gute
Über das Beste noch gilt, der ist zum Richter bestellt.

Der berufene Leser

Welchen Leser ich wünsche? den unbefangensten, der mich,
Sich und die Welt vergißt und in dem Buche nur lebt.

An ****

Du vereinigest jedes Talent, das den Autor vollendet,
O entschließe dich, Freund, nichts als ein Leser zu sein.

Das Mittel

Willst du in Deutschland wirken als Autor, so triff sie nur tüchtig,
Denn zum Beschauen des Werks finden sich wenige nur.

Die Unberufenen

Tadeln ist leicht, erschaffen so schwer; ihr Tadler des Schwachen,
Habt ihr das Treffliche denn auch zu belohnen ein Herz?

Die Belohnung

Was belohnet den Meister? der zart antwortende Nachklang,
Und der reine Reflex aus der begegnenden Brust.

Das gewöhnliche Schicksal

Hast du an liebender Brust das Kind der Empfindung gepfleget,
Einen Wechselbalg nur gibt dir der Leser zurück.

Der Weg zum Ruhme

Glücklich nenn ich den Autor, der in der Höhe den Beifall
Findet, der deutsche muß nieder sich bücken dazu.

Bedeutung

»Was *bedeutet* dein Werk?« so fragt ihr den Bildner des Schönen,
Frager, ihr habt nur die Magd, niemals die Göttin gesehn.

An die Moralisten

Lehret! Das ziemet euch wohl, auch wir verehren die Sitte,
Aber die Muse läßt sich nicht gebieten von euch.
Nicht von dem Architekt erwart ich melodische Weisen,
Und, Moralist, von dir nicht zu dem Epos den Plan.
Vielfach sind die Kräfte des Menschen, o daß sich doch jede
Selbst beherrsche, sich selbst bilde zum herrlichsten aus!

An die Muse

Nimm dem Prometheus die Fackel, o Muse, belebe die Menschen,
Nimm sie dem Amor und rasch quäl und beglücke, wie er.

Die Kunstschwätzer

Gutes in Künsten verlangt ihr? Seid ihr denn würdig des Guten,
Das nur der ewige Krieg gegen euch selber erzeugt?

Deutsche Kunst

Gabe von oben her ist, was wir Schönes in Künsten besitzen,
Wahrlich, von unten herauf bringt es der Grund nicht hervor.
Muß der Künstler nicht selbst den Schößling von außen sich holen?
Nicht aus Rom und Athen borgen die Sonne, die Luft?

Tote Sprachen

Tote Sprachen nennt ihr die Sprache des Flaccus und Pindar,
Und von beiden nur kommt, was in der unsrigen lebt!

Deutscher Genius

Ringe, Deutscher, nach römischer Kraft, nach griechischer Schönheit,
Beides gelang dir, doch nie glückte der gallische Sprung.

Guter Rat

Freunde, treibet nur alles mit Ernst und Liebe, die beiden
Stehen dem Deutschen so schön, den ach! so vieles entstellt.

VIELEN

Auf, ihr Distichen, frisch! Ihr muntern lebendigen Knaben,
Reich ist Garten und Feld! Blumen zum Kranze herbei!

Mannigfaltigkeit

Reich ist an Blumen die Flur, doch einige sind nur dem Auge,
Andre dem Herzen nur schön; wähle dir, Leser, nun selbst.

L. B.

Rosenknospe, du bist dem blühenden Mädchen gewidmet,
Die als die Herrlichste sich, als die Bescheidenste zeigt.

C. G.

Viele Veilchen binde zusammen! das *Sträußchen* erscheinet
Erst als Blume; du bist, häusliches Mädchen, gemeint.

L. D.

Eine kannt ich, sie war wie die Lilie schlank, und ihr Stolz war
Unschuld, herrlicher hat Salomo keine gesehn.

H. W.

Schön erhebt sich der Aglei und senkt das Köpfchen herunter,
Ist es Gefühl? Oder ist's Mutwill? Wir wissen es nicht.

N. Z. S. O. A. D.

Viele duftende Glocken, oh! Hyazinthe, bewegst du,
Aber die Glocken ziehn, wie die Gerüche, nicht an.

A. L.

Nachtviole, dich geht man am blendenden Tage vorüber,
Doch bei der Nachtigall Schlag hauchest du köstlichen Geist.

Tuberose

Unter der Menge strahlest du vor, du ergötzest im Freien,
Aber bleibe vom Haupt, bleibe vom Herzen mir fern.

Klatschrose

Weit von fern erblick ich dich schon, doch komm ich dir näher,
Ach! so seh ich, zu bald, daß du die Rose nur lügst.

A. F. K. N. H. D.

Tulpen! ihr werdet gescholten von sentimentalischen Kennern,
Aber ein lustiger Sinn wünscht auch ein lustiges Blatt.

W. R. L. K. W. J.

Nelken! wie find ich euch schön! Doch alle gleicht ihr einander,
Unterscheidet euch kaum, und ich entscheide mich nicht.

Geranium

Prangt mit den Farben Aurorens, Ranunkeln, Tulpen und Asters,
Hier ist ein dunkles Blatt, das euch an Dufte beschämt.

Ranunkeln

Keine lockt mich von euch, ich möchte zu keiner mich wenden,
Aber im Beete vermischt, sieht euch das Auge mit Lust.

M. R.

Sagt! was füllet das Zimmer mit Wohlgerüchen? Reseda,
Farblos, ohne Gestalt, stilles und zierliches Kraut.

Kornblume

Zierde wärst du der Gärten, doch wo du erscheinest, da sagst du:
Ceres streute mich selbst aus, mit der goldenen Saat.

C. F.

Deine liebliche Kleinheit, dein holdes Auge, sie sagen
Immer: Vergiß mein nicht! immer: Vergiß nur nicht mein.

L. W.

Schwänden dem inneren Auge die Bilder sämtlicher Blumen,
Eleonore, dein Bild brächte das Herz sich hervor.

EINER

Grausam handelt Amor mit mir! oh! spielet, ihr Musen,
Mit den Schmerzen, die er, spielend, im Busen erregt,
Manuskripte besitz ich wie kein Gelehrter noch König,
Denn mein Liebchen, sie schreibt, was ich ihr dichtete, mir.
Wie im Winter die Saat nur langsam keimet, im Frühling
Lebhaft treibet und schoßt, so war die Neigung zu dir.
Immer war mir das Feld und der Wald, und der Fels und die Gärten
Nur ein Raum, und du machst sie, Geliebte, zum Ort.
Raum und Zeit, ich empfind es, sind bloße Formen des Denkens,
Da das Eckchen mit dir, Liebchen, unendlich mir scheint.
Sorge! sie steiget mit dir zu Pferde, sie steiget zu Schiffe,
Viel zudringlicher noch packet sich Amor mir auf.
Schwer zu besiegen ist schon die Neigung, gesellet sich aber
Gar die Gewohnheit zu ihr, unüberwindlich ist sie.

Welche Schrift ich zweimal, ja dreimal hintereinander
Lese? das herzliche Blatt, das die Geliebte mir schreibt.

Wer mich entzückt, vermag mich zu täuschen. Oh! Dichter und Sänger,
Mimen! lerntet ihr doch meiner Geliebten was ab.

Alle Freude des Dichters, ein gutes Gedicht zu erschaffen,
Fühle das liebliche Kind, das ihn begeisterte, mit.

Ein Epigramm sei zu kurz, mir etwas Herzlichs zu sagen?
Wie, mein Geliebter, ist denn nicht noch viel kürzer der Kuß?

Kennst du den herrlichen Gift der unbefriedigten Liebe?
Er versengt und erquickt, zehret am Mark und erneut's.

Kennst du die herrliche Wirkung der endlich befriedigten Liebe?
Körper verbindet sie schön, wenn sie die Geister befreit.

Das ist die wahre Liebe, die immer und immer sich gleich bleibt,
Wenn man ihr alles gewährt, wenn man ihr alles versagt.

Alles wünscht ich zu haben, um mit ihr alles zu teilen,
Alles gäb ich dahin, wär sie, die Einzige, mein.

Kränken ein liebendes Herz und schweigen müssen! geschärfter
Können die Qualen nicht sein, die Rhadamant sich ersinnt.

Warum bin ich vergänglich? o Zeus! so fragte die Schönheit.
Macht dich doch, sagte der Gott, nur das Vergängliche schön.

Und die Liebe, die Blumen, der Tau und die Jugend vernahmen's,
Alle gingen sie weg, weinend, von Jupiters Thron.

Leben muß man und lieben! Es endet Leben und Liebe!
Schnittest du, Parze, doch nur beide die Fäden zugleich.

XENIEN AUS DEM NACHLASS

Das doppelte Amt

Saiten rühret Apoll, doch er spannt auch den tötenden Bogen,
Wie er die Hirtin entzückt, streckt er Zentauren
den Python in Staub.

Das Monodistichon

Wünscht ihr den Musageten zu sehn, gebt Boden und Freiheit,
Hier auf dem schmalen Rain ist für den Schützen nur Platz.

Übersetzung

»Xenien?« ruft ihr. O greifet doch zu, und fraget nicht lange,
Gastliche Gaben sind's, wenn's ja ein Name muß sein.

Unser Vorgänger

Martial, wenn ihr's nicht wißt, bewirtete einst so die Römer,
Viel mehr geben wir nicht – aber die Meinung ist gut.

An die ernsthaften Xenien

Seht ihr die lustigen Brüder ins Erdgetümmel sich mischen;
An der Grazien Hand weilet um Jupiters Thron.

Die Journale »Deutschland« und »Frankreich«

Zwei Journale gibt er heraus, wohl dreie; verwahret
Nur die Papiere, denn ihn treibet der Hunger auf Raub.

Das Lokal

Deutsche schreiben das Werk – wir sehen's – in Frankreich? mitnichten!
Schirach hat sie gelehrt schreiben von Hause nach Haus.

Der Wolf in Schafskleidern

Haltet ihr denn den Deutschen so dumm, ihr Freiheitsapostel!
Jeglicher sieht: euch ist's nur um die Herrschaft zu tun.

Das Merkmal

Überzeugung sonderst du leicht vom stumpfen Parteigeist,
Denn das Zeichen begehrt dieser und jene den Sinn.

Verlegene Ware

Was in Frankreich vorbei ist, das spielen Deutsche noch immer,
Denn der stolzeste Mann schmeichelt dem Pöbel und kriecht.

Eure Absicht

»Pöbel! wagst du zu sagen, wo ist der Pöbel?« Ihr machtet,
Ging' es nach eurem Sinn, gerne die Völker dazu.

Nicht lange

Schmeichelt der Menge nur immer! der Paroxysmus verschwindet,
Und sie lacht euch zuletzt, wie nun wir einzelnen, aus.

Der Stöpsel

Schüttle den Staat, wie du willst. Nie wirst du etwas bedeuten.
Leicht auf der Fläche schwimmt immer und ewig der Kork.

Die Staatsverbesserer

So schlimm steht es wahrlich noch nicht um des Staates Gesundheit,
Daß er die Kur bei euch wage auf Leben und Tod.

Das Kennzeichen

Freiheitspriester! Ihr habt die Göttin niemals gesehen;
Denn mit knirschendem Zahn zeigt sich die Göttliche nicht!

Er in Paris

Hätte deine Musik doch den Parisern gefallen,
Ein unschädlicher Geck wärst du dann wiedergekehrt.

Böse Ware

Was für Ware du ihnen gebracht, das wissen die Götter,
Aber du brachtest von dort schlechte Artikel zurück.

Meister und Dilettant

Melodien verstehst du noch leidlich elend zu binden,
Aber gar jämmerlich, Freund, bindest du Wort und Begriff.

Der Zeitschriftsteller

Bald ist die Menge gesättigt von demokratischem Futter,
Und ich wette, du steckst irgendein anderes auf.

———

Schlechtes zu fertigen ist doch so leicht, und selber das Schlechte
Ist ihm zu schwer, sein Buch wird nur durch Stehlen gefüllt.

Kennzeichen

Wie unterscheidet sich *Grobheit* von Biederkeit? Leichtlich, denn jener
Fehlen die Grazien stets, diese verlassen sie nie.

Ist das Knie nur geschmeidig, so darf die Zunge schon lästern,
Was darf der nicht begehn, der sich zu kriechen nicht schämt!

Was du mit Beißen verdorben, das bringst du mit Schmeicheln ins gleiche,
Recht so, auf hündische Art zahlst du die hündische Schuld

Die Bestimmung

Diese vierzig kann einer sich nehmen, wofern ihn gelüstet;
Doch er gebe denn auch billig dem Nachbar was ab.

An einige Repräsentanten

Gute Männer, mit Not habt ihr dem Beil euch entzogen,
Wie entzieht ihr euch nun seinem sekkanten Besuch?

Der Unterschied

Unberufene Schwärmer! wir werden euch ewig verfolgen,
Gehet zu Spittlern und lernt, wie man Verfassung beschaut.

Venus in der Schlacht

Drängt sich nicht gar Amathusia selbst durch die schmutzigen Haufen?
Ach mit zerfetztem Schleir kehrt sie vom Marsfeld zurück.

Zeus zur Venus

Töchterchen, dein Geschäft sind nicht die Werke des Krieges,
Gehe du heim und besing Werke der Liebe, der Lust.

An unsere Repräsentanten

Unsere Stimme zum König hat jener Drache, mit vielen
Schwänzen und *einem* Kopf, nicht das vielköpfige Tier.

Verkehrter Beruf

Forsche der Philosoph, der Weltmann handle! Doch weh uns,
Handelt der Forscher und gibt, der es vollzieht, das Gesetz.

Die Unberufenen

Wissen wollt ihr und handeln, und keiner fragt sich, was bin ich
Für ein Gefäß zum Gehalt? Was für ein Werkzeug zur Tat?

Doppelter Irrtum

Nimmst du die Menschen für schlecht, du kannst dich verrechnen, o Weltmann,
Schwärmer, wie bist du getäuscht, nimmst du die Menschen für gut.

Trost

Mit dem hundertsten Teil sind wir zufrieden, es zeigt sich
Dieser hundertste Teil mäßig und biederen Sinns.

Warnung

Deutsche, haltet nur fest an eurem Wesen, und daß euch
Frankreich diesseit des Mains, jenseit des Rheins nicht betört.

Zeichen der Hunde

Südwärts hinter euch heulen der Hekate nächtliche Hunde,
Eudämonia genannt, und der Professor zu W*.

Die Eiche

Lasset euch ja nicht zu Ungers altdeutscher Eiche verführen,
Ihre styptische Frucht nähret kein reinliches Tier.

Die Kronen

Vor der nördlichen Krone und vor der südlichen habt mir
Achtung und überhaupt rühret nichts Heiliges an.

Reichsländer

Wo ich den deutschen *Körper* zu suchen habe, das weiß ich,
Aber den deutschen *Geist*, sagt mir, wo findet man den?

Sein Schicksal

Mächtig erhebt sich der deutsche Rhein und mächtig die deutsche
Kunst, nur den Ozean hat keines von beiden gesehn.

Donau bei Wien

Einzelne Saiten begrüßen mich noch an deinem Gestade,
Leopoldina, doch dann schweiget auf immer der Strand.

Die Fajaken

Wir Fajaken, wir suchen kein Lob in Kämpfen des Geistes,
Lieben nur halter den Schmaus, Feuerwerk, Hatzen und Spiel.

Metaphysiker und Physiker

Welches Treiben zugleich nach reiner Vernunft, nach Erfahrung,
Ach sie stecken das Haus oben und unten in Brand.

Ärzte

Wissen möchtet ihr gern die geheime Struktur des Gebäudes,
Und ihr wählt den Moment, wenn es in Flammen gerät.

Was ist das schwerste von allem? Was dir das leichteste dünket,
Mit den Augen zu sehn, was vor den Augen dir liegt.

Die neue Entdeckung

Ernsthaft beweisen sie dir, du dürftest nicht stehlen, nicht lügen.
Welcher Lügner und Dieb zweifelte jemals daran?

Sucht ihr das menschliche Ganze? O suchet es ja nicht beim Ganzen!
Nur in dem schönen Gemüt bildet das Ganze sich ab.

Verstand und Genie

Wiederholen kann jener, was ist, er kann es verbessern,
Neue Naturen pflanzt in die Natur das Genie.

Welches Genie das größte wohl sei? das größte ist dieses,
Welches, umstrickt von der Kunst, bleibt auf der Spur der Natur.

Sorgend bewacht der Verstand des Wissens dürftigen Vorrat,
Nur zu erhalten ist er, nicht zu erobern geschickt.

Darum haßt er dich ewig, Genie! An die neue Erwerbung
Wagst du den alten, du wagst kühnlich den ganzen Besitz.

Böser Kampf

Mittelmäßigkeit ist von allen Gegnern der schlimmste,
Deine Verirrung, Genie, schreibt sie als Tugend sich an.

Zeit

Aller Dinge Gehalt, er wird durch dich nur entschieden,
Leise Gottheit, auch mich richtest du, richte gelind.

Einführung

Fort jetzt, ihr Musen! Fort, Poesie! du Göttin des Marktes,
Deutliche Prosa, empfang deutlich den deutlichen Gast.

Polyphem auf Reisen

Bücher und Menschen verschluckt und ganze Provinzen der Unflat,
Aber wie roh er sie fraß, lehret das Reisegefäß.

Die zwei Sinne

Fein genug ist dein Gehör, auf Anekdoten zu horchen,
Aber die Farben laß, Blinder, uns andere sehn.

Das Kennzeichen

Was den konfusen Kopf so ganz besonders bezeichnet,
Ist, daß er alles verfolgt, was *zur Gestalt* sich erhebt.

Polizeitrost

Gutes Jena, dich wäscht die Leutra zweimal die Woche.
Leutra, nimm nur den Kot gleich auch des Kritikers mit.

Der bunte Stil

Die französischen Bonmots besonders, sie nehmen sich herrlich
Zwischen dem deutschen Gemisch alberner Albernheit aus.

Überfluß und Mangel

Manches Seelenregister enthalten die Bände, doch wahrlich,
Was die Seele betrifft, diese vermißt man durchaus.

Keine Rettung

Lobt ihn, er schmiert ein Buch, euch zu loben, verfolgt ihn, er schmiert eins,
Euch zu schelten, er schmiert, was ihr auch treibet, ein Buch.

Nahe warst du dem Edeln und bliebst doch der Alberne? Näher
War ihm der Stuhl, wo er saß, aber er blieb nur ein Stuhl.

Apolog

Hast du jemals den Schwank vom Fuchs und vom Kranich gelesen?
Etwas Ähnliches, Freund, hab ich vor kurzem erlebt.

Dem Buchhändler

Was uns belustigt: du mußt uns aus eigenem Laden verkaufen,
Und für ein Dritteil Rabatt stellst du an Pranger dich selbst!

Dioskuren

Seine Unsterblichkeit teilt mit dem sterblichen Bruder der Halbgott,
Euch hat das gleichere Los gnädig die Prüfung erspart.

Neueste Theorie der Liebe

Eine Leiter zu Gott ist die Liebe, sie fängt bei dem Essen
An, bei der höchsten Substanz hört sie gesättiget auf.

Gewisse Romane

Das verkauft er für Humanität? Zusammenaddieren
Kannst du den Engel, das Vieh, aber vereinigen nicht.

Qui pro quo

Menschlichkeit kennest du nicht, nur Menschlichkeiten; der Dämon
Wechselt bei dir mit dem Schwein ab, und das nennest du Mensch.

Humanität

Seele legt sie auch in den Genuß, noch Geist ins Bedürfnis,
Grazie selbst in die Kraft, noch in die Hoheit ein Herz.

An die Väter

Was die Natur bedarf, die bedürftige, nimmt sie sich selber,
Deine Sorge sei das, was die unsterbliche braucht.

An die Jünglinge

Fallen verzeih ich dir gern, nur strebe immer nach oben,
Bist du zum Fluge, du bist nimmer zum Streben zu schwer.

An die Bußfertigen

Überrascht dich der stärkere Sinn, du erhebest dich wieder,
Nur, ich beschwöre dich, Freund, keine Verträge mit ihm.

Procul profani

Wie sie sich quälen, das Edle mit ihrem Gemeinen zu gatten,
Aber das Edle wird nur durch ihr Gemeines gemein.

Manso über die Verleumdung der Wissenschaften

Wer verleumdet sie denn? Wer so elend wie du sie verteidigt.
Wahrlich, der Advokat ist des Beschuldigers wert.

Alte Jungfern und Manso

Niemand wollte sie frein, ihn niemand lesen; so sei denn
Jede Ehe verwünscht, jedes gelesene Werk!

Bibliothek schöner Wissenschaften

Wirket ein Buch, wir beweisen euch klar, es konnte nicht wirken,
Fällt es, so zeigen wir euch, daß es notwendig gefiel.

Moritz

Armer Moritz! Wie viel hast du nicht im Leben erlitten.
Aeacus sei dir gerecht; Schlichtegroll war es dir nicht.

Philosophische Annalen

Reise behutsam, o Wahrheit, der schwarze Jakob mit seiner
Bande lauert dir auf, aber es gilt nur dein Geld.

Verfehlter Beruf

Konnte denn die Nadel dich nicht, nicht der Hobel ernähren,
Daß du mit Metaphysik stiehlst ein abscheuliches Brot?

Was mich bewegt, das Kleine mit Spott und mit Ernst zu verfolgen?
Weil es das Kleine nur ist, welches das Große verdrängt.

B. T. R.

Kriechender Efeu, du rankest empor an Felsen und Bäumen,
Faulen Stämmen; du rankst, kriechender Efeu, empor.

Überall bist du Poet, im Gespräch, in Geschäften, am Spieltisch,
Nur in der Poesie bist du nicht immer Poet.

Meine Freude verdarb er mir garstig, die versifizierte
Mein ich, die andre, gottlob! wird mir durch den nicht vergällt.

Nicolais Romane

Kennt ihr im »Reineke Fuchs« die appetitliche Höhle?
Just so kommt er mir vor unter den Kindern des Geists.

Verfasser des »Hesperus«

Nicht an Reiz noch an Kraft fehlt's deinem Pinsel, das Schöne
Schön uns zu malen, du hast leider nur Fratzen gesehn.

Der Wolfische Homer

Mit hartherz'ger Kritik hast du den Dichter entleibet,
Aber unsterblich durch dich lebt das verjüngte Gedicht.

Die Epopöen

Der steigt über den Menschen hinauf und jener hinunter,
Wer es am glücklichsten traf, weiß ich, doch sag ich es nicht.

Richter

Richter in London! Was wär er geworden! Doch Richter in Hof ist
Halb nur gebildet, ein Mann, dessen Talent euch ergötzt.

Auswahl

Streiche jeder ein Distichon weg, das ihm etwa mißfiele,
Und wir wetten, es blieb keins von fünfhunderten stehn.

Hildegard von Hohenthal

Gerne hört man dir zu, wenn du mit Worten Musik machst,
Mischtest du nur nicht sogleich hundische Liebe darein.

Herr Schatz, a[us] d[em] Reichsanzeiger

Dieser schreckliche Mann rezensierte für Jena, für Leipzig!
Deutschland!! solche Gewalt konntest du *einem* vertraun!

Apollos Bildsäule in einem gewissen Gartentempel

Mit der Linken regiert er die Leier, wen nimmt es noch wunder,
Daß er in diesem Revier immer so linkisch gespielt?

Was mit glühendem Ernst die liebende Seele gebildet,
Reizte dich nicht, dich reizt, Leser, mein Kobold allein.

Eine gesunde Moral empfiehlt dies poetische Werk dir,
Aber ich lobe nur das, welches sich selber empfiehlt.

Zwei Jahrzehente kostest du mir: zehn Jahre verlor ich,
Dich zu begreifen, und zehn, mich zu befreien von dir.

Bürger

Zu den Toten immer das Beste, so sei dir auch Minos,
Lieber Bürger, gelind, wie du es selber dir warst.

Fichte

Hart erscheint noch die kämpfende Kraft, wenn die siegende schonet,
Aber nur weiter, dich führt sicher zum Siege die Bahn.

Spittler

Für die historische Kunst hast du reichlich gesäet, nun sei auch
Künstler in deiner Kunst, ernte, du Trefflicher, selbst.

Die Foderungen

Jener will uns natürlich, der ideal; wir versuchen
Unser möglichstes doch, keines von beiden zu sein.

Das Dorf Döbritz

In der Art versprechen wir euch die sämtlichen Dörfer
Deutschlands, aber es wird dennoch kein Grünau daraus.

Anschlagzettel zum »Otto von Wittelsbach«

a[uf] de[m] Hamburg[er] Theater

Da die Franzosen nunmehr ihr Theater eröffnet, so läßt Herr
Schröder zum letztenmal heut noch als Kaiser sich sehn.

Preisfrage zur Aufmunterung des deutschen Genies

Sechzig Dukaten erhält, wer ein gutes Heldengedicht schreibt,
Aber das Manuskript bleibt der Gesellschaft geschenkt.

*E** Hymenäus zu der St* und Sch* Heirat*

Arm in Arme nun geht ihr zur Herrlichkeit ein, ihr vermählten
Seelen, ich hüpfe als Spitz hinter euch Glücklichen her.

Archiv der Zeit

Unglückselige Zeit! wenn aus diesem Archiv dich die Nachwelt
Schätzet, wie bettelhaft stehst du, wie hektisch vor ihr.

Der Bär wehrt die Fliegen

Immer zum Glücke des Volks befördert Eudämonia
Hochverrätrische Schrift, aber mit Noten, zum Druck.

Besorgnis

Eines wird mich verdrießen für meine lieben Gedichtchen:
Wenn sie die W– Zensur durch ihr Verbot nicht bekränzt.

Flora

Flora, Deutschlands Töchtern gewidmet. Oh! brächte Pomona,
Brächte Hymen doch auch Früchte den Guten herbei.

Flüchtlinge

Flüchtlinge, sagt, wer seid ihr? von wannen trägt euch die Woge?
Habt ihr wo ein Gewerb? Streift ihr als Räuber umher?

Meißners Apollo

»Warum fährst du nicht zu? Es warten die Götter, die Menschen.«
Lieber Himmel, ich kann über die Maut nicht hinaus.

Lyrische Blumenlese

Eine Granate, o Zeus, in dem dürren stygischen Reiche!
Eine Anthologie auf dem berlinischen Sand!

Beckers Taschenbuch

Ha, du bist mir der frechste von allen Schmarotzern im Lande,
Bettelst bei allen, und sie füllen den Ranzen dir voll.

Ein paar Jahre rühret euch nun, dann kommen wir wieder,
Ist uns günstig Apoll, munter und mutig wie heut.

Im Überfahren

Noch ein Phantom stieg ein. Das las uns eine Gedächtnis-
Rede auf Preußens Monarch, während wir ruderten, vor.

Recensendum

Unbeerdigt irr ich noch stets, mich verschmähet der Fährmann,
Bis das Jenaer Blatt meine Gebeine verscharrt.

Der Höllenhund

»Scheusal! Was bellst du?« Mein Herr, es sind unserer zwei, die da bellen,
Spitz Nicolai versieht oben, ich unten das Amt.

Salmoneus

Was? du hier in der Qual, der welschen Tragödia König?
Muß ich so übel bestellt, göttlicher Peter! dich sehn?

Antwort

Ach! Mir geschieht ganz recht! Warum hab ich mit witz'gen Tiraden
Nachgepfuscht den Affekt, ach! und den Blitz des Genies.

Tityos

Über Europa hinweg, das ihm huldigte, lag er gebreitet,
Voluminos, wie er einst trat aus den Pressen zu Kehl.

Sohn der Erde! So tief liegst du da, der so hoch einst gestanden,
Und das gefräßige Tier, das an der Leber dir pickt!

Ach das ist Frérons unsterblicher Schnabel, der ewig mich peinigt,
Weil ich mit schlechten Bonmots nach dem   gezielt.

Der ungeheure Orion

Auf der Asphodeloswiese verfolgt er die drängenden Tiere,
Die in den »Literaturbriefen« er lebend gewürgt.

Agamemnon

Nicht der gewaltige Dis, mich tötet' Ägisthos und brachte
In Hexameter mich, daß ich erstickte und starb.

Ovid

Sag doch, Odysseus, das muß ein tüchtig gesegneter Kerl sein,
Der sich von Amors Kunst nach mir zu singen vermaß.

Antwort

Geh doch, ein hektisches Bürschchen, das mit dem Finger nur sündigt,
Noscitur ex libro quanta sit hasta viri.

Alexandriner

In das Gewölk hinauf sendet mich nicht mit Jupiters Blitzen,
Aber ich trag euch dafür ehrlich zur Mühle den Sack.

Arabesken

In der Schönheit Gebiet sind wir die freiesten Bürger,
Doch da wir sonst nichts sind, sehet, so sind wir nicht viel.

Alle die andern, sie haben zu tragen, zu tun, zu bedeuten,
Wir, das glückliche Volk, brauchen sonst nichts als zu sein.

Architektur

Unter dem leichten Geschlecht erscheinst du schwer und bedächtig,
Aber zu Regel und Zucht winkst du die Schwestern zurück.

Hüpfe nur, leichtes Geschlecht, ich Gefesselte kann dir nicht folgen,
Aber ich weiß zu ruhn, und auf mir selber zu stehn.

Freilich kann ich dich nicht in schlängelnden Wellen umspielen,
Aber mein Dasein faßt mächtig wie keines dich an.

Säule

Müßig gelt ich dir nichts, ich gefalle dir nur, wenn ich trage,
Herrlich im glänzenden Reihn schmückt mich die glänzende Last.

Tempel

Fröhlich dienen wir eines dem andern, mich halten die schlanken
Säulen oben, und leicht über uns schwebet das Dach.

Gewölb

Sicher ruhst du auf uns, und warum? Weil wir alle zum Zentrum
Gleich uns neigen und gleich unter uns teilen die Last.

Grenzscheide

Heilig waren vordem die Tore, sie stehen bedeutend
Zwischen der wilden Natur, zwischen dem engen Vertrag.

Die Basreliefs

Seht, was versucht nicht der Mensch, mit dem Tod zu versöhnen das Leben,
Nimmer gelingt's – ach sie sind schrecklich und ewig getrennt.

Pompeji

Vor der zerstörenden Zeit und vor dem zerstörenden Goten
Flüchtete tief in das Grab mich die Zerstörung hinab.

Verse! Wo irret ihr hin? Zu den Toten? Ins Leben zurücke!
Lacht nicht der Himmel? Im Glas schäumt nicht der purpurne Wein?

Nie erscheinen die Götter allein, das glaubt mir, kaum hab ich
Bacchus im Hause, so klopft Phöbus, der Herrliche, an.

Die Dichterstunde

Amor, der Lächelnde, kommt, es kommen die Himmlischen alle,
Und der irdische Raum füllet mit Göttern sich an.

Wie bewirt ich die Götter? Hier füllet kein Nektar die Schale,
Und was den Menschen vergnügt, wird es den Gott auch erfreun?

Liebe, du Mächtige, knüpfst den Olympus, die Erde zusammen,
Schönheit, du Holde, wie oft zogst du vom Himmel den Gott.

Alles Streitende löst sich in deinem harmonischen Reiche,
Liebe, so endige denn hier auch den Haß und den Streit.

Apollo der Hirt

Mächtig führt er den Bogen, doch seine Lust ist die Leier,
Nur wenn er liebt und beglückt, ist er der glückliche Gott.

Die Idealwelt

Alle sind sie entwichen, des Lebens Schatten, verschwunden
Sind mir die Menschen, und klar stehet der Mensch nur vor mir.

Herrlich siehst du im Chor der Oreaden sie ragen,
Aber die Chariten stehn nur um die Göttin von Gnid.

Einmal sollst du dich nur und nur *einem*, o Schöne, dich schenken,
Wie die Blume der Scham *einer* und einmal nur pflückt.

E. v. B. –

Alles schreibt, es schreibt der Knabe, der Greis, die Matrone.
Götter, erschafft ein Geschlecht, welchem das schreibende schreibt.

Enthusiasmus suchst du bei deutschen Lesern? Du Armer,
Glücklich, könntest du auch rechnen auf Höflichkeit nur.

Eines verzeih ich mir nicht. Ich verzeihe mir nicht, daß ich etwas
Höheres über euch, göttliche Musen! gesucht.

Manch verwandtes Gemüt treibt mit mir im Strom des Jahrhunderts,
Aber der Strom zerrinnt, und wir erkannten uns nicht.

Geistige Liebe, sie ist der Seelen seligste Kette,
Wenn sie, merket das wohl, Schönes mit Schönem vereint.

»Falschheit nur und Verstellung ist in dem Umgang der Menschen,
Keiner erscheint, wie er ist« – Danke dem Himmel, mein Freund.

Die Bedingung

Jede Wahrheit vertrag ich, auch die mich selber zu nichts macht;
Aber das fodr ich – zu nichts mache mich, eh du sie sagst.

W. v. H.

Lieblichen Lohn hast du dir von der Schönen schönster verdienet,
Auf den herrlichsten Thron stellst du das holde Geschlecht.

Lebet, ist Leben in euch, und erzählt noch dem kommenden Alter,
Distichen, was wir geehrt, was wir gehaßt und geliebt.

Allgemeine Literaturzeitung

Bliebe das Echte nur stehen auf deinen Kolumnen, verschwände
Schiefes und Halbes! Alsdann wäre die Gabe zu groß.

Woldemar und Alwill

Euch, erhabne Gestalten, hat nicht der Künstler gebildet,
Sondern die Tugend hat selbst sich verkörpert in euch.

Fichtes »Wissenschaftslehre«

Was nicht Ich ist, sagst du, ist nur ein Nicht-Ich. Getroffen,
Freund! So dachte die Welt längst und so handelte sie.

Ramler im Gött. M.-Alm. 1796

(»Der an Zeus' Ruhebette hängt, hangen wird und hing.«)

Geh, Karl Reinhard, du lügst. Das ist deine, nicht Ramlers Arbeit,
Der an des Nachbars Reim flicken wird, flickte und flickt.

*An einen Herrn *tz**

Schnell ich den Pfeil auf dich? Nein, du hast Gnade gefunden,
Nimmt sich ja Xenius Zeus selber der Hungrigen an.

*W** und J***

Deine Größe, Berlin, pflegt jeder Fremde zu rühmen;
Führt der Weg ihn zu uns, stutzt er, so klein uns zu sehn.

Hesperus oder 45 Hundsposttage

Ist es auch nicht der Schreiber des Buchs, so ist es vermutlich
Doch der Träger, der Hund, der von dem Buche sich nährt.

Annalen der Philosophie und des philosophischen Geistes

»Zum philosophischen Geist« schreibt diese Schenke sich. Geist zwar
Dürft ihr nicht suchen, jedoch leidlichen Branntwein und Bier.

Göschen

Einen Helden suchtest du dir, um deinen Charakter
Darzustellen, und fuhrst in den Bedienten Johann.

Reisen ins südliche Frankreich

Wie es hinter dem Mieder beschaffen und unter dem Röckchen,
Lehret, wißt ihr es nicht, zierlich der reisende Freund.

Die gefährlichen Verbindungen

Warnung reizet uns oft, ich seh es, denn jegliche Schöne
Liest und wünscht, insgeheim, sich der Verbindung Gefahr.

Mittelmäßigkeit

»Macht ihr euch Feinde zur Lust?« Im literarischen Deutschland
Gibt's nur *einen*, er paßt in den Pentameter nicht.

Nicolai

Zur Aufklärung der Deutschen hast du mit Lessing und Moses
Mitgewirkt, ja du hast ihnen die Lichter geschneuzt.

Nicolai auf Reisen

Schreiben wollt er und leer war der Kopf, da besah er sich Deutschland,
Leer kam der Kopf zurück, aber das Buch war gefüllt.

Abschied von Nicolai

Unerschöpflich wie deine Plattheit ist meine Satire,
Doch für das laufende Jahr nimm mit dem Hundert vorlieb.

Donau

Gegen den Aufgang ström ich, der Freiheit, der Musen Gefilde
Laß ich hinter mir lang, eh der Euxin mich noch trinkt.

Rhein und Donau

Warum vereint man zwei Liebende nicht? Euch verhießen aus unserm
Torus die Götter schon längst einen unsterblichen Sohn.

Weser und Elbe

Von der Sonne fliehen wir weg, die Grazien scheuen
Unsre Ufer, von *Thors* krächzenden Stimmen geschreckt.

Auf zwei Sudler, die einander loben

Nicht so, nicht so, ihr Herrn. Wollt ihr einander zu Ehren
Bringen, muß vor der Welt einer den andern verschrein.

Die kritischen Wölfe

Wenn sie, von Menschenwittrung gelockt, dich hungernd umheulen,
Wanderer, schlage du nur Feuer, sie laufen davon.

Die Dykische Sippschaft

Weil ihr in Haufen euch stellt, so glaubt ihr mehr zu vermögen?
Desto schlimmer: je mehr Bettler, je fauler die Luft.

Übergang

Aber wie bin ich es müde, durch lauter Fratzen und Larven
Mich zu drängen, o führt, Verse, zu Menschen mich hin.

An einen Quidam

Arg genug hab ich's gemacht, ich habe niemand geschonet,
Aber ich schonte doch dich; hab ich nicht viele geschont?

Der Heinsische Ariost

Wohl, Ariosto, bist du ein wahrhaft unsterblicher Dichter,
Denn da du hier nicht starbst, stirbst du, du Göttlicher, nie.

Gedikes Pindar

Wunderlich finden zuweilen sich menschliche Namen zusammen,
Von Herrn Gedikes Hand liest man hier Pindarn verdeutscht.

Der schlechte Dichter

Glaubt nicht der arme Mensch, mit Jupiters Tochter zu leben,
Und ein Knochengeripp folgt ihm zu Tisch und zu Bett.

Nach Martial

»Welch unnützes Geschwätz!« Und leugnen wir denn, was bekannt ist?
Unnütz freilich, doch du – treibst du was Besseres, Freund?

Nach ebendemselben

Sieh, dort erblaßt ein Gewisser, errötet, entsetzet sich, gähnt, kocht
Rache! Verse, so recht! Jetzo gefallet ihr mir.

»Geh doch! sein Leben ist keusch.« Das möchten wir gerne ihm lassen,
Aber die lustigste Kunst ist nur bei ihm nicht jokos.

Giebichensteiner, sei auch persönlich in deinen Satiren,
Deine leid'ge Person tritt doch am stärksten hervor.

Als man ihn traf, den Esel, da schlug er aus, doch das macht ihn
Nicht zum Pferde. Nicht wird, den er auch träfe, ihm gleich.

Freilich laufe, wer nackt, als ungestümer Lupercus,
Aber mit falschem Bart prangst in der Kutte du nur.

Sag mir, wo ist denn die Klicke? »Da drüben ist sie beim Nachbar!«
Frag ich den Nachbar, er sagt, hüben sei sie bei dir.

Einen Tyrannen zu hassen vermögen auch knechtische Seelen,
Nur wer die Tyrannei hasset, ist edel und groß.

Der Künstler

Buonaroti fing an, den Block zur Büste zu bilden,
Sah, es wurde nichts draus, Freunde, da ließ er ihn stehn.

Als ein wahrer Narziß besorgst du Karikaturen,
Stehst und beäugelst mit Lust immer aufs neue dein Bild.

Euch verkümmert man das Allgemeine des Titels;
Allgemeinen Gehalt, Freunde, gewähret uns nun.

Saget, wann nützt mein Gedicht, o Musen! Wenn es den Edlen
Weckt in dem Augenblick, wenn er sich selber vergißt.

Ob ein Mensch gewohnt ist, mit rechtlichen Menschen zu leben,
Ob er ein Gänsehirt ist, seht ihr beim ersten Blick.

Welch ein ästhetischer Kram rhapsodischen Denkens und Wissens!
Schiene nur Phöbus darein, flöss' es wie *Butter* hin*weg*.

Kammerrat

Immer im kleinen gesorgt, damit es im großen nicht fehle…

Finanzier

Immer im großen gesorgt, damit das Kleine auch fruchte,
Denn was Tausende tun, knüpfest du oder zerreißt's.

Tropfen Öl auf Wasser

Redet, Lumpen, lumpig von mir, doch saget: es war ihm
Ernst! und redet sodann, Lumpen ihr, lumpig von mir.

Poetische Erdichtung und Wahrheit

Wozu nützt denn die ganze Erdichtung? Ich will es dir sagen,
Leser, sagst du mir erst, wozu die Wirklichkeit nützt.

Sokrates

Weil er unwissend sich rühmte, nannt ihn Apollo den Weisen.
Freund, wieviel weiser bist du; was er bloß rühmte, du bist's.

Sokrates

Dich erklärte der Pythia Mund für den weisesten Griechen.
Wohl! der Weiseste mag oft der Beschwerlichste sein.

Jakob der Kantianer

Sollte Kantische Worte der hohle Schädel nicht fassen?
Hast du in hohler Nuß nicht auch Devisen gesehn?

———

Komm nur von Giebichenstein, von Malepartus! Du bist doch
Reineke nicht, du bist doch nur halb Bär und halb Wolf.

Vorschlag des R. Anzeigers, die A. L. Z. betreffend

Weil der furchtbare Bund doch einmal für jedermann denket,
Ach, so nehme man ja jegliches Membrum in Pflicht.

An die französische Stücke von Dyk

Hungrig kamen wir an und nackt als entlaufne Friseure,
Dank dem Leipziger Duns, hier sind wir Marquis und Graf.

Philosoph

Alles nennt sich jetzt so, ich kann nur den dafür halten,
Der in der ganzen Natur fürchtet den Irrtum allein.

*Der falsche Messias zu Konstantinopel an H****

Als der Prophet nicht geriet, da ward er ein Türke zu Stambul,
Freund, sei vernünftig wie er, werde du jetzt Philosoph.

Der Eschenburgische Shakespeare

Hier ist William Shakespeare in deutscher Prosa zu lesen,
Oder Wilhelm vielmehr, denn er ist wahrhaft *verdeutscht*.

An die Menge

»Was für ein Dünkel! Du wagst, was wir alle loben, zu schelten?«
Ja, weil ihr alle, vereint, auch noch kein Einziger seid.

POLITISCHE LEHRE

Alles sei recht, was du tust, doch dabei laß es bewenden,
Freund, und enthalte dich ja, alles, was recht ist, zu tun.
Wahrem Eifer genügt, daß das Vorhandne vollkommen
Sei; der falsche will stets, daß das Vollkommene sei.

DIE BESTE STAATSVERFASSUNG

Diese nur kann ich dafür erkennen, die jedem erleichtert,
Gut zu denken, doch nie, daß er so denke, bedarf.

AN DIE GESETZGEBER

Setzet immer voraus, daß der Mensch im ganzen das Rechte
Will, im einzelnen nur rechnet mir niemals darauf.

WÜRDE DES MENSCHEN

Nichts mehr davon, ich bitt euch. Zu essen gebt ihm, zu wohnen,
Habt ihr die Blöße bedeckt, gibt sich die Würde von selbst.

MAJESTAS POPULI

Majestät der Menschennatur! dich soll ich beim Haufen
Suchen? bei wenigen nur hast du von jeher gewohnt,
Einzelne wenige zählen, die übrigen alle sind blinde
Nummern, ihr leeres Gewühl hüllet die Treffer bloß ein.

DAS EHRWÜRDIGE

Ehret ihr immer das Ganze, ich kann nur Einzelne achten,
Immer in Einzelnen nur hab ich das Ganze erblickt.

JETZIGE GENERATION

War es stets so wie jetzt? Ich kann das Geschlecht nicht begreifen,
Nur das Alter ist jung, ach! und die Jugend ist alt!

FALSCHER STUDIERTRIEB

O wie viel neue Feinde der Wahrheit! Mir blutet die Seele,
Seh ich das Eulengeschlecht, das zu dem Lichte sich drängt.

JUGEND

Einer Charis erfreuet sich jeder im Leben, doch flüchtig,
Hält nicht die himmlische sie, eilet die irdische fort.

QUELLE DER VERJÜNGUNG

Glaubt mir, es ist kein Märchen, die Quelle der Jugend, sie rinnet
Wirklich und immer; ihr fragt, wo? In der dichtenden Kunst.

DER AUFPASSER

Strenge wie mein Gewissen bemerkst du, wo ich gefehlet;
Darum hab ich dich stets wie – mein Gewissen geliebt.

DER NATURKREIS

Alles, du Ruhige, schließt sich in deinem Reiche, so kehret
Auch zum Kinde der Greis, kindisch und kindlich, zurück.

DER EPISCHE HEXAMETER

Schwindelnd trägt er dich fort auf rastlos strömenden Wogen,
Hinter dir siehst du, du siehst vor dir nur Himmel und Meer.

DAS DISTICHON

Im Hexameter steigt des Springquells silberne Säule,
Im Pentameter drauf fällt sie melodisch herab.

DIE ACHTZEILIGE STANZE

Stanze, dich schuf die Liebe, die zärtlich schmachtende. Dreimal
Fliehest du schamhaft und kehrst dreimal verlangend zurück.

GRABSCHRIFT

Freust du dich deines Lebens, o Wandrer, so soll es mir lieb sein,
Auch ich lebte, auch ich hab mich des Lebens gefreut.

DER HOMERUSKOPF ALS SIEGEL

Treuer alter Homer! dir vertrau ich das zarte Geheimnis,
Um der Liebenden Glück wisse der Sänger allein.

DER GENIUS MIT DER UMGEKEHRTEN FACKEL

Lieblich sieht er zwar aus mit seiner erloschenen Fackel,
Aber, ihr Herren, der Tod ist so ästhetisch doch nicht.

MACHT DES WEIBES

Mächtig seid ihr, ihr seid's durch der Gegenwart ruhigen Zauber,
Was die stille nicht wirkt, wirket die rauschende nie.
Kraft erwart ich vom Mann, des Gesetzes Würde behaupt er,
Aber durch Anmut allein herrschet und herrsche das Weib.
Manche zwar haben geherrscht durch des Geistes Macht und der Taten,
Aber dann haben sie dich, höchste der Kronen, entbehrt.
Wahre Königin ist nur des Weibes weibliche Schönheit,
Wo sie sich zeige, sie herrscht, herrschet bloß, weil sie sich zeigt.

TUGEND DES WEIBES

Tugenden brauchet der Mann, er stürzet sich wagend ins Leben,
Tritt mit dem stärkeren Glück in den bedenklichen Kampf.
Eine Tugend genüget dem Weib, sie ist da, sie erscheinet,
Lieblich dem Herzen, dem Aug lieblich erscheine sie stets.

WEIBLICHES URTEIL

Männer richten nach Gründen, des Weibes Urteil ist seine
Liebe; wo es nicht liebt, hat schon gerichtet das Weib.

FORUM DES WEIBES

Frauen, richtet mir nie des Mannes einzelne Taten,
Aber über den Mann sprechet das richtende Wort.

DAS WEIBLICHE IDEAL

An Amanda

Überall weichet das Weib dem Manne, nur in dem Höchsten
Weichet dem weiblichsten Weib immer der männlichste Mann.
Was das Höchste mir sei? Des Sieges ruhige Klarheit,
Wie sie von deiner Stirn, holde Amanda, mir strahlt.
Schwimmt auch die Wolke des Grams um die heiter glänzende Scheibe,
Schöner nur malt sich das Bild auf dem vergoldeten Duft.
Dünke der Mann sich frei! Du *bist* es, denn ewig notwendig
Weißt du von keiner Wahl, keiner Notwendigkeit mehr.
Was du auch gibst, stets gibst du dich ganz, du bist ewig nur Eines,
Auch dein zärtester Laut ist dein harmonisches Selbst.
Hier ist ewige Jugend bei niemals versiegender Fülle,
Und mit der Blume zugleich brichst du die goldene Frucht.

DIE SCHÖNSTE ERSCHEINUNG

Sahest du nie die Schönheit im Augenblicke des Leidens,
Niemals hast du die Schönheit gesehn.
Sahst du die Freude nie in einem schönen Gesichte,
Niemals hast du die Freude gesehn!

AN DIE ASTRONOMEN

Prahlt doch nicht immer so mit euren Nebelgestirnen,
Ist der Schöpfer nur groß, weil er zu zählen euch gibt?
Euer Gegenstand ist der erhabenste freilich im Raume,
Aber, Freunde, im Raum wohnt das Erhabene nicht.

INNERER WERT UND ÄUSSERE ERSCHEINUNG

»Gott nur siehet das Herz.« – Drum eben, weil Gott nur das Herz sieht,
Sorge, daß *wir* doch auch etwas Erträgliches sehn.

FREUND UND FEIND

Teuer ist mir der Freund, doch auch den Feind kann ich nützen,
Zeigt mir der Freund, was ich kann, lehrt mich der Feind, was ich soll.

DER GRIECHISCHE GENIUS

An Meyer in Italien

Tausend andern verstummt, die mit taubem Herzen ihn fragen,
Dir, dem Verwandten und Freund, redet vertraulich der Geist.

ERWARTUNG UND ERFÜLLUNG

In den Ozean schifft mit tausend Masten der Jüngling,
Still, auf gerettetem Boot treibt in den Hafen der Greis.

DAS GEMEINSAME SCHICKSAL

Siehe, wir hassen, wir streiten, es trennet uns Neigung und Meinung,
Aber es bleichet indes dir sich die Locke wie mir.

MENSCHLICHES WIRKEN

An dem Eingang der Bahn liegt die Unendlichkeit offen,
Doch mit dem engesten Kreis höret der Weiseste auf.

DER VATER

Wirke, so viel du willst, du stehest doch ewig allein da,
Bis an das All die Natur dich, die gewaltige, knüpft.

LIEBE UND BEGIERDE

Recht gesagt, Schlosser! Man *liebt*, was man hat, man *begehrt*, was man nicht hat,
Denn nur das reiche Gemüt liebt, nur das arme begehrt.

GÜTE UND GRÖSSE

Nur zwei Tugenden gibt's, o wären sie immer vereinigt,
Immer die Güte auch groß, immer die Größe auch gut!

DER FUCHS UND DER KRANICH

An F. Nicolai

Den philosoph'schen Verstand lud einst der gemeine zu Tische,
Schüsseln, sehr breit und flach, setzt' er dem Hungrigen vor.
Hungrig verließ die Tafel der Gast, nur dürftige Bißlein
Faßte der Schnabel, der Wirt schluckte die Speisen allein.
Den gemeinen Verstand lud nun der abstrakte zu Weine,
Einen enghalsichten Krug setzt' er dem Durstigen vor.
»Trink nun, Bester!« So sprach und mächtig schlurfte der Langhals,
Aber vergebens am Rand schnuppert das tierische Maul.

DIE SACHMÄNNER

»Geistreich nennt man dies Werk? Wir können ja nichts daraus schöpfen.«
Toren ihr! Wär es denn Geist, fing man in Eimern es auf.
Euch ist alles ein Nichts, was man mit Scheffeln nicht misset,
Was man in Bündel nicht packt, was man in Speichern nicht häuft.

DIE URNE UND DAS SKELETT

In das Grab hinein pflanzte der menschliche Grieche noch Leben,
Und du töricht Geschlecht stellst in das Leben den Tod.

DER OBELISK

Aufgerichtet hat mich auf hohem Gestelle der Meister.
Stehe, sprach er, und ich steh ihm mit Kraft und mit Lust.

DER TRIUMPHBOGEN

Fürchte nicht, sagte der Meister, des Himmels Bogen, ich stelle
Dich unendlich wie ihn in die Unendlichkeit hin.

DIE SCHÖNE BRÜCKE

Unter mir, über mir rennen die Wellen, die Wagen, und gütig
Gönnte der Meister mir selbst, auch mit hinüber zu gehn.

DAS TOR

Schmeichelnd locke das Tor den Wilden herein zum Gesetze,
Froh in die freie Natur führ es den Bürger heraus.

DIE PETERSKIRCHE

Suchst du das Unermeßliche hier? du hast dich geirret.
Meine Größe ist die, größer zu machen dich selbst.

DAS REGIMENT

Das Gesetz sei der *Mann* in des Staats geordnetem Haushalt,
Aber mit *weiblicher* Huld herrsche die Sitte darin.

DAS GESCHENK

Ring und Stab! O seid mir auf Rheinweinflaschen willkommen!
Ja wer die Schafe so tränket, der heißt mir ein Hirt!
Dreimal gesegneter Trank! Dich gewann mir die Muse, die Muse
Schickt dich, die Kirche selbst drückte das Siegel dir auf.

KLAGE DER CERES

Ist der holde Lenz erschienen?
Hat die Erde sich verjüngt?
Die besonnten Hügel grünen,
Und des Eises Rinde springt.
Aus der Ströme blauem Spiegel
Lacht der unbewölkte Zeus,
Milder wehen Zephyrs Flügel,
Augen treibt das junge Reis.
In dem Hain erwachen Lieder,
Und die Oreade spricht:
Deine Blumen kehren wieder,
Deine Tochter kehret nicht.

Ach! wie lang ist's, daß ich walle
Suchend durch der Erde Flur,
Titan, deine Strahlen alle
Sandt ich nach der teuren Spur,
Keiner hat mir noch verkündet
Von dem lieben Angesicht,
Und der Tag, der alles findet,
Die Verlorne fand er nicht.
Hast du, Zeus! sie mir entrissen,
Hat, von ihrem Reiz gerührt,
Zu des Orkus schwarzen Flüssen
Pluto sie hinabgeführt?

Wer wird nach dem düstern Strande
Meines Grames Bote sein?
Ewig stößt der Kahn vom Lande,
Doch nur Schatten nimmt er ein.
Jedem sel'gen Aug verschlossen
Bleibt das nächtliche Gefild,
Und solang der Styx geflossen,
Trug er kein lebendig Bild.
Nieder führen tausend Steige,
Keiner führt zum Tag zurück,
Ihre Tränen bringt kein Zeuge
Vor der bangen Mutter Blick.

Mütter, die aus Pyrrhas Stamme
Sterbliche geboren sind,
Dürfen durch des Grabes Flamme
Folgen dem geliebten Kind,
Nur was Jovis Haus bewohnet,
Nahet nicht dem dunkeln Strand,
Nur die Seligen verschonet,
Parzen, eure strenge Hand.
Stürzt mich in die Nacht der Nächte
Aus des Himmels goldnem Saal,
Ehret nicht der Göttin Rechte,
Ach! sie sind der Mutter Qual!

Wo sie mit dem finstern Gatten
Freudlos thronet, stieg' ich hin,
Träte mit den leisen Schatten
Leise vor die Herrscherin.
Ach ihr Auge, trüb von Zähren,
Sucht umsonst das goldne Licht,
Irret nach entfernten Sphären,
Auf die Mutter fällt es nicht,
Bis die Freude sie entdecket,
Bis sich Brust mit Brust vereint,
Und zum Mitgefühl erwecket,
Selbst der rauhe Orkus weint.

Eitler Wunsch! Verlorne Klagen!
Ruhig in dem gleichen Pfad
Rollt des Tages sichrer Wagen,
Fest bestehet Jovis Rat.
Weg von jenen Finsternissen
Wandt er sein beglücktes Haupt,
Einmal in die Nacht gerissen,
Bleibt sie ewig mir geraubt,
Bis des dunkeln Stromes Welle
Von Aurorens Farben glüht,
Iris mitten durch die Hölle
Ihren schönen Bogen zieht.

Ist mir nichts von ihr geblieben,
Nicht ein süß erinnernd Pfand,
Daß die Fernen sich noch lieben,
Keine Spur der teuren Hand?
Knüpfet sich kein Liebesknoten
Zwischen Kind und Mutter an?
Zwischen Lebenden und Toten
Ist kein Bündnis aufgetan?
Nein! Nicht ganz ist sie entflohen,
Nein! Wir sind nicht ganz getrennt!
Haben uns die ewig Hohen
Eine Sprache doch vergönnt!

Wenn des Frühlings Kinder sterben,
Von des Nordes kaltem Hauch
Blatt und Blume sich entfärben,
Traurig steht der nackte Strauch,
Nehm ich mir das höchste Leben
Aus Vertumnus' reichem Horn,
Opfernd es dem Styx zu geben,
Mir des Samens goldnes Korn.
Traurend senk ich's in die Erde,
Leg es an des Kindes Herz,
Daß es eine Sprache werde
Meiner Liebe, meinem Schmerz.

Führt der gleiche Tanz der Horen
Freudig nun den Lenz zurück,
Wird das Tote neu geboren
Von der Sonne Lebensblick,
Keime, die dem Auge starben
In der Erde kaltem Schoß,
In das heitre Reich der Farben
Ringen sie sich freudig los.
Wenn der Stamm zum Himmel eilet,
Sucht die Wurzel scheu die Nacht,
Gleich in ihre Pflege teilet
Sich des Styx, des Äthers Macht.

Halb berühren sie der Toten,
Halb der Lebenden Gebiet,
Ach sie sind mir teure Boten,
Süße Stimmen vom Cocyt,
Hält er gleich sie selbst verschlossen
In dem schauervollen Schlund,
Aus des Frühlings jungen Sprossen
Redet mir der holde Mund,
Daß auch fern vom goldnen Tage,
Wo die Schatten traurig ziehn,
Liebend noch der Busen schlage,
Zärtlich noch die Herzen glühn.

Oso laßt euch froh begrüßen,
Kinder der verjüngten Au,
Euer Kelch soll überfließen
Von des Nektars reinstem Tau.
Tauchen will ich euch in Strahlen,
Mit der Iris schönstem Licht
Will ich eure Blätter malen,
Gleich Aurorens Angesicht.
In des Lenzes heiterm Glanze
Lese jede zarte Brust,
In des Herbstes welkem Kranze
Meinen Schmerz und meine Lust.

DAS MÄDCHEN AUS DER FREMDE

In einem Tal bei armen Hirten
  Erschien mit jedem jungen Jahr,
Sobald die ersten Lerchen schwirrten,
  Ein Mädchen, schön und wunderbar.

Sie war nicht in dem Tal geboren,
  Man wußte nicht, woher sie kam,
Und schnell war ihre Spur verloren,
  Sobald das Mädchen Abschied nahm.

Beseligend war ihre Nähe,
  Und alle Herzen wurden weit,
Doch eine Würde, eine Höhe
  Entfernte die Vertraulichkeit.

Sie brachte Blumen mit und Früchte,
  Gereift auf einer andern Flur,
In einem andern Sonnenlichte,
  In einer glücklichern Natur.

Und teilte jedem eine Gabe,
Dem Früchte, jenem Blumen aus,
Der Jüngling und der Greis am Stabe,
Ein jeder ging beschenkt nach Haus.

Willkommen waren alle Gäste,
Doch nahte sich ein liebend Paar,
Dem reichte sie der Gaben beste,
Der Blumen allerschönste dar.

DIE GESCHLECHTER

Sieh in dem zarten Kind zwei liebliche Blumen vereinigt,
Jungfrau und Jüngling, sie deckt beide die Knospe noch zu.
Leise löst sich das Band, es entzweien sich zart die Naturen,
Und von der holden Scham trennet sich feurig die Kraft.
Gönne dem Knaben zu spielen, in wilder Begierde zu toben,
Nur die gesättigte Kraft kehret zur Anmut zurück.
Aus der Knospe beginnt die doppelte Blume zu streben,
Köstlich ist jede, doch stillt keine dein sehnendes Herz.
Reizende Fülle schwellt der Jungfrau blühende Glieder,
Aber der Stolz bewacht streng wie der Gürtel den Reiz.
Scheu wie das zitternde Reh, das ihr Horn durch die Wälder verfolget,
Flieht sie im Mann nur den Feind, hasset noch, weil sie nicht liebt.
Trotzig schauet und kühn aus finstern Wimpern der Jüngling,
Und, gehärtet zum Kampf, spannet die Sehne sich an.
Fern in der Speere Gewühl und auf die stäubende Rennbahn
Ruft ihn der lockende Ruhm, reißt ihn der brausende Mut.
Jetzo, Natur, beschütze dein Werk! Auseinander auf immer
Fliehet, wenn du nicht vereinst, feindlich, was ewig sich sucht.
Aber da bist du, du Mächtige, schon, aus dem wildesten Streite
Rufst du der Harmonie göttlichen Frieden hervor.
Tief verstummet die lärmende Jagd, des rauschenden Tages
Tosen verhallet, und leis sinken die Sterne herab.

Seufzend flüstert im Winde das Rohr, sanft murmeln die Bäche,
Und mit melodischem Lied füllt Philomela den Hain.
Was erreget zu Seufzern der Jungfrau steigenden Busen?
Jüngling, was füllet den Blick schwellend mit Tränen dir an?
Ach sie suchet umsonst, was sie sanft anschmiegend umfasse,
Und die schwellende Frucht beuget zur Erde die Last.
Ruhelos strebend verzehrt sich in eigenen Flammen der Jüngling,
Ach, der brennenden Glut wehet kein lindernder Hauch.
Siehe, da finden sie sich, es führet sie Amor zusammen,
Und dem geflügelten Gott folgt der geflügelte Sieg.
Göttliche Liebe, du bist's, die der Menschheit Blumen vereinigt,
Ewig getrennt, sind sie doch ewig verbunden durch dich.

POMPEJI UND HERKULANUM

Welches Wunder begibt sich? Wir flehten um trinkbare Quellen,
Erde! dich an, und was sendet dein Schoß uns herauf?
Lebt es im Abgrund auch? Wohnt unter der Lava verborgen
Noch ein neues Geschlecht? Kehrt das entflohne zurück?
Griechen! Römer! O kommet und seht, das alte Pompeji
Findet sich wieder, aufs neu bauet sich Herkules' Stadt.
Giebel an Giebel richtet sich auf, der Portikus öffnet
Seine Hallen, o eilt, ihn zu beleben, herbei!
Aufgetan ist das weite Theater, es stürze durch seine
Sieben Mündungen sich flutend die Menge herein.
Mimen, wo bleibt ihr? Hervor! Das bereitete Opfer vollende
Agamemnon, umher sitze das horchende Volk.
Wohin führet der prächtige Bogen? Erkennt ihr das Forum?
Was für Gestalten sind das auf dem kurulischen Stuhl?
Traget, Liktoren, die Beile voran! Den Sessel besteige
Richtend der Prätor, der Zeug' trete, der Kläger vor ihn.
Reinliche Gassen breiten sich aus, mit erhöhetem Pflaster
Ziehet der schmälere Weg neben den Häusern sich hin.

Schützend springen die Dächer hervor, die zierlichen Zimmer
Reihn um den einsamen Hof heimlich und traulich sich her.
Öffnet die Läden geschwind und die lange verschütteten Türen,
In die schaudrichte Nacht falle der lustige Tag.
Siehe, wie rings um den Rand die netten Bänke sich dehnen,
Wie von buntem Gestein schimmernd das Estrich sich hebt!
Heitre Farben beleben die Wand, mit blumichter Kette
Fasset der muntre Feston reizende Bildungen ein.
Mit beladenem Korb schlüpft hier ein Amor vorüber,
Emsige Genien dort keltern den purpurnen Wein,
Hochauf springt die Bacchantin im Tanz, dort ruhet sie schlummernd,
Und der lauschende Faun hat sich nicht satt noch gesehn.
Flüchtig tummelt sie hier den raschen Zentauren, auf *einem*
Knie nur schwebend, und treibt frisch mit dem Thyrsus ihn an.
Knaben! Was säumt ihr? Herbei! Da stehn noch die schönen Geschirre,
Frisch, ihr Mädchen, und schöpft in den etrurischen Krug.
Steht nicht hier noch der Dreifuß auf schön geflügelten Sphinxen,
Schüret das Feuer! Geschwind, Sklaven! Bestellet den Herd!
Kaufet, hier geb ich euch Münzen, vom mächtigen Titus gepräget,
Auch noch die Waage liegt hier, sehet, es fehlt kein Gewicht.
Stecket das brennende Licht auf den zierlich gebildeten Leuchter,
Und mit glänzendem Öl fülle die Lampe sich an.
Was verwahret dies Kästchen? O seht, was der Bräutigam sendet,
Mädchen! Spangen von Gold, glänzende Pasten zum Schmuck!
Führet die Braut in das duftende Bad, hier stehn noch die Salben,
Schminke find ich noch hier in dem gehöhlten Kristall.
Aber wo bleiben die Männer, die Alten? Im ernsten Museum
Liegt noch ein köstlicher Schatz seltener Rollen gehäuft.
Griffel zum Schreiben findet ihr hier und wächserne Tafeln,
Nichts ist verloren, getreu hat es die Erde bewahrt.

Auch die Penaten, sie stellen sich ein, es finden sich alle
Götter wieder, warum bleiben die Priester nur aus?
Den Caduceus schwingt der zierlich geschenkelte Hermes,
Und die Viktoria fliegt leicht aus der haltenden Hand.
Die Altäre, sie stehen noch da, o kommet, o zündet,
Lang schon entbehrte der Gott, zündet die Opfer ihm an!

DER BESUCH

Nimmer, das glaubt mir,
Erscheinen die Götter,
Nimmer allein.
Kaum daß ich Bacchus, den lustigen, habe,
Kommt auch schon Amor, der lächelnde Knabe,
Phöbus, der Herrliche, findet sich ein.
Sie nahen, sie kommen,
Die Himmlischen alle,
Mit Göttern erfüllt sich
Die irdische Halle.

Sagt, wie bewirt ich,
Der Erdegeborne,
Himmlischen Chor?
Leihet mir euer unsterbliches Leben,
Götter! Was kann euch der Sterbliche geben?
Hebet zu eurem Olymp mich empor.
Die Freude, sie wohnt nur
In Jupiters Saale,
O füllet mit Nektar,
O reicht mir die Schale!

»Reich ihm die Schale!
Schenke dem Dichter,
Hebe, nur ein.
Netz ihm die Augen mit himmlischem Taue,
Daß er den Styx, den verhaßten, nicht schaue,
Einer der Unsern sich dünke zu sein.«

Sie rauschet, sie perlet,
Die himmlische Quelle,
Der Busen wird ruhig,
Das Auge wird helle.

DAS SPIEL DES LEBENS

Wollt ihr in meinen Kasten sehn?
Des Lebens Spiel, die Welt im kleinen,
Gleich soll sie eurem Aug erscheinen,
Nur müßt ihr nicht zu nahe stehn,
Ihr müßt sie bei der Liebe Kerzen,
Und nur bei Amors Fackel sehn.

Schaut her! Nie wird die Bühne leer,
Dort bringen sie das Kind getragen,
Der Knabe hüpft, der Jüngling stürmt einher,
Es kämpft der Mann, und alles will er wagen.

Ein jeglicher versucht sein Glück,
Doch schmal nur ist die Bahn zum Rennen,
Der Wagen rollt, die Achsen brennen,
Der Held dringt kühn voran, der Schwächling bleibt zurück,
Der Stolze fällt mit lächerlichem Falle,
Der Kluge überholt sie alle.

Die Frauen seht ihr an den Schranken stehn,
Mit holdem Blick, mit schönen Händen
Den Dank dem Sieger auszuspenden.

[FÜR F. L. J. BODEMANN]

Non fumum ex fulgore sed ex fumo lucem

Jena – Januar 1797 Schiller

REITERLIED

Aus dem »Wallenstein«

Wohlauf, Kameraden, aufs Pferd, aufs Pferd!
Ins Feld, in die Freiheit gezogen.
Im Felde, da ist der Mann noch was wert,
Da wird das Herz noch gewogen.
Da tritt kein anderer für ihn ein,
Auf sich selber steht er da ganz allein.

Chor

Da tritt kein anderer für ihn ein,
Auf sich selber steht er da ganz allein.

Aus der Welt die Freiheit verschwunden ist,
Man sieht nur Herren und Knechte,
Die Falschheit herrschet, die Hinterlist,
Bei dem feigen Menschengeschlechte,
Der dem Tod ins Angesicht schauen kann,
Der Soldat allein ist der freie Mann.

Chor

Der dem Tod ins Angesicht schauen kann,
Der Soldat allein ist der freie Mann.

Des Lebens Ängsten, er wirft sie weg,
Hat nicht mehr zu fürchten, zu sorgen,
Er reitet dem Schicksal entgegen keck,
Trifft's heute nicht, trifft es doch morgen,
Und trifft es morgen, so lasset uns heut
Noch schlürfen die Neige der köstlichen Zeit.

Chor

Und trifft es morgen, so lasset uns heut
Noch schlürfen die Neige der köstlichen Zeit.

Von dem Himmel fällt ihm sein lustig Los,
  Braucht's nicht mit Müh zu erstreben,
Der Fröner, der sucht in der Erde Schoß,
  Da meint er den Schatz zu erheben,
Er gräbt und schaufelt, solang er lebt,
Und gräbt, bis er endlich sein Grab sich gräbt.

CHOR

  Er gräbt und schaufelt, solang er lebt,
  Und gräbt, bis er endlich sein Grab sich gräbt.

Der Reuter und sein geschwindes Roß,
  Sie sind gefürchtete Gäste,
Es flimmern die Lampen im Hochzeitschloß,
  Ungeladen kommt er zum Feste.
Er wirbet nicht lange, er zeiget nicht Gold,
Im Sturm erringt er den Minnesold.

CHOR

  Er wirbet nicht lange, er zeiget nicht Gold,
  Im Sturm erringt er den Minnesold.

Warum weint die Dirn und zergrämet sich schier?
  Laß fahren dahin, laß fahren!
Er hat auf Erden kein bleibend Quartier,
  Kann treue Lieb nicht bewahren,
Das rasche Schicksal, es treibt ihn fort,
Seine Ruhe läßt er an keinem Ort.

CHOR

  Das rasche Schicksal, es treibt ihn fort,
  Seine Ruhe läßt er an keinem Ort.

ZUM GEBURTSTAG DER FRAU GRIESBACH

In Karl Schillers Namen

Mach auf, Frau Griesbach; ich bin da,
Und klopf an deine Türe.
Mich schickt Papa und die Mama,
Daß ich dir gratuliere.

Ich bringe nichts als ein Gedicht
Zu deines Tages Feier;
Denn alles, wie die Mutter spricht,
Ist so entsetzlich teuer.

Sag selbst, was ich dir wünschen soll;
Ich weiß nichts zu erdenken.
Du hast ja Küch und Keller voll,
Nichts fehlt in deinen Schränken.

Es wachsen fast dir auf den Tisch
Die Spargel und die Schoten;
Die Stachelbeeren blühen frisch,
Und so die Renegloten.

Bei Stachelbeeren fällt mir ein,
Die schmecken gar zu süße;
Und wenn sie werden zeitig sein,
So sorge, daß ich's wisse.

Viel fette Schweine mästest du,
Und gibst den Hühnern Futter;
Die Kuh im Stalle ruft muh! muh!
Und gibt dir Milch und Butter.

Es haben alle dich so gern,
Die Alten und die Jungen,
Und deinem lieben, braven Herrn
Ist alles wohl gelungen.

Du bist wohlauf; Gott Lob und Dank!
   Mußt's auch fein immer bleiben;
Ja, höre! werde ja nicht krank,
   Daß sie dir nichts verschreiben.

Nun lebe wohl! ich sag ade.
   Gelt? ich war heut bescheiden.
Doch könntest du mir, eh ich geh,
   'ne Butterbemme schneiden.

LICHT UND WÄRME

Der beßre Mensch tritt in die Welt
Mit fröhlichem Vertrauen,
Er glaubt, was ihm die Seele schwellt,
Auch außer sich zu schauen,
Und weiht, von edlem Eifer warm,
Der Wahrheit seinen treuen Arm.

Doch alles ist so klein, so eng,
Hat er es erst erfahren,
Da sucht er in dem Weltgedräng
Sich selbst nur zu bewahren,
Das Herz, in kalter stolzer Ruh,
Schließt endlich sich der Liebe zu.

Sie geben, ach! nicht immer Glut,
Der Wahrheit helle Strahlen.
Wohl denen, die des Wissens Gut
Nicht mit dem Herzen zahlen!
Drum paart, zu euerm schönsten Glück,
Mit Schwärmers Ernst des Weltmanns Blick.

BREITE UND TIEFE

Es glänzen viele in der Welt,
Sie wissen von allem zu sagen,
Und wo was reizet, und wo was gefällt,
Man kann es bei ihnen erfragen,
Man dächte, hört man sie reden laut,
Sie hätten wirklich erobert die Braut.

Doch gehn sie aus der Welt ganz still,
Ihr Leben war verloren.
Wer etwas Treffliches leisten will,
Hätt gerne was Großes geboren,
Der sammle still und unerschlafft
Im kleinsten Punkte die höchste Kraft.

Der Stamm erhebt sich in die Luft
Mit üppig prangenden Zweigen,
Die Blätter glänzen und hauchen Duft,
Doch können sie Früchte nicht zeugen,
Der Kern allein im schmalen Raum
Verbirgt den Stolz des Waldes, den Baum.

DAS GEHEIMNIS

Sie konnte mir kein Wörtchen sagen,
Zu viele Lauscher waren wach,
Den Blick nur durft ich schüchtern fragen,
Und wohl verstand ich, was er sprach.
Leis schleich ich her in deine Stille,
Du schön belaubtes Buchenzelt,
Verbirg in deiner grünen Hülle
Die Liebenden dem Aug der Welt.

Von ferne mit verworrnem Sausen
Arbeitet der geschäft'ge Tag,

Und durch der Stimmen hohles Brausen
Erkenn ich schwerer Hämmer Schlag.
So sauer ringt die kargen Lose
Der Mensch dem harten Himmel ab,
Doch leicht erworben, aus dem Schoße
Der Götter fällt das Glück herab.

Daß ja die Menschen nie es hören,
Wie treue Lieb uns still beglückt!
Sie können nur die Freude stören,
Weil Freude nie sie selbst entzückt.
Die Welt wird nie das Glück erlauben,
Als Beute wird es nur gehascht,
Entwenden mußt du's oder rauben,
Eh dich die Mißgunst überrascht.

Leis auf den Zehen kommt's geschlichen,
Die Stille liebt es und die Nacht,
Mit schnellen Füßen ist's entwichen,
Wo des Verräters Auge wacht.
O schlinge dich, du sanfte Quelle,
Ein breiter Strom um uns herum,
Und drohend mit empörter Welle
Verteidige dies Heiligtum.

HOFFNUNG

Es reden und träumen die Menschen viel
Von bessern künftigen Tagen,
Nach einem glücklichen goldenen Ziel
Sieht man sie rennen und jagen,
Die Welt wird alt und wird wieder jung,
Doch der Mensch hofft immer Verbesserung!

Die Hoffnung führt ihn ins Leben ein,
Sie umflattert den fröhlichen Knaben,

Den Jüngling begeistert ihr Zauberschein,
Sie wird mit dem Greis nicht begraben,
Denn beschließt er im Grabe den müden Lauf,
Noch am Grabe pflanzt er – die Hoffnung auf.

Es ist kein leerer schmeichelnder Wahn,
Erzeugt im Gehirne des Toren.
Im Herzen kündet es laut sich an,
Zu was Besserm sind wir geboren,
Und was die innere Stimme spricht,
Das täuscht die hoffende Seele nicht.

DIE BEGEGNUNG

Noch sah ich sie, umringt von ihren Frauen,
Die herrlichste von allen stand sie da,
Wie eine Sonne war sie anzuschauen,
Ich stand von fern und wagte mich nicht nah,
Es faßte mich mit wollustvollem Grauen,
Als ich den Glanz vor mir verbreitet sah,
Doch schnell, als hätten Flügel mich getragen,
Ergriff es mich, die Saiten anzuschlagen.

Was ich in jenem Augenblick empfunden,
Und was ich sang, vergebens sinn ich nach,
Ein neu Organ hatt ich in mir gefunden,
Das meines Herzens heil'ge Regung sprach,
Die Seele war's, die, jahrelang gebunden,
Durch alle Fesseln jetzt auf einmal brach,
Und Töne fand in ihren tiefsten Tiefen,
Die ungeahnt und göttlich in ihr schliefen.

Und als die Saiten lange schon geschwiegen,
Die Seele endlich mir zurücke kam,
Da sah ich in den engelgleichen Zügen
Die Liebe ringen mit der holden Scham,

Und alle Himmel glaubt ich zu erfliegen,
Als ich das leise süße Wort vernahm –
O droben nur in sel'ger Geister Chören
Werd ich des Tones Wohllaut wieder hören!

Das treue Herz, das trostlos sich verzehrt,
Und still bescheiden nie gewagt zu sprechen,
Ich kenne den ihm selbst verborgnen Wert,
Am rohen Glück will ich das Edle rächen.
Dem Armen sei das schönste Los beschert,
Nur Liebe darf der Liebe Blume brechen.
Der schönste Schatz gehört dem Herzen an,
Das ihn erwidern und empfinden kann.

DER TAUCHER

Ballade

»Wer wagt es, Rittersmann oder Knapp,
Zu tauchen in diesen Schlund?
Einen goldnen Becher werf ich hinab,
Verschlungen schon hat ihn der schwarze Mund.
Wer mir den Becher kann wieder zeigen,
Er mag ihn behalten, er ist sein eigen.«

Der König sprach es, und wirft von der Höh
Der Klippe, die schroff und steil
Hinaushängt in die unendliche See,
Den Becher in der *Charybde* Geheul.
»Wer ist der Beherzte, ich frage wieder,
Zu tauchen in diese Tiefe nieder?«

Und die Ritter, die Knappen um ihn her,
Vernehmen's und schweigen still,
Sehen hinab in das wilde Meer,
Und keiner den Becher gewinnen will.
Und der König zum drittenmal wieder fraget:
»Ist keiner, der sich hinunterwaget?«

Doch alles noch stumm bleibt wie zuvor,
Und ein Edelknecht, sanft und keck,
Tritt aus der Knappen zagendem Chor,
Und den Gürtel wirft er, den Mantel weg,
Und alle die Männer umher und Frauen
Auf den herrlichen Jüngling verwundert schauen.

Und wie er tritt an des Felsen Hang,
Und blickt in den Schlund hinab,
Die Wasser, die sie hinunterschlang,
Die Charybde jetzt brüllend wiedergab,
Und wie mit des fernen Donners Getose
Entstürzen sie schäumend dem finstern Schoße.

Und es wallet und siedet und brauset und zischt,
Wie wenn Wasser mit Feuer sich mengt,
Bis zum Himmel sprützet der dampfende Gischt,
Und Flut auf Flut sich ohn Ende drängt,
Und will sich nimmer erschöpfen und leeren,
Als wollte das Meer noch ein Meer gebären.

Doch endlich, da legt sich die wilde Gewalt,
Und schwarz aus dem weißen Schaum
Klafft hinunter ein gähnender Spalt,
Grundlos, als ging's in den Höllenraum,
Und reißend sieht man die brandenden Wogen
Hinab in den strudelnden Trichter gezogen.

Jetzt schnell, eh die Brandung zurücke kehrt,
Der Jüngling sich Gott befiehlt,
Und – ein Schrei des Entsetzens wird rings gehört,
Und schon hat ihn der Wirbel hinweggespült,
Und geheimnisvoll über dem kühnen Schwimmer
Schließt sich der Rachen, er zeigt sich nimmer.

Und stille wird's über dem Wasserschlund,
In der Tiefe nur brauset es hohl,

Und bebend hört man von Mund zu Mund:
»Hochherziger Jüngling, fahre wohl!«
Und hohler und hohler hört man's heulen,
Und es harrt noch mit bangem, mit schrecklichem Weilen.

Und wärfst du die Krone selber hinein,
Und sprächst: Wer mir bringet die Kron,
Er soll sie tragen und König sein,
Mich gelüstete nicht nach dem teuren Lohn,
Was die heulende Tiefe da unten verhehle,
Das erzählt keine lebende glückliche Seele.

Wohl manches Fahrzeug, vom Strudel gefaßt,
Schoß gäh in die Tiefe hinab,
Doch zerschmettert nur rangen sich Kiel und Mast
Hervor aus dem alles verschlingenden Grab.
Und heller und heller wie Sturmes Sausen
Hört man's näher und immer näher brausen.

Und es wallet und siedet und brauset und zischt,
Wie wenn Wasser mit Feuer sich mengt,
Bis zum Himmel sprützet der dampfende Gischt,
Und Well auf Well sich ohn Ende drängt,
Und wie mit des fernen Donners Getose
Entstürzt es brüllend dem finstern Schoße.

Und sieh! aus dem finster flutenden Schoß
Da hebet sich's schwanenweiß,
Und ein Arm und ein glänzender Nacken wird bloß,
Und es rudert mit Kraft und mit emsigem Fleiß,
Und er ist's, und hoch in seiner Linken
Schwingt er den Becher mit freudigem Winken.

Und atmete lang und atmete tief,
Und begrüßte das himmlische Licht.
Mit Frohlocken es einer dem andern rief:
»Er lebt! Er ist da! Es behielt ihn nicht.

Aus dem Grab, aus der strudelnden Wasserhöhle
Hat der Brave gerettet die lebende Seele.«

Und er kommt, es umringt ihn die jubelnde Schar,
Zu des Königs Füßen er sinkt,
Den Becher reicht er ihm knieend dar,
Und der König der lieblichen Tochter winkt,
Die füllt ihn mit funkelndem Wein bis zum Rande,
Und der Jüngling sich also zum König wandte:

»Lang lebe der König! Es freue sich,
Wer da atmet im rosichten Licht.
Da unten aber ist's fürchterlich,
Und der Mensch versuche die Götter nicht,
Und begehre nimmer und nimmer zu schauen,
Was sie gnädig bedecken mit Nacht und Grauen.

Es riß mich hinunter blitzesschnell,
Da stürzt' mir aus felsichtem Schacht
Wildflutend entgegen ein reißender Quell,
Mich packte des Doppelstroms wütende Macht,
Und wie einen Kreisel mit schwindelndem Drehen
Trieb mich's um, ich konnte nicht widerstehen.

Da zeigte mir Gott, zu dem ich rief,
In der höchsten schrecklichen Not,
Aus der Tiefe ragend ein Felsenriff,
Das erfaßt ich behend und entrann dem Tod,
Und da hing auch der Becher an spitzen Korallen,
Sonst wär er ins Bodenlose gefallen.

Denn unter mir lag's noch, bergetief,
In purpurner Finsternis da,
Und ob's hier dem Ohre gleich ewig schlief,
Das Auge mit Schaudern hinuntersah,
Wie's von Salamandern und Molchen und Drachen
Sich regte in dem furchtbaren Höllenrachen.

Schwarz wimmelten da, in grausem Gemisch
Zu scheußlichen Klumpen geballt,
Der stachlichte Roche, der Klippenfisch,
Des Hammers greuliche Ungestalt,
Und dräuend wies mir die grimmigen Zähne
Der entsetzliche Hai, des Meeres Hyäne.

Und da hing ich und war mir's mit Grausen bewußt,
Von der menschlichen Hülfe so weit,
Unter Larven die einzige fühlende Brust,
Allein in der gräßlichen Einsamkeit,
Tief unter dem Schall der menschlichen Rede
Bei den Ungeheuern der traurigen Öde.

Und schaudernd dacht ich's, da kroch's heran,
Regte hundert Gelenke zugleich,
Will schnappen nach mir, in des Schreckens Wahn
Laß ich los der Koralle umklammerten Zweig,
Gleich faßt mich der Strudel mit rasendem Toben,
Doch es war mir zum Heil, er riß mich nach oben.«

Der König darob sich verwundert schier,
Und spricht: »Der Becher ist dein,
Und diesen Ring noch bestimm ich dir,
Geschmückt mit dem köstlichsten Edelgestein,
Versuchst du's noch einmal und bringst mir Kunde,
Was du sahst auf des Meers tiefunterstem Grunde?«

Das hörte die Tochter mit weichem Gefühl,
Und mit schmeichelndem Munde sie fleht:
»Laßt, Vater, genug sein das grausame Spiel,
Er hat Euch bestanden, was keiner besteht,
Und könnt Ihr des Herzens Gelüsten nicht zähmen,
So mögen die Ritter den Knappen beschämen.«

Drauf der König greift nach dem Becher schnell,
In den Strudel ihn schleudert hinein:

»Und schaffst du den Becher mir wieder zur Stell,
So sollst du der trefflichste Ritter mir sein,
Und sollst sie als Ehgemahl heut noch umarmen,
Die jetzt für dich bittet mit zartem Erbarmen.«

Da ergreift's ihm die Seele mit Himmelsgewalt,
Und es blitzt aus den Augen ihm kühn,
Und er siehet erröten die schöne Gestalt,
Und sieht sie erbleichen und sinken hin,
Da treibt's ihn, den köstlichen Preis zu erwerben,
Und stürzt hinunter auf Leben und Sterben.

Wohl hört man die Brandung, wohl kehrt sie zurück,
Sie verkündigt der donnernde Schall,
Da bückt sich's hinunter mit liebendem Blick,
Es kommen, es kommen die Wasser all,
Sie rauschen herauf, sie rauschen nieder,
Den Jüngling bringt keines wieder.

DER HANDSCHUH

Erzählung

Vor seinem Löwengarten,
Das Kampfspiel zu erwarten,
Saß König Franz,
Und um ihn die Großen der Krone,
Und rings auf hohem Balkone
Die Damen in schönem Kranz.

Und wie er winkt mit dem Finger,
Auf tut sich der weite Zwinger,
Und hinein mit bedächtigem Schritt
Ein Löwe tritt,
Und sieht sich stumm
Rings um,
Mit langem Gähnen,
Und schüttelt die Mähnen,

Und streckt die Glieder,
Und legt sich nieder.

Und der König winkt wieder,
Da öffnet sich behend
Ein zweites Tor,
Daraus rennt
Mit wildem Sprunge
Ein Tiger hervor,
Wie der den Löwen erschaut,
Brüllt er laut,
Schlägt mit dem Schweif
Einen furchtbaren Reif,
Und recket die Zunge,
Und im Kreise scheu
Umgeht er den Leu
Grimmig schnurrend,
Drauf streckt er sich murrend
Zur Seite nieder.

Und der König winkt wieder,
Da speit das doppelt geöffnete Haus
Zwei Leoparden auf einmal aus,
Die stürzen mit mutiger Kampfbegier
Auf das Tigertier,
Das packt sie mit seinen grimmigen Tatzen,
Und der Leu mit Gebrüll
Richtet sich auf, da wird's still,
Und herum im Kreis,
Von Mordsucht heiß,
Lagern sich die greulichen Katzen.

Da fällt von des Altans Rand
Ein Handschuh von schöner Hand
Zwischen den Tiger und den Leun
Mitten hinein.

Und zu Ritter Delorges spottenderweis
Wendet sich Fräulein Kunigund:
»Herr Ritter, ist Eure Lieb so heiß,
Wie Ihr mir's schwört zu jeder Stund,
Ei so hebt mir den Handschuh auf.«

Und der Ritter in schnellem Lauf
Steigt hinab in den furchtbarn Zwinger
Mit festem Schritte,
Und aus der Ungeheuer Mitte
Nimmt er den Handschuh mit keckem Finger.

Und mit Erstaunen und mit Grauen
Sehen's die Ritter und Edelfrauen,
Und gelassen bringt er den Handschuh zurück,
Da schallt ihm sein Lob aus jedem Munde,
Aber mit zärtlichem Liebesblick –
Er verheißt ihm sein nahes Glück –
Empfängt ihn Fräulein Kunigunde.
Und der Ritter, sich tief verbeugend, spricht:
»Den Dank, Dame, begehr ich nicht«,
Und verläßt sie zur selben Stunde.

DER RING DES POLYKRATES

Ballade

Er stand auf seines Daches Zinnen,
Er schaute mit vergnügten Sinnen
Auf das beherrschte Samos hin.
»Dies alles ist mir untertänig«,
Begann er zu Ägyptens König,
»Gestehe, daß ich glücklich bin.«

»Du hast der Götter Gunst erfahren!
Die vormals deinesgleichen waren,
Sie zwingt jetzt deines Zepters Macht.
Doch einer lebt noch, sie zu rächen,

Dich kann mein Mund nicht glücklich sprechen,
Solang des Feindes Auge wacht.«

Und eh der König noch geendet,
Da stellt sich, von Milet gesendet,
Ein Bote dem Tyrannen dar:
»Laß, Herr, des Opfers Düfte steigen,
Und mit des Lorbeers muntern Zweigen
Bekränze dir dein festlich Haar.

Getroffen sank dein Feind vom Speere,
Mich sendet mit der frohen Märe
Dein treuer Feldherr Polydor.«
Und nimmt aus einem schwarzen Becken,
Noch blutig, zu der beiden Schrecken,
Ein wohlbekanntes Haupt hervor.

Der König tritt zurück mit Grauen:
»Doch warn ich dich, dem Glück zu trauen«,
Versetzt er mit besorgtem Blick.
»Bedenk, auf ungetreuen Wellen,
Wie leicht kann sie der Sturm zerschellen,
Schwimmt deiner Flotte zweifelnd Glück.«

Und eh er noch das Wort gesprochen,
Hat ihn der Jubel unterbrochen,
Der von der Reede jauchzend schallt.
Mit fremden Schätzen reich beladen,
Kehrt zu den heimischen Gestaden
Der Schiffe mastenreicher Wald.

Der königliche Gast erstaunet:
»Dein Glück ist heute gut gelaunet,
Doch fürchte seinen Unbestand.
Der Sparter nie besiegte Scharen
Bedräuen dich mit Kriegsgefahren,
Schon nahe sind sie diesem Strand.«

Und eh ihm noch das Wort entfallen,
Da sieht man's von den Schiffen wallen,
Und tausend Stimmen rufen: »Sieg!
Von Feindesnot sind wir befreiet,
Die Sparter hat der Sturm zerstreuet,
Vorbei, geendet ist der Krieg.«

Das hört der Gastfreund mit Entsetzen:
»Fürwahr, ich muß dich glücklich schätzen,
Doch«, spricht er, »zittr ich für dein Heil!
Mir grauet vor der Götter Neide,
Des Lebens ungemischte Freude
Ward keinem Irdischen zuteil.

Auch mir ist alles wohlgeraten,
Bei allen meinen Herrschertaten
Begleitet mich des Himmels Huld,
Doch hatt ich einen teuren Erben,
Den nahm mir Gott, ich sah ihn sterben,
Dem Glück bezahlt ich meine Schuld.

Drum, willst du dich vor Leid bewahren,
So flehe zu den Unsichtbaren,
Daß sie zum Glück den Schmerz verleihn.
Noch keinen sah ich fröhlich enden,
Auf den mit immer vollen Händen
Die Götter ihre Gaben streun.

Und wenn's die Götter nicht gewähren,
So acht auf eines Freundes Lehren,
Und rufe selbst das Unglück her,
Und was von allen deinen Schätzen
Dein Herz am höchsten mag ergetzen,
Das nimm und wirf's in dieses Meer.«

Und jener spricht, von Furcht beweget:
»Von allem, was die Insel heget,

Ist dieser Ring mein höchstes Gut.
Ihn will ich den Erinnen weihen,
Ob sie mein Glück mir dann verzeihen«,
Und wirft das Kleinod in die Flut.

Und bei des nächsten Morgens Lichte,
Da tritt mit fröhlichem Gesichte
Ein Fischer vor den Fürsten hin:
»Herr, diesen Fisch hab ich gefangen,
Wie keiner noch ins Netz gegangen,
Dir zum Geschenke bring ich ihn.«

Und als der Koch den Fisch zerteilet,
Herbei der Koch erschrocken eilet,
Und ruft mit hocherstauntem Blick:
»Sieh, Herr, den Ring, den du getragen,
Ihn fand ich in des Fisches Magen,
O ohne Grenzen ist dein Glück!«

Hier wendet sich der Gast mit Grausen:
»So kann ich hier nicht ferner hausen,
Mein Freund kannst du nicht weiter sein,
Die Götter wollen dein Verderben,
Fort eil ich, nicht mit dir zu sterben.«
Und sprach's und schiffte schnell sich ein.

NADOWESSISCHE TOTENKLAGE[1]

Seht! da sitzt er auf der Matte,
Aufrecht sitzt er da,
Mit dem Anstand, den er hatte,
Als er 's Licht noch sah.

Doch wo ist die Kraft der Fäuste,
Wo des Atems Hauch,

1 *Nadowessier*, ein Völkerstamm in Nordamerika.

Der noch jüngst zum Großen Geiste
  Blies der Pfeife Rauch?

Wo die Augen, falkenhelle,
  Die des Rentiers Spur
Zählten auf des Grases Welle,
  Auf dem Tau der Flur.

Diese Schenkel, die behender
  Flohen durch den Schnee
Als der Hirsch, der Zwanzigender,
  Als des Berges Reh.

Diese Arme, die den Bogen
  Spannten streng und straff!
Seht, das Leben ist entflogen,
  Seht, sie hängen schlaff!

Wohl ihm! Er ist hingegangen,
  Wo kein Schnee mehr ist,
Wo mit Mais die Felder prangen,
  Der von selber sprießt.

Wo mit Vögeln alle Sträuche,
  Wo der Wald mit Wild,
Wo mit Fischen alle Teiche
  Lustig sind gefüllt.

Mit den Geistern speist er droben,
  Ließ uns hier allein,
Daß wir seine Taten loben,
  Und ihn scharren ein.

Bringet her die letzten Gaben,
  Stimmt die Totenklag!
Alles sei mit ihm begraben,
  Was ihn freuen mag.

Legt ihm unters Haupt die Beile,
Die er tapfer schwang,
Auch des Bären fette Keule,
Denn der Weg ist lang.

Auch das Messer scharf geschliffen,
Das vom Feindeskopf
Rasch mit drei geschickten Griffen
Schälte Haut und Schopf.

Farben auch, den Leib zu malen,
Steckt ihm in die Hand,
Daß er rötlich möge strahlen
In der Seelen Land.

RITTER TOGGENBURG

Ballade

»Ritter, treue Schwesterliebe
Widmet Euch dies Herz,
Fodert keine andre Liebe,
Denn es macht mir Schmerz.
Ruhig mag ich Euch erscheinen,
Ruhig gehen sehn.
Eurer Augen stilles Weinen
Kann ich nicht verstehn.«

Und er hört's mit stummem Harme,
Reißt sich blutend los,
Preßt sie heftig in die Arme,
Schwingt sich auf sein Roß,
Schickt zu seinen Mannen allen
In dem Lande Schweiz,
Nach dem Heil'gen Grab sie wallen,
Auf der Brust das Kreuz.

Große Taten dort geschehen
Durch der Helden Arm,
Ihres Helmes Büsche wehen
In der Feinde Schwarm,
Und des Toggenburgers Name
Schreckt den Muselmann,
Doch das Herz von seinem Grame
Nicht genesen kann.

Und ein Jahr hat er's getragen,
Trägt's nicht länger mehr,
Ruhe kann er nicht erjagen,
Und verläßt das Heer,
Sieht ein Schiff an Joppes Strande,
Das die Segel bläht,
Schiffet heim zum teuren Lande,
Wo ihr Atem weht.

Und an ihres Schlosses Pforte
Klopft der Pilger an,
Ach! und mit dem Donnerworte
Wird sie aufgetan:
»Die Ihr suchet, trägt den Schleier,
Ist des Himmels Braut,
Gestern war des Tages Feier,
Der sie Gott getraut.«

Da verlässet er auf immer
Seiner Väter Schloß,
Seine Waffen sieht er nimmer,
Noch sein treues Roß,
Von der Toggenburg hernieder
Steigt er unbekannt,
Denn es deckt die edeln Glieder
Härenes Gewand.

Und erbaut sich eine Hütte
  Jener Gegend nah,
Wo das Kloster aus der Mitte
  Düstrer Linden sah;
Harrend von des Morgens Lichte
  Bis zu Abends Schein,
Stille Hoffnung im Gesichte,
  Saß er da allein.

Blickte nach dem Kloster drüben,
  Blickte stundenlang,
Nach dem Fenster seiner Lieben,
  Bis das Fenster klang,
Bis die Liebliche sich zeigte,
  Bis das teure Bild
Sich ins Tal herunterneigte,
  Ruhig, engelmild.

Und dann legt' er froh sich nieder,
  Schlief getröstet ein,
Still sich freuend, wenn es wieder
  Morgen würde sein.
Und so saß er viele Tage,
  Saß viel Jahre lang,
Harrend ohne Schmerz und Klage,
  Bis das Fenster klang,

Bis die Liebliche sich zeigte,
  Bis das teure Bild
Sich ins Tal herunterneigte,
  Ruhig, engelmild.
Und so saß er, eine Leiche,
  Eines Morgens da,
Nach dem Fenster noch das bleiche
  Stille Antlitz sah.

ELEGIE

An Emma

Weit in nebelgrauer Ferne
  Liegt mir das vergangne Glück,
Nur an *einem* schönen Sterne
  Weilt mit Liebe noch der Blick.
Aber wie des Sternes Pracht
Ist es nur ein Schein der Nacht.

Deckte dir der lange Schlummer,
  Dir der Tod die Augen zu,
Dich besäße doch mein Kummer,
  Meinem Herzen lebtest du.
Aber ach! du lebst im Licht,
Meiner Liebe lebst du nicht.

Kann der Liebe süß Verlangen,
  Emma, kann's vergänglich sein?
Was dahin ist und vergangen,
  Emma, kann's die Liebe sein?
Ob der Liebe Lust auch flieht,
Ihre Pein doch nie verglüht.

DIE WORTE DES GLAUBENS

Drei Worte nenn ich euch, inhaltschwer,
  Sie gehen von Munde zu Munde,
Doch stammen sie nicht von außen her,
  Das Herz nur gibt davon Kunde,
Dem Menschen ist aller Wert geraubt,
Wenn er nicht mehr an die drei Worte glaubt.

Der Mensch ist frei geschaffen, ist frei,
  Und würd er in Ketten geboren,
Laßt euch nicht irren des Pöbels Geschrei,
  Nicht den Mißbrauch rasender Toren,

Vor dem Sklaven, wenn er die Kette bricht,
Vor dem freien Menschen erzittert nicht.

Und die Tugend, sie ist kein leerer Schall,
  Der Mensch kann sie üben im Leben,
Und sollt er auch straucheln überall,
  Er kann nach der göttlichen streben,
Und was kein Verstand der Verständigen sieht,
Das übet in Einfalt ein kindlich Gemüt.

Und ein Gott ist, ein heiliger Wille lebt,
  Wie auch der menschliche wanke,
Hoch über der Zeit und dem Raume webt
  Lebendig der höchste Gedanke,
Und ob alles in ewigem Wechsel kreist,
Es beharret im Wechsel ein ruhiger Geist.

Die drei Worte bewahret euch, inhaltschwer,
  Sie pflanzet von Munde zu Munde,
Und stammen sie gleich nicht von außen her,
  Euer Innres gibt davon Kunde,
Dem Menschen ist aller Wert geraubt,
Wenn er nicht mehr an die drei Worte glaubt.

DIE KRANICHE DES IBYKUS

Ballade

  Zum Kampf der Wagen und Gesänge,
Der auf Korinthus' Landesenge
Der Griechen Stämme froh vereint,
Zog Ibykus, der Götterfreund.
Ihm schenkte des Gesanges Gabe,
Der Lieder süßen Mund Apoll,
So wandert er, an leichtem Stabe,
Aus Rhegium, des Gottes voll.

Schon winkt auf hohem Bergesrücken
Akrokorinth des Wandrers Blicken,
Und in Poseidons Fichtenhain
Tritt er mit frommem Schauder ein.
Nichts regt sich um ihn her, nur Schwärme
Von Kranichen begleiten ihn,
Die fernhin nach des Südens Wärme
In graulichtem Geschwader ziehn.

»Seid mir gegrüßt, befreundte Scharen!
Die mir zur See Begleiter waren.
Zum guten Zeichen nehm ich euch,
Mein Los, es ist dem euren gleich.
Von fernher kommen wir gezogen,
Und flehen um ein wirtlich Dach.
Sei uns der Gastliche gewogen,
Der von dem Fremdling wehrt die Schmach!«

Und munter fördert er die Schritte,
Und sieht sich in des Waldes Mitte,
Da sperren, auf gedrangem Steg,
Zwei Mörder plötzlich seinen Weg.
Zum Kampfe muß er sich bereiten,
Doch bald ermattet sinkt die Hand,
Sie hat der Leier zarte Saiten,
Doch nie des Bogens Kraft gespannt.

Er ruft die Menschen an, die Götter,
Sein Flehen dringt zu keinem Retter,
Wie weit er auch die Stimme schickt,
Nichts Lebendes wird hier erblickt.
»So muß ich hier verlassen sterben,
Auf fremdem Boden, unbeweint,
Durch böser Buben Hand verderben,
Wo auch kein Rächer mir erscheint!«

Und schwer getroffen sinkt er nieder,
Da rauscht der Kraniche Gefieder,
Er hört, schon kann er nicht mehr sehn,
Die nahen Stimmen furchtbar krähn.
»Von euch, ihr Kraniche dort oben!
Wenn keine andre Stimme spricht,
Sei meines Mordes Klag erhoben!«
Er ruft es, und sein Auge bricht.

Der nackte Leichnam wird gefunden,
Und bald, obgleich entstellt von Wunden,
Erkennt der Gastfreund in Korinth
Die Züge, die ihm teuer sind.
»Und muß ich so dich wiederfinden,
Und hoffte mit der Fichte Kranz
Des Sängers Schläfe zu umwinden,
Bestrahlt von seines Ruhmes Glanz!«

Und jammernd hören's alle Gäste,
Versammelt bei Neptunus' Feste,
Ganz Griechenland ergreift der Schmerz,
Verloren hat ihn jedes Herz,
Und stürmend drängt sich zum Prytanen
Das Volk, es fodert seine Wut,
Zu rächen des Erschlagnen Manen,
Zu sühnen mit des Mörders Blut.

Doch wo die Spur, die aus der Menge,
Der Völker flutendem Gedränge,
Gelocket von der Spiele Pracht,
Den schwarzen Täter kenntlich macht?
Sind's Räuber, die ihn feig erschlagen?
Tat's neidisch ein verborgner Feind?
Nur Helios vermag's zu sagen,
Der alles Irdische bescheint!

Er geht vielleicht, mit frechem Schritte,
Jetzt eben durch der Griechen Mitte,
Und während ihn die Rache sucht,
Genießt er seines Frevels Frucht.
Auf ihres eignen Tempels Schwelle
Trotzt er vielleicht den Göttern, mengt
Sich dreist in jene Menschenwelle,
Die dort sich zum *Theater* drängt.

Denn Bank an Bank gedränget sitzen,
Es brechen fast der Bühne Stützen,
Herbeigeströmt von fern und nah,
Der Griechen Völker wartend da,
Dumpfbrausend wie des Meeres Wogen,
Von Menschen wimmelnd wächst der Bau,
In weiter stets geschweiftem Bogen
Hinauf bis in des Himmels Blau.

Wer zählt die Völker, nennt die Namen,
Die gastlich hier zusammenkamen?
Von Theseus' Stadt, von Aulis' Strand,
Von Phokis, vom Spartanerland,
Von Asiens entlegner Küste,
Von allen Inseln kamen sie,
Und horchen von dem Schaugerüste
Des *Chores* grauser Melodie –

Der streng und ernst, nach alter Sitte,
Mit langsam abgemeßnem Schritte,
Hervortritt aus dem Hintergrund,
Umwandelnd des Theaters Rund.
So schreiten keine ird'schen Weiber,
Die zeugete kein sterblich Haus!
Es steigt das Riesenmaß der Leiber
Hoch über menschliches hinaus.

Ein schwarzer Mantel schlägt die Lenden,
Sie schwingen in entfleischten Händen
Der Fackel düsterrote Glut,
In ihren Wangen fließt kein Blut.
Und wo die Haare lieblich flattern,
Um Menschenstirnen freundlich wehn,
Da sieht man Schlangen hier und Nattern
Die giftgeschwollnen Bäuche blähn.

Und schauerlich gedreht im Kreise,
Beginnen sie des *Hymnus* Weise,
Der durch das Herz zerreißend dringt,
Die Bande um den Sünder schlingt.
Besinnungraubend, herzbetörend
Schallt der Erinnyen Gesang,
Er schallt, des Hörers Mark verzehrend,
Und duldet nicht der Leier Klang.

»Wohl dem, der frei von Schuld und Fehle
Bewahrt die kindlich reine Seele!
Ihm dürfen wir nicht rächend nahn,
Er wandelt frei des Lebens Bahn.
Doch wehe, wehe, wer verstohlen
Des Mordes schwere Tat vollbracht,
Wir heften uns an seine Sohlen,
Das furchtbare Geschlecht der Nacht!

Und glaubt er fliehend zu entspringen,
Geflügelt sind wir da, die Schlingen
Ihm werfend um den flücht'gen Fuß,
Daß er zu Boden fallen muß.
So jagen wir ihn, ohn Ermatten,
Versöhnen kann uns keine Reu,
Ihn fort und fort bis zu den Schatten,
Und geben ihn auch dort nicht frei.«

So singend tanzen sie den Reigen,
Und Stille wie des Todes Schweigen
Liegt überm ganzen Hause schwer,
Als ob die Gottheit nahe wär.
Und feierlich, nach alter Sitte
Umwandelnd des Theaters Rund,
Mit langsam abgemeßnem Schritte,
Verschwinden sie im Hintergrund.

Und zwischen Trug und Wahrheit schwebet
Noch zweifelnd jede Brust und bebet,
Und huldiget der furchtbarn Macht,
Die richtend im Verborgnen wacht,
Die unerforschlich, unergründet,
Des Schicksals dunkeln Knäuel flicht,
Dem tiefen Herzen sich verkündet,
Doch fliehet vor dem Sonnenlicht.

Da hört man auf den höchsten Stufen
Auf einmal eine Stimme rufen:
»Sieh da! Sieh da, Timotheus,
Die Kraniche des Ibykus!« –
Und finster plötzlich wird der Himmel,
Und über dem Theater hin
Sieht man, in schwärzlichtem Gewimmel,
Ein Kranichheer vorüberziehn.

»*Des Ibykus!*« Der teure Name
Rührt jede Brust mit neuem Grame,
Und, wie im Meere Well auf Well,
So läuft's von Mund zu Munde schnell:
»Des Ibykus, den wir beweinen,
Den eine Mörderhand erschlug!
Was ist's mit dem? Was kann er meinen?
Was ist's mit diesem Kranichzug?« –

Und lauter immer wird die Frage,
Und ahnend fliegt's, mit Blitzesschlage,
Durch alle Herzen. »Gebet acht!
Das ist der Eumeniden Macht!
Der fromme Dichter wird gerochen,
Der Mörder bietet selbst sich dar.
Ergreift ihn, der das Wort gesprochen,
Und ihn, an den's gerichtet war.«

Doch dem war kaum das Wort entfahren,
Möcht er's im Busen gern bewahren;
Umsonst, der schreckenbleiche Mund
Macht schnell die Schuldbewußten kund.
Man reißt und schleppt sie vor den Richter;
Die Szene wird zum Tribunal,
Und es gestehn die Bösewichter,
Getroffen von der Rache Strahl.

DER GANG NACH DEM EISENHAMMER

Ballade

Ein frommer Knecht war Fridolin,
Und in der Furcht des Herrn
Ergeben der Gebieterin,
Der Gräfin von Saverne.
Sie war so sanft, sie war so gut,
Doch auch der Launen Übermut
Hätt er geeifert zu erfüllen,
Mit Freudigkeit, um Gottes Willen.

Früh von des Tages erstem Schein,
Bis spät die Vesper schlug,
Lebt' er nur ihrem Dienst allein,
Tat nimmer sich genug.
Und sprach die Dame: »Mach dir's leicht!«
Da wurd ihm gleich das Auge feucht,

Und meinte, seiner Pflicht zu fehlen,
Durft er sich nicht im Dienste quälen.

Drum vor dem ganzen Dienertroß
Die Gräfin ihn erhob,
Aus ihrem schönen Munde floß
Sein unerschöpftes Lob.
Sie hielt ihn nicht als ihren Knecht,
Es gab sein Herz ihm Kindesrecht,
Ihr klares Auge mit Vergnügen
Hing an den anmutsvollen Zügen.

Darob entbrennt in Roberts Brust,
Des Jägers, gift'ger Groll,
Ihm längst von böser Schadenlust
Die schwarze Seele schwoll.
Und trat zum Grafen, rasch zur Tat,
Und offen des Verführers Rat,
Als einst vom Jagen heim sie kamen,
Streut' ihm ins Herz des Argwohns Samen.

»Wie seid Ihr glücklich, edler Graf«,
Hub er voll Arglist an,
»Euch raubet nicht den goldnen Schlaf
Des Zweifels gift'ger Zahn.
Denn Ihr besitzt ein edles Weib,
Es gürtet Scham den keuschen Leib,
Die fromme Treue zu berücken
Wird nimmer dem Versucher glücken.«

Da rollt der Graf die finstern Braun:
»Was redst du mir, Gesell?
Werd ich auf Weibestugend baun,
Beweglich wie die Well?
Leicht locket sie des Schmeichlers Mund,
Mein Glaube steht auf festerm Grund,
Vom Weib des Grafen von Saverne
Bleibt, hoff ich, der Versucher ferne.«

Der andre spricht: »So denkt Ihr recht.
Nur Euren Spott verdient
Der Tor, der, ein geborner Knecht,
Ein solches sich erkühnt,
Und zu der Frau, die ihm gebeut,
Erhebt der Wünsche Lüsternheit.« –
»Was?« fällt ihm jener ein und bebet,
»Redst du von einem, der da lebet?«

»Ja doch, was aller Mund erfüllt,
Das bärg sich meinem Herrn!
Doch, weil Ihr's denn mit Fleiß verhüllt,
So unterdrück ich's gern.« –
»Du bist des Todes, Bube, sprich!«
Ruft jener streng und fürchterlich.
»Wer hebt das Aug zu Kunigonden?«
»Nun ja, ich spreche von dem Blonden.

Er ist nicht häßlich von Gestalt«,
Fährt er mit Arglist fort,
Indem's den Grafen heiß und kalt
Durchrieselt bei dem Wort.
»Ist's möglich, Herr? Ihr saht es nie,
Wie er nur Augen hat für sie?
Bei Tafel Eurer selbst nicht achtet,
An ihren Stuhl gefesselt schmachtet?

Seht da die Verse, die er schrieb,
Und seine Glut gesteht.« –
»Gesteht!« – »Und sie um Gegenlieb,
Der freche Bube! fleht.
Die gnäd'ge Gräfin, sanft und weich,
Aus Mitleid wohl verbarg sie's Euch,
Mich reuet jetzt, daß mir's entfahren,
Denn, Herr, was habt Ihr zu befahren?«

Da ritt in seines Zornes Wut
Der Graf ins nahe Holz,
Wo ihm in hoher Öfen Glut
Die Eisenstufe schmolz.
Hier nährten früh und spat den Brand
Die Knechte mit geschäft'ger Hand,
Der Funke sprüht, die Bälge blasen,
Als gält es, Felsen zu verglasen.

Des Wassers und des Feuers Kraft
Verbündet sieht man hier,
Das Mühlrad, von der Flut gerafft,
Umwälzt sich für und für.
Die Werke klappern Nacht und Tag,
Im Takte pocht der Hämmer Schlag,
Und bildsam von den mächt'gen Streichen
Muß selbst das Eisen sich erweichen.

Und zwoen Knechten winket er,
Bedeutet sie und sagt:
»Den ersten, den ich sende her,
Und der euch also fragt:
›Habt ihr befolgt des Herren Wort?‹
Den werft mir in die Hölle dort,
Daß er zu Asche gleich vergehe,
Und ihn mein Aug nicht weiter sehe.«

Des freut sich das entmenschte Paar
Mit roher Henkerslust,
Denn fühllos wie das Eisen war
Das Herz in ihrer Brust.
Und frischer mit der Bälge Hauch
Erhitzen sie des Ofens Bauch,
Und schicken sich, mit Mordverlangen
Das Todesopfer zu empfangen.

Drauf Robert zum Gesellen spricht
Mit falschem Heuchelschein:
»Frisch auf, Gesell, und säume nicht,
Der Herr begehret dein.«
Der Herr, der spricht zu Fridolin:
»Mußt gleich zum Eisenhammer hin,
Und frage mir die Knechte dorten,
Ob sie getan nach meinen Worten?«

Und jener spricht: »Es soll geschehn«,
Und macht sich flugs bereit.
Doch sinnend bleibt er plötzlich stehn:
»Ob *sie* mir nichts gebeut?«
Und vor die Gräfin stellt er sich:
»Hinaus zum Hammer schickt man mich,
So sag, was kann ich dir verrichten?
Denn dir gehören meine Pflichten.«

Darauf die Dame von Saverne
Versetzt mit sanftem Ton:
»Die heil'ge Messe hört ich gern,
Doch liegt mir krank der Sohn.
So gehe denn, mein Kind, und sprich
In Andacht ein Gebet für mich,
Und denkst du reuig deiner Sünden,
So laß auch mich die Gnade finden.«

Und froh der vielwillkommnen Pflicht,
Macht er im Flug sich auf,
Hat noch des Dorfes Ende nicht
Erreicht in schnellem Lauf,
Da tönt ihm von dem Glockenstrang
Hellschlagend des Geläutes Klang,
Das alle Sünder, hochbegnadet,
Zum Sakramente festlich ladet.

»Dem lieben Gotte weich nicht aus,
Findst du ihn auf dem Weg!« –
Er spricht's und tritt ins Gotteshaus,
Kein Laut ist hier noch reg.
Denn um die Ernte war's, und heiß
Im Felde glüht' der Schnitter Fleiß,
Kein Chorgehilfe war erschienen,
Die Messe kundig zu bedienen.

Entschlossen ist er alsobald
Und macht den Sakristan.
»Das«, spricht er, »ist kein Aufenthalt,
Was fördert himmelan.«
Die Stola und das Cingulum
Hängt er dem Priester dienend um,
Bereitet hurtig die Gefäße,
Geheiliget zum Dienst der Messe.

Und als er dies mit Fleiß getan,
Tritt er als Ministrant
Dem Priester zum Altar voran,
Das Meßbuch in der Hand,
Und knieet rechts und knieet links,
Und ist gewärtig jedes Winks,
Und als des *Sanctus* Worte kamen,
Da schellt er dreimal bei dem Namen.

Drauf als der Priester fromm sich neigt
Und, zum Altar gewandt,
Den Gott, den gegenwärt'gen, zeigt,
In hocherhabner Hand,
Da kündet es der Sakristan
Mit hellem Glöcklein klingend an,
Und alles kniet und schlägt die Brüste,
Sich fromm bekreuzend vor dem Christe.

So übt er jedes pünktlich aus,
Mit schnell gewandtem Sinn,
Was Brauch ist in dem Gotteshaus,
Er hat es alles inn,
Und wird nicht müde bis zum Schluß,
Bis beim *Vobiscum Dominus*
Der Priester zur Gemein sich wendet,
Die heil'ge Handlung segnend endet.

Da stellt er jedes wiederum
In Ordnung säuberlich,
Erst reinigt er das Heiligtum,
Und dann entfernt er sich,
Und eilt in des Gewissens Ruh
Den Eisenhütten heiter zu,
Spricht unterwegs, die Zahl zu füllen,
Zwölf Paternoster noch im stillen.

Und als er rauchen sieht den Schlot,
Und sieht die Knechte stehn,
Da ruft er: »Was der Graf gebot,
Ihr Knechte, ist's geschehn?«
Und grinsend zerren sie den Mund,
Und deuten in des Ofens Schlund:
»Der ist besorgt und aufgehoben,
Der Graf wird seine Diener loben.«

Die Antwort bringt er seinem Herrn
In schnellem Lauf zurück.
Als der ihn kommen sieht von fern,
Kaum traut er seinem Blick.
»Unglücklicher! wo kommst du her?«
»Vom Eisenhammer.« – »Nimmermehr!
So hast du dich im Lauf verspätet?«
»Herr, nur so lang, bis ich gebetet.

Denn als von Eurem Angesicht
Ich heute ging, verzeiht,
Da fragt ich erst, nach meiner Pflicht,
Bei der, die mir gebeut.
Die Messe, Herr, befahl sie mir
Zu hören, gern gehorcht ich ihr,
Und sprach der Rosenkränze viere
Für Euer Heil und für das ihre.«

In tiefes Staunen sinket hier
Der Graf, entsetzet sich.
»Und welche Antwort wurde dir
Am Eisenhammer? Sprich!«
»Herr, dunkel war der Rede Sinn,
Zum Ofen wies man lachend hin:
›Der ist besorgt und aufgehoben,
Der Graf wird seine Diener loben.‹«

»Und Robert?« fällt der Graf ihm ein,
Wird glühend und wird blaß.
»Sollt er dir nicht begegnet sein,
Ich sandt ihn doch die Straß!«
»Herr, nicht im Wald, nicht in der Flur
Fand ich von Robert eine Spur –«
»Nun«, ruft der Graf und steht vernichtet,
»Gott selbst im Himmel hat gerichtet!«

Und gütig, wie er nie gepflegt,
Nimmt er des Dieners Hand,
Bringt ihn der Gattin, tiefbewegt,
Die nichts davon verstand.
»Dies Kind, kein Engel ist so rein,
Laßt's Eurer Huld empfohlen sein,
Wie schlimm wir auch beraten waren,
Mit dem ist Gott und seine Scharen.«

AN DEMOISELLE SLEVOIGT
BEI IHRER VERBINDUNG MIT HERRN D. STURM
AM 10. OKTOBER 1797

Von einer mütterlichen und fünf schwesterlichen Freundinnen

Zieh, holde Braut, mit unserm Segen,
Zieh hin auf Hymens Blumenwegen!
Wir sahen mit entzücktem Blick
Der Seele Anmut sich entfalten,
Die jungen Reize sich gestalten
Und blühen für der Liebe Glück.
Dein schönes Los, du hast's gefunden,
Es weicht die Freundschaft ohne Schmerz
Dem süßen Gott, der dich gebunden;
Er will, er hat dein ganzes Herz.

Zu teuren Pflichten, zarten Sorgen,
Dem jungen Busen noch verborgen,
Ruft dich des Kranzes ernste Zier.
Der Kindheit tändelnde Gefühle,
Der freien Jugend flücht'ge Spiele,
Sie bleiben fliehend hinter dir;
Und Hymens ernste Fessel bindet,
Wo Amor leicht und flatternd hüpft.
Doch für ein Herz, das schön empfindet,
Ist sie aus Blumen nur geknüpft.

Und willst du das Geheimnis wissen,
Das immer grün und unzerrissen
Den hochzeitlichen Kranz bewahrt?
Es ist des Herzens reine Güte,
Der Anmut unverwelkte Blüte,
Die mit der holden Scham sich paart,
Die, gleich dem heitern Sonnenbilde,
In alle Herzen Wonne lacht,
Es ist der sanfte Blick der Milde,
Und Würde, die sich selbst bewacht.

DAS GLÜCK

Selig, welchen die Götter, die gnädigen, vor der Geburt schon
Liebten, welchen als Kind Venus im Arme gewiegt,
Welchem Phöbus die Augen, die Lippen Hermes gelöset,
Und das Siegel der Macht Zeus auf die Stirne gedrückt!
Ein erhabenes Los, ein göttliches, ist ihm gefallen,
Schon vor des Kampfes Beginn sind ihm die Schläfe bekränzt.
Eh er es lebte, ist ihm das volle Leben gerechnet,
Eh er die Mühe bestand, hat er die Charis erlangt.
Groß zwar nenn ich den Mann, der, sein eigner Bildner und Schöpfer,
Durch der Tugend Gewalt selber die Parze bezwingt,
Aber nicht erzwingt er das Glück, und was ihm die Charis
Neidisch geweigert, erringt nimmer der strebende Mut.
Vor Unwürdigem kann dich der Wille, der ernste, bewahren,
Alles Höchste, es kommt frei von den Göttern herab.
Wie die Geliebte dich liebt, so kommen die himmlischen Gaben,
Oben in Jupiters Reich herrscht wie in Amors die Gunst.
Neigungen haben die Götter, sie lieben der grünenden Jugend
Lockichte Scheitel, es zieht Freude die Fröhlichen an.
Nicht der Sehende wird von ihrer Erscheinung beseligt,
Ihrer Herrlichkeit Glanz hat nur der Blinde geschaut,
Gern erwählen sie sich der Einfalt kindliche Seele,
In das bescheidne Gefäß schließen sie Göttliches ein.
Ungehofft sind sie da, und täuschen die stolze Erwartung,
Keines Bannes Gewalt zwinget die Freien herab.
Wem er geneigt, dem sendet der Vater der Menschen und Götter
Seinen Adler herab, trägt ihn zu seinem Olymp,
Unter die Menge greift er mit Eigenwillen, und welches
Haupt ihm gefället, um das flicht er mit liebender Hand
Jetzt den Lorbeer und jetzt die herrschaftgebende Binde,
Krönte doch selber den Gott nur das gewogene Glück.
Vor dem Glücklichen her tritt Phöbus, der pythische Sieger,
Und der die Herzen bezwingt, Amor, der lächelnde Gott.

Vor ihm ebnet Poseidon das Meer, sanft gleitet des Schiffes
Kiel, das den Cäsar führt und sein allmächtiges Glück,
Ihm gehorchen die wilden Gemüter, das brausende Delphin
Steigt aus den Tiefen, und fromm beut es den Rücken ihm an.
Ein geborener Herrscher ist alles Schöne und sieget
Durch sein ruhiges Nahn wie ein unsterblicher Gott.
Zürne dem Glücklichen nicht, daß den leichten Sieg ihm die Götter
Schenken, daß aus der Schlacht Venus den Liebling entrückt,
Ihn, den die lächelnde rettet, den Göttergeliebten beneid ich,
Jenen nicht, dem sie mit Nacht deckt den verdunkelten Blick.
War er weniger herrlich, Achilles, weil ihm Hephästos
Selbst geschmiedet den Schild und das verderbliche Schwert,
Weil um den sterblichen Mann der große Olymp sich beweget?
Das verherrlichet ihn, daß ihn die Götter geliebt,
Daß sie sein Zürnen geehrt, und, Ruhm dem Liebling zu geben,
Hellas' bestes Geschlecht stürzten zum Orkus hinab.
Um den heiligen Herd stritt Hektor, aber der Fromme
Sank dem Beglückten, denn ihm waren die Götter nicht hold.
Zürne der Schönheit nicht, daß sie schön ist, daß sie verdienstlos
Wie der Lilie Kelch prangt durch der Venus Geschenk,
Laß sie die Glückliche sein, du *schaust* sie, du bist der Beglückte,
Wie sie ohne Verdienst glänzt, so entzücket sie dich.
Freue dich, daß die Gabe des Lieds vom Himmel herabkommt,
Daß der Sänger dir singt, was ihn die Muse gelehrt,
Weil der Gott ihn beseelt, so wird er dem Hörer zum Gotte,
Weil er der Glückliche ist, kannst du der Selige sein.
Auf dem geschäftigen Markt, da führe Themis die Waage,
Und es messe der Lohn streng an der Mühe sich ab,
Aber die Freude ruft nur ein Gott auf sterbliche Wangen,
Wo kein Wunder geschieht, ist kein Beglückter zu sehn.
Alles Menschliche muß erst werden und wachsen und reifen,
Und von Gestalt zu Gestalt führt es die bildende Zeit,
Aber das Glückliche siehest du nicht, das Schöne nicht werden,
Fertig von Ewigkeit her steht es vollendet vor dir.
Jede irdische Venus steigt wie die erste des Himmels,
Eine dunkle Geburt aus dem unendlichen Meer,

Wie die erste Minerva, so tritt mit der Ägis gerüstet
  Aus des Donnerers Haupt jeder Gedanke des Lichts,
Aber du nennest es Glück, und deiner eigenen Blindheit
  Zeihst du verwegen den Gott, den dein Begriff nicht begreift.

DER KAMPF MIT DEM DRACHEN

Romanze

Was rennt das Volk, was wälzt sich dort
Die langen Gassen brausend fort?
Stürzt Rhodus unter Feuers Flammen?
Es rottet sich im Sturm zusammen,
Und einen Ritter, hoch zu Roß,
Gewahr ich aus dem Menschentroß,
Und hinter ihm, welch Abenteuer!
Bringt man geschleppt ein Ungeheuer,
Ein Drache scheint es von Gestalt,
Mit weitem Krokodilesrachen,
Und alles blickt verwundert bald
Den Ritter an und bald den Drachen.

Und tausend Stimmen werden laut:
»Das ist der Lindwurm, kommt und schaut!
Der Hirt und Herden uns verschlungen,
Das ist der Held, der ihn bezwungen!
Viel andre zogen vor ihm aus,
Zu wagen den gewalt'gen Strauß,
Doch keinen sah man wiederkehren,
Den kühnen Ritter soll man ehren!«
Und zum Palaste geht der Zug,
Wo Sankt Johanns des Täufers Orden,
Die Ritter des Spitals, im Flug
Zu Rate sind versammelt worden.

Und vor den edeln Meister tritt
Der Großkreuz mit bescheidnem Schritt,

Nachdrängt das Volk, mit wildem Rufen,
Erfüllend des Geländers Stufen,
Und jener nimmt das Wort und spricht:
»Ich hab erfüllt die Ritterpflicht,
Der Drache, der das Land verödet,
Er liegt von meiner Hand getötet,
Frei ist dem Wanderer der Weg,
Der Hirte treibe ins Gefilde,
Froh walle auf dem Felsensteg
Der Pilgrim zu dem Gnadenbilde.«

Doch strenge blickt der Fürst ihn an
Und spricht: »Du hast als Held getan,
Der Mut ist's, der den Ritter ehret,
Du hast den kühnen Geist bewähret.
Doch sprich! Was ist die erste Pflicht
Des Ritters, der für Christum ficht,
Sich schmücket mit des Kreuzes Zeichen?«
Und alle ringsherum erbleichen.
Doch er, mit edelm Anstand, spricht,
Indem er sich errötend neiget:
»Gehorsam ist die erste Pflicht,
Die ihn des Schmuckes würdig zeiget.«

»Und diese Pflicht, mein Sohn«, versetzt
Der Meister, »hast du frech verletzt,
Den Kampf, den das Gesetz versaget,
Hast du mit frevlem Mut gewaget!« –
»Herr, richte, wenn du alles weißt«,
Spricht jener mit gesetztem Geist,
»Denn des Gesetzes Sinn und Willen
Vermeint ich treulich zu erfüllen,
Nicht unbedachtsam zog ich hin,
Das Ungeheuer zu bekriegen,
Durch List und kluggewandten Sinn
Versucht ich's, in dem Kampf zu siegen.

Fünf unsers Ordens waren schon,
Die Zierden der Religion,
Des kühnen Mutes Opfer worden,
Da wehrtest du den Kampf dem Orden.
Doch an dem Herzen nagte mir
Der Unmut und die Streitbegier,
Ja selbst im Traum der stillen Nächte
Fand ich mich keuchend im Gefechte,
Und wenn der Morgen dämmernd kam,
Und Kunde gab von neuen Plagen,
Da faßte mich ein wilder Gram,
Und ich beschloß, es frisch zu wagen.

Und zu mir selber sprach ich dann:
Was schmückt den Jüngling, ehrt den Mann,
Was leisteten die tapfern Helden,
Von denen uns die Lieder melden?
Die zu der Götter Glanz und Ruhm
Erhub das blinde Heidentum?
Sie reinigten von Ungeheuern
Die Welt in kühnen Abenteuern,
Begegneten im Kampf dem Leun
Und rangen mit dem Minotauren,
Die armen Opfer zu befrein,
Und ließen sich das Blut nicht dauren.

Ist nur der Sarazen es wert,
Daß ihn bekämpft des Christen Schwert?
Bekriegt er nur die falschen Götter?
Gesandt ist er der Welt zum Retter,
Von jeder Not und jedem Harm
Befreien muß sein starker Arm,
Doch seinen Mut muß Weisheit leiten,
Und List muß mit der Stärke streiten.
So sprach ich oft und zog allein,
Des Raubtiers Fährte zu erkunden,
Da flößte mir der Geist es ein,
Froh rief ich aus: Ich hab's gefunden.

Und trat zu dir und sprach dies Wort:
›Mich zieht es nach der Heimat fort.‹
Du, Herr, willfahrtest meinen Bitten,
Und glücklich war das Meer durchschnitten.
Kaum stieg ich aus am heim'schen Strand,
Gleich ließ ich durch des Künstlers Hand,
Getreu den wohlbemerkten Zügen,
Ein Drachenbild zusammenfügen.
Auf kurzen Füßen wird die Last
Des langen Leibes aufgetürmet,
Ein schuppicht Panzerhemd umfaßt
Den Rücken, den es furchtbar schirmet.

Lang strecket sich der Hals hervor,
Und gräßlich wie ein Höllentor,
Als schnappt' es gierig nach der Beute,
Eröffnet sich des Rachens Weite,
Und aus dem schwarzen Schlunde dräun
Der Zähne stachelichte Reihn,
Die Zunge gleicht des Schwertes Spitze,
Die kleinen Augen sprühen Blitze,
In einer Schlange endigt sich
Des Rückens ungeheure Länge,
Rollt um sich selber fürchterlich,
Daß es um Mann und Roß sich schlänge.

Und alles bild ich nach, genau,
Und kleid es in ein scheußlich Grau,
Halb Wurm erschien's, halb Molch und Drache,
Gezeuget in der gift'gen Lache,
Und als das Bild vollendet war,
Erwähl ich mir ein Doggenpaar,
Gewaltig, schnell, von flinken Läufen,
Gewohnt, den wilden Ur zu greifen,
Die hetz ich auf den Lindwurm an,
Erhitze sie zu wildem Grimme,
Zu fassen ihn mit scharfem Zahn,
Und lenke sie mit meiner Stimme.

Und wo des Bauches weiches Vlies
Den scharfen Bissen Blöße ließ,
Da reiz ich sie, den Wurm zu packen,
Die spitzen Zähne einzuhacken.
Ich selbst, bewaffnet mit Geschoß,
Besteige mein arabisch Roß,
Von adeliger Zucht entstammet,
Und als ich seinen Zorn entflammet,
Rasch auf den Drachen spreng ich's los,
Und stachl es mit den scharfen Sporen,
Und werfe zielend mein Geschoß,
Als wollt ich die Gestalt durchbohren.

Ob auch das Roß sich grauend bäumt
Und knirscht und in den Zügel schäumt,
Und meine Doggen ängstlich stöhnen,
Nicht rast ich, bis sie sich gewöhnen.
So üb ich's aus mit Emsigkeit,
Bis dreimal sich der Mond erneut,
Und als sie jedes recht begriffen,
Führ ich sie her auf schnellen Schiffen.
Der dritte Morgen ist es nun,
Daß mir's gelungen, hier zu landen,
Den Gliedern gönnt ich kaum zu ruhn,
Bis ich das große Werk bestanden.

Denn heiß erregte mir das Herz
Des Landes frisch erneuter Schmerz,
Zerrissen fand man jüngst die Hirten,
Die nach dem Sumpfe sich verirrten,
Und ich beschließe rasch die Tat,
Nur von dem Herzen nehm ich Rat.
Flugs unterricht ich meine Knappen,
Besteige den versuchten Rappen,
Und von dem edeln Doggenpaar
Begleitet, auf geheimen Wegen,
Wo meiner Tat kein Zeuge war,
Reit ich dem Feinde frisch entgegen.

Das Kirchlein kennst du, Herr, das hoch
Auf eines Felsenberges Joch,
Der weit die Insel überschauet,
Des Meisters kühner Geist erbauet.
Verächtlich scheint es, arm und klein,
Doch ein Mirakel schließt es ein,
Die Mutter mit dem Jesusknaben,
Den die drei Könige begaben.
Auf dreimal dreißig Stufen steigt
Der Pilgrim nach der steilen Höhe,
Doch hat er schwindelnd sie erreicht,
Erquickt ihn seines Heilands Nähe.

Tief in den Fels, auf dem es hängt,
Ist eine Grotte eingesprengt,
Vom Tau des nahen Moors befeuchtet,
Wohin des Himmels Strahl nicht leuchtet,
Hier hausete der Wurm und lag,
Den Raub erspähend, Nacht und Tag,
So hielt er wie der Höllendrache
Am Fuß des Gotteshauses Wache,
Und kam der Pilgrim hergewallt,
Und lenkte in die Unglücksstraße,
Hervorbrach aus dem Hinterhalt
Der Feind und trug ihn fort zum Fraße.

Den Felsen stieg ich jetzt hinan,
Eh ich den schweren Strauß begann,
Hin kniet ich vor dem Christuskinde,
Und reinigte mein Herz von Sünde,
Drauf gürt ich mir im Heiligtum
Den blanken Schmuck der Waffen um,
Bewehre mit dem Spieß die Rechte,
Und nieder steig ich zum Gefechte.
Zurücke bleibt der Knappen Troß,
Ich gebe scheidend die Befehle,
Und schwinge mich behend aufs Roß,
Und Gott empfehl ich meine Seele.

Kaum seh ich mich im ebnen Plan,
Flugs schlagen meine Doggen an,
Und bang beginnt das Roß zu keuchen,
Und bäumet sich und will nicht weichen,
Denn nahe liegt, zum Knäul geballt,
Des Feindes scheußliche Gestalt,
Und sonnet sich auf warmem Grunde,
Auf jagen ihn die flinken Hunde,
Doch wenden sie sich pfeilgeschwind,
Als es den Rachen gähnend teilet,
Und von sich haucht den gift'gen Wind,
Und winselnd wie der Schakal heulet.

Doch schnell erfrisch ich ihren Mut,
Sie fassen ihren Feind mit Wut,
Indem ich nach des Tieres Lende
Aus starker Faust den Speer versende,
Doch machtlos wie ein dünner Stab
Prallt er vom Schuppenpanzer ab,
Und eh ich meinen Wurf erneuet,
Da bäumet sich mein Roß und scheuet
An seinem Basiliskenblick
Und seines Atems gift'gem Wehen,
Und mit Entsetzen springt's zurück,
Und jetzo war's um mich geschehen –

Da schwing ich mich behend vom Roß,
Schnell ist des Schwertes Schneide bloß,
Doch alle Streiche sind verloren,
Den Felsenharnisch zu durchbohren,
Und wütend mit des Schweifes Kraft
Hat es zur Erde mich gerafft,
Schon seh ich seinen Rachen gähnen,
Es haut nach mir mit grimmen Zähnen,
Als meine Hunde wutentbrannt
An seinen Bauch mit grimm'gen Bissen
Sich warfen, daß es heulend stand,
Von ungeheurem Schmerz zerrissen.

Und eh es ihren Bissen sich
Entwindet, rasch erheb ich mich,
Erspähe mir des Feindes Blöße,
Und stoße tief ihm ins Gekröse
Nachbohrend bis ans Heft den Stahl,
Schwarzquellend springt des Blutes Strahl,
Hin sinkt es und begräbt im Falle
Mich mit des Leibes Riesenballe,
Daß schnell die Sinne mir vergehn,
Und als ich neugestärkt erwache,
Seh ich die Knappen um mich stehn,
Und tot im Blute liegt der Drache.« –

Des Beifalls lang gehemmte Lust
Befreit jetzt aller Hörer Brust,
Sowie der Ritter dies gesprochen,
Und zehnfach am Gewölb gebrochen,
Wälzt der vermischten Stimmen Schall
Sich brausend fort im Widerhall,
Laut fodern selbst des Ordens Söhne,
Daß man die Heldenstirne kröne,
Und dankbar im Triumphgepräng
Will ihn das Volk dem Volke zeigen,
Da faltet seine Stirne streng
Der Meister und gebietet Schweigen.

Und spricht: »Den Drachen, der dies Land
Verheert, schlugst du mit tapfrer Hand,
Ein Gott bist du dem Volke worden,
Ein Feind kommst du zurück dem Orden,
Und einen schlimmern Wurm gebar
Dein Herz, als dieser Drache war.
Die Schlange, die das Herz vergiftet,
Die Zwietracht und Verderben stiftet,
Das ist der widerspenst'ge Geist,
Der gegen Zucht sich frech empöret,
Der Ordnung heilig Band zerreißt,
Denn der ist's, der die Welt zerstöret.

Mut zeiget auch der Mameluck,
Gehorsam ist des Christen Schmuck;
Denn wo der Herr in seiner Größe
Gewandelt hat in Knechtes Blöße,
Da stifteten, auf heil'gem Grund,
Die Väter dieses Ordens Bund,
Der Pflichten schwerste zu erfüllen,
Zu bändigen den eignen Willen!
Dich hat der eitle Ruhm bewegt,
Drum wende dich aus meinen Blicken,
Denn wer des Herren Joch nicht trägt,
Darf sich mit seinem Kreuz nicht schmücken.«

Da bricht die Menge tobend aus,
Gewalt'ger Sturm bewegt das Haus,
Um Gnade flehen alle Brüder,
Doch schweigend blickt der Jüngling nieder,
Still legt er von sich das Gewand
Und küßt des Meisters strenge Hand
Und geht. Der folgt ihm mit dem Blicke,
Dann ruft er liebend ihn zurücke
Und spricht: »Umarme mich, mein Sohn!
Dir ist der härtre Kampf gelungen.
Nimm dieses Kreuz, es ist der Lohn
Der Demut, die sich selbst bezwungen.«

DIE BÜRGSCHAFT

Zu Dionys, dem Tyrannen, schlich
Möros, den Dolch im Gewande,
Ihn schlugen die Häscher in Bande.
»Was wolltest du mit dem Dolche, sprich!«
Entgegnet ihm finster der Wüterich.
»Die Stadt vom Tyrannen befreien!«
»Das sollst du am Kreuze bereuen.«

»Ich bin«, spricht jener, »zu sterben bereit,
Und bitte nicht um mein Leben,
Doch willst du Gnade mir geben,
Ich flehe dich um drei Tage Zeit,
Bis ich die Schwester dem Gatten gefreit,
Ich lasse den Freund dir als Bürgen,
Ihn magst du, entrinn ich, erwürgen.«

Da lächelt der König mit arger List,
Und spricht nach kurzem Bedenken:
»Drei Tage will ich dir schenken.
Doch wisse! Wenn sie verstrichen, die Frist,
Eh du zurück mir gegeben bist,
So muß er statt deiner erblassen,
Doch dir ist die Strafe erlassen.«

Und er kommt zum Freunde: »Der König gebeut,
Daß ich am Kreuz mit dem Leben
Bezahle das frevelnde Streben,
Doch will er mir gönnen drei Tage Zeit,
Bis ich die Schwester dem Gatten gefreit,
So bleib du dem König zum Pfande,
Bis ich komme, zu lösen die Bande.«

Und schweigend umarmt ihn der treue Freund,
Und liefert sich aus dem Tyrannen,
Der andere ziehet von dannen.
Und ehe das dritte Morgenrot scheint,
Hat er schnell mit dem Gatten die Schwester vereint,
Eilt heim mit sorgender Seele,
Damit er die Frist nicht verfehle.

Da gießt unendlicher Regen herab,
Von den Bergen stürzen die Quellen,
Und die Bäche, die Ströme schwellen.
Und er kommt ans Ufer mit wanderndem Stab,
Da reißet die Brücke der Strudel hinab,
Und donnernd sprengen die Wogen
Des Gewölbes krachenden Bogen.

Und trostlos irrt er an Ufers Rand,
Wie weit er auch spähet und blicket
Und die Stimme, die rufende, schicket;
Da stößet kein Nachen vom sichern Strand,
Der ihn setze an das gewünschte Land,
Kein Schiffer lenket die Fähre,
Und der wilde Strom wird zum Meere.

Da sinkt er ans Ufer und weint und fleht,
Die Hände zum Zeus erhoben:
»O hemme des Stromes Toben!
Es eilen die Stunden, im Mittag steht
Die Sonne, und wenn sie niedergeht,
Und ich kann die Stadt nicht erreichen,
So muß der Freund mir erbleichen.«

Doch wachsend erneut sich des Stromes Wut,
Und Welle auf Welle zerrinnet,
Und Stunde an Stunde entrinnet,
Da treibet die Angst ihn, da faßt er sich Mut
Und wirft sich hinein in die brausende Flut,
Und teilt mit gewaltigen Armen
Den Strom, und ein Gott hat Erbarmen.

Und gewinnt das Ufer und eilet fort,
Und danket dem rettenden Gotte,
Da stürzet die raubende Rotte
Hervor aus des Waldes nächtlichem Ort,
Den Pfad ihm sperrend, und schnaubet Mord
Und hemmet des Wanderers Eile
Mit drohend geschwungener Keule.

»Was wollt ihr?« ruft er, für Schrecken bleich,
»Ich habe nichts als mein Leben,
Das muß ich dem Könige geben!«
Und entreißt die Keule dem nächsten gleich:
»Um des Freundes willen erbarmet euch!«

Und drei, mit gewaltigen Streichen,
Erlegt er, die andern entweichen.

Und die Sonne versendet glühenden Brand,
Und von der unendlichen Mühe
Ermattet sinken die Kniee:
»O hast du mich gnädig aus Räubershand,
Aus dem Strom mich gerettet ans heilige Land,
Und soll hier verschmachtend verderben,
Und der Freund mir, der liebende, sterben!«

Und horch! da sprudelt es silberhell
Ganz nahe, wie rieselndes Rauschen,
Und stille hält er, zu lauschen,
Und sieh, aus dem Felsen, geschwätzig, schnell,
Springt murmelnd hervor ein lebendiger Quell,
Und freudig bückt er sich nieder,
Und erfrischet die brennenden Glieder.

Und die Sonne blickt durch der Zweige Grün,
Und malt auf den glänzenden Matten
Der Bäume gigantische Schatten,
Und zwei Wanderer sieht er die Straße ziehn,
Will eilenden Laufes vorüberfliehn,
Da hört er die Worte sie sagen:
»Jetzt wird er ans Kreuz geschlagen.«

Und die Angst beflügelt den eilenden Fuß,
Ihn jagen der Sorge Qualen,
Da schimmern in Abendrots Strahlen
Von ferne die Zinnen von Syrakus,
Und entgegen kommt ihm Philostratus,
Des Hauses redlicher Hüter,
Der erkennet entsetzt den Gebieter:

»Zurück! du rettest den Freund nicht mehr,
So rette das eigene Leben!

Den Tod erleidet er eben.
Von Stunde zu Stunde gewartet' er
Mit hoffender Seele der Wiederkehr,
Ihm konnte den mutigen Glauben
Der Hohn des Tyrannen nicht rauben.«

»Und ist es zu spät, und kann ich ihm nicht
Ein Retter willkommen erscheinen,
So soll mich der Tod ihm vereinen.
Des rühme der blut'ge Tyrann sich nicht,
Daß der Freund dem Freunde gebrochen die Pflicht,
Er schlachte der Opfer zweie,
Und glaube an Liebe und Treue.«

Und die Sonne geht unter, da steht er am Tor
Und sieht das Kreuz schon erhöhet,
Das die Menge gaffend umstehet,
An dem Seile schon zieht man den Freund empor,
Da zertrennt er gewaltig den dichten Chor:
»Mich, Henker!« ruft er, »erwürget,
Da bin ich, für den er gebürget!«

Und Erstaunen ergreifet das Volk umher,
In den Armen liegen sich beide,
Und weinen für Schmerzen und Freude.
Da sieht man kein Auge tränenleer,
Und zum Könige bringt man die Wundermär,
Der fühlt ein menschliches Rühren,
Läßt schnell vor den Thron sie führen.

Und blicket sie lange verwundert an,
Drauf spricht er: »Es ist euch gelungen,
Ihr habt das Herz mir bezwungen,
Und die Treue, sie ist doch kein leerer Wahn,
So nehmet auch mich zum Genossen an,
Ich sei, gewährt mir die Bitte,
In eurem Bunde der Dritte.«

DES MÄDCHENS KLAGE

Der Eichwald brauset,
Die Wolken ziehn,
Das Mägdlein sitzet
An Ufers Grün,
Es bricht sich die Welle mit Macht, mit Macht,
Und sie seufzt hinaus in die finstre Nacht,
Das Auge von Weinen getrübet.

»Das Herz ist gestorben,
Die Welt ist leer,
Und weiter gibt sie
Dem Wunsche nichts mehr.
Du Heilige, rufe dein Kind zurück,
Ich habe genossen das irdische Glück,
Ich habe gelebt und geliebet!«

Es rinnet der Tränen
Vergeblicher Lauf,
Die Klage, sie wecket
Die Toten nicht auf,
Doch nenne, was tröstet und heilet die Brust
Nach der süßen Liebe verschwundener Lust,
Ich, die himmlische, will's nicht versagen.

»Laß rinnen der Tränen
Vergeblichen Lauf,
Es wecke die Klage
Den Toten nicht auf,
Das süßeste Glück für die traurende Brust,
Nach der schönen Liebe verschwundener Lust,
Sind der Liebe Schmerzen und Klagen.«

BÜRGERLIED

Windet zum Kranze die goldenen Ähren,
Flechtet auch blaue Cyanen hinein,
Freude soll jedes Auge verklären,
Denn die Königin ziehet ein,
Die Bezähmerin wilder Sitten,
Die den Menschen zum Menschen gesellt,
Und in friedliche feste Hütten
Wandelte das bewegliche Zelt.

Scheu in des Gebürges Klüften
Barg der Troglodyte sich,
Der Nomade ließ die Triften
Wüste liegen, wo er strich,
Mit dem Wurfspieß, mit dem Bogen
Schritt der Jäger durch das Land.
Weh dem Fremdling, den die Wogen
Warfen an den Unglücksstrand!

Und auf ihrem Pfad begrüßte,
Irrend nach des Kindes Spur,
Ceres die verlaßne Küste,
Ach, da grünte keine Flur!
Daß sie hier vertraulich weile,
Ist kein Obdach ihr gewährt,
Keines Tempels heitre Säule
Zeuget, daß man Götter ehrt.

Keine Frucht der süßen Ähren
Lädt zum reinen Mahl sie ein,
Nur auf gräßlichen Altären
Dorret menschliches Gebein.
Ja, so weit sie wandernd kreiste,
Fand sie Elend überall,
Und in ihrem großen Geiste
Jammert sie des Menschen Fall.

»Find ich so den Menschen wieder,
Dem wir unser Bild geliehn,
Dessen schöngestalte Glieder
Droben im Olympus blühn?
Gaben wir ihm zum Besitze
Nicht der Erde Götterschoß,
Und auf seinem Königsitze
Schweift er elend, heimatlos?

Fühlt kein Gott mit ihm Erbarmen,
Keiner aus der Sel'gen Chor
Hebet ihn mit Wunderarmen
Aus der tiefen Schmach empor?
In des Himmels sel'gen Höhen
Rühret sie nicht fremder Schmerz,
Doch der Menschheit Angst und Wehen
Fühlet mein gequältes Herz.

Daß der Mensch zum Menschen werde,
Stift er einen ew'gen Bund
Glaubig mit der frommen Erde,
Seinem mütterlichen Grund,
Ehre das Gesetz der Zeiten
Und der Monde heil'gen Gang,
Welche still gemessen schreiten
Im melodischen Gesang.«

Und den Nebel teilt sie leise,
Der den Blicken sie verhüllt,
Plötzlich in der Wilden Kreise
Steht sie da, ein Götterbild.
Schwelgend bei dem Siegesmahle
Findet sie die rohe Schar,
Und die blutgefüllte Schale
Bringt man ihr zum Opfer dar.

Aber schaudernd, mit Entsetzen,
Wendet sie sich weg und spricht:
»Blut'ge Tigermahle netzen
Eines Gottes Lippen nicht.
Reine Opfer will er haben,
Früchte, die der Herbst beschert,
Mit des Feldes frommen Gaben
Wird der Heilige verehrt.«

Und sie nimmt die Wucht des Speeres
Aus des Jägers rauher Hand,
Mit dem Schaft des Mordgewehres
Furchet sie den leichten Sand,
Nimmt von ihres Kranzes Spitze
Einen Kern, mit Kraft gefüllt,
Senkt ihn in die zarte Ritze,
Und der Trieb des Keimes schwillt –

Und mit grünen Halmen schmücket
Sich der Boden alsobald,
Und so weit das Auge blicket,
Wogt es wie ein goldner Wald.
Lächelnd segnet sie die Erde,
Flicht der ersten Garbe Bund,
Wählt den Feldstein sich zum Herde,
Und so spricht der Göttin Mund:

»Vater Zeus, der über alle
Götter herrscht in Äthers Höhn!
Daß dies Opfer dir gefalle,
Laß ein Zeichen jetzt geschehn!
Und dem unglücksel'gen Volke,
Das dich, Hoher! noch nicht nennt,
Nimm hinweg des Auges Wolke,
Daß es seinen Gott erkennt!«

Und es hört der Schwester Flehen
Zeus auf seinem hohen Sitz,
Donnernd aus den blauen Höhen
Wirft er den gezackten Blitz.
Prasselnd fängt es an zu lohen,
Hebt sich wirbelnd vom Altar,
Und darüber schwebt in hohen
Kreisen sein geschwinder Aar.

Und gerührt zu der Herrscherin Füßen
Stürzt sich der Menge freudig Gewühl,
Und die rohen Seelen zerfließen
In der Menschlichkeit erstem Gefühl,
Werfen von sich die blutige Wehre,
Öffnen den düstergebundenen Sinn,
Und empfangen die göttliche Lehre
Aus dem Munde der Königin.

Und von ihren Thronen steigen
Alle Himmlischen herab,
Themis selber führt den Reigen,
Und mit dem gerechten Stab
Mißt sie jedem seine Rechte,
Setzet selbst der Grenze Stein,
Und des Styx verborgne Mächte
Ladet sie zu Zeugen ein.

Und es kommt der Gott der Esse,
Zeus' erfindungsreicher Sohn,
Bildner künstlicher Gefäße,
Hochgelehrt in Erzt und Ton.
Und er lehrt die Kunst der Zange
Und der Blasebälge Zug,
Unter seines Hammers Zwange
Bildet sich zuerst der Pflug.

Und Minerva, hoch vor allen
Ragend mit gewicht'gem Speer,
Läßt die Stimme mächtig schallen
Und gebeut dem Götterheer.
Feste Mauren will sie gründen,
Jedem Schutz und Schirm zu sein,
Die zerstreute Welt zu binden
In vertraulichem Verein.

Und sie lenkt die Herrscherschritte
Durch des Feldes weiten Plan,
Und an ihres Fußes Tritte
Heftet sich der Grenzgott an,
Messend führet sie die Kette
Um des Hügels grünen Saum,
Auch des wilden Stromes Bette
Schließt sie in den heil'gen Raum.

Alle Nymphen, Oreaden,
Die der schnellen Artemis
Folgen auf des Berges Pfaden,
Schwingend ihren Jägerspieß,
Alle kommen, alle legen
Hände an, der Jubel schallt,
Und von ihrer Äxte Schlägen
Krachend stürzt der Fichtenwald.

Auch aus seiner grünen Welle
Steigt der schilfbekränzte Gott,
Wälzt den schweren Floß zur Stelle
Auf der Göttin Machtgebot,
Und die leichtgeschürzten Stunden
Fliegen ans Geschäft, gewandt,
Und die rauhen Stämme runden
Zierlich sich in ihrer Hand.

Auch den Meergott sieht man eilen,
Rasch mit des Tridentes Stoß
Bricht er die granitnen Säulen
Aus dem Erdgerippe los,
Schwingt sie in gewalt'gen Händen
Hoch wie einen leichten Ball,
Und mit Hermes, dem Behenden,
Türmet er der Mauren Wall.

Aber aus den goldnen Saiten
Lockt Apoll die Harmonie,
Und das holde Maß der Zeiten
Und die Macht der Melodie.
Mit neunstimmigem Gesange
Fallen die Kamönen ein,
Leise nach des Liedes Klange
Füget sich der Stein zum Stein.

Und der Tore weite Flügel
Setzet mit erfahrner Hand
Kybele und fügt die Riegel
Und der Schlösser festes Band,
Schnell durch rasche Götterhände
Ist der Wunderbau vollbracht,
Und der Tempel heitre Wände
Glänzen schon in Festespracht.

Und mit einem Kranz von Myrten
Naht die Götterkönigin,
Und sie führt den schönsten Hirten
Zu der schönsten Hirtin hin.
Venus mit dem holden Knaben
Schmücket selbst das erste Paar,
Alle Götter bringen Gaben,
Reiche, den Vermählten dar.

Und die neuen Bürger ziehen,
Von der Götter sel'gem Chor
Eingeführt, mit Harmonieen
In das gastlich offne Tor.
Und das Priesteramt verwaltet
Ceres am Altar des Zeus,
Segnend ihre Hand gefaltet
Spricht sie zu des Volkes Kreis:

»Freiheit liebt das Tier der Wüste,
Frei im Äther herrscht der Gott,
Ihrer Brust gewalt'ge Lüste
Zähmet das Naturgebot,
Doch der Mensch, in ihrer Mitte,
Soll sich an den Menschen reihn,
Und allein durch seine Sitte
Kann er frei und mächtig sein.«

Windet zum Kranze die goldenen Ähren,
Flechtet auch blaue Cyanen hinein,
Freude soll jedes Auge verklären,
Denn die Königin ziehet ein,
Die uns die süße Heimat gegeben,
Die den Menschen zum Menschen gesellt,
Unser Gesang soll sie festlich erheben,
Die beglückende Mutter der Welt.

SPRUCH DES KONFUZIUS

Dreifach ist des Raumes Maß.
Rastlos, fort ohn Unterlaß
Strebt die *Länge*, fort ins Weite
Endlos gießet sich die *Breite*,
Grundlos senkt die *Tiefe* sich.
Dir ein Bild sind sie gegeben.
Rastlos vorwärts mußt du streben,

Nie ermüdet stille stehn,
Willst du die Vollendung sehn,
Mußt ins Weite dich entfalten,
Mit allfassendem Gefühl,
Soll sich dir die Welt gestalten,
In die Tiefe mußt du steigen,
Soll sich dir das Wesen zeigen. –
Nur Beharrung führt zum Ziel,
Nur die Fülle führt zur Klarheit,
Und im Abgrund wohnt die Wahrheit.

DIE ERWARTUNG

Hör ich das Pförtchen nicht gehen?
Hat nicht der Riegel geklirrt?
Nein, es war des Windes Wehen,
Der durch diese Pappeln schwirrt.

O schmücke dich, du grün belaubtes Dach,
Du sollst die Anmutstrahlende empfangen,
Ihr Zweige, baut ein schattendes Gemach,
Mit holder Nacht sie heimlich zu umfangen,
Und all ihr Schmeichellüfte, werdet wach
Und scherzt und spielt um ihre Rosenwangen,
Wenn seine schöne Bürde, leicht bewegt,
Der zarte Fuß zum Sitz der Liebe trägt.

Stille, was schlüpft durch die Hecken
Raschelnd mit eilendem Lauf?
Nein, es scheuchte nur der Schrecken
Aus dem Busch den Vogel auf.

Oh! lösche deine Fackel, Tag! hervor,
Du geist'ge Nacht, mit deinem holden Schweigen,
Breit um uns her den purpurroten Flor,
Umspinn uns mit geheimnisvollen Zweigen,

Der Liebe Wonne flieht des Lauschers Ohr,
Sie flieht des Strahles unbescheidnen Zeugen!
Nur Hesper, der verschwiegene, allein
Darf still herblickend ihr Vertrauter sein.

Rief es von ferne nicht leise,
Flüsternden Stimmen gleich?
Nein, der Schwan ist's, der die Kreise
Ziehet durch den Silberteich.

Mein Ohr umtönt ein Harmonieenfluß,
Der Springquell fällt mit angenehmem Rauschen,
Die Blume neigt sich bei des Westes Kuß,
Und alle Wesen seh ich Wonne tauschen;
Die Traube winkt, die Pfirsche zum Genuß,
Die üppig schwellend hinter Blättern lauschen;
Die Luft, getaucht in der Gewürze Flut,
Trinkt von der heißen Wange mir die Glut.

Hör ich nicht Tritte erschallen?
Rauscht's nicht den Laubgang daher?
Nein, die Frucht ist dort gefallen,
Von der eignen Fülle schwer.

Des Tages Flammenauge selber bricht
In süßem Tod, und seine Farben blassen,
Kühn öffnen sich im holden Dämmerlicht
Die Kelche schon, die seine Gluten hassen,
Still hebt der Mond sein strahlend Angesicht,
Die Welt zerschmilzt in ruhig große Massen,
Der Gürtel ist von jedem Reiz gelöst,
Und alles Schöne zeigt sich mir entblößt.

Seh ich nichts Weißes dort schimmern?
Glänzt's nicht wie seidnes Gewand?
Nein, es ist der Säule Flimmern
An der dunkeln Taxuswand.

Oh! sehnend Herz, ergötze dich nicht mehr,
Mit süßen Bildern wesenlos zu spielen,
Der Arm, der sie umfassen will, ist leer,
Kein Schattenglück kann diesen Busen kühlen;
Oh! führe mir die Lebende daher,
Laß ihre Hand, die zärtliche, mich fühlen,
Den Schatten nur von ihres Mantels Saum,
Und in das Leben tritt der hohle Traum.

Und leis, wie aus himmlischen Höhen
Die Stunde des Glückes erscheint,
So war sie genaht, ungesehen,
Und weckte mit Küssen den Freund.

DAS LIED VON DER GLOCKE

Vivos voco
Mortuos plango
Fulgura frango

Fest gemauert in der Erden
Steht die Form, aus Lehm gebrannt.
Heute muß die Glocke werden,
Frisch, Gesellen! seid zur Hand.
Von der Stirne heiß
Rinnen muß der Schweiß,
Soll das Werk den Meister loben,
Doch der Segen kommt von oben.

Zum Werke, das wir ernst bereiten,
Geziemt sich wohl ein ernstes Wort;
Wenn gute Reden sie begleiten,
Dann fließt die Arbeit munter fort.
So laßt uns jetzt mit Fleiß betrachten,
Was durch die schwache Kraft entspringt,
Den schlechten Mann muß man verachten,
Der nie bedacht, was er vollbringt.

Das ist's ja, was den Menschen zieret,
Und dazu ward ihm der Verstand,
Daß er im innern Herzen spüret,
Was er erschafft mit seiner Hand.

Nehmet Holz vom Fichtenstamme,
Doch recht trocken laßt es sein,
Daß die eingepreßte Flamme
Schlage zu dem Schwalch hinein.
Kocht des Kupfers Brei,
Schnell das Zinn herbei,
Daß die zähe Glockenspeise
Fließe nach der rechten Weise.

Was in des Dammes tiefer Grube
Die Hand mit Feuers Hilfe baut,
Hoch auf des Turmes Glockenstube,
Da wird es von uns zeugen laut.
Noch dauern wird's in späten Tagen
Und rühren vieler Menschen Ohr,
Und wird mit dem Betrübten klagen,
Und stimmen zu der Andacht Chor.
Was unten tief dem Erdensohne
Das wechselnde Verhängnis bringt,
Das schlägt an die metallne Krone,
Die es erbaulich weiterklingt.

Weiße Blasen seh ich springen,
Wohl! die Massen sind im Fluß.
Laßt's mit Aschensalz durchdringen,
Das befördert schnell den Guß.
Auch von Schaume rein
Muß die Mischung sein,
Daß vom reinlichen Metalle
Rein und voll die Stimme schalle.

Denn mit der Freude Feierklange
Begrüßt sie das geliebte Kind
Auf seines Lebens erstem Gange,
Den es in Schlafes Arm beginnt;
Ihm ruhen noch im Zeitenschoße
Die schwarzen und die heitern Lose,
Der Mutterliebe zarte Sorgen
Bewachen seinen goldnen Morgen –
Die Jahre fliehen pfeilgeschwind.
Vom Mädchen reißt sich stolz der Knabe,
Er stürmt ins Leben wild hinaus,
Durchmißt die Welt am Wanderstabe,
Fremd kehrt er heim ins Vaterhaus,
Und herrlich, in der Jugend Prangen,
Wie ein Gebild aus Himmels Höhn,
Mit züchtigen, verschämten Wangen
Sieht er die Jungfrau vor sich stehn.
Da faßt ein namenloses Sehnen
Des Jünglings Herz, er irrt allein,
Aus seinen Augen brechen Tränen,
Er flieht der Brüder wilden Reihn.
Errötend folgt er ihren Spuren,
Und ist von ihrem Gruß beglückt;
Das Schönste sucht er auf den Fluren,
Womit er seine Liebe schmückt.
Oh! zarte Sehnsucht, süßes Hoffen,
Der ersten Liebe goldne Zeit,
Das Auge sieht den Himmel offen,
Es schwelgt das Herz in Seligkeit,
Oh! daß sie ewig grünen bliebe,
Die schöne Zeit der jungen Liebe!

Wie sich schon die Pfeifen bräunen!
Dieses Stäbchen tauch ich ein,
Sehn wir's überglast erscheinen,
Wird's zum Gusse zeitig sein.

Jetzt, Gesellen, frisch!
Prüft mir das Gemisch,
Ob das Spröde mit dem Weichen
Sich vereint zum guten Zeichen.

Denn wo das Strenge mit dem Zarten,
Wo Starkes sich und Mildes paarten,
Da gibt es einen guten Klang.
Drum prüfe, wer sich ewig bindet,
Ob sich das Herz zum Herzen findet!
Der Wahn ist kurz, die Reu ist lang.
Lieblich in der Bräute Locken
Spielt der jungfräuliche Kranz,
Wenn die hellen Kirchenglocken
Laden zu des Festes Glanz.
Ach! des Lebens schönste Feier
Endigt auch den Lebens-Mai,
Mit dem Gürtel, mit dem Schleier
Reißt der schöne Wahn entzwei.
Die Leidenschaft flieht,
Die Liebe muß bleiben,
Die Blume verblüht,
Die Frucht muß treiben.
Der Mann muß hinaus
Ins feindliche Leben,
Muß wirken und streben
Und pflanzen und schaffen,
Erlisten, erraffen,
Muß wetten und wagen,
Das Glück zu erjagen.
Da strömet herbei die unendliche Gabe,
Es füllt sich der Speicher mit köstlicher Habe,
Die Räume wachsen, es dehnt sich das Haus.
Und drinnen waltet
Die züchtige Hausfrau,
Die Mutter der Kinder,
Und herrschet weise

Im häuslichen Kreise,
Und lehret die Mädchen
Und wehret den Knaben,
Und reget ohn Ende
Die fleißigen Hände,
Und mehrt den Gewinn
Mit ordnendem Sinn,
Und füllet mit Schätzen die duftenden Laden,
Und dreht um die schnurrende Spindel den Faden,
Und sammelt im reinlich geglätteten Schrein
Die schimmernde Wolle, den schneeichten Lein,
Und füget zum Guten den Glanz und den Schimmer,
Und ruhet nimmer.

Und der Vater mit frohem Blick
Von des Hauses weitschauendem Giebel
Überzählet sein blühend Glück,
Siehet der Pfosten ragende Bäume,
Und der Scheunen gefüllte Räume
Und die Speicher, vom Segen gebogen,
Und des Kornes bewegte Wogen,
Rühmt sich mit stolzem Mund:
Fest wie der Erde Grund
Gegen des Unglücks Macht
Steht mir des Hauses Pracht!
Doch mit des Geschickes Mächten
Ist kein ew'ger Bund zu flechten,
Und das Unglück schreitet schnell.

Wohl! Nun kann der Guß beginnen,
Schön gezacket ist der Bruch.
Doch, bevor wir's lassen rinnen,
Betet einen frommen Spruch!
Stoßt den Zapfen aus!
Gott bewahr das Haus.
Rauchend in des Henkels Bogen
Schießt's mit feuerbraunen Wogen.

Wohltätig ist des Feuers Macht,
Wenn sie der Mensch bezähmt, bewacht,
Und was er bildet, was er schafft,
Das dankt er dieser Himmelskraft;
Doch furchtbar wird die Himmelskraft,
Wenn sie der Fessel sich entrafft,
Einhertritt auf der eignen Spur
Die freie Tochter der Natur.
Wehe, wenn sie losgelassen
Wachsend ohne Widerstand
Durch die volkbelebten Gassen
Wälzt den ungeheuren Brand!
Denn die Elemente hassen
Das Gebild der Menschenhand.
Aus der Wolke
Quillt der Segen,
Strömt der Regen,
Aus der Wolke, ohne Wahl,
Zuckt der Strahl!
Hört ihr's wimmern hoch vom Turm!
Das ist Sturm!
Rot wie Blut
Ist der Himmel.
Das ist nicht des Tages Glut!
Welch Getümmel
Straßen auf!
Dampf wallt auf!
Flackernd steigt die Feuersäule,
Durch der Straße lange Zeile
Wächst es fort mit Windeseile,
Kochend wie aus Ofens Rachen
Glühn die Lüfte, Balken krachen,
Pfosten stürzen, Fenster klirren,
Kinder jammern, Mütter irren,
Tiere wimmern
Unter Trümmern,
Alles rennet, rettet, flüchtet,

Taghell ist die Nacht gelichtet,
Durch der Hände lange Kette
Um die Wette
Fliegt der Eimer, hoch im Bogen
Sprützen Quellen, Wasserwogen.
Heulend kommt der Sturm geflogen,
Der die Flamme brausend sucht,
Prasselnd in die dürre Frucht
Fällt sie, in des Speichers Räume,
In der Sparren dürre Bäume,
Und als wollte sie im Wehen
Mit sich fort der Erde Wucht
Reißen, in gewalt'ger Flucht,
Wächst sie in des Himmels Höhen
Riesengroß!
Hoffnungslos
Weicht der Mensch der Götterstärke,
Müßig sieht er seine Werke
Und bewundernd untergehen.
Leergebrannt
Ist die Stätte,
Wilder Stürme rauhes Bette,
In den öden Fensterhöhlen
Wohnt das Grauen,
Und des Himmels Wolken schauen
Hoch hinein.

Einen Blick
Nach dem Grabe
Seiner Habe
Sendet noch der Mensch zurück –
Greift fröhlich dann zum Wanderstabe.
Was Feuers Wut ihm auch geraubt,
Ein süßer Trost ist ihm geblieben,
Er zählt die Häupter seiner Lieben,
Und sieh! ihm fehlt kein teures Haupt.

In die Erd ist's aufgenommen,
Glücklich ist die Form gefüllt,
Wird's auch schön zutage kommen,
Daß es Fleiß und Kunst vergilt?
  Wenn der Guß mißlang?
  Wenn die Form zersprang?
Ach! vielleicht, indem wir hoffen,
Hat uns Unheil schon getroffen.

Dem dunkeln Schoß der heil'gen Erde
Vertrauen wir der Hände Tat,
Vertraut der Sämann seine Saat
Und hofft, daß sie entkeimen werde
Zum Segen, nach des Himmels Rat.
Noch köstlicheren Samen bergen
Wir traurend in der Erde Schoß,
Und hoffen, daß er aus den Särgen
Erblühen soll zu schönerm Los.
Von dem Dome,
Schwer und bang,
Tönt die Glocke
Grabgesang.
Ernst begleiten ihre Trauerschläge
Einen Wandrer auf dem letzten Wege.

Ach! die Gattin ist's, die teure,
Ach! es ist die treue Mutter,
Die der schwarze Fürst der Schatten
Wegführt aus dem Arm des Gatten,
Aus der zarten Kinder Schar,
Die sie blühend ihm gebar,
Die sie an der treuen Brust
Wachsen sah mit Mutterlust –
Ach! des Hauses zarte Bande
Sind gelöst auf immerdar,
Denn sie wohnt im Schattenlande,
Die des Hauses Mutter war,

Denn es fehlt ihr treues Walten,
Ihre Sorge wacht nicht mehr,
An verwaister Stätte schalten
Wird die Fremde, liebeleer.

Bis die Glocke sich verkühlet,
Laßt die strenge Arbeit ruhn,
Wie im Laub der Vogel spielet,
Mag sich jeder gütlich tun.
Winkt der Sterne Licht,
Ledig aller Pflicht
Hört der Pursch die Vesper schlagen,
Meister muß sich immer plagen.

Munter fördert
Seine Schritte
Fern im wilden Forst der Wandrer
Nach der lieben Heimathütte.
Blökend ziehen
Heim die Schafe,
Und der Rinder
Breitgestirnte
Glatte Scharen kommen brüllend,
Die gewohnten Ställe füllend.
Schwer herein
Schwankt der Wagen,
Kornbeladen,
Bunt von Farben
Auf den Garben
Liegt der Kranz,
Und das junge
Volk der Schnitter
Fliegt zum Tanz.

Markt und Straße
Werden stiller,
Um des Lichts gesell'ge Flamme

Sammeln sich die Hausbewohner,
Und das Stadttor
Schließt sich knarrend.

Schwarz bedecket
Sich die Erde,
Doch den sichern Bürger schrecket
Nicht die Nacht,
Die den Bösen gräßlich wecket,
Denn das Auge des Gesetzes wacht.

Heil'ge Ordnung, segenreiche
Himmelstochter, die das Gleiche
Frei und leicht und freudig bindet,
Die der Städte Bau gegründet,
Die herein von den Gefilden
Rief den ungesell'gen Wilden,
Eintrat in der Menschen Hütten,
Sie gewöhnt zu sanften Sitten
Und das teuerste der Bande
Wob, den Trieb zum Vaterlande!
Tausend fleiß'ge Hände regen,
Helfen sich in munterm Bund,
Und in feurigem Bewegen
Werden alle Kräfte kund.
Meister rührt sich und Geselle
In der Freiheit heil'gem Schutz,
Jeder freut sich seiner Stelle,
Bietet dem Verächter Trutz,
Arbeit ist des Bürgers Zierde,
Segen ist der Mühe Preis,
Ehrt den König seine Würde,
Ehret uns der Hände Fleiß.

Holder Friede,
Süße Eintracht,
Weilet, weilet

Freundlich über dieser Stadt!
Möge nie der Tag erscheinen,
Wo des rauhen Krieges Horden
Dieses stille Tal durchtoben,
Wo der Himmel,
Den des Abends sanfte Röte
Lieblich malt,
Von der Dörfer, von der Städte
Wildem Brande schrecklich strahlt!

Nun zerbrecht mir das Gebäude,
Seine Absicht hat's erfüllt,
Daß sich Herz und Auge weide
An dem wohlgelungnen Bild.
Schwingt den Hammer, schwingt,
Bis der Mantel springt,
Wenn die Glock soll auferstehen,
Muß die Form in Stücken gehen.

Der Meister kann die Form zerbrechen
Mit weiser Hand, zur rechten Zeit,
Doch wehe, wenn in Flammenbächen
Das glühnde Erz sich selbst befreit!
Blind wütend mit des Donners Krachen
Zersprengt es das geborstne Haus,
Und wie aus offnem Höllenrachen
Speit es Verderben zündend aus;
Wo rohe Kräfte sinnlos walten,
Da kann sich kein Gebild gestalten,
Wenn sich die Völker selbst befrein,
Da kann die Wohlfahrt nicht gedeihn.

Weh, wenn sich in dem Schoß der Städte
Der Feuerzunder still gehäuft,
Das Volk, zerreißend seine Kette,
Zur Eigenhilfe schrecklich greift!
Da zerret an der Glocke Strängen

Der Aufruhr, daß sie heulend schallt,
Und, nur geweiht zu Friedensklängen,
Die Losung anstimmt zur Gewalt.

Freiheit und Gleichheit! hört man schallen,
Der ruh'ge Bürger greift zur Wehr,
Die Straßen füllen sich, die Hallen,
Und Würgerbanden ziehn umher,
Da werden Weiber zu Hyänen
Und treiben mit Entsetzen Scherz,
Noch zuckend, mit des Panthers Zähnen,
Zerreißen sie des Feindes Herz.
Nichts Heiliges ist mehr, es lösen
Sich alle Bande frommer Scheu,
Der Gute räumt den Platz dem Bösen,
Und alle Laster walten frei.
Gefährlich ist's, den Leu zu wecken,
Und grimmig ist des Tigers Zahn,
Jedoch der schrecklichste der Schrecken,
Das ist der Mensch in seinem Wahn.
Weh denen, die dem Ewigblinden
Des Lichtes Himmelsfackel leihn!
Sie leuchtet nicht, sie kann nur zünden
Und äschert Städt und Länder ein.

Freude hat mir Gott gegeben!
Sehet! wie ein goldner Stern
Aus der Hülse, blank und eben,
Schält sich der metallne Kern.
Von dem Helm zum Kranz
Spielt's wie Sonnenglanz,
Auch des Wappens nette Schilder
Loben den erfahrnen Bilder.

Herein! herein!
Gesellen alle, schließt den Reihen,
Daß wir die Glocke taufend weihen,

Concordia soll ihr Name sein,
Zur Eintracht, zu herzinnigem Vereine
Versammle sie die liebende Gemeine.

Und dies sei fortan ihr Beruf,
Wozu der Meister sie erschuf:
Hoch überm niedern Erdenleben
Soll sie in blauem Himmelszelt
Die Nachbarin des Donners schweben
Und grenzen an die Sternenwelt,
Soll eine Stimme sein von oben,
Wie der Gestirne helle Schar,
Die ihren Schöpfer wandelnd loben
Und führen das bekränzte Jahr.
Nur ewigen und ernsten Dingen
Sei ihr metallner Mund geweiht,
Und stündlich mit den schnellen Schwingen
Berühr im Fluge sie die Zeit,
Dem Schicksal leihe sie die Zunge,
Selbst herzlos, ohne Mitgefühl,
Begleite sie mit ihrem Schwunge
Des Lebens wechselvolles Spiel.
Und wie der Klang im Ohr vergehet,
Der mächtig tönend ihr entschallt,
So lehre sie, daß nichts bestehet,
Daß alles Irdische verhallt.

Jetzo mit der Kraft des Stranges
Wiegt die Glock mir aus der Gruft,
Daß sie in das Reich des Klanges
Steige, in die Himmelsluft.
Ziehet, ziehet, hebt!
Sie bewegt sich, schwebt.
Freude dieser Stadt bedeute,
Friede sei ihr erst Geläute.

NÄNIE

Auch das Schöne muß sterben! Das Menschen und Götter bezwinget,
Nicht die eherne Brust rührt es des stygischen Zeus.
Einmal nur erweichte die Liebe den Schattenbeherrscher,
Und an der Schwelle noch, streng, rief er zurück sein Geschenk.
Nicht stillt Aphrodite dem schönen Knaben die Wunde,
Die in den zierlichen Leib grausam der Eber geritzt.
Nicht errettet den göttlichen Held die unsterbliche Mutter,
Wann er, am skäischen Tor fallend, sein Schicksal erfüllt.
Aber sie steigt aus dem Meer mit allen Töchtern des Nereus,
Und die Klage hebt an um den verherrlichten Sohn.
Siehe! Da weinen die Götter, es weinen die Göttinnen alle,
Daß das Schöne vergeht, daß das Vollkommene stirbt.
Auch ein Klaglied zu sein im Mund der Geliebten, ist herrlich,
Denn das Gemeine geht klanglos zum Orkus hinab.

DIE DREI ALTER DER NATUR

Leben gab ihr die Fabel, die Schule hat sie entseelet,
Schaffendes Leben aufs neu gibt die Vernunft ihr zurück.

TONKUNST

Leben atme die bildende Kunst, Geist fodr ich vom Dichter,
Aber die Seele spricht nur Polyhymnia aus.

DER GÜRTEL

In dem Gürtel bewahrt Aphrodite der Reize Geheimnis,
Was ihr den Zauber verleiht, ist, was sie bindet, die Scham.

DIE WORTE DES WAHNS

Drei Worte hört man bedeutungschwer
Im Munde der Guten und Besten.
Sie schallen vergeblich, ihr Klang ist leer,
Sie können nicht helfen und trösten.
Verscherzt ist dem Menschen des Lebens Frucht,
Solang er die Schatten zu haschen sucht.

Solang er glaubt an die Goldene Zeit,
Wo das Rechte, das Gute wird siegen –
Das Rechte, das Gute führt ewig Streit,
Nie wird der Feind ihm erliegen,
Und erstickst du ihn nicht in den Lüften frei,
Stets wächst ihm die Kraft auf der Erde neu.

Solang er glaubt, daß das buhlende Glück
Sich dem Edeln vereinigen werde.
Dem Schlechten folgt es mit Liebesblick,
Nicht dem Guten gehöret die Erde.
Er ist ein Fremdling, er wandert aus,
Und suchet ein unvergänglich Haus.

Solang er glaubt, daß dem ird'schen Verstand
Die Wahrheit je wird erscheinen,
Ihren Schleier hebt keine sterbliche Hand,
Wir können nur raten und meinen.
Du kerkerst den Geist in ein tönend Wort,
Doch der freie wandelt im Sturme fort.

Drum, edle Seele, entreiß dich dem Wahn
Und den himmlischen Glauben bewahre!
Was kein Ohr vernahm, was die Augen nicht sahn,
Es ist dennoch das Schöne, das Wahre!
Es ist nicht draußen, da sucht es der Tor,
Es ist *in* dir, du bringst es ewig hervor.

HEKTORS ABSCHIED

ANDROMACHE

Will sich Hektor ewig von mir wenden,
Wo Achill mit den unnahbarn Händen
Dem Patroklus schrecklich Opfer bringt?
Wer wird künftig deinen Kleinen lehren
Speere werfen und die Götter ehren,
Wenn der finstre Orkus dich verschlingt?

HEKTOR

Teures Weib, gebiete deinen Tränen,
Nach der Feldschlacht ist mein feurig Sehnen,
Diese Arme schützen Pergamus.
Kämpfend für den heil'gen Herd der Götter
Fall ich, und des Vaterlandes Retter,
Steig ich nieder zu dem styg'schen Fluß.

ANDROMACHE

Nimmer lausch ich deiner Waffen Schalle,
Müßig liegt dein Eisen in der Halle,
Priams großer Heldenstamm verdirbt.
Du wirst hingehn, wo kein Tag mehr scheinet,
Der Cocytus durch die Wüsten weinet,
Deine Liebe in dem Lethe stirbt.

HEKTOR

All mein Sehnen will ich, all mein Denken
In des Lethe stillen Strom versenken,
Aber meine Liebe nicht.
Horch! der Wilde tobt schon an den Mauern,
Gürte mir das Schwert um, laß das Trauern,
Hektors Liebe stirbt im Lethe nicht.

AN GOETHE,
ALS ER DEN »MAHOMET« VON VOLTAIRE AUF DIE BÜHNE BRACHTE

Du selbst, der uns von falschem Regelzwange
Zu Wahrheit und Natur zurückgeführt,
Der, in der Wiege schon ein Held, die Schlange
Erstickt, die unsern Genius umschnürt,
Du, den die Kunst, die göttliche, schon lange
Mit ihrer reinen Priesterbinde ziert,
Du opferst auf zertrümmerten Altären
Der Aftermuse, die wir nicht mehr ehren?

Einheim'scher Kunst ist dieser Schauplatz eigen,
Hier wird nicht fremden Götzen mehr gedient,
Wir können mutig einen Lorbeer zeigen,
Der auf dem deutschen Pindus selbst gegrünt,
Selbst in der Künste Heiligtum zu steigen,
Hat sich der deutsche Genius erkühnt,
Und auf der Spur des Griechen und des Briten
Ist er dem bessern Ruhme nachgeschritten.

Denn dort, wo Sklaven knien, Despoten walten,
Wo sich die eitle Aftergröße bläht,
Da kann die Kunst das Edle nicht gestalten,
Von keinem *Ludwig* wird es ausgesät,
Aus eigner Fülle muß es sich entfalten,
Es borget nicht von ird'scher Majestät,
Nur mit der Wahrheit wird es sich vermählen,
Und seine Glut durchflammt nur freie Seelen.

Drum nicht, in alte Fesseln uns zu schlagen,
Erneuerst du dies Spiel der alten Zeit,
Nicht, uns zurückzuführen zu den Tagen
Charakterloser Minderjährigkeit,
Es wär ein eitel und vergeblich Wagen,
Zu fallen ins bewegte Rad der Zeit,

Geflügelt fort entführen es die Stunden,
Das Neue kommt, das Alte ist verschwunden.

Erweitert jetzt ist des Theaters Enge,
In seinem Raume drängt sich eine Welt,
Nicht mehr der Worte rednerisch Gepränge,
Nur der Natur getreues Bild gefällt,
Verbannet ist der Sitten falsche Strenge,
Und menschlich handelt, menschlich fühlt der Held,
Die Leidenschaft erhebt die freien Töne,
Und in der Wahrheit findet man das Schöne.

Doch leicht gezimmert nur ist Thespis' Wagen,
Und er ist gleich dem acheront'schen Kahn,
Nur Schatten und Idole kann er tragen,
Und drängt das rohe Leben sich heran,
So droht das leichte Fahrzeug umzuschlagen,
Das nur die flücht'gen Geister fassen kann,
Der Schein soll nie die Wirklichkeit erreichen,
Und siegt Natur, so muß die Kunst entweichen.

Denn auf dem bretternen Gerüst der Szene
Wird eine Idealwelt aufgetan,
Nichts sei hier wahr und wirklich als die Träne,
Die Rührung ruht auf keinem Sinnenwahn,
Aufrichtig ist die wahre Melpomene,
Sie kündigt nichts als eine Fabel an,
Und weiß durch tiefe Wahrheit zu entzücken,
Die falsche stellt sich wahr, um zu berücken.

Es droht die Kunst vom Schauplatz zu verschwinden,
Ihr wildes Reich behauptet Phantasie,
Die *Bühne* will sie, wie die *Welt*, entzünden,
Das Niedrigste und Höchste menget sie,
Nur bei dem Franken war noch Kunst zu finden,
Erschwang er gleich ihr hohes Urbild nie,
Gebannt in unveränderlichen Schranken
Hält er sie fest, und nimmer darf sie wanken.

Ein heiliger Bezirk ist ihm die Szene,
Verbannt aus ihrem festlichen Gebiet
Sind der Natur nachlässig rohe Töne,
Die Sprache selbst erhebt sich ihm zum Lied,
Es ist ein Reich des Wohllauts und der Schöne,
In edler Ordnung greifet Glied in Glied,
Zum ernsten Tempel füget sich das Ganze,
Und die Bewegung borget Reiz vom Tanze.

Nicht Muster zwar darf uns der Franke werden,
Aus seiner Kunst spricht kein lebend'ger Geist,
Des falschen Anstands prunkende Gebärden
Verschmäht der Sinn, der nur das Wahre preist,
Ein Führer nur zum Bessern soll er werden,
Er komme wie ein abgeschiedner Geist,
Zu reinigen die oft entweihte Szene
Zum würd'gen Sitz der alten Melpomene.

DIE ANTIKEN IN PARIS

Was der Griechen Kunst erschaffen,
Mag der Franke mit den Waffen
Führen an der Seine Strand,
Und in prangenden Museen
Zeig er seine Siegstrophäen
Dem erstaunten Vaterland.

Ewig werden sie ihm schweigen,
Nie von den Gestellen steigen
In des Lebens frischen Reihn.
Der allein besitzt die Musen,
Der sie trägt im warmen Busen;
Dem Vandalen sind sie Stein.

DIE DEUTSCHE MUSE

Kein Augustisch Alter blühte,
Keines Mediceers Güte
Lächelte der deutschen Kunst,
Sie ward nicht gepflegt vom Ruhme,
Sie entfaltete die Blume
Nicht am Strahl der Fürstengunst.

Von dem größten deutschen Sohne,
Von des großen Friedrichs Throne
Ging sie schutzlos, ungeehrt.
Rühmend darf's der Deutsche sagen,
Höher darf das Herz ihm schlagen,
Selbst erschuf er sich den Wert.

Darum steigt in höherm Bogen,
Darum strömt in vollern Wogen
Deutscher Barden Hochgesang,
Und in eigner Fülle schwellend,
Und aus Herzens Tiefen quellend,
Spottet er der Regeln Zwang.

[AN AUGUST VON GOETHE]

Holder Knabe, dich liebt das Glück, denn es gab dir der Güter
Erstes, köstlichstes – dich rühmend des Vaters zu freun.
Jetzo kennest du nur des Freundes liebende Seele,
Wenn du zum Manne gereift, wirst du die Worte verstehn.
Dann erst kehrst du zurück mit neuer Liebe Gefühlen
An des Trefflichen Brust, der dir jetzt Vater nur ist:
Laß ihn leben in dir, wie er lebt in den ewigen Werken,
Die er, der Einzige, uns blühend unsterblich erschuf.
Und das herzliche Band der Wechselneigung und Treue,
Das die Väter verknüpft, binde die Söhne noch fort.

Weimar, 17. Dez. 1800 F. Schiller

AN ***

Edler Freund! Wo öffnet sich dem Frieden,
Wo der Freiheit sich ein Zufluchtsort?
Das Jahrhundert ist im Sturm geschieden,
Und das neue öffnet sich mit Mord.

Und die Grenzen aller Länder wanken,
Und die alten Formen stürzen ein,
Nicht das Weltmeer setzt der Kriegswut Schranken,
Nicht der Nilgott und der alte Rhein.

Zwo gewalt'ge Nationen ringen
Um der Welt alleinigen Besitz,
Aller Länder Freiheit zu verschlingen,
Schwingen sie den Dreizack und den Blitz.

Gold muß ihnen jede Landschaft wägen,
Und wie *Brennus* in der rohen Zeit
Legt der Franke seinen ehrnen Degen
In die Waage der Gerechtigkeit.

Seine Handelsflotten streckt der Brite
Gierig wie Polypenarme aus,
Und das Reich der freien Amphitrite
Will er schließen wie sein eignes Haus.

Zu des Südpols nie erblickten Sternen
Dringt sein rastlos ungehemmter Lauf,
Alle Inseln spürt er, alle fernen
Küsten – nur das Paradies nicht auf.

Ach umsonst auf allen Länderkarten
Spähst du nach dem seligen Gebiet,
Wo der Freiheit ewig grüner Garten,
Wo der Menschheit schöne Jugend blüht.

Endlos liegt die Welt vor deinen Blicken,
Und die Schiffahrt selbst ermißt sie kaum,
Doch auf ihrem unermeßnen Rücken
Ist für zehen Glückliche nicht Raum.

In des Herzens heilig stille Räume
Mußt du fliehen aus des Lebens Drang,
Freiheit ist nur in dem Reich der Träume,
Und das Schöne blüht nur im Gesang.

VOLTAIRES PUCELLE UND DIE JUNGFRAU VON ORLEANS

Das edle Bild der Menschheit zu verhöhnen,
Im tiefsten Staube wälzte dich der Spott.
Krieg führt der Witz auf ewig mit dem Schönen,
Er glaubt nicht an den Engel und den Gott,
Dem Herzen will er seine Hoheit rauben,
Den Wahn bekriegt er und verletzt den Glauben.

Doch, wie du selbst, aus kindlichem Geschlechte,
Selbst eine fromme Schäferin wie du,
Reicht dir die Dichtkunst ihre Götterrechte,
Schwingt sich mit dir den ew'gen Sternen zu,
Mit einer Glorie hat sie dich umgeben,
Dich schuf das Herz! Du wirst unsterblich leben.

Es liebt die Welt, das Strahlende zu schwärzen,
Und das Erhabne in den Staub zu ziehn,
Doch fürchte nicht, es gibt noch schöne Herzen,
Die für das Hohe, Herrliche entglühn,
Den wilden Markt mag *Momus* unterhalten,
Ein edler Sinn liebt edlere Gestalten.

HERO UND LEANDER

Ballade

Seht ihr dort die altergrauen
Schlösser sich entgegen schauen,
Leuchtend in der Sonne Gold,
Wo der Hellespont die Wellen
Brausend durch der Dardanellen
Hohe Felsenpforte rollt?
Hört ihr jene Brandung stürmen,
Die sich an den Felsen bricht?
Asien riß sie von Europen,
Doch die Liebe schreckt sie nicht.

Heros und *Leanders* Herzen
Rührte mit dem Pfeil der Schmerzen
Amors heil'ge Göttermacht.
Hero, schön wie Hebe blühend,
Er, durch die Gebirge ziehend
Rüstig, im Geräusch der Jagd.
Doch der Väter feindlich Zürnen
Trennte das verbundne Paar,
Und die süße Frucht der Liebe
Hing am Abgrund der Gefahr.

Dort auf *Sestos'* Felsenturme,
Den mit ew'gem Wogensturme
Schäumend schlägt der Hellespont,
Saß die Jungfrau, einsam grauend,
Nach *Abydos'* Küste schauend,
Wo der heiß Geliebte wohnt,
Ach, zu dem entfernten Strande
Baut sich keiner Brücke Steg,
Und kein Fahrzeug stößt vom Ufer,
Doch die Liebe fand den Weg.

Aus des Labyrinthes Pfaden
Leitet *sie* mit sicherm Faden,
Auch den Blöden macht sie klug,
Beugt ins Joch die wilden Tiere,
Spannt die feuersprühnden Tiere
An den diamantnen Pflug.
Selbst der Styx, der neunfach fließet,
Schließt die wagende nicht aus,
Mächtig raubt sie das Geliebte
Aus des Pluto finsterm Haus.

Auch durch des Gewässers Fluten
Mit der Sehnsucht feur'gen Gluten
Stachelt sie Leanders Mut.
Wenn des Tages heller Schimmer
Bleichet, stürzt der kühne Schwimmer
In des Pontus finstre Flut,
Teilt mit starkem Arm die Woge,
Steurend nach dem fernen Strand,
Wo auf hohem Söller leuchtend
Winkt der Fackel heller Brand.

Und in weichen Liebesarmen
Darf der Glückliche erwarmen
Von der schwer bestandnen Fahrt,
Und den Götterlohn empfangen,
Den in seligem Umfangen
Ihm die Liebe aufgespart,
Bis den Säumenden Aurora
Aus der Wonne Träumen weckt,
Und ins kalte Bett des Meeres
Aus dem Schoß der Liebe schreckt.

Und so flohen dreißig Sonnen
Schnell, im Raub verstohlner Wonnen,
Dem beglückten Paar dahin,
Wie der Brautnacht süße Freuden,

Die die Götter selbst beneiden,
Ewig jung und ewig grün.
Der hat nie das Glück gekostet,
Der die Frucht des Himmels nicht
Raubend an des Höllenflusses
Schauervollem Rande bricht.

Hesper und Aurora zogen
Wechselnd auf am Himmelsbogen,
Doch die Glücklichen, sie sahn
Nicht den Schmuck der Blätter fallen,
Nicht aus Nords beeisten Hallen
Den ergrimmten Winter nahn,
Freudig sahen sie des Tages
Immer kürzern, kürzern Kreis,
Für das längre Glück der Nächte
Dankten sie betört dem Zeus.

Und es gleichte schon die Waage
An dem Himmel Nächt und Tage,
Und die holde Jungfrau stand
Harrend auf dem Felsenschlosse,
Sah hinab die Sonnenrosse
Fliehen an des Himmels Rand.
Und das Meer lag still und eben,
Einem reinen Spiegel gleich,
Keines Windes leises Weben
Regte das kristallne Reich.

Lustige Delphinenscharen
Scherzten in dem silberklaren
Reinen Element umher,
Und in schwärzlicht grauen Zügen
Aus dem Meergrund aufgestiegen
Kam der Tethys buntes Heer.
Sie, die einzigen, bezeugten
Den verstohlnen Liebesbund,

Aber ihnen schloß auf ewig
Hekate den stummen Mund.

Und sie freute sich des schönen
Meeres, und mit Schmeicheltönen
Sprach sie zu dem Element:
»Schöner Gott! du solltest trügen!
Nein, den Frevler straf ich Lügen,
Der dich falsch und treulos nennt.
Falsch ist das Geschlecht der Menschen,
Grausam ist des Vaters Herz,
Aber du bist mild und gütig,
Und dich rührt der Liebe Schmerz.

In den öden Felsenmauren
Müßt ich freudlos einsam trauren,
Und verblühn in ew'gem Harm,
Doch du trägst auf deinem Rücken,
Ohne Nachen, ohne Brücken,
Mir den Freund in meinen Arm.
Grauenvoll ist deine Tiefe,
Furchtbar deiner Wogen Flut,
Aber dich erfleht die Liebe,
Dich bezwingt der Heldenmut.

Denn auch dich, den Gott der Wogen,
Rührte Eros' mächt'ger Bogen,
Als des goldnen Widders Flug
Helle, mit dem Bruder fliehend,
Schön in Jugendfülle blühend,
Über deine Tiefe trug.
Schnell von ihrem Reiz besieget
Griffst du aus dem finstern Teich,
Zogst sie von des Widders Rücken
Nieder in dein flutend Reich.

Eine Göttin mit dem Gotte,
In der tiefen Wassergrotte,
Lebt sie jetzt unsterblich fort,
Hilfreich der verfolgten Liebe,
Zähmt sie deine wilden Triebe,
Führt den Schiffer in den Port.
Schöne Helle! Holde Göttin!
Selige, dich fleh ich an,
Bring auch heute den Geliebten
Mir auf der gewohnten Bahn.«

Und schon dunkelten die Fluten,
Und sie ließ der Fackel Gluten
Von dem hohen Söller wehn,
Leitend in den öden Reichen
Sollte das vertraute Zeichen
Der geliebte Wandrer sehn.
Und es saust und dröhnt von ferne,
Finster kräuselt sich das Meer,t
Und es löscht das Licht der Serne,
Und es naht gewitterschwer.

Auf des Pontus weite Fläche
Legt sich Nacht, und Wetterbäche
Stürzen aus der Wolken Schoß,
Blitze zucken in den Lüften,
Und aus ihren Felsengrüften
Werden alle Stürme los,
Wühlen ungeheure Schlünde
In den weiten Wasserschlund,
Gähnend wie ein Höllenrachen
Öffnet sich des Meeres Grund.

»Wehe! Weh mir!« ruft die Arme
Jammernd, »großer Zeus, erbarme!
Ach! Was wagt ich zu erflehn!
Wenn die Götter mich erhören,

Wenn er sich den falschen Meeren
Preisgab in des Sturmes Wehn!
Alle meergewohnten Vögel
Ziehen heim in eil'ger Flucht,
Alle sturmerprobten Schiffe
Bergen sich in sichrer Bucht.

Ach gewiß, der Unverzagte
Unternahm das oft Gewagte,
Denn ihn trieb ein mächt'ger Gott.
Er gelobte mir's beim Scheiden
Mit der Liebe heil'gen Eiden,
Ihn entbindet nur der Tod.
Ach! in diesem Augenblicke
Ringt er mit des Sturmes Wut,
Und hinab in ihre Schlünde
Reißt ihn die empörte Flut.

Falscher Pontus, deine Stille
War nur des Verrates Hülle,
Einem Spiegel warst du gleich,
Tückisch ruhten deine Wogen,
Bis du ihn heraus betrogen
In dein falsches Lügenreich.
Jetzt in deines Stromes Mitte,
Da die Rückkehr sich verschloß,
Lässest du auf den Verratnen
Alle deine Schrecken los.«

Und es wächst des Sturmes Toben,
Hoch zu Bergen aufgehoben
Schwillt das Meer, die Brandung bricht
Donnernd sich am Fuß der Klippen,
Selbst das Schiff mit Eichenrippen
Nahte unzerschmettert nicht.
Und im Wind erlischt die Fackel,
Die des Pfades Leuchte war,

Schrecken bietet das Gewässer,
Schrecken auch die Landung dar.

Und sie fleht zur Aphrodite,
Daß sie dem Orkan gebiete,
Sänftige der Wellen Zorn,
Und gelobt, den strengen Winden
Reiche Opfer anzuzünden,
Einen Stier mit goldnem Horn.
Alle Göttinnen der Tiefe,
Alle Götter in der Höh,
Fleht sie, lindernd Öl zu gießen
In die sturmbewegte See.

»Höre meinen Ruf erschallen,
Steig aus deinen grünen Hallen,
Selige *Leukothea*!
Die der Schiffer in dem öden
Wellenreich, in Sturmesnöten,
Rettend oft erscheinen sah.
Reich ihm deinen heil'gen Schleier,
Der, geheimnisvoll gewebt,
Die ihn tragen, unverletzlich
Aus dem Grab der Fluten hebt.«

Und die wilden Winde schweigen,
Hell am Himmelsrande steigen
Eos' Pferde in die Höh.
Friedlich in dem alten Bette
Fließt das Meer in Spiegelsglätte,
Heiter lächeln Luft und See.
Sanfter brechen sich die Wellen
An des Ufers Felsenwand,
Und sie schwemmen, ruhig spielend,
Einen Leichnam an den Strand.

Ja, er ist's, der, auch entseelet,
Seinem heil'gen Schwur nicht fehlet!
Schnellen Blicks erkennt sie ihn,
Keine Klage läßt sie schallen,
Keine Träne sieht man fallen,
Kalt, verzweifelnd starrt sie hin,
Trostlos in die öde Tiefe
Blickt sie, in des Äthers Licht,
Und ein edles Feuer rötet
Das erbleichte Angesicht.

»Ich erkenn euch, ernste Mächte,
Strenge treibt ihr eure Rechte,
Furchtbar, unerbittlich ein.
Früh schon ist mein Lauf beschlossen,
Doch das Glück hab ich genossen,
Und das schönste Los war mein.
Lebend hab ich deinem Tempel
Mich geweiht als Priesterin,
Dir ein freudig Opfer sterb ich,
Venus, große Königin!«

Und mit fliegendem Gewande
Schwingt sie von des Turmes Rande
In die Meerflut sich hinab.
Hoch in seinen Flutenreichen
Wälzt der Gott die heil'gen Leichen,
Und er selber ist ihr Grab.
Und mit seinem Raub zufrieden
Zieht er freudig fort und gießt
Aus der unerschöpften Urne
Seinen Strom, der ewig fließt.

SEHNSUCHT

Mit Kompos. vom H. Hurka

Ach, aus dieses Tales Gründen,
 Die der kalte Nebel drückt,
Könnt ich doch den Ausgang finden,
 Ach, wie fühlt ich mich beglückt!
Dort erblick ich schöne Hügel,
 Ewig hell und ewig grün.
Hätt ich Schwingen, hätt ich Flügel,
 Nach den Hügeln zög ich hin!

Ach, wie schön muß sich's ergehen
 Dort im ew'gen Sonnenschein,
Und die Luft auf jenen Höhen,
 Ach, wie labend muß sie sein!
Doch mir wehrt des Stromes Toben,
 Der ergrimmt dazwischen braust,
Seine Wellen sind gehoben,
 Daß die Seele mir ergraust.

Einen Nachen seh ich schwanken,
 Aber ach! der Fährmann fehlt.
Frisch hinein und ohne Wanken,
 Seine Segel sind beseelt.
Du mußt glauben, du mußt wagen,
 Denn die Götter leihn kein Pfand;
Nur ein Wunder kann dich tragen
 In das schöne Wunderland.

PARABELN UND RÄTSEL

Der Baum, auf dem die Kinder
Der Sterblichen verblühn,
Steinalt, nicht desto minder
Stets wieder jung und grün.
Er kehrt auf einer Seite
Die Blätter zu dem Licht,
Doch kohlschwarz ist die zweite,
Und sieht die Sonne nicht.

Er setzet neue Ringe,
Sooft er blühet, an,
Das Alter aller Dinge
Zeigt er den Menschen an.
In seine grüne Rinden
Drückt sich ein Name leicht,
Der nicht mehr ist zu finden,
Wenn sie verdorrt und bleicht.
So sprich, kannst du's ergründen,
Was diesem Baume gleicht?

Kennst du das Bild auf zartem Grunde,
Es gibt sich selber Licht und Glanz,
Ein andres ist's zu jeder Stunde,
Und immer ist es frisch und ganz.
Im engsten Raum ist's ausgeführet,
Der kleinste Rahmen faßt es ein,
Doch alle Größe, die dich rühret,
Kennst du durch dieses Bild allein.

Und kannst du den Kristall mir nennen,
Ihm gleicht an Wert kein Edelstein,
Er leuchtet, ohne je zu brennen,
Das ganze Weltall saugt er ein,
Der Himmel selbst ist abgemalet
In seinem wundervollen Ring.
Und doch ist, was er von sich strahlet,
Oft schöner, als was er empfing.

Wie heißt das Ding, das wen'ge schätzen,
Doch ziert's des größten Kaisers Hand,
Es ist gemacht, um zu verletzen,
Am nächsten ist's dem Schwert verwandt.
Kein Blut vergießt's und macht doch tausend Wunden,
Niemand beraubt's und macht doch reich,
Es hat den Erdkreis überwunden,
Es macht das Leben sanft und gleich.
Die größten Reiche hat's gegründet,
Die ältsten Städte hat's erbaut,
Doch niemals hat es Krieg entzündet,
Und Heil dem Volk, das ihm vertraut.

Von Perlen baut sich eine Brücke
Hoch über einen grauen See,
Sie baut sich auf im Augenblicke,
Und glänzend steigt sie in die Höh.

Der höchsten Schiffe höchste Masten
Ziehn unter ihrem Bogen hin,
Sie selber trug noch keine Lasten
Und scheint, wie du ihr nahst, zu fliehn.

Sie wird erst mit dem Strom, und schwindet,
  Sowie des Wassers Flut versiegt.
So sprich, wo sich die Brücke findet,
  Und wer sie künstlich hat gefügt?

Unter allen Schlangen ist *eine*,
  Auf Erden nicht gezeugt,
Mit der an Schnelle keine,
  An Wut sich keine vergleicht.

Sie stürzt mit furchtbarer Stimme
  Auf ihren Raub sich los,
Vertilgt in *einem* Grimme
  Den Reiter und sein Roß.

Sie liebt die höchsten Spitzen,
  Nicht Schloß, nicht Riegel kann
Vor ihrem Anfall schützen,
  Der Harnisch lockt sie an.

Sie bricht wie dünne Halmen
  Den stärksten Baum entzwei,
Sie kann das Erz zermalmen,
  Wie dicht und fest es sei.

Doch dieses Ungeheuer
  Hat zweimal nie gedroht,
Es verbrennt in eignem Feuer,
  Wie's tötet, ist es tot.

Ich wohne in einem steinernen Haus,
  Da lieg ich verborgen und schlafe,
Doch ich trete hervor, ich eile heraus,
  Gefodert mit eiserner Waffe.

Erst bin ich unscheinbar und schwach und klein,
  Mich kann dein Atem bezwingen,
Und ein Regentropfe schon saugt mich ein,
  Doch mir wachsen im Siege die Schwingen,
Wenn die mächtige Schwester sich zu mir gesellt,
  Erwachs ich zum furchtbarn Gebieter der Welt.

Zwei Eimer sieht man ab und auf
  In einem Brunnen steigen,
Und schwebt der eine voll herauf,
  Muß sich der andre neigen.
Sie wandern rastlos hin und her,
Abwechselnd voll und wieder leer,
Und bringst du diesen an den Mund,
Hängt jener in dem tiefsten Grund,
  Nie können sie mit ihren Gaben
  In gleichem Augenblick dich laben.

Ein *Vogel* ist es, und an Schnelle
  Buhlt es mit eines Adlers Flug,
Ein *Fisch* ist's und zerteilt die Welle,
  Die noch kein größres Untier trug,
Ein *Elefant* ist's, welcher Türme
  Auf seinem schweren Rücken trägt,
Der *Spinnen* kriechendem Gewürme
  Gleicht es, wenn es die Füße regt,
Und hat es fest sich eingebissen
  Mit seinem spitz'gen Eisenzahn,
So steht's gleichwie auf festen Füßen
  Und trotzt dem wütenden Orkan.

Es führt dich meilenweit von dannen
Und bleibt doch stets an seinem Ort,
Es hat nicht Flügel auszuspannen,
Und trägt dich durch die Lüfte fort.
Es ist die allerschnellste Fähre,
Die jemals einen Wandrer trug,
Und durch das größte aller Meere
Trägt es dich mit Gedankenflug,
Ihm ist ein Augenblick genug!

—

Auf einer großen Weide gehen
Viel tausend Schafe silberweiß,
Wie wir sie heute wandeln sehen,
Sah sie der allerältste Greis.

Sie altern nie und trinken Leben
Aus einem unerschöpften Born,
Ein Hirt ist ihnen zugegeben
Mit schön gebognem Silberhorn.

Er treibt sie aus zu goldnen Toren,
Er überzählt sie jede Nacht,
Und hat der Lämmer keins verloren,
Sooft er auch den Weg vollbracht.

Ein treuer *Hund* hilft sie ihm leiten,
Ein muntrer *Widder* geht voran.
Die *Herde*, kannst du sie mir deuten,
Und auch den Hirten zeig mir an.

—

Es steht ein groß geräumig Haus
  Auf unsichtbaren Säulen,
Es mißt's und geht's kein Wandrer aus,
  Und keiner darf drin weilen.
Nach einem unbegriffnen Plan
  Ist es mit Kunst gezimmert,
Es steckt sich selbst die Lampe an,
  Die es mit Pracht durchschimmert.
Es hat ein Dach, kristallenrein,
Von einem einz'gen Edelstein,
Doch noch kein Auge schaute
Den Meister, der es baute.

Wir stammen, unsrer sechs Geschwister,
  Von einem wundersamen Paar,
Die Mutter ewig ernst und düster,
  Der Vater fröhlich immerdar.

Von beiden erbten wir die Tugend,
  Von *ihr* die Milde, von *ihm* den Glanz;
So drehn wir uns in ew'ger Jugend
  Um dich herum im Zirkeltanz.

Gern meiden wir die schwarzen Höhlen,
  Und lieben uns den heitern Tag,
Wir sind es, die die Welt beseelen
  Mit unsers Lebens Zauberschlag.

Wir sind des Frühlings lust'ge Boten,
  Und führen seinen muntern Reihn,
Drum fliehen wir das Haus der Toten,
  Denn um uns her muß Leben sein.

Uns mag kein Glücklicher entbehren,
Wir sind dabei, wo man sich freut,
Und läßt der Kaiser sich verehren,
Wir leihen ihm die Herrlichkeit.

Ich drehe mich auf einer Scheibe,
Ich wandle ohne Rast und Ruh,
Klein ist das Feld, das ich umschreibe,
Du deckst es mit zwei Händen zu –
Doch brauch ich viele tausend Meilen,
Bis ich das kleine Feld durchzogen,
Flieg ich gleich fort mit Sturmes Eilen,
Und schneller als der Pfeil vom Bogen.

Ein Gebäude steht da von uralten Zeiten,
Es ist kein Tempel, es ist kein Haus,
Ein Reiter kann hundert Tage reiten,
Er umwandert es nicht, er reitet's nicht aus.

Jahrhunderte sind vorübergeflogen,
Es trotzte der Zeit und der Stürme Heer,
Frei steht es unter dem himmlischen Bogen,
Es reicht in die Wolken, es netzt sich im Meer.

Nicht eitle Prahlsucht hat es getürmet,
Es dienet zum Heil, es rettet und schirmet,
Seinesgleichen ist nicht auf Erden bekannt,
Und doch ist's ein Werk von Menschenhand.

DEM ERBPRINZEN VON WEIMAR, ALS ER NACH PARIS REISETE

in einem freundschaftlichen Zirkel gesungen

Mel. »Bekränzt mit Laub den lieben« etc.

So bringet denn die letzte volle Schale
Dem lieben Wandrer dar,
Der Abschied nimmt von diesem stillen Tale,
Das seine Wiege war.

Er reißt sich aus den väterlichen Hallen,
Aus lieben Armen los,
Nach jener stolzen Bürgerstadt zu wallen,
Vom Raub der Länder groß.

Dich leite durch das wild bewegte Leben
Ein freundliches Geschick!
Ein rein Gefühl hat dir Natur gegeben,
O bring es rein zurück!

Die Länder wirst du sehen, die das wilde
Gespann des Kriegs zertrat,
Doch lächelnd grüßt der Friede die Gefilde,
Und streut die goldne Saat.

Den alten Vater Rhein wirst du begrüßen,
Der deines großen Ahns
Gedenken wird, solang sein Strom wird fließen
Ins Bett des Ozeans.

Dort opfre du des Helden großen Manen,
Und auch dem Gott des Rheins,
Dem alten Grenzenhüter der Germanen,
Ein Glas des besten Weins;

Daß dich der vaterländ'sche Geist begleite,
Wenn dich das schwanke Brett
Hinüberträgt auf jene – linke Seite,
Wo deutsche Treu vergeht.

[AN AMALIE VON IMHOFF]

Unter der Tanzenden Reihn eine Trauernde wandelt Kassandra,
Mit dem Lorbeer Apolls kränzt sie die göttliche Stirn.
Auch die Trauer ist schön, wenn sie göttlich ist, und mit der Freude
Möge, lieblich gesellt, wandeln der heilige Ernst.

DIE GUNST DES AUGENBLICKS

Und so finden wir uns wieder
In dem heitern, bunten Reihn,
Und es soll der Kranz der Lieder
Frisch und grün geflochten sein.

Aber, wem der Götter bringen
Wir des Liedes ersten Zoll?
Ihn vor allen laßt uns singen,
Der die Freude schaffen soll.

Denn nichts frommt es, daß mit Leben
Ceres den Altar geschmückt,
Daß den Purpursaft der Reben
Bacchus in die Schale drückt.

Zuckt vom Himmel nicht der Funken,
Der den Herd in Flammen setzt,
Ist der Geist nicht feuertrunken,
Und das Herz bleibt unergetzt.

Aus den Wolken muß es fallen,
  Aus der Götter Hand, das Glück,
Und der mächtigste von allen
  Herrschern ist der Augenblick.

Von dem allerersten Werden
  Der unendlichen Natur
Alles Göttliche auf Erden
  Ist ein Lichtgedanke nur.

Langsam in dem Lauf der Horen
  Fügt der Stein zum Steine sich,
Schnell, wie es der Geist geboren,
  Rührt des Werkes Seele dich.

Wie im hellen Sonnenblicke
  Sich ein Farbenteppich webt,
Wie auf ihrer bunten Brücke
  Iris durch den Himmel schwebt,

So ist jede schöne Gabe
  Flüchtig, wie des Blitzes Schein,
Schnell in ihrem düstern Grabe
  Schließt die Nacht sie wieder ein.

AN DIE FREUNDE

  Lieben Freunde! Es gab schönre Zeiten
Als die unsern – das ist nicht zu streiten!
Und ein edler Volk hat einst gelebt.
Könnte die Geschichte davon schweigen,
Tausend Steine würden redend zeugen,
Die man aus dem Schoß der Erde gräbt.
  Doch es ist dahin, es ist verschwunden,
  Dieses hochbegünstigte Geschlecht.
  Wir, wir *leben*! Unser sind die Stunden,
  Und der Lebende hat recht.

Freunde! Es gibt glücklichere Zonen
Als das Land, worin wir leidlich wohnen,
Wie der weitgereiste Wandrer spricht.
Aber hat *Natur* uns viel entzogen,
War die *Kunst* uns freundlich doch gewogen,
Unser Herz erwarmt an *ihrem* Licht.
Will der Lorbeer hier sich nicht gewöhnen,
Wird die Myrte unsers Winters Raub,
Grünet doch, die Schläfe zu bekrönen,
Uns der Rebe muntres Laub.

Wohl von größerm Leben mag es rauschen,
Wo vier Welten ihre Schätze tauschen,
An der Themse, auf dem Markt der Welt.
Tausend Schiffe landen an und gehen,
Da ist jedes Köstliche zu sehen,
Und es herrscht der Erde Gott, das Geld.
Aber nicht im trüben Schlamm der Bäche,
Der von wilden Regengüssen schwillt,
Auf des stillen Baches ebner Fläche
Spiegelt sich das Sonnenbild.

Prächtiger als *wir* in unserm Norden
Wohnt der Bettler an der Engelspforten,
Denn er sieht das ewig einz'ge Rom!
Ihn umgibt der Schönheit Glanzgewimmel,
Und ein zweiter Himmel in den Himmel
Steigt Sankt Peters wunderbarer Dom.
Aber Rom in allem seinem Glanze
Ist ein Grab nur der Vergangenheit,
Leben duftet nur die frische Pflanze,
Die die grüne Stunde streut.

Größres mag sich anderswo begeben,
Als bei uns, in unserm kleinen Leben,
Neues – hat die Sonne nie gesehn.
Sehn wir doch das Große *aller* Zeiten

Auf den Brettern, die die Welt bedeuten,
Sinnvoll, still an uns vorübergehn.
Alles wiederholt sich nur im Leben,
Ewig jung ist nur die Phantasie,
Was sich nie und nirgends hat begeben,
Das allein veraltet nie!

DIE VIER WELTALTER

Wohl perlet im Glase der purpurne Wein,
Wohl glänzen die Augen der Gäste,
Es zeigt sich der Sänger, er tritt herein,
Zu dem Guten bringt er das Beste;
Denn ohne die Leier im himmlischen Saal
Ist die Freude gemein auch beim Nektarmahl.

Ihm gaben die Götter das reine Gemüt,
Wo die Welt sich, die ewige, spiegelt,
Er hat alles gesehn, was auf Erden geschieht,
Und was uns die Zukunft versiegelt,
Er saß in der Götter urältestem Rat,
Und behorchte der Dinge geheimste Saat.

Er breitet es lustig und glänzend aus,
Das zusammengefaltete Leben,
Zum Tempel schmückt er das irdische Haus,
Ihm hat es die Muse gegeben,
Kein Dach ist so niedrig, keine Hütte so klein,
Er führt einen Himmel voll Götter hinein.

Und wie der erfindende Sohn des Zeus
Auf des Schildes einfachem Runde
Die Erde, das Meer und den Sternenkreis
Gebildet mit göttlicher Kunde,
So drückt er ein Bild des unendlichen All
In des Augenblicks flüchtig verrauschenden Schall.

Er kommt aus dem kindlichen Alter der Welt,
Wo die Völker sich jugendlich freuten,
Er hat sich, ein fröhlicher Wandrer, gesellt
Zu allen Geschlechtern und Zeiten.
Vier Menschenalter hat er gesehn,
Und läßt sie am *fünften* vorübergehn.

Erst regierte Saturnus, schlicht und gerecht,
Da war es heute wie morgen,
Da lebten die Hirten, ein harmlos Geschlecht,
Und brauchten für gar nichts zu sorgen,
Sie liebten, und taten weiter nichts mehr,
Die Erde gab alles freiwillig her.

Drauf kam die Arbeit, der Kampf begann
Mit Ungeheuern und Drachen,
Und die Helden fingen, die Herrscher an,
Und den Mächtigen suchten die Schwachen,
Und der Streit zog in des Skamanders Feld,
Doch die Schönheit war immer der Gott der Welt.

Aus dem Kampf ging endlich der Sieg hervor,
Und der Kraft entblühte die Milde,
Da sangen die Musen im himmlischen Chor,
Da erhuben sich Göttergebilde!
Das Alter der göttlichen Phantasie,
Es ist verschwunden, es kehret nie.

Die Götter sanken vom Himmelsthron,
Es stürzten die herrlichen Säulen,
Und geboren wurde der Jungfrau Sohn,
Die Gebrechen der Erde zu heilen,
Verbannt ward der Sinne flüchtige Lust,
Und der Mensch griff *denkend* in seine Brust.

Und der eitle, der üppige Reiz entwich,
Der die frohe Jugendwelt zierte,

Der Mönch und die Nonne zergeißelten sich,
Und der eiserne Ritter turnierte.
Doch war das Leben auch finster und wild,
So blieb doch die Liebe lieblich und mild.

Und *einen* heiligen, keuschen Altar
Bewahrten sich stille die Musen,
Es lebte, was edel und sittlich war,
In der Frauen züchtigem Busen,
Die Flamme des Liedes entbrannte neu
An der schönen Minne und Liebestreu.

Drum soll auch ein ewiges zartes Band
Die Frauen, die Sänger umflechten,
Sie wirken und weben Hand in Hand
Den Gürtel des Schönen und Rechten.
Gesang und Liebe in schönem Verein,
Sie erhalten dem Leben den Jugendschein.

KASSANDRA

Freude war in Trojas Hallen,
Eh die hohe Feste fiel,
Jubelhymnen hört man schallen
In der Saiten goldnes Spiel.
Alle Hände ruhen müde
Von dem tränenvollen Streit,
Weil der herrliche Pelide
Priams schöne Tochter freit.

Und geschmückt mit Lorbeerreisern,
Festlich wallet Schar auf Schar
Nach der Götter heil'gen Häusern,
Zu des Thymbriers Altar.
Dumpferbrausend durch die Gassen
Wälzt sich die bacchant'sche Lust,

Und in ihrem Schmerz verlassen
War nur *eine* traur'ge Brust.

Freudlos in der Freude Fülle,
Ungesellig und allein,
Wandelte Kassandra stille
In Apollos Lorbeerhain.
In des Waldes tiefste Gründe
Flüchtete die Seherin,
Und sie warf die Priesterbinde
Zu der Erde zürnend hin:

»Alles ist der Freude offen,
Alle Herzen sind beglückt,
Und die alten Eltern hoffen,
Und die Schwester steht geschmückt.
Ich allein muß einsam trauern,
Denn mich flieht der süße Wahn,
Und geflügelt diesen Mauern
Seh ich das Verderben nahn.

Eine Fackel seh ich glühen,
Aber nicht in Hymens Hand,
Nach den Wolken seh ich's ziehen,
Aber nicht wie Opferbrand.
Feste seh ich froh bereiten,
Doch im ahnungsvollen Geist
Hör ich schon des Gottes Schreiten,
Der sie jammervoll zerreißt.

Und sie schelten meine Klagen,
Und sie höhnen meinen Schmerz,
Einsam in die Wüste tragen
Muß ich mein gequältes Herz,
Von den Glücklichen gemieden,
Und den Fröhlichen ein Spott!
Schweres hast du mir beschieden,
Pythischer, du arger Gott!

Dein Orakel zu verkünden,
Warum warfest du mich hin
In die Stadt der ewig Blinden,
Mit dem aufgeschloßnen Sinn?
Warum gabst du mir zu sehen,
Was ich doch nicht wenden kann?
Das Verhängte muß geschehen,
Das Gefürchtete muß nahn.

Frommt's, den Schleier aufzuheben,
Wo das nahe Schrecknis droht?
Nur der Irrtum ist das Leben,
Und das Wissen ist der Tod.
Nimm, o nimm die traur'ge Klarheit,
Mir vom Aug den blut'gen Schein!
Schrecklich ist es, deiner Wahrheit
Sterbliches Gefäß zu sein.

Meine Blindheit gib mir wieder
Und den fröhlich dunkeln Sinn,
Nimmer sang ich freud'ge Lieder,
Seit ich *deine* Stimme bin.
Zukunft hast du mir gegeben,
Doch du nahmst den Augenblick,
Nahmst der Stunde fröhlich Leben,
Nimm dein falsch Geschenk zurück.

Nimmer mit dem Schmuck der Bräute
Kränzt ich mir das duft'ge Haar,
Seit ich deinem Dienst mich weihte
An dem traurigen Altar.
Meine Jugend war nur Weinen,
Und ich kannte nur den Schmerz,
Jede herbe Not der Meinen
Schlug an mein empfindend Herz.

Fröhlich seh ich die Gespielen,
Alles um mich lebt und liebt
In der Jugend Lustgefühlen,
Mir nur ist das Herz getrübt.
Mir erscheint der Lenz vergebens,
Der die Erde festlich schmückt,
Wer erfreute sich des Lebens,
Der in seine Tiefen blickt!

Selig preis ich Polyxenen
In des Herzens trunknem Wahn,
Denn den besten der Hellenen
Hofft sie bräutlich zu umfahn.
Stolz ist ihre Brust gehoben,
Ihre Wonne faßt sie kaum,
Nicht euch Himmlische dort oben
Neidet sie in ihrem Traum.

Und auch ich hab ihn gesehen,
Den das Herz verlangend wählt,
Seine schönen Blicke flehen,
Von der Liebe Glut beseelt.
Gerne möcht ich mit dem Gatten
In die heim'sche Wohnung ziehn,
Doch es tritt ein styg'scher Schatten
Nächtlich zwischen mich und ihn.

Ihre bleichen Larven alle
Sendet mir Proserpina,
Wo ich wandre, wo ich walle,
Stehen mir die Geister da.
In der Jugend frohe Spiele
Drängen sie sich grausend ein,
Ein entsetzliches Gewühle,
Nimmer kann ich fröhlich sein.

Und den Mordstahl seh ich blinken
Und des Mörders Auge glühn,
Nicht zur Rechten, nicht zur Linken
Kann ich vor dem Schrecknis fliehn,
Nicht die Blicke darf ich wenden,
Wissend, schauend, unverwandt
Muß ich mein Geschick vollenden,
Fallend in dem fremden Land.« –

Und noch hallen ihre Worte,
Horch! da dringt verworrner Ton
Fernher aus des Tempels Pforte,
Tot lag Thetis' großer Sohn!
Eris schüttelt ihre Schlangen,
Alle Götter fliehn davon,
Und des Donners Wolken hangen
Schwer herab auf Ilion.

THEKLA

Eine Geisterstimme

Wo ich sei, und wo mich hingewendet,
Als mein flücht'ger Schatte dir entschwebt?
Hab ich nicht beschlossen und geendet,
Hab ich nicht geliebet und gelebt?

Willst du nach den Nachtigallen fragen,
Die mit seelenvoller Melodie
Dich entzückten in des Lenzes Tagen,
Nur solang sie liebten, waren sie.

Ob ich den Verlorenen gefunden?
Glaube mir, ich bin mit ihm vereint,
Wo sich nicht mehr trennt, was sich verbunden,
Dort, wo keine Träne wird geweint.

Dorten wirst auch du uns wiederfinden,
Wenn dein Lieben unserm Lieben gleicht,
Dort ist auch der Vater, frei von Sünden,
Den der blut'ge Mord nicht mehr erreicht.

Und er fühlt, daß ihn kein Wahn betrogen,
Als er aufwärts zu den Sternen sah,
Denn wie jeder wägt, wird ihm gewogen,
Wer es glaubt, dem ist das Heil'ge nah.

Wort gehalten wird in jenen Räumen
Jedem schönen gläubigen Gefühl,
Wage du, zu irren und zu träumen,
Hoher Sinn liegt oft in kind'schem Spiel.

AMALIA

Schön wie Engel, voll Walhallas Wonne,
Schön vor allen Jünglingen war er,
Himmlisch mild sein Blick wie Maiensonne,
Rückgestrahlt vom blauen Spiegelmeer.

Seine Küsse – paradiesisch Fühlen!
Wie zwo Flammen sich ergreifen, wie
Harfentöne ineinanderspielen
Zu der himmelvollen Harmonie –

Stürzten, flogen, schmolzen Geist und Geist zusammen,
Lippen, Wangen brannten, zitterten,
Seele rann in Seele – Erd und Himmel schwammen
Wie zerronnen um die Liebenden!

Er ist hin – vergebens, ach vergebens
Stöhnet ihm der bange Seufzer nach!
Er ist hin, und alle Lust des Lebens
Wimmert hin in ein verlornes Ach!

PUNSCHLIED

Vier Elemente,
Innig gesellt,
Bilden das Leben,
Bauen die Welt.

Preßt der Zitrone
Saftigen Stern,
Herb ist des Lebens
Innerster Kern.

Jetzt mit des Zuckers
Linderndem Saft
Zähmet die herbe
Brennende Kraft.

Gießet des Wassers
Sprudelnden Schwall,
Wasser umfänget
Ruhig das All.

Tropfen des Geistes
Gießet hinein,
Leben dem Leben
Gibt er allein.

Eh es verdüftet,
Schöpfet es schnell,
Nur wenn er glühet,
Labet der Quell.

DER JÜNGLING AM BACHE

An der Quelle saß der Knabe,
  Blumen band er sich zum Kranz,
Und er sah sie fortgerissen,
  Treiben in der Wellen Tanz!
»Und so fliehen meine Tage
  Wie die Quelle rastlos hin!
Und so schwindet meine Jugend,
  Wie die Kränze schnell verblühn.

Fraget nicht, warum ich traure
  In des Lebens Blütenzeit!
Alles reget sich und hoffet,
  Wenn der Frühling sich erneut.
Aber diese tausend Stimmen
  Der erwachenden Natur
Wecken in dem tiefen Busen
  Mir den schweren Kummer nur.

Was kann mir die Freude frommen,
  Die der schöne Lenz mir beut?
Eine nur ist's, die ich suche,
  Sie ist nah und ewig weit.
Meine Arme breit ich sehnend
  Nach dem teuren Schattenbild,
Ach ich kann es nicht erfassen,
  Und das Herz bleibt ungestillt!

Komm herab, du schöne Holde,
  Und verlaß dein stolzes Schloß!
Blumen, die der Lenz geboren,
  Schütt ich dir in deinen Schoß.
Horch, der Hain erschallt von Liedern,
  Und die Quelle rieselt klar.
Raum ist in der kleinsten Hütte
  Für ein glücklich liebend Paar.«

DER PILGRIM

Noch in meines Lebens Lenze
  War ich, und ich wandert aus,
Und der Jugend frohe Tänze
  Ließ ich in des Vaters Haus.

All mein Erbteil, meine Habe
  Warf ich fröhlich glaubend hin,
Und am leichten Pilgerstabe
  Zog ich fort mit Kindersinn.

Denn mich trieb ein mächtig Hoffen
  Und ein dunkles Glaubenswort,
»Wandle«, rief's, »der Weg ist offen,
  Immer nach dem Aufgang fort.

Bis zu einer goldnen Pforten
  Du gelangst, da gehst du ein,
Denn das Irdische wird dorten
  Himmlisch unvergänglich sein.«

Abend ward's und wurde Morgen,
  Nimmer, nimmer stand ich still,
Aber immer blieb's verborgen,
  Was ich suche, was ich will.

Berge lagen mir im Wege,
  Ströme hemmten meinen Fuß,
Über Schlünde baut ich Stege,
  Brücken durch den wilden Fluß.

Und zu eines Stroms Gestaden
  Kam ich, der nach Morgen floß,
Froh vertrauend seinem Faden,
  Werf ich mich in seinen Schoß.

Hin zu einem großen Meere
  Trieb mich seiner Wellen Spiel,
Vor mir liegt's in weiter Leere,
  Näher bin ich nicht dem Ziel.

Ach kein Steg will dahin führen,
  Ach der Himmel über mir
Will die Erde nie berühren,
  Und das Dort ist niemals Hier.

DER GRAF VON HABSBURG

Zu Aachen in seiner Kaiserpracht
  Im altertümlichen Saale
Saß König Rudolfs heilige Macht
  Beim festlichen Krönungsmahle.
Die Speisen trug der Pfalzgraf des Rheins,
Es schenkte der Böhme des perlenden Weins,
  Und alle die Wähler, die sieben,
Wie der Sterne Chor um die Sonne sich stellt,
Umstanden geschäftig den Herrscher der Welt,
  Die Würde des Amtes zu üben.

Und rings erfüllte den hohen Balkon
  Das Volk in freud'gem Gedränge,
Laut mischte sich in der Posaunen Ton
  Das jauchzende Rufen der Menge.
Denn geendigt nach langem verderblichen Streit
War die kaiserlose, die schreckliche Zeit,
  Und ein Richter war wieder auf Erden.
Nicht blind mehr waltet der eiserne Speer,
Nicht fürchtet der Schwache, der Friedliche mehr,
  Des Mächtigen Beute zu werden.

Und der Kaiser ergreift den goldnen Pokal,
  Und spricht mit zufriedenen Blicken:

»Wohl glänzet das Fest, wohl pranget das Mahl,
Mein königlich Herz zu entzücken;
Doch den Sänger vermiß ich, den Bringer der Lust,
Der mit süßem Klang mir bewege die Brust
Und mit göttlich erhabenen Lehren.
So hab ich's gehalten von Jugend an,
Und was ich als Ritter gepflegt und getan,
Nicht will ich's als Kaiser entbehren.«

Und sieh! in der Fürsten umgebenden Kreis
Trat der Sänger im langen Talare,
Ihm glänzte die Locke silberweiß,
Gebleicht von der Fülle der Jahre.
»Süßer Wohllaut schläft in der Saiten Gold,
Der Sänger singt von der Minne Sold,
Er preiset das Höchste, das Beste,
Was das Herz sich wünscht, was der Sinn begehrt,
Doch sage, was ist des Kaisers wert
An seinem herrlichsten Feste?«

»Nicht gebieten werd ich dem Sänger«, spricht
Der Herrscher mit lächelndem Munde,
»Er steht in des größeren Herren Pflicht,
Er gehorcht der gebietenden Stunde.
Wie in den Lüften der Sturmwind saust,
Man weiß nicht, von wannen er kommt und braust,
Wie der Quell aus verborgenen Tiefen,
So des Sängers Lied aus dem Innern schallt
Und wecket der dunkeln Gefühle Gewalt,
Die im Herzen wunderbar schliefen.«

Und der Sänger rasch in die Saiten fällt
Und beginnt sie mächtig zu schlagen:
»Aufs Weidwerk hinaus ritt ein edler Held,
Den flüchtigen Gemsbock zu jagen.
Ihm folgte der Knapp mit dem Jägergeschoß,
Und als er auf seinem stattlichen Roß
In eine Au kommt geritten,

Ein Glöcklein hört er erklingen fern,
Ein Priester war's mit dem Leib des Herrn,
  Voran kam der Mesner geschritten.

Und der Graf zur Erde sich neiget hin,
  Das Haupt mit Demut entblößet,
Zu verehren mit glaubigem Christensinn,
  Was alle Menschen erlöset.
Ein Bächlein aber rauschte durchs Feld,
Von des Gießbachs reißenden Fluten geschwellt,
  Das hemmte der Wanderer Tritte,
Und beiseit legt jener das Sakrament,
Von den Füßen zieht er die Schuhe behend,
  Damit er das Bächlein durchschritte.

›Was schaffst du?‹ redet der Graf ihn an,
  Der ihn verwundert betrachtet.
›Herr, ich walle zu einem sterbenden Mann,
  Der nach der Himmelskost schmachtet.
Und da ich mich nahe des Baches Steg,
Da hat ihn der strömende Gießbach hinweg
  Im Strudel der Wellen gerissen.
Drum daß dem Lechzenden werde sein Heil,
So will ich das Wässerlein jetzt in Eil
  Durchwaten mit nackenden Füßen.‹

Da setzt ihn der Graf auf sein ritterlich Pferd,
  Und reicht ihm die prächtigen Zäume,
Daß er labe den Kranken, der sein begehrt,
  Und die heilige Pflicht nicht versäume.
Und er selber auf seines Knappen Tier
Vergnüget noch weiter des Jagens Begier,
  Der andre die Reise vollführet,
Und am nächsten Morgen, mit dankendem Blick,
Da bringt er dem Grafen sein Roß zurück,
  Bescheiden im Zügel geführet.

›Nicht wolle das Gott‹, rief mit Demutssinn
Der Graf, ›daß zum Streiten und Jagen
Das Roß ich beschritte fürderhin,
Das meinen Schöpfer getragen!
Und magst du's nicht haben zu eignem Gewinst,
So bleib es gewidmet dem göttlichen Dienst,
Denn ich hab es dem ja gegeben,
Von dem ich Ehre und irdisches Gut
Zu Lehen trage und Leib und Blut
Und Seele und Atem und Leben.‹

›So mög Euch Gott, der allmächtige Hort,
Der das Flehen der Schwachen erhöret,
Zu Ehren Euch bringen hier und dort,
So wie Ihr jetzt ihn geehret.
Ihr seid ein mächtiger Graf, bekannt
Durch ritterlich Walten im Schweizerland,
Euch blühn sechs liebliche Töchter.
So mögen sie‹, rief er begeistert aus,
›Sechs Kronen Euch bringen in Euer Haus
Und glänzen die spätsten Geschlechter!‹«

Und mit sinnendem Haupt saß der Kaiser da,
Als dächt er vergangener Zeiten,
Jetzt, da er dem Sänger ins Auge sah,
Da ergreift ihn der Worte Bedeuten.
Die Züge des Priesters erkennt er schnell
Und verbirgt der Tränen stürzenden Quell
In des Mantels purpurnen Falten.
Und alles blickte den Kaiser an,
Und erkannte den Grafen, der das getan,
Und verehrt das göttliche Walten.

Anmerkung. Tschudi, der uns diese Anekdote überliefert hat, erzählt auch, daß der Priester, dem dieses mit dem Grafen von Habsburg begegnet, nachher Kaplan bei dem Kurfürsten von Mainz geworden und nicht wenig dazu beigetragen habe, bei der nächsten Kaiserwahl, die auf das große Interregnum erfolgte, die Gedanken des Kurfürsten auf den Grafen von Habsburg zu richten. – Für die, welche die Geschichte jener Zeit kennen, bemerke ich noch, daß ich recht gut weiß, daß Böhmen sein Erzamt bei Rudolfs Kaiserkrönung nicht ausübte.

PUNSCHLIED

Im Norden zu singen

Mit Musik von Herrn Zelter

Auf der Berge freien Höhen,
In der Mittagsonne Schein,
An des warmen Strahles Kräften
Zeugt Natur den goldnen Wein.

Und noch niemand hat erkundet,
Wie die große Mutter schafft;
Unergründlich ist das Wirken,
Unerforschlich ist die Kraft.

Funkelnd, wie ein Sohn der Sonne,
Wie des Lichtes Feuerquell,
Springt er perlend aus der Tonne
Purpurn und kristallenhell;

Und erfreuet alle Sinnen,
Und in jede bange Brust
Gießt er ein balsamisch Hoffen
Und des Lebens neue Lust.

Aber matt auf unsre Zonen
Fällt der Sonne schräges Licht:
Nur die Blätter kann sie färben,
Aber Früchte reift sie nicht.

Doch der Norden auch will leben,
Und was lebt, will sich erfreun;
Darum schaffen wir erfindend
Ohne Weinstock uns den Wein.

Bleich nur ist's, was wir bereiten
Auf dem irdischen Altar;
Was Natur lebendig bildet,
Glänzend ist's und ewig klar.

Aber freudig aus der Schale
Schöpfen wir die trübe Flut,

Auch die Kunst ist Himmelsgabe,
Borgt sie gleich von ird'scher Glut.

Ihrem Wirken freigegeben
Ist der Kräfte großes Reich;
Neues bildend aus dem Alten,
Stellt sie sich dem Schöpfer gleich.

Selbst das Band der Elemente
Trennt ihr herrschendes Gebot,
Und sie ahmt mit ird'schen Flammen
Nach den hohen Sonnengott.

Fernhin zu den sel'gen Inseln
Richtet sie der Schiffe Lauf,
Und des Südmeers goldne Früchte
Schüttet sie im Norden auf.

Drum ein Sinnbild und ein Zeichen
Sei uns dieser Feuersaft,
Was der Mensch sich kann erlangen
Mit dem Willen und der Kraft.

DAS SIEGESFEST

Priams Feste war gesunken,
Troja lag in Schutt und Staub,
Und die Griechen, siegestrunken,
Reich beladen mit dem Raub,
Saßen auf den hohen Schiffen
Längs des Hellespontos Strand,
Auf der frohen Fahrt begriffen
Nach dem schönen Griechenland.
»Stimmet an die frohen Lieder,
Denn dem väterlichen Herd
Sind die Schiffe zugekehrt,
Und zur Heimat geht es wieder.«

Und in langen Reihen, klagend,
Saß der Trojerinnen Schar,
Schmerzvoll an die Brüste schlagend,
Bleich, mit aufgelöstem Haar.
In das wilde Fest der Freuden
Mischten sie den Wehgesang,
Weinend um das eigne Leiden
In des Reiches Untergang.
»Lebe wohl, geliebter Boden!
Von der süßen Heimat fern,
Folgen wir dem fremden Herrn,
Ach wie glücklich sind die Toten!«

Und den hohen Göttern zündet
Kalchas jetzt das Opfer an.
Pallas, die die Städte gründet
Und zertrümmert, ruft er an,
Und Neptun, der um die Länder
Seinen Wogengürtel schlingt,
Und den Zeus, den Schreckensender,
Der die Ägis grausend schwingt.
»Ausgestritten, ausgerungen
Ist der lange schwere Streit,
Ausgefüllt der Kreis der Zeit,
Und die große Stadt bezwungen.«

Atreus' Sohn, der Fürst der Scharen,
Übersah der Völker Zahl,
Die mit ihm gezogen waren
Einst in des Skamanders Tal.
Und des Kummers finstre Wolke
Zog sich um des Königs Blick,
Von dem hergeführten Volke
Bracht er wen'ge nur zurück.
»Drum erhebe frohe Lieder,
Wer die Heimat wiedersieht,
Wem noch frisch das Leben blüht,
Denn nicht alle kehren wieder.«

»Alle nicht, die wiederkehren,
Mögen sich des Heimzugs freun,
An den häuslichen Altären
Kann der Mord bereitet sein.
Mancher fiel durch Freundestücke,
Den die blut'ge Schlacht verfehlt«,
Sprach Ulyß mit Warnungsblicke,
Von Athenens Geist beseelt.
»Glücklich, wem der Gattin Treue
Rein und keusch das Haus bewahrt,
Denn das Weib ist falscher Art,
Und die Arge liebt das Neue.«

Und des frisch erkämpften Weibes
Freut sich der Atrid und strickt
Um den Reiz des schönen Leibes
Seine Arme hochbeglückt.
»Böses Werk muß untergehen,
Rache folgt der Freveltat,
Denn gerecht in Himmels Höhen
Waltet des Kroniden Rat.«
»Böses muß mit Bösem enden,
An dem frevelnden Geschlecht
Rächet Zeus das Gastesrecht,
Wägend mit gerechten Händen.«

»Wohl dem Glücklichen mag's ziemen«,
Ruft Oileus' tapfrer Sohn,
»Die Regierenden zu rühmen
Auf dem hohen Himmelsthron!
Ohne Wahl verteilt die Gaben,
Ohne Billigkeit das Glück,
Denn Patroklus liegt begraben,
Und Thersites kommt zurück!«
»Weil das Glück aus seiner Tonnen
Die Geschicke blind verstreut,
Freue sich und jauchze heut,
Wer das Lebenslos gewonnen!«

»Ja der Krieg verschlingt die Besten!
Ewig werde dein gedacht,
Bruder, bei der Griechen Festen,
Der ein Turm war in der Schlacht.
Da der Griechen Schiffe brannten,
War in *deinem* Arm das Heil,
Doch dem Schlauen, Vielgewandten
Ward der schöne Preis zuteil.«
»Friede deinen heil'gen Resten!
Nicht der Feind hat dich entrafft,
Ajax fiel durch Ajax' Kraft,
Ach der Zorn verderbt die Besten!«

Dem Erzeuger jetzt, dem großen,
Gießt Neoptolem des Weins:
»Unter allen ird'schen Losen,
Hoher Vater, preis ich deins.
Von des Lebens Gütern allen
Ist der Ruhm das höchste doch,
Wenn der Leib in Staub zerfallen,
Lebt der große Name noch.«
»Tapfrer, deines Ruhmes Schimmer
Wird unsterblich sein im Lied;
Denn das ird'sche Leben flieht,
Und die Toten dauern immer.«

»Weil des Liedes Stimmen schweigen
Von dem überwundnen Mann,
So will ich für Hektorn zeugen«,
Hub der Sohn des Tydeus an,
»Der für seine Hausaltäre
Kämpfend, ein Beschirmer fiel –
Krönt den Sieger größre Ehre,
Ehret *ihn* das schönre Ziel.«
»Der für seine Hausaltäre
Kämpfend sank, ein Schirm und Hort,
Auch in Feindes Munde fort
Lebt ihm seines Namens Ehre.«

Nestor jetzt, der alte Zecher,
Der drei Menschenalter sah,
Reicht den laubumkränzten Becher
Der betränten Hekuba:
»Trink ihn aus, den Trank der Labe,
Und vergiß den großen Schmerz,
Wundervoll ist Bacchus' Gabe,
Balsam fürs zerrißne Herz.«
»Trink ihn aus, den Trank der Labe,
Und vergiß den großen Schmerz,
Balsam fürs zerrißne Herz,
Wundervoll ist Bacchus' Gabe.«

»Denn auch Niobe, dem schweren
Zorn der Himmlischen ein Ziel,
Kostete die Frucht der Ähren,
Und bezwang das Schmerzgefühl.
Denn solang die Lebensquelle
Schäumet an der Lippen Rand,
Ist der Schmerz in Lethes Welle
Tief versenkt und festgebannt.«
»Denn solang die Lebensquelle
An der Lippen Rande schäumt,
Ist der Jammer weggeträumt,
Fortgespült in Lethes Welle.«

Und von ihrem Gott ergriffen,
Hub sich jetzt die Seherin,
Blickte von den hohen Schiffen
Nach dem Rauch der Heimat hin.
»Rauch ist alles ird'sche Wesen,
Wie des Dampfes Säule weht,
Schwinden alle Erdengrößen,
Nur die Götter bleiben stet.«
»Um das Roß des Reuters schweben,
Um das Schiff die Sorgen her,
Morgen können wir's nicht mehr,
Darum laßt uns heute leben!«

BERGLIED

Am Abgrund leitet der schwindlichte Steg,
Er führt zwischen Leben und Sterben,
Es sperren die Riesen den einsamen Weg
Und drohen dir ewig Verderben,
Und willst du die schlafende *Löwin* nicht wecken,
So wandle still durch die Straße der Schrecken.

Es schwebt eine *Brücke*, hoch über den Rand
Der furchtbaren Tiefe gebogen,
Sie ward nicht erbauet von Menschenhand,
Es hätte sich's keiner verwogen,
Der Strom braust unter ihr spat und früh,
Speit ewig hinauf und zertrümmert sie nie.

Es öffnet sich schwarz ein schauriges *Tor*,
Du glaubst dich im Reiche der Schatten,
Da tut sich ein lachend Gelände hervor,
Wo der Herbst und der Frühling sich gatten.
Aus des Lebens Mühen und ewiger Qual
Möcht ich fliehen in dieses glückselige *Tal*.

Vier *Ströme* brausen hinab in das Feld,
Ihr Quell, der ist ewig verborgen,
Sie fließen nach allen vier Straßen der Welt,
Nach Abend und Mittag und Morgen,
Und wie die Mutter sie rauschend geboren,
Fort fliehn sie und bleiben sich ewig verloren.

Zwei *Zinken* ragen ins Blaue der Luft,
Hoch über der Menschen Geschlechter,
Drauf tanzen, umschleiert mit goldenem Duft,
Die Wolken, die himmlischen Töchter.
Sie halten dort oben den einsamen Reihn,
Da stellt sich kein Zeuge, kein irdischer, ein.

Es sitzt die *Königin* hoch und klar
Auf unvergänglichem Throne,
Die Stirn umkränzt sie sich wunderbar
Mit diamantener Krone.
Drauf schießt die Sonne die Pfeile von Licht,
Sie vergolden sie nur und erwärmen sie nicht.

[AN KARL THEODOR VON DALBERG
mit dem »Wilhelm Tell«]

Wenn rohe Kräfte feindlich sich entzweien,
Und blinde Wut die Kriegesflamme schürt,
Wenn sich im Kampfe tobender Parteien
Die Stimme der Gerechtigkeit verliert,
Wenn alle Laster schamlos sich befreien,
Wenn freche Willkür an das Heil'ge rührt,
Den Anker löst, an dem die Staaten hängen –
Das ist kein Stoff zu freudigen Gesängen.

Doch wenn ein Volk, das fromm die Herden weidet,
Sich selbst genug, nicht fremden Guts begehrt,
Den Zwang abwirft, den es unwürdig leidet,
Doch selbst im Zorn die Menschlichkeit noch ehrt,
Im Glücke selbst, im Siege sich bescheidet –
Das ist unsterblich und des Liedes wert.
Und solch ein Bild darf ich dir freudig zeigen,
Du kennst's, denn alles Große ist dein eigen.

DER ALPENJÄGER

Willst du nicht das Lämmlein hüten?
Lämmlein ist so fromm und sanft,
Nährt sich von des Grases Blüten,
Spielend an des Baches Ranft. –
»Mutter, Mutter, laß mich gehen,
Jagen nach den Bergeshöhen!«

Willst du nicht die Herde locken
  Mit des Hornes munterm Klang?
Lieblich tönt das Spiel der Glocken
  In des Waldes Lustgesang. –
»Mutter, Mutter, laß mich gehen,
Schweifen auf den freien Höhen!«

Willst du nicht der Blümlein warten,
  Die im Beete freundlich stehn?
Draußen ladet dich kein Garten,
  Wild ist's auf den wilden Höhn! –
»Laß die Blümlein, laß sie blühen,
Mutter, Mutter, laß mich ziehen!«

Und der Knabe ging zu jagen,
  Und es treibt und reißt ihn fort,
Rastlos fort mit blindem Wagen
  An des Berges finstern Ort;
Vor sich her mit Windesschnelle
Scheucht er fliehend die Gazelle.

Auf der Felsen nackte Rippen
  Setzt sie mit behendem Schwung,
Durch den Riß gespaltner Klippen
  Trägt sie der gewagte Sprung;
Doch von Fels zu Fels, verwogen,
Folgt er mit dem Todesbogen.

Jetzo auf den steilen Zinken
  Hängt sie, auf dem höchsten Grat,
Wo die Klippen jäh versinken,
  Und der wilde Jäger naht,
Unter sich die schroffe Jähe,
Hinter sich des Feindes Nähe.

Mit des Jammers stummen Blicken
  Fleht sie zu dem harten Mann,
Fleht umsonst, denn loszudrücken
  Legt er schon den Bogen an.
Plötzlich aus der Felsenspalte
Tritt der Geist, der Bergesalte.

Schützend mit den Götterhänden
  Deckt er das verfolgte Tier.
»Darfst du Tod und Jammer senden«,
  Ruft er, »bis herauf zu mir?
Raums für alle hat die Erde,
Was verfolgst du *meine* Herde?«

DER ALPENJÄGER

Willst du nicht das Lämmlein hüten?
  Lämmlein ist so fromm und sanft,
Nährt sich von des Grases Blüten,
  Spielend an des Baches Ranft?
»Mutter, Mutter, laß mich gehen,
Jagen nach des Berges Höhen!«

Willst du nicht die Herde locken
  Mit des Hornes munterm Klang?
Lieblich tönt der Schall der Glocken
  In des Waldes Lustgesang.
»Mutter, Mutter, laß mich gehen,
Schweifen auf den wilden Höhen!«

Willst du nicht der Blümlein warten,
  Die im Beete freundlich stehn?
Draußen ladet dich kein Garten,
  Wild ist's auf den wilden Höhn!
»Laß die Blümlein, laß sie blühen,
Mutter, Mutter, laß mich ziehen!«

Und der Knabe ging zu jagen,
 Und es treibt und reißt ihn fort,
Rastlos fort mit blindem Wagen
 An des Berges finstern Ort,
Vor ihm her mit Windesschnelle
Flieht die zitternde Gazelle.

Auf der Felsen nackte Rippen
 Klettert sie mit leichtem Schwung,
Durch den Riß geborstner Klippen
 Trägt sie der gewagte Sprung,
Aber hinter ihr verwogen
Folgt er mit dem Todesbogen.

Jetzo auf den schroffen Zinken
 Hängt sie, auf dem höchsten Grat,
Wo die Felsen jäh versinken,
 Und verschwunden ist der Pfad.
Unter sich die steile Höhe,
Hinter sich des Feindes Nähe.

Mit des Jammers stummen Blicken
 Fleht sie zu dem harten Mann,
Fleht umsonst, denn loszudrücken
 Legt er schon den Bogen an.
Plötzlich aus der Felsenspalte
Tritt der Geist, der Bergesalte.

Und mit seinen Götterhänden
 Schützt er das gequälte Tier.
»Mußt du Tod und Jammer senden«,
 Ruft er, »bis herauf zu mir?
Raum für alle hat die Erde,
Was verfolgst du meine Herde?«

[FÜR CHRISTIAN VON MECHEL]

Unerschöpflich an Reiz, an immer erneuerter Schönheit
Ist die Natur! die Kunst ist unerschöpflich wie sie.
Heil dir, würdiger Greis! Für beide bewahrst du im Herzen
Reges Gefühl, und so ist ewige Jugend dein Los.

FRAGMENTE UND ENTWÜRFE

[AUS EINEM GEDICHT AN DEN OBERPRÄZEPTOR WINTER]

Ver nobis Winter pollicitusque bonum

[AUS »TEUFEL AMOR«]

Süßer Amor, verweile
Im melodischen Flug

[DON JUAN]

»Herr! diese Mauren geht vorbei,
Steht doch die ganze Welt Euch frei,
Habt Scheu vor diesem Boden,
Des Kommandeurs Gebein hier ruht,
Den Ihr vorm Jahr im Übermut
Gesendet habt zu den Toten.
In Stein gehauen steht er dort,
O Herr, vermeidet diesen Ort.«

»Siehst du die Dirne schlank und leicht,
Die flüchtig dort vorüberstreicht?
Schweig von dem alten Gecken!
Ich hab ihn ritterlich besiegt,
Hier, wo mein Feind begraben liegt,
Soll mir das Leben erst schmecken.«
Don Juan sprach's, und sprengte vor,
Ritt lustig in Palermos Tor.

Und wie er geht und wie er schaut,
Beginnt's von weitem überlaut
Zu zymbeln und zu tönen,
Und ihm entgegen kam ein Zug,

Der einen goldnen Himmel trug,
Hoch über dem Haupt einer Schönen,
Und stattlich ritten nebenan
Viel Knappen, festlich angetan.

»Wer ist das holde Fräulein, sprecht!
Sie scheint von herrlichem Geschlecht,
Die dort kommt hergezogen?
Der Schleier, der sie kaum verhüllt,
Zeigt mir das schönste Frauenbild
Weit unter dem himmlischen Bogen.
Wo kommt sie her? Wo zieht sie hin?
Ist's eure Frau und Königin?«

»Dies edle Fräulein, daß Ihr's wißt,
Des Grafen Eudo Tochter ist,
Wird Leonor' benennet,
Es warb um sie für seinen Sohn
Der edle Graf von Barcelon,
Ein Bräutigam, den sie nicht kennet!
Wir führen sie, sie folgt nicht gern,
Entgegen dem Gemahl und Herrn.«

»Und ist der Barceloner wert
Des Schönsten, das die Welt begehrt?
D
Und treibt's ihn nicht
. . . .
Um ihre Liebe zu werben.
Das zeigt nicht adeliges Blut,
Und zeigt mir keines Ritters Mut.«

Und
. . . .
Hat feurig sie umschlungen:
»Hold Fräulein   erkenne mich,
Der Barceloner, der bin *ich*!
Es ist mir geglückt und gelungen,

Zu werben selbst um deine Huld,
Trieb mich des Herzens Ungeduld.«

Darob erstaunt der ganze Chor.
Das Fräulein schlägt den Blick empor
Und läßt ihn züchtig fallen.
Den Ritter, der so feurig liebt, minnt
So   übt,
Ihr Herz erwählt ihn vor allen.
Und alle Zungen rufen laut:
»Hoch lebe Bräutigam und Braut!«

»Zurück

. . . .
Fort, fort in die Kapelle.
Man hole Meß- und Bibelbuch,
Der Priester sage seinen Spruch,
Jeder Aufschub wird mir zur Hölle.«
Sogleich zur Kirche alles rennt,
Gesprochen ist das Sakrament.

»o Herr, seht zu!
Stört nicht der Toten tiefe Ruh,
Es wachen ihre Seelen!
Zwar ist's nur Stein, was Ihr da drückt,
Der Schöpfer, den Ihr nicht erblickt,
Er kann ihm zu wandeln befehlen.«
. . . .
. . . .

Er zog den Herrn, er riß ihn fort,
Der folgte still und sprach kein Wort,
Tät schüchtern rückwärts schielen.
»Hör, Gußmann! Hast du nichts gesehn.
Als ich ihn einlud, mitzugehn,
Wie seltsam die Sinne doch spielen!
Da war mir's, ja mir deucht, ich sah,
Als nickt er mit dem Kopfe, ja.«

Dem König *Theoderich* begegnen drei graue Weiber, die ihm ein Geschenk machen und dafür seinen einzigen Sohn verlangen – Entrüstung des Königs – Jene schwören, daß sie, auch wider s[einen] Willen, den Sohn doch bekommen würden, u[nd] verschwinden – Anstalten des Königs, s[einen] Sohn in Sicherheit zu bringen, den aber die Macht der Verhängnisse den Sibyllen freiwillig entgegentreibt. Katastrophe dieses Märchens ist freudig.

Es liebt sich der Vogel, im freien Wald
Von Zweigen zu Zweigen zu gleiten,
Der Sänger ⟨des Schönen⟩ wird nirgends alt,
Wie des Jahres wechselnde Zeiten,

Wie der heilige Vogel des Sommers zieht,
Der auf Kirchendächern sich bauet,
Des Lorbeers unschuldige heilige Zier,
Sie locket nicht an des Räubers Begier;

. . . .
Ihr habt mich gespeist und getränket!
. . . .
Lebt wohl und des Sängers gedenket!

Er singt, was auf Erden der Heiland getan,
Er singt von Helden und Schönen,
Er singt ⟨von der Liebe heiligem Wahn⟩
In fröhlich einfältigen Tönen.

Bianca, eine reiche und edle Gräfin von ***, war dreimal vermählt worden, und allemal hatte man den Bräutigam getötet am andern Morgen gefunden. Die allgemeine Sage ging, daß ein Geist, der in der Burg hause und dem nicht zu entfliehen sei, dieses getan. Kein Freier wollte sich mehr zeigen, so schön, reich und edel auch die Gräfin war und so geneigt auch ihr Vater gewesen sein würde, seine Einwilligung zu geben. Sie hatte von ihren drei Männern keinen geliebt und bloß den Willen ihres Vaters vollzogen.

Ein junger Edelmann, mutig und verliebt, hörte von dieser Geschichte. Er sah die Braut, sie bezauberte ihn, und er beschloß, sein Glück zu versuchen.

Man will ihn abschrecken, er spottet über den Aberglauben und trägt sich ihrem Vater an.

Diesem gefällt er außerordentlich, aber eben darum will der Vater die Heirat nicht zugeben.

Don Leiva wendet sich an die Schöne selbst, die für ihn die erste Liebe empfindet, aber eben darum davor schaudert, ihm ihre Hand zu geben, weil sie ihn für unrettbar verloren hält.

Er bringt es aber doch zuletzt dahin, daß in die Vermählung gewilligt wird, er führt sie zum Altar und fühlt sich als den glücklichsten der Menschen im Besitz s[einer] schönen Geliebten.

Die Nacht kommt heran

HERZOGIN VANDA

Vanda heißt die Angel, sie heißt so, weil sie sehr bezaubernd war.

Sie ist die Tochter des Cracus, des Erbauers von Krakau.

Hatte 2 Brüder, davon Lechus, der jüngere, den älteren ermordet, ihm in der Regierung gefolgt, aber zuletzt vertrieben worden.

Sie schlägt den deutschen Fürsten Rüdiger aus, der sie heftig liebt. Er tat darauf einen Feldzug gegen sie, wurde aber geschlagen, oder auch von seinen Völkern verlassen, worauf er sich selbst entleibt, mehr aus Liebesschmerz als andrer Ursach

Vanda mari, Vanda terrae, Vanda aeri imperat etc.

Auf der Weichselbrücke zeigt sie sich, fürstlich geschmückt, dem versammelten Volk, welches in sie gedrungen, sich zu vermählen. Man erwartet, daß sie aus den Ersten des Landes einen Gemahl wählen werde.

Sie sitzt auf einem schönen (weißen Pferd) im jungfräulichen Staat, mit Edelsteinen etc.

So haranguiert sie das Volk, erzählt von ihrem Vater, von Krakaus Erbauung etc. etc.

Ihre hohe, stolze, jungfräuliche Gesinnung – Sie will nichts wissen von Liebe, auf Freiheit u[nd] Ruhm ist einzig ihr Sinn geheftet.

DER FISCHER

Mit seinen Bassen unzufrieden
Und seinen diebischen Wesiren,
Die ihn von seinen Völkern schieden,
Am Seil des Irrtums ihn zu führen,
Stand Bajazet, einst unbekannt
An des Meeres Strand,
Und einen Fischer sah er eben
Sein Netz erheben.

Nach dem fernen Westen wollt ich steuern
Auf der Straße, die Kolumbus fand,
Und mit seinen Kähnen
Die Kolumb mit seinem Wanderschiffe
An die alte Erde band.
Dort vielleicht ist Freiheit
Ach dort ist sie nicht
Flieh
Liegt sie jenseits dem Atlantermeere,
Die Kolumb mit wandernder Galeere

Seine Götter ruft der Meerkönig zusammen und beratschlagt mit ihnen, wie sie gegen die menschliche Kunst ihre alte Götterfreiheit behaupten wollen, weil die Mechanik ihnen über den Kopf wachse. Alles Göttliche verschwindet aus der Welt, und die alten Götter machen den Menschen Platz. »Immer hör ich die Humanität rühmen, man will sie überall pflanzen, und darüber wird alles Große und Göttliche ausgerottet. Wie klein war die Welt des Odysseus, als die beiden Äthiopien sie umschlossen, aber da war der Mensch noch groß, und kräftig stand er da.«

[ORPHEUS IN DER UNTERWELT]

Gedräng im Orkus, Bewegung, Saitenklang durch das stille Reich.

Orpheus mit der Leier, auf ihn eindrängende Larven, er immer vorwärts schreitend und mit dem Klang der Saiten sie von sich wehrend. Die Töne der Leier bilden einen Lebenskreis um ihn her, daß er, ein Lebendiger, jugendlich Blühender, ungefährdet durch die Schatten geht, obgleich immer von neuen Scheusalen bedroht.

So gelangt er, unter Begleitung zahlloser Schatten, ein mächtig Schreitender, bis zum Thron des stygischen Königs. Erstaunen, allgemeines über das Abenteuer.

Beschreibung des Lokals; alles geisterhaft, gierig, farb- und gestaltlos.

Er redet den Schattenbeherrscher an und fordert seine Gattin zurück: »Nimm das Alter, aber schone die Jugend« etc.

Eindruck seiner Rede, Gebärdung der Schatten, Macht der Leier.

Antwort des Schattenbeherrschers, daß Orpheus seine Macht besingen soll.

Orpheus weigert sich, den Tod zu singen, aber dem Leben stimmt er jetzt ein Lied an. – Der Hymnus auf das Leben, in der Hölle gesungen, vor Toten und Geistern.

1. Das Licht, die Farbe, die Wärme, die Gestalt, die Fülle, die Schönheit. Meer und Land. –

Erstaunen der Manen.

2. Der Schall, die Stimme, die Melodie, die Leidenschaft. Refrain.

3. Der Genuß, Leben, Lieben, Beleben!

4.

[DEUTSCHE GRÖSSE]

Darf der Deutsche in diesem Augenblicke
wo er ruhmlos aus seinem tränenvollen
Kriege geht, wo zwei übermütige Völker
ihren Fuß auf seinen Nacken setzen,
und der Sieger sein Geschick bestimmt –
darf er sich fühlen? Darf er sich seines
Namens rühmen und freun? Darf
er sein Haupt erheben und mit Selbst-
gefühl auftreten in der Völker Reihe?

Wo der Franke wo
der Brite
Mit dem stolzen Siegerschritte
Herrschend sein Geschick
bestimmt?
Über seinen Nacken
tritt!
Schweigend in der Ferne
stehen
Und die Erde teilen
sehen⟨,⟩

Ja er darf's! Er geht unglücklich
aus dem Kampf, aber das, was seinen
Wert ausmacht, hat er nicht verloren.
Deutsches Reich und deutsche Nation
sind zweierlei Dinge. Die Majestät
des Deutschen ruhte nie auf dem
Haupt s[einer] Fürsten. Abgesondert von
dem politischen hat der Deutsche sich
einen eigenen Wert gegründet und
wenn auch das Imperium unterginge,
so bliebe die deutsche Würde unan-
gefochten.

glaubt, raubt.
erlaubt, belaubt.

Lächelnd naht der
goldne Friede.
Ohne Lorbeer, ohne
Aus den tränen
vollen
Und
⟨Ohne Lor⟩
Und mit lorbeer-
leerem Haupt!

Der die Stirne sich
belaubt
Aus dem tränen

Und mit lorbeerleerem
Haupt?

Sie ist eine sittliche Größe, sie wohnt in der Kultur u[nd]
im Charakter der Nation, der von ihren
politischen Schicksalen unabhängig ist.
– Dieses Reich blüht in Deutschland,
es ist in vollem Wachsen und mitten unter
gotischen
den Ruinen einer alten barbarischen
Verfassung bildet sich das Lebendige
aus. (Der Deutsche wohnt in einem
alten sturzdrohenden Haus, aber ⟨er⟩ ein strebendes Geschlecht
selbst ist ein edler Bewohner, und indem
das politische Reich wankt hat sich
das Geistige immer fester und vollkommener
gebildet.)

sich
Er hat längst [über] seinen
politischen Zustand
emporgehoben

wohnt in dem alten
Gebäude und der
Deutsche

Dem, der den Geist bildet, beherrscht,
muß zuletzt die Herrschaft werden, denn
endlich an dem Ziel der Zeit, wenn anders die
Welt einen Plan, wenn des Menschen
Leben irgend nur Bedeutung hat, endlich
muß die Sitte und die Vernunft siegen,
die rohe Gewalt der Form erliegen –
und das langsamste Volk wird alle
die schnellen flüchtigen einholen.
Die andern Völker waren dann
die Blume, die abfällt.
Wenn die Blumen abgefallen bleibt
die goldne Frucht übrig, bildet sich,
schwillt die Frucht der Ernte zu.

Und im löchrichten
Gefäße
Rinnt

Das köstliche Gut der deutschen Sprache
die alles ausdrückt, das Tiefste und
das Flüchtigste, den Geist, die Seele,
die voller Sinn ist.
Unsre Sprache wird die Welt
beherrschen.
Die Sprache ist der Spiegel einer
Nation, wenn wir in diesen Spiegel
schauen, so kommt uns ein großes
treffliches Bild von uns selbst daraus
entgegen. Wir lernen das jugendlich
Griechische und das modern Ideelle
ausdrücken.

Fest auf seinem
Wellenthrone
Steht der Brite,

Keine Hauptstadt und kein Hof übte
eine Tyrannei über den deutschen Geschmack
aus. Paris. London.
So viele Länder und Ströme und Sitten, so viele
eigene Triebe und Arten.

Finster zwar und grau von Jahren
Aus den Zeiten der Barbaren
Stammt der Deutschen altes Reich.
⟨Aber⟩ Doch lebend'ge Blumen grünen
Unter gotischen Ruinen
⟨Und⟩ gleich.
Zu erobern mit den Flotten zu
Das ist nicht des Deutschen Größe
Obzusiegen mit dem Schwert,
In das Geisterreich zu dringen
Vorurteile zu besiegen, ringen
Männlich mit dem Wahn zu kriegen
Das ist s[eines] Eifers wert.
Schwere Ketten drückten alle
Völker auf dem Erdenballe
Als der Deutsche sie zerbrach
Fehde bot dem Vatikane
Krieg ankündigte dem Wahne
Der die ganze Welt bestach.
Höhern Sieg hat der errungen
Der der Wahrheit Blitz geschwungen,
Der die Geister selbst befreit,
Freiheit der Vernunft erfechten,
Heißt für alle Völker rechten,
Gilt für alle ew'ge Zeit.

———

Deutschlands Majestät und Ehre
Ruhet nicht auf dem Haupt s[einer] Fürsten.
Stürzte auch in Kriegesflammen
Deutschlands Kaiserreich zusammen,
Deutsche Größe bleibt bestehn.

———

Nicht aus dem Schoß der Verderbnis nicht am feilen Hof der Könige schöpfte sich der Deutsche eine trostlose Philosophie des Eigennutzes, einen traurigen Materialism, nicht da wo die Meinung Tugend präget, wo der Witz die Wahrheit wäget. Nicht Redner sind s[eine] Weisen. – Darum blieb ihm das Heilige heilig.

Keine freie Bürgerkrone
Keine freie Bürgerkrone
Bringt er nach Haus!
Wie der Franke seinem Sohne
mit
Keinen Lorbeer ⟨bringt er mit⟩ zurück!
⟨Er⟩

Traurig mit gesenktem Blick!

Deutsche
Nicht, wo Deutschland

Wohnt nicht

Nicht auf
Wohnt auf seiner Bürger Haupt.

Ew'ge
⟨Weh und⟩ Schmach dem deutschen Sohne
Der die hohe Krone angeborne Krone
⟨Von sich wirft mit⟩ seines ⟨Adels⟩ Menschenadels schmäht,
Der sich beugt vor
Kniet vor einem fremden Götzen,
Der des Briten toten Schätzen
Huldigt und des Franken Glanz. lüstern späht,

---

soll
Nach dem Höchsten ⟨darf⟩ er streben,
Die Natur und das Ideal. D
Er verkehrt mit dem Geist der Welten.

Ihm ist das Höchste bestimmt, die Menschheit die allgemeine in sich zu vollenden und das schönste was bei allen Völkern blüht, in einem Kranze zu vereinen,
Und so wie er in der Mitte von
Europens Völker sich befindet,
So ist er der Kern der Menschheit,
Jene sind die Blüte und das Blatt.

Er ist erwählt von dem Weltgeist, während des Zeitkampfs
an dem ew'gen Bau der Menschenbildung zu arbeiten,
zu bewahren was die Zeit bringt,
daher hat er bisher Fremdes sich angeeignet und es in sich bewahrt,
Alles was Schätzbares bei andern Zeiten und Völkern aufkam, mit der Zeit entstand und schwand, hat er aufbewahrt es ist ihm unverloren, die Schätze von Jahrhunderten.
Nicht im Augenblick zu glänzen und seine Rolle zu spielen, sondern den großen Prozeß der Zeit zu gewinnen. Jedes Volk hat seinen Tag in der Geschichte, doch der Tag des Deutschen ist die Ernte der ganzen Zeit – wenn der Zeiten Kreis sich füllt, und des Deutschen Tag wird scheinen
Wenn die Scha sich vereinen
In der Menschheit schönes Bild!

Jedem Volk der
Erde ⟨scheint⟩ glänzt
Einst
⟨Glänzt⟩ sein Tag in
der Geschichte,
Wo es strahlt im
höchsten Lichte
Und mit hohem Ruhm
sich kränzt,
Doch des Deutschen
Tag wird
⟨kommen⟩ scheinen
Wenn der Zeiten
Kreis sich füllt.

Mag der Brite die Gebeine
Alter Kunst, die edeln Steine
Und ein ganzes Herkulan

Gierig nach dem Kostbarn greifen
Und auf seiner Insel häufen
Was ein Schiff nur laden kann.

———

Der Witz hat nichts gemein mit dem Schönen.

zum Leben
Nimmer werden sie leben, immer fremd und verbannt bleiben, sie werden nie auferstehn
Nimmer werden sie zum Leben
Auferstehn und sich erheben
Vom Gestelle,
Ewig werden sie Verbannte
Bleiben an dem fremden Strande,
⟨Nie zum Leben auferstehn,⟩

höhnen
söhnen
Szenen

heimisch
Nie ⟨zu Hause⟩ sein

Denn der Witz hat mit dem Schönen
Mit dem Hohen nichts gemein!
⟨Mit dem Witze hat⟩
Denn der Witz
Führt der Brite seine Wassergotte,

mit dem idealen

⟨Allen⟩ Und den Königen zum Hohne
Mit der freien Bürgerkrone
Ziert der Franke sich das Haupt!

ANHANG

VERZEICHNIS DER GEDICHTE NACH ANFÄNGEN UND ÜBERSCHRIFTEN

Das Prinzip der Textdarbietung, die Gedichte jeweils nach dem Erstdruck zu geben und spätere, stark abweichende Überarbeitungen (insbesondere für die »Gedichte«) als geschlossene Fassung abzudrucken, spiegelt sich im nachfolgenden Verzeichnis wider. Doppelte Seitenzahlen hinter einer Überschrift bzw. einem Gedichtanfang weisen auf den Abdruck zweier Fassungen desselben Gedichts hin. Wurde bei der Überarbeitung ein neuer Titel gewählt, der Text aber im wesentlichen beibehalten, so erfolgt ein Verweis von der neuen Überschrift auf die des Erstdrucks. Bei Gedichten, die in zweifacher Textgestalt mit abweichenden Titeln abgedruckt werden, erscheint die Überschrift der jeweils differierenden Fassung in Klammern.

SCHILLERS GEDICHTE
IN DER REIHENFOLGE IHRES ERSCHEINENS
IN DEN GEDICHTPUBLIKATIONEN
DES AUTORS

Anthologie auf das Jahr 1782

vgl. das Inhaltsverzeichnis, S. 597 ff.

Thalia 1786

Freigeisterei der Leidenschaft
Resignation
An die Freude
Die unüberwindliche Flotte

Musenalmanach für das Jahr 1796

Die Macht des Gesanges
Das Kind in der Wiege
Odysseus
Das Unwandelbare
Zeus zu Herkules
Der Tanz
Spruch des Konfuzius
Würden
Deutschland und seine Fürsten
Pegasus in der Dienstbarkeit
Der spielende Knabe
Die Ritter des Spitals zu Jerusalem
Der Sämann
Die zwei Tugendwege
Die Ideale
Der Kaufmann
Ein Wort an die Proselytenmacher
Der beste Staat
Der Abend
Der Metaphysiker

Columbus
Würde der Frauen
Stanzen an den Leser

Die Horen 1795–1797

Das Reich der Schatten
Natur und Schule
Das verschleierte Bild zu Sais
Der philosophische Egoist
Die Antike an einen Wanderer aus Norden
Deutsche Treue
Weisheit und Klugheit
An einen Weltverbesserer
Das Höchste
Ilias
Unsterblichkeit
Elegie
Die Teilung der Erde
Die Taten der Philosophen
Theophanie
Einem jungen Freund
Archimedes und der Schüler
Menschliches Wissen
Die Dichter der alten und neuen Welt
Schön und erhaben
Der Skrupel
Karthago
Ausgang aus dem Leben
Der Dichter an seine Kunstrichterin
Hoffnung
Die Begegnung

Musenalmanach für das Jahr 1797

Das Mädchen aus der Fremde
Pompeji und Herkulanum
Politische Lehre
Die beste Staatsverfassung
An die Gesetzgeber
Würde des Menschen

Majestas populi
Das Ehrwürdige
Klage der Ceres
Jetzige Generation
Falscher Studiertrieb
Jugend
Quelle der Verjüngung
Der Aufpasser
Die Geschlechter
Der Naturkreis
Der epische Hexameter
Das Distichon
Die achtzeilige Stanze
Das Geschenk
Grabschrift
Der Homeruskopf als Siegel
Der Genius mit der umgekehrten Fackel
Macht des Weibes
Tugend des Weibes
Weibliches Urteil
Forum des Weibes
Das weibliche Ideal
Die schönste Erscheinung
An die Astronomen
Innerer Wert und äußere Erscheinung
Freund und Feind
Der griechische Genius
Erwartung und Erfüllung
Das gemeinsame Schicksal
Menschliches Wirken
Der Vater
Der Besuch
Liebe und Begierde
Güte und Größe
Der Fuchs und der Kranich
Die Sachmänner
Tabulae Votivae
Vielen
Einer
Xenien

Musenalmanach für das Jahr 1798

Der Ring des Polykrates
Der Handschuh
Ritter Toggenburg
Elegie an Emma
Der Taucher
Reiterlied
Die Urne und das Skelett
Das Regiment
Die Worte des Glaubens
Nadowessische Totenklage
Der Obelisk
Der Triumphbogen
Die schöne Brücke
Das Tor
Die Peterskirche
Licht und Wärme
Breite und Tiefe
Die Kraniche des Ibykus
Das Geheimnis
Der Gang nach dem Eisenhammer

Musenalmanach für das Jahr 1799

Das Glück
Der Kampf mit dem Drachen
Die Bürgschaft
Bürgerlied
Poesie des Lebens
Des Mädchens Klage

Musenalmanach für das Jahr 1800

Spruch des Konfuzius
Die Erwartung
Das Lied von der Glocke

»Gedichte«. Erster Teil 1800

vgl. S. 574f.

»Gedichte«. Zweiter Teil 1803

vgl. S. 578f.

INHALTSVERZEICHNIS

Gedichte
1769–1781

Aus der »Anthologie auf das Jahr 1782«

1782–1794

1795–1805

Fragmente und Entwürfe

Anhang